THE Athena Doctrine

아테나 독트린

여성적 가치의 부활
THE ATHENA DOCTRINE
아테나
존 거제마, 마이클 단토니오 지음 | 길정우, 안명옥 옮김
독트린

아테나 **독트린**

차례

제 2 부

여성적 가치가 세상을 바꾼다

한국어판 독자 여러분께

우리가 아테나 독트린을 집필하기 위해 펼친 방대한 연구 과정은 우리 자신을 행복하게 해 주는 시간이었다. 그리고 우리의 삶에 의미를 더해 주는 소중한 경험이었다. 남성 중심으로 생각하고 행동하는 방식은 오랫동안 우리 사회를 압도해 왔다. 우리는 세계 각국의 많은 사람들이 그에 대해 실망하고 있음을 발견했다. 다른 한편, 만약 남성들이 여성들처럼 생각하고 협력, 공감 및 통찰력 등의 여성적 가치에 충실해진다면 더 나은 세상이 될 것이라 생각하는 변화가 확연하게 눈에 띄었다. 우리 조사대상의 3분의 2가 그랬다.

2012년말 한국에서 첫 여성대통령이 당선된 것만 보더라도 이 같은 분석은 더욱 적실성이 있다고 하겠다. 한국은 극적인 변화와 변혁을 이룩해 온 대표적인 국가이다. 또한 전세계를 대상으로 한 우리의 연구 조사 결과, 여성적 가치와 자질이 갈수록 잘 인식되고 대변되고 있는 나라다.

우리가 전세계를 대상으로 축적한 자료 가운데 한국사회의 근본적 변화를 보여주는 놀라운 것들이 있다. 한국인들 67퍼센트는 사회에서 여성이 받는 대우에 불만을 갖고 있었다. 또 79퍼센트는 한국남성들의 행태에 만족하지 못하고 있다. 한국사회의 이런 조사자료는 전세계 평균수치보다 훨씬 높은 것이다. 아울러 81퍼센트의 한국인들은 한국정부가 국민들의 다양한 목소리에 더욱 귀를 기울여야 한다고 답변했다. 한국정부가 나라를 올바른 방향으로 이끌어 가고 있다고 답한 이들은 28퍼센트에 불과했다.

하지만 이 같은 불안과 불만 가운데에서도 한국에서는 낙관주의가 싹트고 있었다. 그리고 한국의 장래를 생각하는 데 있어 여성을 향한 관심이 점차 높아지고 있었다. 51퍼센트의 한국인들은 자신들이 자녀를 하나만 갖게 된다면 아들 보다 딸을 갖고 싶다고 답했다. 이는 딸 선호도 전세계 평균인 30퍼센트와 대조되는 것이다. 또한 한국인의 64퍼센트는 남성이 여성처럼 사고한다면 세상이 더 나아질 것이라고 답변했다. 59퍼센트는 오늘 출생한 딸아이가 장래에 아들보다 성공할 가능성이 높을 것이라고 예측했다.

한국의 박근혜 대통령이 취임 2년째를 맞이하는 올해, 자신만의 행보를 취할 수 있는 독특한 위치에 놓여있다. 아테나 여신이 가진 자질과 품성을 실천함으로써 효율적인 지도력의 최상의 모습을 보여주고 확인시켜 주기를 기대한다. 필자는 아테나 독트린이 박근혜 대통령은 물론, 포부에 찬 한국의 남녀 지도자들 모두에게 박 대통령이 약속한 '여성혁명'을 실현할 수 있는 영감을 주기를 바라고 있다. 아울러 한국사회가 여성 지도자들에게 힘을 실어주는 노력을 지속적으로 경주함으로써 양성(兩性) 간의 격차를 줄여나가는 작업의 시작을 알릴 수 있기를 희망한다.

2014년 2월

필자를 대표하여

존 거제마

옮긴이 서문 I

첫 여성대통령의 등장이 한국사회에서 과연 어떤 의미를 가질까 궁금했습니다. 무엇이 달라질까. 얼마나 다른 사회의 모습을 기대할 수 있을까. 아직 피부에 와 닿는 변화는 느낄 수 없습니다. 아니 애초부터 그런 기대가 무리였는지도 모릅니다. 우선 여성대통령 자신이 여성임을 앞세우지 않고 있습니다. 그저 국가지도자로서의 면모와 역할에 충실한 것 같습니다. 그리고 그런 여성대통령의 모습에 대해 대다수 국민들이 불만을 갖고 있는 것 같지는 않습니다.

그럼에도 불구하고 한국의 현대사 가운데 첫 여성대통령을 맞이하여 한국사회에서 여성의 지위나 역할이 크게 부각되기를 기대하는 것은 오히려 당연하다고 하겠습니다. 대통령의 노력에 따라 크게 달라지는 우리 사회의 모습보다는 이런 기회에 가정이나, 기업, 정부, 단체, 정치권 등에 있어서 기존의 운영방식에 변화를 보고 싶은 기대가 크다고 하겠습니다. 한마디로 여성들이 갖고 있는 긍정적 품성이 존중받고 활용되는 조직의 문화에 변혁의 바람을 확인하고 싶습니다.

대한민국의 경제발전은 남동생을 대학에 보내기 위해 자신의 학업을 포기하고 공장에서 일하며 희생했던 누나들의 헌신과 독일에 간호사를 자임하며 해외에서 땀 흘려 일하고 고국에 송금했던 여성들의 희생 덕분에 가능했습니다. 이제 제2의 '한강의 기적'은 재능있는 한국여성들, 가정과 조직 안에서 숨죽이며 위축된 여성들의 잠재력에 불을 지펴야 가능하다고 생각합니다. 이젠 한국 남성들의 헌신과 희생이 필요한 시절입니다. 우리 모두의 행복을 위하여.

맥켄지 컨설팅을 포함해 세계적으로 권위있는 기관들의 분석보고서에 따르면 기업의 임원진에 여성의 비중이 높을수록 회사의 생산성이 높아지고 부패가 줄어든다고 합니다. 여성이 남성보다 생산성이 높고 덜 부패했다는 단순한 결론이 아닙니다. 남성 위주의 기업이나 단체, 남성성이 압도하는 조직문화에는 적지 않은 문제점이 있다는 얘기입니다.

이제 우리 사회도 달라져야 합니다. 그동안 수없이 많은 도전과 위기를 극복하며 이만큼 이뤄놓은 우리 경제와 사회의 진정한 도약을 위해 이제와는 다른, 전혀 새로운 시도와 실험에 나서야 합니다. 정치권을 비롯하여 기업과 정부 등 모든 분야에 여성인력의 참여기회를 대폭 늘이는 실험입니다.

이런 노력에는 많은 저항이 따를 것입니다. 그렇다면 현재의 상황에서 조직을 운영하는 방식에 '여성성'과 '여성적 특성'을 십분 반영하는 노력부터 해 보는 것도 바람직할 것입니다. 대립보다는 타협을 강조하고, 자신의 자존심을 앞세우기보다는 절충과 협력을 중시하는 여성성. 주변의 목소리를 경청하고 나눔과 돌봄의 정신에 충만한 따뜻한 여성적 특성이 자리잡은 조직문화. 정부나 대기업의 자비에 의존하지 않고 창의성과 자립 정신으로 지역과 마을 공동체를 만들어 가겠다는 억척스런 여성성이 우리 사회에 요구되고 있습니다. 이런 정신과 자세가 한국의 새로운 정부가 추구하는 경제민주주의, 창조 경제, 창의적이고 따뜻한 자본주의와 공유경제 등에 담겨있는 고민과도 일치한다고 생각합니다.

이 책은 두 분의 남성이 전세계를 돌아다니며 13개국을 선택하여 현장의 사례를 소개한 것입니다. 여성들이 앞장서 이룩했거나 여성성이 강조된 조직운영을 통해 의미있는 성과를 거둔 경우들을 정리했습니다. 한국의 경험도 검토했던 것 같습니다만 책에는 소개되어 있지 않습니다. 양성평등 지수에서 한국이 경제규모나 국제적 위상과는 동떨어진 최하위권을 기록하고 있으니 불평할 일도 아닙니다. 하지만 한국여성들의 우수성만큼은 결코 부인할 수 없으니, 우리는 우리대로 여성적 가치와 특성이 충분히 반영된 우리만의 사회와 문화를 만들어 가면 될 일입니다.

이 책을 번역하면서 함께 작업에 참여했던 제 삶의 반려자이자 현실 정치경험의 선배인 안명옥 교수와 많은 대화를 나눌 수 있었던 것이 소중한 시간들이었습니다. 모든 경우에 견해가 일치하진 않았지만 적어도 한국사회에 여성성이 발휘될 수 있는 무한한 가능성과 여지가 있다는 점에는 공감했습니다. 그리고 여성적 가치가 사회 각 분야에 널리 반영되고 자리잡을수록 우리 사회는 더욱 따뜻하고 지속성장이 가능한 사회가 될 것이라는 기대감에는 전혀 이견이 없었습니다.

매끄럽지 않은 번역은 모두 저희 공동번역자의 책임입니다. 하지만 책에 소개된 각국의 의미있는 실험에 담겨있는 정신과 여성적 가치의 소중함을 느껴보시기 바랍니다. 그리고 잠시만이라도 우리 사회 곳곳에서 시도되고 있는 '여성성'의 실현 작업에도 관심을 가져주신다면 좀더 따뜻한 우리사회의 앞날을 함께 기약할 수 있을 것입니다.

2014년 입춘

길 정 우

옮긴이 서문 II

어릴 때 그리스 로마신화를 읽으면서 그리스에서는 아테나 여신, 로마인에게는 미네르바로 알려져 있는 이 여신의 원형은 내 안에서 통찰력을 갖게 해주는 지혜의 여신으로 각인되었습니다. 1990년대 초에는 영어원문과 한글번역판으로 진 시노다 볼린 박사의 '내안에 있는 여신들(goddesses in every woman)'을 읽었습니다. 그때 아테나 여신은 아르테미스, 아프로디테와 함께 나를 일깨우는 대표적 여신으로 자리 잡았습니다. 그 이후 20여 년이 지난 2013년 초여름, 아테나 여신은 역자를 또 한번 흔들어 대며 열정을 일깨웁니다. 여성대통령을 처음 맞은 대한민국에서 아테나의 지혜가 거듭 태어나 명민한 한국여성과 국민들을 깨달음을 통해 신나게 하고 행복국가를 구현하는데 행동으로 앞장서도록 하는 꿈을 가져 봅니다.

아테나(미네르바)는 제우스의 머리에서 태어난 여신으로 순결하면서도 갑옷을 입은 단단한 몸매를 가진 아름다운 투사입니다. 자신이 선택한 영웅들을 보호하고 자신의 이름을 딴 도시 아테네를 수호합니다. 전쟁 중에는 전략을 짜고, 평화 시에는 집안에서 기술과 공예를 관장합니다. 아테나는 도시의 수호신이기도 합니다. 뱀 두 마리가 엉겨있는 모습으로도 상징되지만 지혜를 가진 커다란 눈의 부엉이로 상징되는 아테나를 세계 어느 곳을 가드라도 찾아보게 될 정도로 아테나는 제가 경애하는 여신입니다. 물론 큰언니의 품성을 지닌 아르테미스와 아름다운 아프로디테에 대한 사랑의 마음도 아테나를 향한 사랑과 같습니다.

'아테나 독트린'은 즐거운 번역작업이었습니다. 고민하고 사유하던 부분들을 현실로 확인하며 감탄을 연발하게 하는 작업이었습니다. 한국에도 이미 곳곳에서 실현되고 있을 여성적 가치의 발현들을 세계 각국의 사례를 통해 정리한 이 책은 대단한 창조와 창의의 가능성을 보여줍니다. 창조경제가 그 속에 있고 행복국가가 그 안에 있습니다. 여성적 가치와 남성적 가치의 조화와 통합은 행복한 현재와 미래를 꿈꾸게 합니다. 더 늦출 이유가 없습니다. 더 늦춰서도 안 됩니다. 이 시대의 보물인 여성적 가치의 실현 작업을 우리 모두가 즐겁게 실천했으면 좋겠습니다.

이 책이 출판되기까지 격려를 아끼지 않으시고 지원해 주신 조윤 커뮤니케이션의 안혜경 대표님과 최몽순 편집장님께 진심으로 감사드립니다. 이 책을 우리 두 공동 번역자를 이 땅에 태어나게 하시고 사랑으로 보살펴 주신 어머니 서근영과 어머니 김경실 그리고 우리 모두를 이 땅에 있게 하시고 길러주신 모든 어머니와 여성들께 바칩니다.

대한민국의 어머니들, 여성들은 오늘의 대한민국을 있게 한 사랑과 헌신의 화신이자, 역사 자체입니다. 이 시대는 그 동안 집단무의식으로 섬세히 다져지고 진화된 깊은 성찰과, 현명한 한국 여성들의 능력과 잠재력이 융합되어 이 사회가 도약의 단계로 나아갈 것을 요구하고 있습니다. 여성적 가치에 주의를 기울이고 함께 행복한 사회를 만들어가야 합니다. 한국의 어머니와 누이들의 헌신과 희생에 감사하며 새로운 패러다임의 시대로 함께 진화하면 좋겠습니다. 이 책이 우리 사회를 더욱 따뜻하고 살 맛나는 행복한 세상으로 만들어 가는 데 도움이 될 수 있기를 진심으로 바랍니다.

2014년 2월 봄이 시작하는 날에

안명옥

제 1 부

여성적 가치를 향한 변화가 일어나다

"남자들의 사고방식이
좀 더 여자들과 같아진다면
세상은 더 나아질 것이다."

(응답자의 66%가 동의)

– 세계 국내총생산(GDP)의 65%를 차지하는
13개 국가에서 저자들이 실시한 설문 조사 결과

서문

아테나 독트린

우리는 2010년에 펴낸 책, 『소비의 변화(Spend Shift)』에서 미국이 '정상적인 상황(new normal)'으로 새롭게 전환하고 있는 모습에 대해 이야기 했다. 이후 우리는 세계 곳곳을 여행했다. 여행을 통해 '우리가 사고, 팔고, 그리고 살아가는 방식'에 조용한 혁명이 일어났다는 주장에 공감할 수 있었다. 개인이나 가정, 기업 및 단체들이 어려운 경제 사정에서도 꾸준히 적응해 오고 있는 사실에 대해 의미를 부여하는 이들의 목소리를 들을 수 있었다.[1]

우리는 단지 생존이 아니라 적응이라는 주제를 강조해왔다. 이는 2008년에 시작된 금융위기의 파장이 새로운 버블이나 경기부양책에 의해 곧 해소되지는 않을 것임을 알고 있었기 때문이다. 미국을 비롯한 여러 나라의 정책 결정자들이 경제위기를 이자율 인하나 정부 지출, 정부규모 축소, 은행 구제 등 다양한 방법을 통해 해결하려 했지만 완전한 경기 회복은 여전히 요원해 보인다. 다행히 미국 경제가 다시 성장세로 돌아서긴 했다. 그러나 그 속도는 완만하고 높은 실업률은 여전히 중산층을 압박하고 있다. 2012년 초 불경기가 다시 시작된 유로존(Eurozone)과 영국에서는 개선 속도가 훨씬 느리다. 중국에서조차도 문제의 조짐이 나타났다. 이는 긴밀히 연계되어 있는 세계경제에는 좋은 징조가 아니다.

경제적 현실들을 고려해볼 때 2008년에 시작된 위기는 대부분의 분석가들이 예상한 것보다 더 장기화될 것이다. 1930년대 대공황의 충격과 비슷한 결과를 낳을 듯하다. 대공황의 재앙은 모든 세대에 걸쳐 사회적, 정치적, 경제적 전망에 영향을 주었다. 이런 효과들 중에는 지나친 경계심이나 두려움과 같은 부담스런 측면도 있지만 이점도 있다. 역사학자인 윌리암 스트라우스(William Strauss)와 닐 하우이(Neil Howe)에 의하면 대공황기를 체험한 사람들은 지위 지향적이기보다는 실용적 성향이 강했다고 한다.[2] 이처럼 소위 침묵의 세대(Silent Generation)는 부유함의 정도나 소유물의 많고 적음을 떠나 행복을 찾기 위한 창의력을 보여주었다. '소비의 변화(Spend Shift)' 에 대한 연구에서 우리는 이런 세대의 유사한 특징을 발견했다. 그리고 오늘날의 젊은이들이 '침묵의 세대' 가 가진 유연성을 동경하고 있다는 점을 알게 됐다.

『소비의 변화』에서 우리가 언급한 통찰은 명료했다. 하지만 우리가 완전히 이해하지 못했던 그 무언가가 있었다. 세계 곳곳의 청중들은 그것을 인지하기 시작했다. 그들을 상대로 우리의 깨달음을 전달하는 과정에서 우리 스스로도 많은 것을 배우게 됐다. 많은 이들이 우리에게 지적했듯이 성공한 기업인이나 각계 지도자, 조직력이나 창의력이 뛰어난 이들이 공유하는 특징의 대부분은 흔히 인간성 가운데 여성적(feminine) 측면이라고 간주되는 부분에서 비롯되고 있다. 그렇다고 해서 이들 혁신가들이 주로 여성들이라는 것은 아니다(실제로 그렇지 않았다). 인간의 특성이 주로 어느 한 쪽의 성(性)에 속한다고(실제 우리는 그렇지 않다) 우리가 믿고 있다는 뜻도 아니다. 단지 정직이나 공감, 소통 능력 및 협력 등 오늘날 번창하기 위해 필요한 기술들이 본래 여성들이 더 많이 공유하고 있는 성향이라는 얘기를 누차 들었다.

우리가 들은 것들을 가슴에 새기며 우리는 사업, 정치, 정부 혹은 지역단체 등의 영역에서 일하는 훌륭한 지도자들에게서 관찰할 수 있는 전통적인 여성적 가치 및 특징을 찾기 시작했다. 물론 이를 행동에 옮기는 것은 말로 하는 것보다 어려운 일이었다. 이 책을 쓰기 위한 첫 번째 인터뷰는 앤 리티칼(Ann Lytical)이라는 필명으로 경제와 성(性), 기타 이슈들에 대해 글을 쓰는 여성과 런던 동부의 카페에서 아침식사를 함께 하며 이루어졌다. 그녀의 실명은 앤 대닐키(Ann Danylkiw). 골드스미스 대학의 박사과정에 있었다. 우리는 전통적인 여성적 성향과 특징이 가치를 인정받고 존중받을 수 있는 가능성에 대해 그녀에게 물었다.

우리가 프로젝트에 대해 설명하는 동안 앤은 구두시험에서 학생의 형편없는 답을 듣는 교수처럼 어색해 하며 얼굴을 찡그리고 있었다. 설명이 끝나자 그녀는 깊은 한숨을 내쉬면서 이렇게 말했다. "저는 이런 것들을 여성적이라고 부르는 것에 반대합니다."[3]

시작이 썩 좋지는 않았다. 계속되는 신경질적인 대화 속에서 '남성적'이라거나 '여성적'인 것의 정의와 관련해 그녀가 우리에게 동의하지 않는다는 사실을 알게 됐다. 우리가 '많은 사람들이 전통적으로 성과 연관 짓는' 특징들에 대해 이야기했을 때 그녀는 '전통'에 대한 우리의 시각에 강한 회의를 표했고 우리가 생각하는 '사람들'의 의미가 무엇인지 질문했다. 이야기를 마칠 때쯤 우리는 진솔하지만 명백히 남성인 중년의 두 남자가 남자다움과 여자다움에 대해 의미 있는 논의를 하는 것 자체가 과연 가능한 일인지 의문을 갖게 됐다. 우리를 돕기로 한 사람들로부터 이런 식의 반응을 얻는다면 우리를 비판하는 사람들은 또 어떤 말을 할까?

분명히 어떤 것이 '여성적'이고 어떤 것이 '남성적'인지 미리 결정하는 것은 좋은 방법이 아니었다. 그보다는 세계 곳곳에서 사람들이 전통적인 남성성과 여성성을 어떻게 정의하는지 알아보기 위한 연구가 필요했다. 또한 여성적 특징이 더 높은 가치를 갖는지에 대해서도 확인해야 했다. 그리하여 답이 '그렇다'라고 나온다면 실제 세상에서의 추세를 보여주는 사례들을 발굴할 수 있을 것이라 생각했다. 연구자와 이야기꾼으로서의 우리 자신의 능력을 믿으며 2011년 여름 우리는 작업에 착수했다.

• • •

존(John)은 세계에서 가장 큰 설문조사 회사인 브랜드 에셋 평가회사(BrandAsset® Valuator)를 경영하고 있다. 이 회사는 1993년 이후 50개 국가에서 150만 명 이상의 사람들과 5만 천 개 이상의 회사에 대해 연구하고 있다. 우리는 경제, 기술, 세대별 영향, 세계화, 그리고 기타 요소들로 인해 일반적인 사람들이 인간 본성 가운데 여성적인 면에 더 가치를 두는지를 조사하는 작업에 덤벼들었다. 우리는 세계의 국내총생산(GDP) 65퍼센트를 차지하는 13개 국가들에서 인구분포를 반영해 6만 4천 명의 사람들을 선택하고 특별 조사를 실시했다. 우리가 조사한 나라들에는 문화, 지리, 정치, 종교 및 경제적 다양성 등을 폭넓게 감안해 브라질, 캐나다, 칠레, 중국, 프랑스, 독일, 인도, 인도네시아, 일본, 멕시코, 대한민국, 영국, 미국 등이 포함됐다.

우리는 먼저 우리가 살고 있는 시대에 대해 사람들이 어떤 생각을 갖고 있는지 알고 싶었다. 그들이 낙관적인지 아니면 비관적인지, 안정적인지 아니면 취약한지. 응답자들은 마치 자신은 불안이 확대된 시대에 사는 것 같다고 말했다. 대부분의 사람들은 자식들이 자신보다 더 나은 삶을 살 것이라는 데에 공감하지 않았으며 사회의 기본적인 공정성에 대해 우려를 표명했다.(그림 1.1, 1.2, 1.3, 1.4)

이와 같은 전반적 불안은 우리 시대의 분위기와 함께 존속하는 것처럼 보인다. 모든 국가의 언론 머리기사는 우리가 일자리 부족, 경기 침체, 지구온난화 등과 같은 큰 문제들을 겪고 있음을 상기시키고 있음에도 불구하고, 지도자들이나 단체들은 계속 스캔들과 실패의 수렁에서 헤어나지 못하고 있는 것처럼 다루고 있다. 안정적

대규모 기관과 회사들이
지나치게 큰 힘을 갖고 있다.

86%가
동의

그림 1.1

우리 나라는 예전에 비해
시민들에 대한 배려를 더 잘한다.

76%가
동의하지 않음

그림 1.2

세계는 더욱
공정해지고 있다

74%가
동의하지 않음

그림 1.3

자식들의 삶이 나의 삶보다
더 좋아질 것이다

51%가
동의하지 않음

그림 1.4

이라 여겼던 대형 은행들도 무너지고 있다. 위키리크스는 정부가 은폐한 비밀들을 폭로하고 대배심원은 성직자들의 상습적인 학대 행위들을 밝혀내기도 한다. 우리 조사에 따르면, 사람들은 경제위기 이후 평균적으로 네 개의 회사 가운데 하나의 회사 정도만 신뢰하는 것으로 나타나 경제위기 이전보다 신뢰 수준이 50퍼센트 감

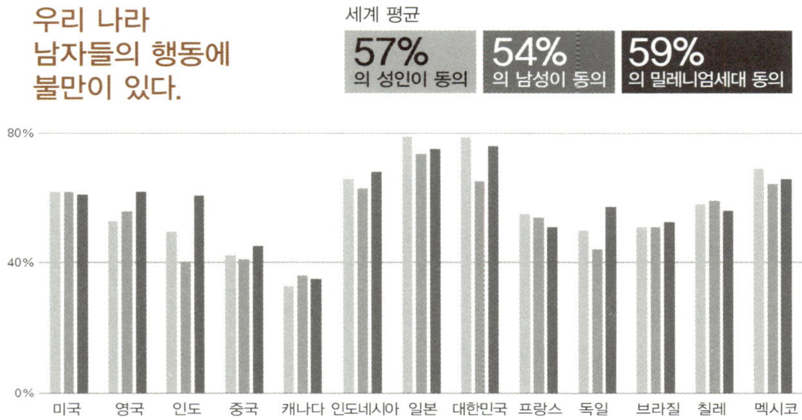

그림 1.5

소했다.

이런 혼란의 원인에 대해 파헤쳐 보니 사람들이 정부와 경제에 대해서 불만일 뿐 아니라 전반적으로 남성들의 행태에도 불만이 있음을 알게 됐다.

곳곳에서 많은 사람들이 남성의 행동양식에 불만을 보이고 있었다. 일본과 한국에서는 79퍼센트, 미국과 인도네시아, 멕시코에서는 3분의 2에 달했다. 불만의 정도는 남성과 여성에 별 차이가 없이 거의 비슷했다. 캐나다 남성들의 경우 조금 양상이 달랐지만 그들은 우리 분석에서 이례적인 경우였다. 흥미로운 점은 밀레니엄세대*(Millennials)들이 기본적으로 여성성과 사회에서의 여성의

* 1982년부터 2000년 사이에 출생한 Y세대를 지칭하는 용어로 미국에서 제2차 세계대전 이후 1946년부터 1965년 사이에 출생한 베이비붐 세대의 자녀세대이기도 하다. 미국에서 2000년, 즉 Y2000에 주역이 될 세대를 지칭하면서 생겨났다.

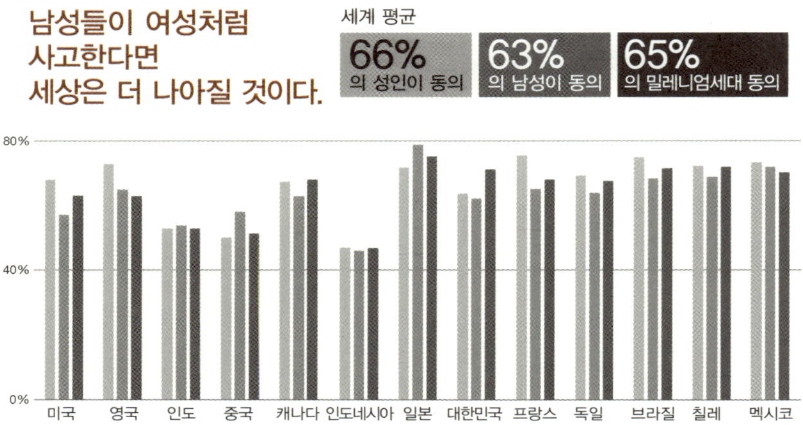

그림 1.6

역할에 대해 더욱 강하게 공감하고 있다는 사실이다. 일본과 한국의 젊은이들 가운데 4분의 3이, 세계적으로는 밀레니엄세대 중 3분의 2가 남성의 행태에 비판적 시각을 갖고 있다. 독일과 한국, 인도에서는 밀레니엄세대들과 남성들 사이에 두 자리 수 이상의 세대간 차이를 보였다.

전통적으로 남성적 사고와 행동으로 여겨지는 지배, 경쟁, 공격, 흑백사고 등이 전쟁이나 소득 불평등에서부터 무모한 위험부담과 스캔들까지, 우리가 오늘날 겪고 있는 문제들의 원인을 제공하고 있는 세상에서 사람들의 좌절감은 전세계적으로 더욱 커지고 있는 듯하다.

그런데 우리가 자료를 면밀히 검토하는 동안 그림 1.6이 보여주듯이 특별한 숫자들이 눈에 띄었다. 대다수 남성들을 포함해 세계인들 중 거의 3분의 2가 남성들이 좀 더 여성처럼 사고한다면 세상이 좋아질 것이라고 생각하고 있다는 사실이다. 여기에는 일본 남성들의 79퍼센트, 프랑스와 브라질인의 76퍼센트, 독일인의 70퍼센트가 포함되어 있다. 이런 생각은 연령, 소득, 국가와 상관없이 널리 퍼져있다. 더욱이 중국, 일본, 한국, 인도와 같이 다분히 남성 중심적인 나라의 밀레니엄세대 남성들도 이에 공감하는 경우가 여성들보다 많았다.

『소비의 변화(Spend Shift)』에서 지적했듯이 우리는 젊은이들이 돈과 지위에는 그다지 큰 무게를 두지 않고 인간관계와 공동체에 더 관심을 갖고 있다는 점을 발견했다. 적응력과 융통성이 더 많은 이 시대 젊은이들은 우정, 윤리적 행동, 다양성을 특히 중요하게 여긴다. 우리는 그들의 이런 성향이 경제적 어려움에도 불구하고 희망을 갖고 행복을 추구하는 데 도움이 된다는 것을 발견했다.

남성적 특성과 여성적 특성의 정의 및 측정

다음으로 우리는 남성성과 여성성을 이해 가능한 방식으로 정의하고 이런 특성들에 대한 일반 대중들의 태도를 가늠해볼 필요가 있었다. 우리는 가장 현대적이거나 정치적 민감성을 감안한 정의가 아니라 사람들이 자신의 주관적 해석에 근거해 갖고있는 믿음에 대해 이야기하려는 것이다. 이를 위해 우리는 연구를 두 가지로 분류해서 진행했다. 첫 번째 연구에서는 세계인들 표본 중 절반(3만 2천 명)에게 125가지의 각기 다른 인간의 행동적 특성이 남성적인지 여성적인지 아니면 어디에도 해당되지 않는지 구분하도록 요청했다(그림 1.7). 우리는 행동심리에 관한 선험적 연구와 성별 관련 조사로부터 '이타적, 신뢰할 수 있는, 호기심이 있는, 친절한'과 같은 단어들을 선택했다. 전반적으로 여성적 특성이나 남성적 특성, 혹은 모두 해당되지 않는 것으로 여겨지는 특성들이 모든 조사대상

남성적	남성적	중립적
난폭한	적극적인	예지력이 있는
권세적인	용감한	활력이 넘치는
강한	대담한	단순한
거만한	경쟁적인	진정성 있는
완고한	배짱 있는	개성적인
지도력 있는	고집 센	민첩한
타고난 지도자	자기 주장이 강한	속 편한
분석적인	투지가 넘치는	협력적인
자존심이 강한	직선적인	지적인
결단력 있는	경력 지향적인	교활한
야심적인	역동적인	솔직한
고압적인	자신감 있는	전통을 중시하는
근면한	단도직입적인	재미있는
논리적인	이기적인	
합의 지향적인	독립심이 강한	
자립적인	접근하기 어려운	
목적의식이 강한	진보적인	
독특한	혁신적인	
열심인	절제된	
역경에 강한	능력 있는	

그림 1.7

(계속)

여성적		
독창적인	동시에 여러 일을 잘하는	우호적인
자유분방한	친절한	현대식의
매력적인	지원적인	이타적인
신뢰가 가는	잘 들어주는	지각 있는
정확한	애정 어린	상냥한
믿을만한	감각적인	용기를 북돋아주는
충실한	연약한	공감하는
의존적인	부드러운	표현력이 풍부한
합리적인	멋스러운	이해심 있는
민첩한	감성적인	참을성 있는
적응력 있는	현실적인	침착한
순종적인	계획성 있는	유행에 민감한
건강한	상위 계층의	가족 지향적인
인기 있는	새로운 사고에 개방적인	돌보는
수동적인	관대한	다정한
헌신적인	팀 플레이어	배려하는
공동체 지향적인	정직한	섬세한
기꺼이 돕는	상상력이 풍부한	양육적인
창의적인	겸손한	화려한
융통성 있는	호기심이 있는	배려하는
직감적인	충성스러운	독특한
사교적인	양심적인	사회적 책임감 있는
성실한	협력적인	
열정적인	참여적인	

그림 1.7

국가에서 매우 일관성 있게 나타났다.

다음으로 우리는 표본의 나머지 반에 해당하는 사람들에게도 같은 단어 목록을 보여주었지만 이번에는 성별과 전혀 연관시키지 않았다. 단지 특정한 가치를 가진 성향의 중요성에 대해 평가하도록 요청했다. 그 가치들은 리더십이나 성공, 도덕성, 행복과 같이 자신과 사회를 위한 좋은 삶에 대해 말할 때 흔히 사용하는 핵심 단어들이다.

두 가지 표본을 비교함으로써 우리는 남성적 특성과 여성적 특성이 오늘날 해결해야 할 문제들과 어떤 관련이 있는지 통계적으로 모형을 만들 수 있었다. 13개 국가로부터 연령, 성별, 문화를 망라해 모든 자료를 분석하니 사람들은 여성적 특성이 세상을 더 좋게 만들 것이라 믿고 있음을 알게 됐다.

여성적 특성이 주는 영향

리더십

그림 1.8에서 보듯이 우리 통계자료에 따르면 현대의 이상적인 지도자가 가진 여러 자질 가운데 많은 부분은 여성적 특성이라고 할 수 있다. 가장 중요한 것은 사람들이 솔직한 감정과 생각을 개방적으로 공유하는 지도자를 원하고 있다는 점이다. 달리 말해 세계 어느 곳이든 국민들은 권력을 가진 지도자들이 좀 더 개인적으로 자신들과 연결되기를 희망하고 있다. 이는 은밀한 의제나 폐쇄적인 권력집단이 흔히 남성들과 연계되어 있다고 여기는 일반적 생각

리더십
Leadership

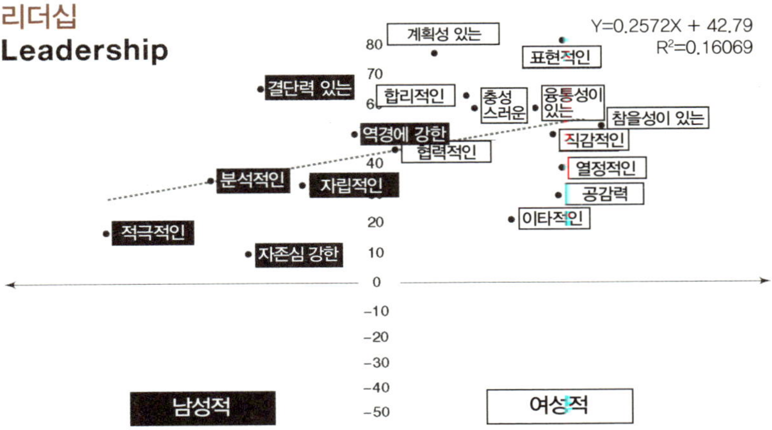

그림 1.8

에 대한 반응이기도 하다. 우리 연구에서는 사람들이 리더십에 대해 생각할 때 일반적으로 인내를 매우 중요한 가치로 여기고 있으며 이데올로기보다는 이성을 통해 대립상태를 벗어날 수 있는 지도자를 찾는 것으로 나타났다. 또한 이상적인 지도자는 당장의 편의를 위한 행동보다는 미래를 위해 지속가능한 해결책을 제시하는 장기적 안목의 사고를 할 수 있어야 한다고 여기고 있었다.

결단력과 집요함(모두 남성적 특성에 가까운 것으로 여겨졌다)이 모두 중요하지만 우리 통계자료는 '승리'의 개념이 변화하고 있음을 보여준다. 즉, '이기는 것'은 제로-섬 게임이라기보다, 좀 더 포용적인 의미로 변하고 있다. 흔히 '독립적'이라고 여겨지는 공격성이나 통제와 같은 남성적 가치는 상호연관성과 의존성이 높은 경제에서는 공조나 성과공유와 같은 여성적 가치보다 효율성이 낮은 것으로 여겨진다.

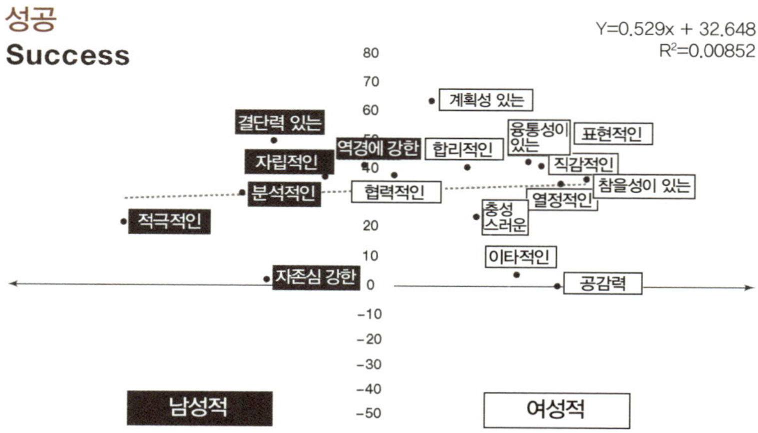

그림 1.9

우리는 또한(개인 중심적보다) 명분 중심적 자세가 리더십의 더욱 가치 있는 특성이라고 보았다. 아마 이로 인해 표본 조사에서 충성스러움(여성적 가치)이 자존심(남성적 가치)보다 중요하게 나타났을 것이다. 우리는 지도자가 행동을 취하기 전에 사안에 대해 더욱 직감적이고 타인의 감정들을 잘 이해하며 행동의 결과까지를 포함해 문제를 여러 각도에서 평가할 수 있기를 원한다. 마지막으로 융통성이 매우 중요한 현대적 기술이라는 것을 알 수 있었다. 융통성을 발휘함으로써 사람들은 일을 성취하기 위해 듣고 배우며 합의를 이룰 수 있다.

성공

우리가 설문조사에서 물어본 질문들 가운데 상당수는 사람들이

도덕성
Morality

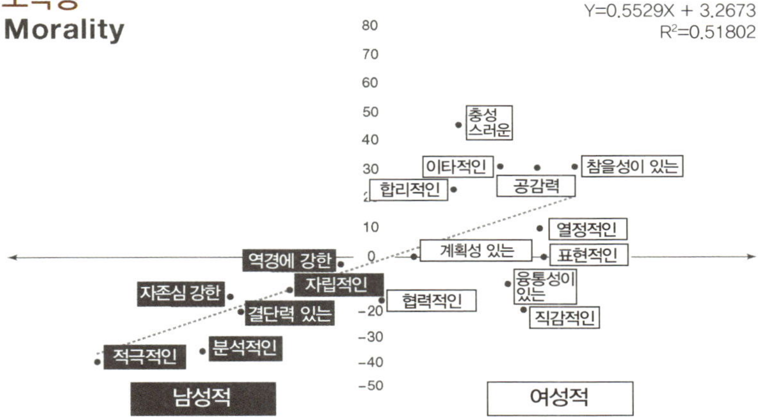

그림 1.10

행복
Happiness

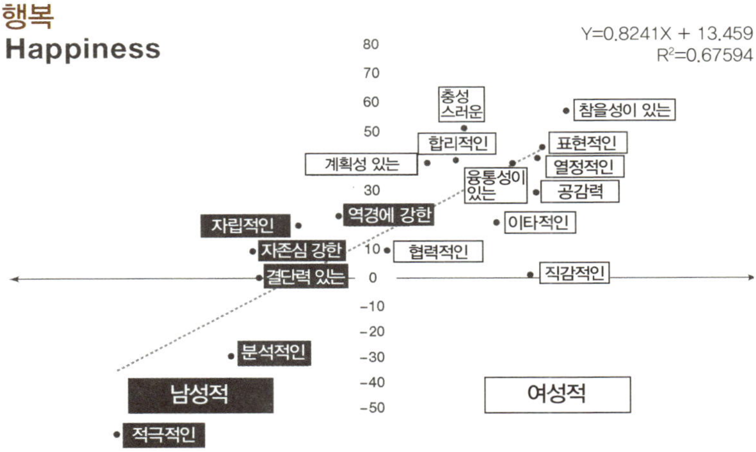

그림 1.11

성공을 어떻게 생각하고 있는지 측정하기 위한 것이었다(그림 1.9). 응답자 중 80퍼센트 이상이 돈보다는 타인과의 관계와 그들을 존중하는 것이 성공에 이르는 길이라고 답했다. 50퍼센트 조금 웃도는 응답자들이 '공격적이고 지배하려 드는 성향의 사람들보다 인간성 좋은 사람들이 오늘날 성공할 가능성이 높다'라는 데 동의했다. 다른 응답자들 가운데에서도 많은 사람들이 공조, 친절, 공감 등의 가치를 선호했다는 점을 발견했다. 비슷한 선행연구가 없는 탓에 성공에 대한 사람들의 생각이 시대에 따라 변화했는지는 알 수 없다. 그러나 적어도 2012년 시점에서 남녀 모두 분명한 다수가 전통적으로 여성적 특성이라 여겨지던 가치들이 우리의 성공한 삶을 규정하는 데 필수적이라 생각하고 있다고 말할 수 있다.

도덕성

우리가 도덕성의 개념에 대해 고찰하려 했을 때 다양한 관습, 종교, 문화에 따라 도덕성의 정의도 상이할 것이라고 예상했다. 하지만 통계분석 결과 도덕성은 충성심, 이성, 공감, 이타성 같이 모두 여성적인 특성들과 관련이 있음을 발견했다(그림 1.10). 많은 사람들이 이런 가치를 도덕성과 연관짓는 이유는 욕심, 부패와 이기심에 대한 환멸 때문일 것이다. 사회적 구조와 시장경제 제도는 모두 여성적 가치로 여겨지는 도덕성과 믿음에 바탕을 두고 있기 때문에 여성적인 가치가 보다 존중되는 문화는 전세계적으로 사회구조를 개선하고 경제를 회복시키는 데 필수적임을 보여주고 있다.

행복

우리의 연구대상이었던 모든 국가에서 응답자들은 여성적 가치들이 행복과 연관된다고 답했다. 인내심, 충성심, 이성, 융통성과 같은 가치들이 새로운 세상에 적응하는 데 중요한 가치라는 사실을 다시 한번 확인할 수 있다(그림 1.11). 이를 통해 우리는 지식이나 영향력과 같은 새로운 가치가 남성적인 가치타 할 수 있는 힘과 자존심에 기반하는 이제까지의 물질주의적 사회 지위를 대체함으로써 풍요(금전적 가치)에 대한 관심이 멀어지고 있는 현상을 보고 있다.

•••

이에 비해 남성적인 특성(거칠고, 공격적인, 지배적인, 용감한, 오만한) 중 그 어느 것도 위대한 지도자가 되거나 도덕적이고 행복한 삶을 사는 것과는 별 연관성이 없었다. 남성적인 특성 가운데 그나마 리더십, 도덕성 그리고 행복과 연관된 가치는 '결단력'과 '자신감'이었다. 하지만 이런 가치들조차 남성적이라고 규정되는 가치들의 순위 가운데 가장 아래쪽에 자리잡은 것들이었다.

여성, 사업, 그리고 사회의 미래에 주는 의미

통계조사 결과와 분석을 갖고 우리는 가치관, 성, 일과 리더십에 대해 더 많은 전문지식을 가진 이들을 찾아 나섰다. '앞서가는 여성(Leading Women)'이라는 단체에서 일하는 자넷 월코우(Janet Walkow)와 크리스틴 제이콥스(Christine Jacobs)는 여성들이 (손님, 동료, 투자자들을 대할 때) 더 큰 신뢰를 주는 이유는 더 잘 경청하고 공감하는 여성들의 능력 때문일 것이라고 했다. 남성이든 여성이든 경청하고 공감할 수 있는 능력을 가진 사람은 기관들이 대중으로부터 신뢰를 잃고 있는 위기의 시대에 성공할 수 있다. 최근의 금융위기, 정치적 혼란 그리고 자연재해 등을 감안할 때 신뢰가 절대적으로 부족하기 때문이다.

자넷은 "세상이 훨씬 더 나빠져야 사람들이 정신을 차리고 여자들에게 책임을 맡길걸요."라고 회의적인 생각을 드러냈다.[4] 크리스틴은 "사람들은 여성이나 여성처럼 생각하는 남성들이 더 현명한 리더라는 점을 알고 있다고 생각하고 싶네요."라고 덧붙였다.

크리스틴의 주장을 뒷받침해주는 증거는 많다. 2009년에 헤지펀드 연구(Hedge Fund Research)에 의하면 여성이 운영하는 펀드가 남성이 운영하는 펀드보다 9년 연속 훨씬 높은 수익률을 냈다고 한다.[5] 크레딧 스위스(Credit Suisse)의 2012년 연구에 따르면 지난 6년 동안 이사회에 여성이 참여하고 있는 큰 회사(100억 달러 이상의 자본동원력을 가진 회사)가 이사회에 남성만 있는 회사보다 26퍼센트나 더 큰 수익을 냈다.[6]

다른 통계는 여성적 스타일의 성공과 여성적 스타일이 남녀 모두에게 있어서 갖는 중요성을 보여주고 있다. 현재 미국에서는 대학에 재학 중이거나 학사학위나 그 이상의 학위를 받고 졸업하는 여성들이 남성의 숫자보다 많다. 아직도 여성이 전문직종에서 유리천장(성적 차별 때문에 여성이 승진이나 보너스에 불이익을 받는 관행)과 싸우고 있음에도 불구하고 2012년에는 열 명 가운데 네 명의 여성이 자신들의 남편보다 수입이 많았다. 이것은 20년 전보다 50퍼센트 증가한 수치다.[7] 한편 제조업의 축소에 따라 남성들이 간호사, 초등학교 교사, 비서, 그리고 학교 상담사로 진출하고 있다. 이런 변화는 집안일과 육아에 남성들의 참여가 증가한 현상과 같은 상황에서 이뤄졌다.[8] (전업주부인 남성의 수가 10년 사이에 두 배로 늘었다는 미국의 인구주택 조사결과도 있다.[9])

미국뿐만 아니라 해외에서도 여성적인 이상과 가치관을 가진 비영리단체가 성공하는 사례는 많다. 샌프란시스코의 '로버츠 사업 개발 펀드(Roberts Enterprise Development Fund)'는 50개 정도의 비영리단체에 투자해 수백 개의 일자리와 매년 1억 달러 이상의 매출을 올리고 있다.[10] 시애틀에 기반을 둔 '파이오니어 휴먼 서비스(Pioneer Human Services)'는 1천 개가 넘는 일자리를 만들어냈고, 7천만 달러가 넘는 예산의 대부분을 영업이익으로 충당한다.[11] 스페인에서 몬드라곤(Mondragon) 조직으로 불리는(노동자들 소유의) '협동조합 네트워크'는 현재 10만 명 이상의 사람들을 고용할 정도로 성장했다.[12] 2011년 독일의 잡지 『분석과 비평(Analyse and Kritik)』에 발표된 바와 같이 이 네트워크 매출액의 10퍼센트

는 교육에 투자되고 20퍼센트는 예비비로 축적되고 있다.[13]

우리의 조사에서 대체로 여성적이라고 묘사된 특성들을 고려할 때 대다수의 비영리 부문은 영업스타일이나 사업의 주안점에 있어서 좀더 여성적이라고 할 수 있다. 비영리단체의 리더들은 수익만이 성공의 기준이 아니기 때문에 균형 잡힌 운영목표를 가지고 있다. 이들은 인간적인 가치를 중시하고 매사를 결정할 때 더 많은 사람들의 의견을 수용하며 자신들의 행동에 따른 파장 및 효과에 민감하다. 그들은 개발과 성장에 있어서 더욱 창의적이고 성공적으로 변화하고 있다. 이런 시각은 '스탠포드 사회 혁신 리뷰(Stanford Social Innovation Review)'의 연구조사결과를 보면 더 잘 이해할 수 있다. 이 학술지는 21세기 첫 10년 동안 비영리단체의 호황에 대해 '지난 10년은 사회적 기업가들의 급증, 거액을 기부하는 자선가들의 등장, 그리고 이들 비영리단체에 대한 투자의 증대로 요약할 수 있다. 이같은 추세는 비영리 부문의 폭발적인 증가를 가져왔다'라고 발표했다.[14]

물론 비영리단체들 또한 일을 하는 데 있어 남성적 에너지를 필요로 한다. 그리고 영리단체 역시, 그 안에서 여성적 특성을 찾는 것은 어렵지 않다. 뉴욕 시에서 여성 사업가들의 자문을 맡고 있는 애들레이드 랭캐스터(Adelaide Lancaster)는 여성이 성공적인 영리기업의 리더가 될 수 있는 몇 가지 분명한 근거를 제시했다. 그녀는 우선 전통적으로 여성과 연관되어온 태도와 적성들을 거론했다. 위험에 대해 보다 계산적인 접근 자세와 여러 일을 동시에 할 수 있는 멀티 태스킹 능력 등의 힘은 오늘날의 비즈니스 환경에 꼭 필요한 특성들처럼 보인다. 애들레이드는 "남성과 여성의 차이가 여성을 더 나은 기업가로 만들어 줄 수 있으며 그런 예는 도처에 있다." 라고 덧붙였다.[15]

미국 밖에서도 지도자급의 자리에 여성 진출의 증가 추세는 사회, 경제적 발전에도 개선을 예고하고 있다. 브라질 대통령 딜마 루세프(Dilma Rousseff)는 2011년도 유엔 총회 개회사에서 '여성의 목소리'는 또한 민주주의와 평등을 외치는 목소리라고 주장했다. 그녀의 모국어인 포르투갈어에서 용기, 진정성, 삶, 희망과 같은 단어들은 여성적인 단어라고 한다. 따라서 루세프 대통령은 '여성의 세기'가 평화와 번영을 가져올 것이라고 예측했다.[16] 실제로 수많은 연구결과가 여성의 교육과 직업환경이 개선되고 소득이 증가할수록 그들이 속한 사회도 더 건강해지고 행복해짐을 밝혀냈다.

아테나 가치를 해독하다

여성의 성공사례를 보여주는 이야기와 자료는 사실 더 복잡한 세계의 단면을 보여주고 있을 뿐이다. 여성들의 수입이 증가하는 현상은 부분적으로 미숙련 남성 근로자들이 차지하던 고수입 직업이 줄어든 결과이기도 하다. 미국 노동부의 통계에 따르면 아직도 여성은 같은 일을 하는 남성 노동자들 임금의 80퍼센트 정도 밖에 받지 못한다.[17] 연봉 백만 달러 이상의 소득을 올리는 여성의 수가 남성의 두 배로 빠르게 증가하고 있지만 경영진에 속하는 여성의 숫자는 남성에 비해 극히 적다. 케이털리스트(Catalyst) 연구소에 의하면 2011년 포춘(Fortune)지가 선정한 500대 기업 이사진의 16.1퍼센트만이 여성이었다.[18] 정치, 비즈니스, 그리고 심지어 예술분야에서까지 최고결정권은 아직도 남성에게 있다. 또한 포브즈(Forbes)지가 선정한 세계에서 가장 부유한 20명의 억만장자 중 3명 만이 여성이다.[19]

아직 여성이 남성과 동등한 위치에 서지는 못했지만 여성들의 꾸준한 진전은 현대 경제에서 여성적 특성의 중요성을 보여준다. 인내심, 세심함, 그리고 다른 사람을 이해할 수 있는 역량은 빠른 속도로 상호 연계되어가고 있는 세계에서 매우 중요한 특성이다. 우리의 연구에서 78퍼센트의 응답자들은 '오늘날의 세계가 우리에게 더 친절하고 더 공감할 수 있는 능력을 갖기를 요구한다'라고 대답했다. 또한 응답자의 79퍼센트는 '오늘날의 사회에서 성공적인 직장 생활을 하는 것은 다른 이들과 협력하고, 성과를 다른 이들과 공유하는데 있다'는 데 동의했다. 이 수치들은 '여성적인' 친절함과 협업이 오늘날의 직장에서뿐 아니라 사회 전반적으로 요구되는 가치임을 보여주고 있다.

비록 이 책은 리더십에 비중을 두어 다루고 있지만, 여성적 가치가 삶의 모든 부분에서 중요하다는 점을 간과할 수는 없다. 대부분의 사람들은 좋은 삶이란 괜찮은 직업, 의미 있는 인간관계, 그리고 최소한의 안전 보장으로 이루어지고 있다고 믿는다. 여기서 다시 한번 대부분의 사람들이 좋은 삶과 연관짓는 가치들은 여성적 특성들 가운데서 비롯된 것임을 알 수 있다. 이것은 여성뿐만 아니라 남성들에게도 마찬가지다.

•••

우리가 조사한 사람들은 남성적 가치와 여성적 가치들의 조합이 개인적 성공의 열쇠라고 생각했다. 또한 전세계 65퍼센트의 사람들은 정부에 여성 지도자가 많을수록 정부의 신뢰와 공정성을 증대시킬 뿐만 아니라 전쟁과 스캔들을 줄일 것이라고 믿었다. 그들이 묘사한 여성 리더십은 부드럽고 우유부단한 것이 아니라 현명하고 조용하지만 강한 것이었다. 우리의 6만 4천 명 응답자들이 생각한 성공의 열쇠는 다음과 같다.

· 연계성—인간관계를 형성하고 유지할 수 있는 능력
· 겸손함—경청하고, 다른 이를 통해 배우며 성과를 다른 이들과 공유할 수 있는 자세
· 정직함—솔직하고 개방적으로 이야기 할 수 있는 능력
· 인내심—어떤 해결책들은 더디게 드러난다는 것을 인정하는 자세
· 공감능력—다른 이에 대해 세심하여 이해심을 촉진시킬 수 있는 능력
· 신뢰성—믿음을 주는 행적과 성품
· 관용—모든 사람들과 다양한 개념을 수용할 수 있는 열린 마음

· 유연성 – 상황의 요구에 따라 변화하고 적응할 수 있는 능력
· 취약함 – 인간적이며 실수할 수 있음을 수용하는 용기
· 균형감 – 치우치지 않는 목적 의식

우리에게 이런 특성들은 모두 시간이 가도 변치 않는 가치로 보인다. 이 가치들은 훌륭하고 고귀한 인품을 드러내는 특성이다. 정직함, 융통성, 겸손함, 그리고 균형감은 모두 진정한 존엄과 자신감을 필요로 한다. 자신의 취약함을 드러내면서 다른 이들과의 관계를 유지하려면 용기가 있어야 한다.

종합해 보면 우리 연구가 가장 선호한 가치들이 그리스 여신 아테나의 성품과 가장 닮았다고 생각했다. 지성, 능력, 교화력, 그리고 공명정대함으로 숭상 되어온 아테나는 산업, 예술, 그리고 공예의 여신이다. 그리스인들에게 올리브 나무를 주어 그들의 경제와 문화를 존속시킨 것은 바로 아테나였다. 분쟁이 일어났을 때 그녀는 폭력으로 대응했던 동생 아레스(Ares)와 달리 총명한 전략과 현명한 책략으로 응수했다.

만약에 아테나가 우리 시대에 필요한 가치들을 인격화한 존재라면, 그녀가 대표하는 이상들은 일종의 원칙(doctrine)이라고 생각할 수 있을 것이다. 이 원칙은 우리의 일, 공동체, 그리고 개인적 삶에서 성공과 효과적인 리더십으로 이끌어줄 것임이 틀림없다. 전통적 의미에서의 여성적인 아테나 모델은 끊임없이 변화하는 시대에서 성공하기를 바라는 남성들에게도 유효하고 중요하다.

남성들에 대한 부정적인 평가(62퍼센트의 응답자들은 남성들

성별 가치관 분포
Gender Distribution

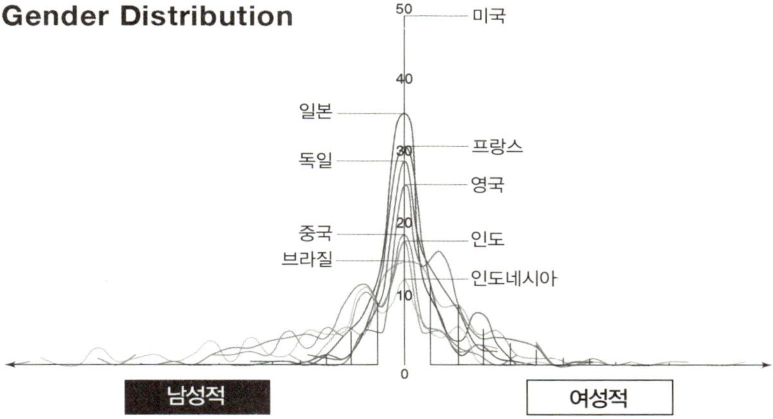

그림 1.12 출처 : Gallup World Poll 2011. "Quality of Life: Thriving Index." 2011. https://worldview.gallup.com/default.aspx; World Bank. "GDP Per Capita PPP." 2012. http://data.worldbank.org/indicator/NY.GDP.PCAP.PP.KD

의 행동에 불만을 나타냈다), 그리고 시대적 문제에 대한 여성적 해결책의 긍정적 평가는 사람들이 변화가 일어나고 있음을 직관적으로 이해하고 있음을 보여준다. 전세계적으로 여성들이 아직도 많은 장애에 직면하고 있지만 지리적 장소나 성별과 상관없이 사람들은 여성들이 남성들만큼이나, 아니 그 이상으로 성공할 수 있는 기회가 있다고 생각한다.

사람들이 세상에 대해 느낀(부정적인) 것과 자신들의 전망에 대해 느낀(긍정적인) 것 사이에 큰 격차가 있음을 고려할 때 우리 연구의 응답자들은 성공, 행복 및 희망을 스스로 찾을 방법이 있다고 느끼고 있음이 분명한 듯 싶었다. 사회과학자들은 경제에 대해서 말할 때, 사람들은 대체로 사회가 그들에게 '지속가능한' 시스템 안

성별 가치관 분포와 삶의 질
Gender by Quality of Life

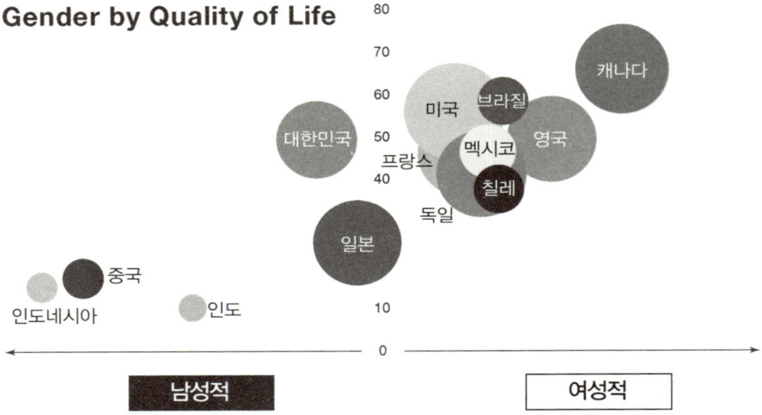

그림 1.13 출처 : Gallup World Poll 2011. "Quality of Life: Thriving Index." 2011. https://worldview.gallup.com/default.aspx; World Bank. "GDP Per Capita PPP." 2012. http://data.worldbank.org/indicator/NY.GDP.PCAP.PP.KD

에서 금전적인 성공을 위해 공정한 기회를 제공할 때 가장 만족한다고 했다. 대다수의 사람들이 이미 무의식적으로라도 아테나 가치들의 중요성을 인지하고 있다는 사실이 '성별과 성공'에 대한 반응을 분석하면서 명백해졌다. 사람들은 남성과 여성 모두 삶의 시련과 도전에 맞서 뚜렷한 여성적인 능력, 가치 그리고 태도로 대응할 필요가 있다고 믿고 있었다. 또한 미래에 대해 긍정적이고 자신감 있는 사람들은 이미 여성적 사고방식을 받아들이고 활용하고 있다는 점도 명백해졌다.

우리는 시민들이 좀 더 여성적 사고를 하는 사회와 더 남성적인 사고를 하는 사회에서 경제적 발전의 차이가 나타나는지 자료를 다시 검토해보았다. 더 발달되고 안정된 사회는 사고방식에 있어서

보다 중립적이며 여성적 사고를 좀 더 포용하고 있는 반면, 개발도상국들은 성향적으로 여전히 남성적이었다.

게다가 더욱 높은 수준으로 여성적 사고를 하는 국가들은 일인당 국민소득이 더 높았고 삶의 질도 더 높은 것으로 평가됐다(그림 1.12와 1.13). 우리의 연구를 통해 전세계적으로 더욱 여성적인 방식으로 생각하는 사람들이 남성적으로 사고하는 사람들보다 행복하고 미래에 대해 긍정적임이 밝혀졌다.

• • •

전세계 사람들이 우리의 조사에 응답하면서 자신들이 아테나 스타일(꼭 이 용어를 사용하지는 않았지만)을 선호함을 알게 되었기 때문에 우리는 여성적 가치를 향한 변화의 추세를 기록으로 남기기로 했다. 우리는 사람들로 붐비는 페루의 리마와 바람이 몰아치는 아이슬란드를 방문했다. 콜롬비아의 산 속 도시 메들린(Medellin)에 가기 위해 산길을 헤매기도 했으며 손에 땀을 쥐며 히말라야 국가인 부탄으로 향하기도 했다. 15만 마일에 달하는 여정에서 우리는 정부, 기업 그리고 비영리단체에서 아테나 독트린이 작동하고 있음을 발견했다. 아이슬란드의 헌법개정 과정에서와 같이 엄청난 경우도 발견했다. 하지만 대부분의 경우는 런던의 휩카(WhipCar)라는 차량 공유 서비스와 같이 작고 실험적인 것들이었다. 하지만 이 모든 사례에서 우리는 융통성 있고 지속 가능한 삶과 리더십의 방식을 찾고 있는 사람들을 보게 됐다.

이 책은 우리의 글로벌 조사를 통해 얻어진 통찰력과 전세계적으로 경제 불황, 빠르게 변화하는 기술, 그리고 고질적인 사회 문제와 싸우고 있는 사람들의 이야기를 담고 있다. 그들의 아테나 스타일 가치가 모두에게 궁극적인 성공을 보장하는 것은 아니었다. 하지만 그들이 지속 가능한 해결책을 찾기 위해 끊임없이 보이고 있는 진정성, 활력, 호기심과 창의성은 대단히 고무적이었다. 그리고 현재의 위기상황에서도 포괄적이고 인도적인 계획이 성공적으로 부상하게 될 것이라는 희망을 우리에게 안겨주었다. 만약 진정코 필요가 발명의 어머니라면 우리는 지금 당장 아테나, 그녀가 필요하다.

제 2 부

여성적 가치가 세상을 바꾼다

제1장 영국

“돈이 부족한 사람들의 세상에선
가까운 인간관계가 더 중요하다.”
– 응답자의 82.1%가 동의

거리의 나무와 가로등에는 손으로 쓴 벽보가 붙어져 있었고, 그 벽보에는 ‘분노의 바다는 이쪽으로’라는 안내말과 화살표가 그려져 있었다. 화살표는 런던대학교 학생회관 쪽을 가리키고 있었다. 2011년 11월 9일 구름이 짙게 깔린 날 아침, 무리를 지은 군중이 매 순간 급속히 늘어나고 있었다. 정오가 되자 시위 현장은 거리축제를 방불케 했다. 오렌지색 킬트(kilt)*를 입은 노인은 자신이 가지고 온 카세트에서 나오는 음악에 맞추어 경쾌한 춤을 추었다. 얼마 떨어지지 않은 곳에서는 자전거 뒤에 달아맨 휴대용 확성기에서 힙

* 스코틀랜드 사람들이 전통적으로 착용해 온 스커트형의 남자용 하의로 세로로 주름이 잡힌 느슨한 스커트. 본래는 집안이나 신분을 나타내는 타탄이라 불리우는 체크무늬로 만들어진다.

합 비트음악이 흘러나왔다. 그리고 이런 소리들과 함께 "교육예산 축소 반대!" 구호가 섞여 메아리쳤다.

12시 40분쯤 영국군 3개 여단에 맞먹는 규모의 2천 명 이상의 남녀가 트라팔가 광장을 향해 행진했다. 그들은 '모든 것을 점령하라, 런던을 차지하자'라는 구호가 쓰인, 차도 전체를 차지할 만큼 큰 현수막을 앞세우며 행진했다. 형광색 재킷에, 헬멧과 투명한 플라스틱 얼굴 보호막을 착용한 수백 명의 런던 경찰들이 그들을 따랐다. 북을 목에 걸고 두드리며 걷는 이들도 있었다. 이들 군중의 머리 위에는 하늘을 가르며 소용돌이 치는 경찰 헬리콥터가 보는 사람들에게 장관을 연출하고 있었다.

현재의 경제시스템이 더 이상 그들을 위한 것이 아니라는 동기에서 시작된 시위는, 그들의 좌절감을 구호로 외치게 하고 헬멧을 쓴 시위진압경찰을 향해 야유를 퍼붓게 하고 있었다. 감시카메라에 신원이 노출되는 것을 피하기 위해 얼굴을 가리는 이도 있었다. 이러한 광경은 젊은 세대와 사회지도층간의 신뢰 상실을 그대로 보여주었으며 세계 곳곳에서 일어나는 유사한 시위들과도 맥락을 같이하는 것이었다. 전세계 사람들이 일종의 동질감과 희망을 찾기 위해 투쟁하고 있는 것처럼 보였다. 개인적인 영역에서 사람들은 행복의 새로운 정의와 행복을 이루기 위한 새로운 방법을 찾고 있었다. 정치적 행위자로서 그들은 타협 없는 정치와 진부한 정책들에 대해 불만의 목소리를 높이고 있었다. 2011년을 돌이켜보면 '점령하라(Occupy)'라는 운동보다 더 눈에 뜨이는 사회적 발전은 없었다. 이 운동은 대단히 불확실한 시대에 사람들이 생각과 감정을 표출할 수 있도록 한 느슨하게 생성된 시위였다.

스페인에서 시작된 '분노한 사람들(Indignados)'* 행진은 각국에서 은행 스캔들, 실직, 정치적 교착 상태, 심화되는 빈부격차에 대한 분노를 표출하기 위해 군중들로 하여금 거리고 쏟아져 나오게 했다. 미국에서는 이 분노가 '1퍼센트'에 달하는 돈 있고 힘 있는 이들과 중산층의 몰락을 두려워하는 '99퍼센트' 사람들의 어려움에 초점을 맞추었다. 수천 명의 사람들이 그들의 고충을 전하기 위해 말 그대로 공공장소를 점령함에 따라 공원과 도시 중심지는 곧 야영지로 변해버렸다. 점령운동은 1980년대의 비핵화 시위 이후 가장 널리 확산된 대규모 시위였지만 '핵무기 반대'와 같이 단순한 구호로 표현할 수 없는 복잡한 문제를 겨냥하고 있었다. 전세계적인 경제 위기를 해결하는 이슈는 핵무기 금지마냥 단순할 수 없는 문제였다.

런던의 점령시위자들은 이슬링턴과 해크니 구역 및 세인트 폴 성당에 텐트 촌을 만들었다. 그들은 은행 긴급구제 반대와 정부의 교육 및 사회복지 재정 삭감에 반대하는 데에 대중의 관심을 집중시키려고 했다. 영국과 유로존 국가들이 채택한 긴축재정 구상은, 미국이 심각한 경제위기에 대응해 경제활성화를 위한 거액의 연방지출 프로그램을 포함시킨 것과 상이했다. 미국에서는 이런 대응에

---

* '분노한 사람들'이라는 뜻의 스페인어로, 2010년 5월 15일 스페인 수도인 마드리드의 푸에르타 델솔 광장에서 정부의 긴축정책에 항의하는 젊은이들에 의해 시작된 시위. 시위는 프랑스 파리를 거쳐 유럽의 수도 벨기에의 브뤼셀까지 1,700km에 이르는 대장정(大長征)의 형태로 나타났고 언론매체는 이들을 '분노한 사람들'로 불렀다. 이후 이 용어는 스페인뿐만 아니라 유럽 각국에서 청년 시위자들을 가리키는 표현으로 정착됐다.

힘입어 더디긴 했지만 실질적인 고용증대와 성장이 이루어졌다. 그러나 영국과 유럽에서는 긴축재정 정책이 제대로 작동하지 않았다. 오히려 실업률은 다시 상승했고 성장은 요동치다가 급기야 멈춰서고 말았다.

정치인들은 상황을 개선시키지 못했고, 긴축재정으로 삶이 더 고달파진 서민들은 초조해졌고 결국 분노하게 됐다. 런던의 시위자들은 현재의 시스템이 '지속 불가능' 하다고 강하게 주장하긴 했지만, '시스템' 개선책이나 개혁을 위한 대안들을 제시하지는 못했다. 더 이상 이 시위의 에너지 분출구가 없어지게 되자 점령운동은 행동을 위한 시위라기보다 대중들의 불만표출의 수단이 되어버렸다. 런던시민 모두 무엇이 젊은이들을 화나게 만들었는지는 알았지만 구조적 해결책을 찾기는 쉽지 않았다.

하지만 도시 주변 여기저기에서 영감을 받은 개인과 단체들은 그들 나름대로의 대안을 만드는 작업들을 조용히 진행하고 있었다. 우리가 런던에 도착했을 때는 시위가 한창이었다. 사실 우리는 조용하며 신중한 몇몇 혁명가들을 만나기 위해 런던에 온 것이었다. 이곳에서 우리는 진정한 아테나 정신을 갖고 비즈니스, 지역사회 운동, 그리고 장인(丈人)으로 일하고 있는 사람들을 만날 계획이었다.

우리가 만나려는 그들은 많은 부분에서 노력의 결과를 극대화하고 공통된 문제에 대한 창의적 해결책을 찾는 사람들이었다. 그들은 고객들과 동료들, 그리고 지역공동체와 소통하는 '연결하는 힘'이 중요하다고 강조했다.

소유대신 빌려타는 자동차

2011년 11월 9일, 점령운동이 휩쓸었던 거리에서 4백미터 떨어진 곳에 비네이 굽타(Vinay Gupta)와 톰 라이트(Tom Wright)는 작은 사무실에 앉아서 컴퓨터 키보드를 두드리고 있었다. 잠시 일을 멈췄을 때 이 두 젊은이는 요란스러운 헬리콥터 소리를 들었지만 거리에서 일어나고 있는 시위에 참여할 생각은 커녕 그 광경을 구경하려는 생각조차 없었다. 점령운동에 대해 공감하지 않아서가 아니다. 시위자들과 엇비슷한 나이인 그들은 수만의 영국인들이 경제 불황과 정부의 긴축재정 대응에 대해 불만이 있음을 잘 이해하고 있었다. 치열하게 새로운 길을 개척하려 하지 않는다면 일과 안정을 추구하는 전통적 진로들이 사라지게 되는, 불안한 상황이었다.

톰과 비네이는 컴퓨터작업을 통해 아이디어를 자산으로 만들며 새로운 경제의 개척자로 활동하는 중이었다. 휩카(WhipCar)라는 그들의 작은 회사는 안전하고 믿을만한 자동차를 가진 사람들 누구나, 한 시간이나 하루 혹은 일주일 단위로 자동차를 필요로 하는 이웃에게 빌려줄 수 있도록 중개해주고 있었다. 길 모퉁이에 주차되어 있는 쇳 덩어리에 불과한 자동차를 대여자에게는 유용한 교통수단으로, 그리고 자동차 주인에게는 현금을 쉽게 벌 수 있는 수단으로 변신시켜주었다. 자동차와 중개거래는 휩카와 보험회사에 의해 보장되는 서비스다. 거래금액의 일부를 서비스 요금으로 받지만 회원가입은 무료다.

우리가 휩카의 창립자들을 만났을 때 그들은 매일 자동차 대여에 참여하는 새로운 고객 백 명 이상을 리스트에 추가하고 있었다. 중개하는 차 대여 수는 매 주 증가하고 있었다. 휩카에서 대여하는 자동차가 1만 5천 대를 넘어서면서 2천만 달러 이상의 자산가치를 가진 가장 큰 자동차 대여회사 중 하나로 자리매김하게 됐다. 이 자산은 은행 대출이나 주식 지분으로 형성된 것이 아니고 단순하지만 과감한 발상, 즉 사람들은 기본적으로 정직하다는 생각에서 비롯된 것이다.

"우리가 제공하는 기본적인 서비스는 자동차 주인과 대여자간의 신뢰를 쌓도록 도와주는 것입니다."라고 비네이가 코벤트 가든에 있는 엔델(Endell)가의 병원 클럽 조용한 구석에서 차를 마시며 설명했다.[1] (오래된 병원 안에 있는 이 클럽은 젊은 사업가들을 위해 사교와 비즈니스용으로 사용케 하는 중심공간이다). "우리는 자동차에 대한 보험뿐 아니라 대여자로 하여금 자신들의 선택과 자동차가 좋은 상태에 있다는 확신을 갖게 해줍니다."라고 비네이가 말했다. "그 후에는 각자가 자신들의 운명에 따라야겠지요."

뉴욕 출신 서른네 살의 비네이는 휩카를 가능하게 한 혁신적인 아이디어에 대한 질문을 받으며 입가에 미소를 띠웠다. 그가 기억하는 가장 중요한 아이디어는 대부분의 자동차들이 사람을 태우고 돌아다니는 시간보다 훨씬 더 많은 시간을 도로 한구석에 세워진 채로 있다는 사실이었다. 이렇게 차가 놀고 있는 시간(매일 23시간 정도)은 보험, 수리, 임대나 대출금으로 내는 돈을 계산하면 자동차 주인에게 연 평균 1만 달러 정도의 손실을 의미한다. "대부분의 사람들에게 자동차는 집 다음으로 비싼 자산이지요. 그런데 사용하지 않고 가만히 서있는 시간이 늘어 나면서 가치를 잃어가고 있어요. 만약 그 가치를 현금화하는 것을 우리가 도와준다면 사람들은 그 기회를 이용할 것이라고 생각했습니다."

기존의 '자동차 공유' 기획들의 경우는 자동차 주인들이 대여자들이 자동차를 함부로 다룰까 걱정했고, 또 주인과 대여자들을 신속히 연결시키는 기술이 없어서 실패했다. 고속 인터넷 통신망의 발달과 공학적으로 잘 만들어진 웹사이트 덕분에 기술적인 문제들은 해결이 됐다. 휩카의 웹사이트는 수천 대의 자동차를 검색해 대여자들로 하여금 자신들의 수요에 맞는 자동차들의 위치를 곧바로 지도에 표시해줄 만큼 강력하다(대부분의 자동차는 대여자의 위치에서 도보로 십분 거리 내에 있다). 휩카의 대여 규칙은 대여자들이 선택한 자동차에 입찰할 수 있게 하고 차 주인들은 한 시간 내로 입찰가격을 받아들이거나 거부하도록 했다.

효과적인 기술과 규칙을 갖게 된 비네이와 톰의 관심은 신뢰에 대한 문제로 옮겨갔다. 한 연구에 따르면 영국내 자동차 소유자의 절반 이상은 자신들의 차에 아이처럼 이름을 붙여줄 정도로 자동차를 아낀다. 그렇다면 전혀 낯선 사람이 집에 찾아와 자기 차의 키를 달라고 할 때 어떻게 쉽게 내어줄 수 있을까? 더욱 중요한 것은 차를 대여한 이들이 낯선 자동차를 어떻게 다룰 것인가라는 문제였다.

자동차 주인을 직접 만났던 대여자들은 비네이와 톰이 예상했던 것보다 더 조심스럽게 차를 운전했다. 톰은 "인간적인 요소가 위험을 감소시켰다고 생각합니다."라고 지적했다. 톰은 "휩카 서비스

대부분의 자동차들이 사람을 태우고 돌아다니는 시간보다 훨씬
더 많은 시간을 도로 한구석에 세워진 채로 있다는 사실이었다.

자동차 주인을 직접 만났던 대여자들은 예상했던 것보다 더 조심스럽게 차를 운전했다.

이용자들은 다른 사람의 자동차를 이용하고 있다는 점입니다. 그 차는 더 이상 어떤 기업에 소속된 얼굴 없는 자동차가 아니에요. 모든 대여자들은 자동차 주인에게 차를 다시 가져다 줘야 한다는 것을 잘 알고 있어요. 따라서 휩카 이용자들은 '나는 차를 빌려서 스코틀랜드에 갈 건데 차가 어떻게 되든 상관 없어'라고 할 수 없다는 사실이에요. 이곳은 인간들이 만들어 가는 시장이고, 그 인간적인 면이 사람들 마음을 최선으로 이끌어내는 것입니다."라고 했다.[2]

자동차 주인들 사이에서는 이런 인간적인 면모가 단골 대여자들과 친구가 되게 하고 더 낮은 입찰가격도 수용할 수 있게 한다. 대여자들 사이에서는 이런 관계가 자동차에 대한 책임감뿐 아니라 심지어 애착까지 갖게 한다. 2년 가까이 영업하는 동안 휩카의 설립자들은 대여된 자동차의 상태에 대한 심한 논쟁이나 기름에 대한 분쟁(대여자들은 그들이 사용한 만큼의 기름을 채워 넣도록 되어 있다)을 손가락으로 꼽을 만큼 적게 겪었다. 그동안 휩카를 가장 활발하게 이용한 자동차 주인들은 차를 빌려줌으로써 한 달에 8백 달러 정도의 수익을 얻었다. 어떤 주인들은 대여자들이 선호하는 차를 구입하기 위해 새로운 자동차를 구매하기 전에 비네이와 톰과 상담할 정도였다.

비네이와 톰은 휩카 이용자들에게 돌아오는 이득 외에도 수천 대 차량의 더욱 효율적인 운행으로 인해 생기는 금전적, 환경적 이득을 언급했다. 다양한 통계에 따르면 중형차 한 대를 생산하는 데에는 그 차량이 평생 배출할 양보다 많은 이산화탄소가 배출된다고 한다. 자동차를 구매하지 않기로 결정하는 휩카 이용자는 대략 15

톤의 이산화탄소 배출량의 부담으로부터 지구를 구해주는 셈이다. 자동차 주인에게 지불되는 대여료는 주차되어있는 자동차와 함께 얼어붙어 있는 가치를 현금화함으로써 경제를 순환시킨다. 톰은 "이 서비스는 특히 고정된 수입에 의존하면서 차는 거의 운전하지 않는 은퇴한 사람들에게 유용합니다. 그들은 추가 수익으로 이득을 볼 수 있기 때문이죠."라고 말했다.

비용을 낮게 잡은 덕분에 비네이와 톰은 원래의 비즈니스 계획을 당시 예측했던 것보다 더욱 빨리 휩카를 수익성 있는 사업으로 전환시킬 수 있었다. 그동안 자동차를 높은 사회적 지위의 상징으로 생각하던 사람들의 태도변화도 도움이 됐다. 비네이에 의하면 미국에서 '자동차 면허를 취득하는 16세의 비율이 1988년의 44퍼센트에서 2008년에 30퍼센트로 줄어들었다'고 한다. "유럽 전역에서도 비슷한 일이 일어나고 있습니다. 자동차를 소유하는 것이 더 이상 예전같은 사회적 지위를 의미하지 않습니다." 사실 최근 미국에선 사상 처음으로 자동차 소유자 비율이 감소했다. 아울러 젊은 운전자들이 차량으로 이동한 평균 거리의 감소는 더 이상 자동차 소유가 이전에 마법처럼 여겨졌던 사회적 지위의 상징이 아니라는 것을 보여준다.

경제 불황기에는 자동차를 대여해서 이용하는 편이 훨씬 경제적이다. 그럼에도 불구하고 구태여 차를 소유하려는 것은 성격상의 결함이라고 까지는 말하기 어렵더라도 판단착오라 여겨질 수 있다. 톰과 비네이는 2, 30대 자신들 또래의 성향을 볼 때 과시적이지는 않지만 지속가능한 가치들이라 할 수 있는 융통성, 창의성 그리고 독립성이 성공에 이르는 새로운 기준이라고 주장했다. "현재의 기술과 경제를 들여다보면 우리가 대단한 변화를 겪고 있음을 알 수 있습니다."라고 기업가가 되기 전 통신산업계통에서 일하던 비네이가 말했다. "저는 스물두 살 이전에는 휴대폰이 없었어요. 그런데 요즘은 다섯 살짜리 아이들도 휴대폰을 들고 다니고 두 살짜리도 아이패드를 이용할 줄 알죠. 사람들이 이런 변화로 혼란스러워하고 있다는 것은 당연히 이해가 되는 부분이에요."

비네이는 고용환경의 변화와 부동산 거품의 붕괴로 많은 사람들이 혼란과 불안을 느끼게 됐다고 덧붙였다. 또한 이에 대한 해독제는 좋은 삶이 무엇인지에 대한 새로운 정의와 경제에 대한 창의적 대응에서 찾을 수 있을 것이라고 했다. 그는 좀 더 많은 이들이 가치있는 무엇인가에 대해 접근한다면 사업이나 서비스를 개선하려는 사람들에게는 무한한 가능성이 펼쳐져 있다고 믿는다.

"집이 좋은 예입니다."라고 그가 말했다. "주택 소유는 성공의 기준이었습니다. 하지만 이제는 더 이상 같은 의미를 갖지 않습니다. 이제 우리는 주택 붐이 인위적이었고 주택을 소유하지 않는 것이 훨씬 더 경제적이라는 것을 압니다. 저는 집이 없어요. 차도 없답니다. 평생 사지 않을지도 몰라요. 하지만 저는 거주할 공간과 사용할 자동차에 쓸 돈이 있고, 인생을 풍요롭게 해주는 많은 경험이 있어요."

우리가 만났던 병원 클럽이 이와 같은 삶에 대한 '접근(access)' 태도의 좋은 예다. 아름답고 비싼 지역에 위치한 이 클럽은 이런 공간을 이용할 여유가 없을지도 모르는 많은 회원들에게 우아한 공간을 제공해 준다. 휩카의 경우처럼 이 클럽은 단기간 동안에만 무언가 비싼 것을 필요로 하는 사람들에게 장소를 제공해준다. "오늘날 사람들이 필요로 하는 것은 경험으로 '접근'하는 것이지 소유가 아닙니다. 우리는 서로 더욱 개인적인 관계를 쌓음으로써 그것을 제공할 수 있습니다."라고 비네이가 설명했다.

온라인과 연계한 할머니 뜨개질 주식회사

인간적인 방식으로 사업을 운영하는 휩카의 경우엔 많은 사람들로 하여금 자동차 대여 동의서를 작성할 때 보통의 계약서와 함께 "나는 조심해서 차량을 이용하겠습니다."라는 자필 노트를 남기도록 유도한다. 이런 글은 종이 위의 잉크 자국 이상으로 서비스 제공자와 소비자의 관계를 더욱 끈끈하게 엮어준다. 휩카의 이런 사업방식은 갈수록 비인간적인 시장으로 변하고 있는 세계 시장의 추세에 반하는 것이다. 온라인으로 이루어지는 상업활동이나 소비자가 직접 계산을 하는 자동카운터 제도가 효율적일지는 몰라도 우리가 거래하는 상대방을 보고, 듣고, 알게 될 때 느끼는 안정감과 연계의식을 제공하지는 못한다.

현대인 특유의 고립감은 많이 연구되어 왔고 몹시 애석한 현상이기도 하다. 이는 오늘날 우리 세계가 어떻게 돌아가는지 알지 못한다는 느낌에 어느 정도 근거한다고 볼 수 있다. 기술이 빠르게 발전하고 직업이 세분화되면서 우리는 물건들이 어떻게 착안되어지고 디자인, 생산, 그리고 배달되는지에 대해 점점 더 무지해진다. 우리가 물건의 원래 모습에서 동떨어져 있다는 느낌은, 동네 피자가게에서 요리사가 피자반죽을 공중에 던지는 것을 직접 볼 때나 농산물 직판장에서 농장 주인을 만날 때 어느 정도 해소될 수 있다.

케이티 모와트(Katie Mowat)는 이런 인간의 기본적인 연대욕구에 착안해 소비자들이 직접 온라인으로 디자인할 수 있는 모자, 스카프 등과 같은 겨울 양털제품을 맞춤형으로 뜨개질 해주는 사람들과 연결해주는 서비스를 만들게 됐다. 결국 뜨개질 해주는 여성은 할머니인 셈이고 고객은 할머니를 직접 선택할 수 있는 것이다! 열두 명 이상의 '할머니'들이 케이티의 웹사이트에 소개되어있다. 고객들은 자신이 선택한 '할머니'와 직접 연락하면서 모양, 색깔, 그리고 뜨개질 방식에 대해 소통한다. 완성된 제품에는 주문 고객의 이름과 '할머니'의 사인이 수놓인 라벨이 부착되어 발송된다.

우리가 템즈강의 사우스 뱅크지구에서 저녁식사를 위해 28세인 케이티를 만났을 때 그녀는 긴 자색 스카프를 걸치고 나타나더니 드디어 선선한 계절이 오고 있다며 즐거워했다. 이번에는 런던에 가을이 늦게 찾아왔는데 따뜻한 옷을 만들어 파는 이들에겐 반가운 소식은 될 수 없었다. '할머니 주식회사(Grannies Inc.)'는 창의력을 믿고 즐거운 마음으로 시작한 사업이긴 하지만 할머니들에게 수입을 보장하고 또 이를 계속하기 위해 이익을 창출해야 하는 진짜 사업이 됐다고 케이티는 말한다.

"첫 해에는 제품의 모든 가격을 너무 낮게 잡는 실수를 범했어요. 최고의 제품에는 최고의 가격을 붙여야 한다는 것을 배웠죠. 우리

할머니들의 실력이 정말 뛰어나서 제품의 질은 매우 훌륭했고, 소비자들은 몇 년이고 입을 수 있답니다."라고 케이티가 회상한다.[3]

'할머니 주식회사'에서 구입하는 제품들의 감성적 부가가치는 고객들이 할머니들의 이력사항을 보면서 시작된다. "저는 어렸을 때부터 양가 쪽 모두 조부모님이 안 계셨어요."라고 케이티는 회상했다. "우리회사에 계신 할머니들은 어찌 보면 저에겐 대리 조부모님이세요. 저희 웹사이트를 이용하는 많은 고객들도 그렇게 느끼는 것 같아요. 그리고 그들은 제품 디자인과 생산과정에서 할머니와 협력하며 참여합니다. 마지막으로, 당신만을 위해 특별히 수제 제작된 무언가를 받는다는 것은 신나는 경험이죠. 많은 사람들은 한 번도 그런 선물을 받아본 적이 없죠."

물론 할머니가 만들어준 모자, 조끼, 스카프를 받는 설레임은, 제품이 형편없이 만들어졌다면 금방 삭아들 것이다. 여기서 케이티 자신이 솜씨좋은 뜨개질꾼이었던 경험이 빛을 발한다. 2001년 뜨개질에 대한 열정이 시작되었을 때 케이티는 미국에서 공부하는 대학생이었다. 뜨개질과 여성 공동체는 케이티에게 창의적인 기회와 더불어 소셜네트워크의 가치를 절실하게 깨닫게 해주었다. 뜨개질꾼들은 자신들의 비밀을 서로 공유하며 대단한 열정을 갖고 서로를 독려함으로써 행복감을 즐긴다는 사실을 보여주었다.

'할머니 주식회사'와 함께 케이티는 그녀의 대학 뜨개질 동호회를 재현해냈다. 다만 이번에는 영국 시골까지 뻗어나가 수백 명의 솜씨 좋은 할머니들을 포함할 만큼 큰 규모였다. 우리가 케이티를 만난 다음 날, 우리는 밴버리의 옥스포드셔 마을에 가기 위해 칠턴

레일웨이 기차에 올랐다. 그곳에서 우리는 키 크고 허리 꼿꼿한 회색머리의 홀리(Holly)라는 할머니를 만났다. 긴 자갈길을 지나 집에 도착하자 그녀는 신발을 벗고는 우리를 배불뚝이 난로가 있는 따뜻한 방으로 안내했다. 그녀가 앉은 의자 옆에 양모와 뜨개질용 긴 바늘로 가득한 바구니가 놓여있었다. 창문을 통해 들판에서 풀을 뜯고 있는 수십 마리 양들이 보였다. 저 멀리 태양이 지평선 너머로 지고 있었다.

"저는 아주 행복한 결혼생활을 했어요. 하지만 2006년 제 남편이 죽자, 저는 세상이 저에게 다가와 '홀리, 함께 놀아보자'라고 하지 않을 거라는 걸 알았죠. 저는 제가 주도적으로 제 삶을 꾸려나가야 한다는 것을 깨달았어요."[4]

혼자 삶을 꾸려가면서 홀리는 지중해, 캐리비안해, 스코틀랜드 북부에 있는 오크니 섬들까지 항해도 해보았다. 남편을 보살펴주던 요양원에서 봉사활동도 했다. 이 봉사활동은 그녀의 불교적 감성을 자극했다. 그녀는 "삶의 무상함과 여림을 깨닫게 됐어요."라고 했다. 혼자만의 조용한 시간에는 뜨개질과 십자수 작업이 명상과 성찰에 도움이 됐다.

홀리는 '아주 오래 전에 뜨개질을 배웠다'고 했다. 2차 세계대전의 공급대란 속에서 여성들의 바느질과 뜨개질 기술로 만든 스웨터와 모자가 전선에 공급되었다. 바느질과 뜨개질은 전쟁터에 나간 남편을 둔 여성들이 공동체를 형성하게 해주었다. 어린 소녀들에게도 이런 기술은 자신도 제 몫을 다할 수 있다는 자긍심을 느끼게 해주었다.

홀리가 '할머니 주식회사'에 대한 기사를 읽고 그녀는 케이티에게 그저 안부를 전하기 위해 이메일을 보냈다. 케이티는 "샘플로 비니 모자*를 하나 만들어 보실래요?"라고 답했다. 홀리는 그러겠다고 답한 후 모자를 뜨는데 사용할 실, 바늘, 패턴이 들어있는 패키지를 배달 받았다. 그녀가 만든 비니모자는 거의 완벽했고, 홀리는 '할머니 주식회사'의 공식 뜨개질꾼이 됐다. 대부분의 뜨개질꾼보다 손놀림이 빠르고 야망이 컸던 홀리는 유럽 텔레비전 네트워크에서 주문한 수십 개의 비니 모자 생산과 같은 큰 일을 맡아왔다. "저는 제 아이들이 텔레비젼을 보다가 아나운서가 제가 뜬 비니를 쓰고 있는 걸 보고 제게 전화할 때 정말 기뻤어요."라고 홀리가 말했다.

일감이 많은 달에 홀리는 손자들을 데리고 한 두 번 외출하거나 과거엔 생각지 못했던 호사를 누릴 정도의 돈을 번다. 더 적은 예산으로 살아가던 여성들에게는 뜨개질로 버는 돈이 전에는 걱정거리였던 매달 청구서를 걱정 없이 내도록 도와준다. 이런 소득과 성취감은 작은 비즈니스를 만들어 그녀가 사랑하는 기술을 통해 다른 이들을 위한 긍정적인 일을 하겠다는 케이티 모와트의 열망이 만들어 낸 것이었다. 매우 현실적인 여성인 홀리는 '할머니 주식회사'에 참여함으로써 생기는 금전적 이득은 인정했지만 케이티의 아이디어가 수반하는 사회적 대가에 대해서는 회의적이었다.

지나온 생애 동안 홀리는 전쟁을 겪었고 여성들이 집을 떠나 일

* Beanie : 머리에 쓰는 동그란 모자

을 하고 핵가족화되면서 인구가 대도시로 이동함에 따라 사회적 유대가 느슨해지는 현상을 모두 경험했다. '할머니 주식회사' 가 뜨개질꾼과 고객들을 연결시켜주고 완성품에 작은 안내문을 부착해 배송한다. 적잖은 감동을 불러일으키는 가치있는 일이었다. 하지만 오래된 것과 새로운 걸 융합하겠다는 생각이 미치기 이전까지는 이런 작은 기업이 그녀를 위해 무엇을 추가로 해줄 수 있을까 상상하기는 힘들었다.

"여성들은 늘 서로 모이고 공유하는 한 수단으로 수공예 작업을 해왔어요."라고 그녀는 말했다. 이런 모임을 통해 참여하는 여성들은 기술적인 것뿐 아니라 삶에서 중요하고 의미있는 모든 것들(자녀양육부터 사회 현안까지)에 대한 생각과 정보를 공유해왔다. '할머니 주식회사'는 사업 성취와 더불어 작은 이윤이나마 창출 동기를 제공한다는 점을 앞세웠다. 홀리는 매주 몇 시간 동안 함께 모여 바느질을 할 동네 참가자들을 모으기 시작했다.

여러 방식으로 이익까지 창출해 가며 전통을 재현해 내는 이 작업은 남편과 사별한 이후 삶을 꾸려나갈 것을 고민하던 할머니를 즐겁게 했다. "우리 할머니들은 지혜로 가득 차 있어요." 라고 홀리가 말했다. 할머니의 지혜는 케이티의 아이디어를 확장시켜 더 많은 여성들에게 더 많은 이익을 나누어주려는 계획에서 빛을 발했다. 소녀 시절 알게 됐던 영국의 공동체 정신이 배어있는 지혜였다.

언제든 가능한 봉사활동

'할머니 주식회사'를 성공으로 이끈 동력은 창조성과 연대의식이라는 인간의 두 가지 기본 욕구였다. 금융위기 시대에 금전적 불안을 느끼는 사람들은 행복감과 성취감을 얻기 위해 이 같은 욕구를 추구하는 데 더 많은 가치를 부여한다. 수공예 기술과 같이 창의성을 발산하는 수단을 통해 자기 자신을 더 넓은 세계와 공감하는 기회를 갖기도 한다. 그러나 양모 실타래를 모자로 바꿀 수 있는 재주처럼 특별하게 수요가 있는 기술을 갖지 못한 사람들은 어찌할 것인가? 그들이 봉사활동을 통해 다른 이들과 소통하고 연대할 수 있는 길이 있다.

봉사활동은 경기 불황이나 실업률이 높아졌을 때 증가한다. 비록 어떤 연구들은 사람들이 할 일이 없기 때문에 다른 이들을 도와줄 시간을 갖게 되는 것이라고 주장한다. 하지만 직장이 있고 바쁜 사람들에게도 다른 이를 돕고 싶은 욕구가 솟는다는 것은 부인할 수 없다. 이런 대부분의 사람들에겐 봉사욕구를 충족시킬 출구를 찾는 것이 문제다.

애나 피어슨(Anna Pearson)과 '약간의 시간(Spots of Time)'의 경우를 살펴보자.

영국과 해외에서 자선활동을 하면서 애나는 많은 사람들이 봉사활동을 하고 싶어하지만 봉사활동을 할 마땅한 방법을 찾지 못하고 있음을 알게 됐다. 도움이 필요하다고 하는 단체가 사실은 오랜 기간 봉사에 참여해야 하거나 어려운 견습과정을 거쳐야 한다거나 봉사자들에게 적합하지 않은 일을 시키는 것과 같이 봉사활동을 하기 힘들게 만드는 경우도 있었다. 다른 어떤 경우는 굶주림을 해결하거나 동네의 폭력을 없애는 일과 같이 거창한 일이나 쉽게 풀기 어려운 과제에 봉사자들이 내던져지는 경우도 있었다. 좌절감은 환멸로 이어졌고 봉사활동은 중단되기 일쑤였다.

봉사자들이 할 수 있는 일과 사람들이 필요로 하는 일 사이의 간격을 좁히기 위해 애나는 봉사의 개념을 아주 작은 일에서 재정립했다. 그녀가 차를 마시며 우리에게 이야기했다. "저는 사람들이 필요로 하는 것은 하루하루 작은 행복과 기쁨이라고 생각했어요. 그리고 이것은 소박한 아이디어로도 가능하다고 성각했지요."[5]

이 소박한 아이디어는 '약간의 시간(Spots of Time)'이라는 서비스였다. 이것은 한 시간 정도의 봉사를 즉석에서 필요 단체와 봉사자들을 서로 연결시켜 주는 서비스다. 이 네트워크에 가장 먼저 신청한 기관은 양로원이었다. 곧 '약간의 시간'은 런던과 에섹스(Essex)의 노인과 장애인들에게 자원봉사자들을 보내기 시작했다. 그들은 같이 시간을 보냈다. 애나가 발견했듯이, 한 두 시간은 봉사자들에게는 좋은 일을 하기에 충분한 시간이었고 봉사는 큰소리로 책을 읽어주거나 산책에 동행해주는 것과 같이 단순한 일일 수도 있었다.

사람들이 산발적으로 봉사를 할 것이라는 발상은 31세의 애나가 붙인 이름대로 그녀 세대의 '프리랜서 문화'에 걸맞는 개념이었다. 오래 지속되지 않는 일에 익숙한 젊은이들은 '직업이라기보다 일시적 공연에 가까운' 봉사기회를 찾는다. 실제로 봉사자들이 공짜로 공연하더라도 청중이 있다는 사실에 행복해 하는 이들도 있었다.

그녀를 만났을 때 아직 몇 달 되지 않은 그녀의 프로그램에 대한 사람들의 반응에 대해 물어보았다. 봉사자들은 그들이 좋은 일을 하고 있다는 사실에 대해 매우 진지했으며 오히려 너무 적은 시간을 할애하는 것이 아닌지 걱정했다고 한다. "사람들이 아주 작은 일을 하더라도 얼마나 의미 있고 중요한 일인지를 설득시켜야 해요."라고 그녀가 말했다. 그녀는 봉사자들에게 걱정은 그만하고 대신 그들과 함께하는 시간을 감사히 여길 사람들과 차를 한잔 마시는 것이 더 좋다고 조언한다. 애나는 기존의 봉사자 모집 방식 탓에 오히려 도움을 많이 받을 수 없었던 봉사 단체 리더들에게도 비슷한 조언을 한다.

애나는 "저는 사람들이 우리가 그저 모피코트일 뿐이고 속바지는 아니라고 걱정하는 것을 이해합니다."라며 겉멋 든 사람들을 일컫는 영국 격언을 인용하면서 말했다. "저는 저희가 아직 하지 못한 것이 많다는 것을 잘 알고 있어요. 그렇지만 한편으로 많은 자원과 함께 많은 수요가 있다는 점도 알고 있고 그 둘 사이의 벽을 허물 수 있어야 한다고 생각합니다."

도심 속의 꿀벌 농장

런던 금융 중심지와 해크니(Hackney)라는 주변 지역간의 격차는 노무라은행 빌딩 꼭대기의 벌집에 사는 꿀벌들에 의해 매일 좁혀지고 있다. 이 꿀벌들은 골든 컴퍼니(Golden Company)라는 작은 회사를 위해 꿀을 만드는데, 이 회사는 해크니의 젊은이들과 파트너십을 맺어 은행가들 및 크게 성공한 런던시민들에게 환경, 지속 가능성, 그리고 무너지기 쉬운 자연의 균형에 대해 가르치고 있다.

영국의 국가 생태계 연구에 따르면, 곡식의 꽃가루 매개자 역할을 하는 꿀벌들은 매년 7억 달러 정도의 가치를 지닌 식량 생산을 담당한다.[6] 벌들이 영국 식량 생산의 3분의 1을 돕고 있는 셈이다.[7] 그러나 다른 곳들과 마찬가지로 영국에서도 1990년대에 꿀벌 숫자가 줄어들기 시작했다.[8] 꿀벌 문제가 눈에 띄게 심각해지자 영국 정부는 해결책을 찾기 위해 여러 가지 연구를 지원했다. 그동안 영국 전역의 꿀벌 애호가들은 새로운 벌집을 만드는 실용적인 작업을 해왔다. 2007년에는 골든 컴퍼니가 설립되어 꿀벌들을 키우고 꿀을 재배하며 지역 청년들을 고용해 영국 정원의 위기를 사람들에게 설파하기 시작했다. 골든 컴퍼니는 가난한 동네인 해크니에 정착하고, 직원들은 해크니 도시 농장(Hackney City Farm)이라고 불리는 지역회관에서 일하고 있다.

골든 컴퍼니는 여러 가지 목적을 성취하기 위해 사업과 사회적인 의제를 적절히 혼합한, 명백히 영국적인 기관이자 사회적 기업이다. 그곳 벌집에 살고 있는 꿀벌들은 식물들의 수분을 도와주면서 지역 시장에서 불티나게 팔리고 있는 꿀을 생산한다. 노무라 빌딩에서는 골든 컴퍼니의 젊은 직원들이 연장자들에게 양봉 안전복을 입혀주고 벌집에서 벌을 채취하는 방법을 가르쳐준다. 이 일을 하면서 젊은이들은 자신감을 얻고 전문성을 익힌다. 노무라은행의 은행가들은 꿀벌에 대해 배우고 이 프로그램이 아니었다면 알 수 있는 기회가 없었을 젊은이들의 역량에 대해서도 배운다.

은행가들과 해크니의 젊은이들간의 유대관계는 골든 컴퍼니가 이뤄낸 가장 중요한 산물이다. "우리와 함께 일하는 젊은이들은 경제구조와 사회로부터 소외되기에 가장 쉬운 사람들입니다."라고 이 꿀 회사를 세운 창립자의 한 사람인 조이 파머(Zoe Palmer)가 설명했다.[9] 해크니에서 태어나고 자란 조이는 그녀의 고향을 좀 더 낫게 만들겠다는 목표를 가지며 런던대학교를 졸업했다. "제가 공부한 인류 생태학은 머리, 가슴, 그리고 손의 균형을 찾는 방법을 가르칩니다."라고 그녀가 회상했다. "저는 그 셋을 모두 지속가능한 방향으로 활용할 수 있는 비즈니스를 구상하기 시작했죠."

조이는 비즈니스를 위한 종잣돈을 마련해 슈롭셔(Shropshire)라는 지역에서 벌들을 구했다. 그리고 노무라은행, 런던 증권거래소, 그리고 챈서리(Chancery)가에 있는 루이스 실킨(Lewis Silkin)이라는 대형 법률회사와 파트너십을 맺어 벌집을 설치할 공간을 마련했다. 그리하여 루이스 실킨에는 2011년 9월부터 루시라고 이름 붙여진 여왕벌이 살게 되었다. 골든 컴퍼니에 의해 지킴이(guardian)라고 불리는 젊은 양봉가들은 각 벌집의 책임을 맡고 각 회사 직원들의 멘토가 됐다. 다른 벌집들은 여러 공원들과 해크니 도시 농장에 설치됐다. 골든 컴퍼니의 사업 매니저 구스타보 몬테스 데 오카(Gustavo Montes de Oca)는 이 프로젝트를 런던의 은행가들과 지역 젊은이들을 동시에 참여시키고 연결할 수 있는 완벽한 방법이

라고 생각했다. "양봉 일은 젊은이들에게 매력적으로 다가갈 모든 것을 갖추었지요. 꿀, 위험, 그리고 재미있게 생긴 옷 말입니다."라고 그가 말했다.[10]

또한 우리가 구스타보를 해크니 도시 농장에서 만났을 때 그는 "런던의 경제금융 중심지는 바로 우리 곁에 있었지만 그곳에서 일하는 사람들과 관계를 맺을 방법이 없었습니다. 전혀 연결고리가 없는 두 개의 세상이 존재하는 것 같았고 그래서 둘 다 손해를 보는 것 같았습니다." 라고 회상했다.

실제로 도시의 부유한 자산가들과 해크니와 같은 곳에 사는 사람들간의 빈부격차가 증가하자, 두 지역에 소속된 사람들 모두가 그들간의 상호 고립에 대해 걱정하기 시작했다. 구스타보는 해크니 도시 농장이 그 고립의 악순환을 끊고 상호 공감과 이해를 증진할 수 있는 공간이 되리라고 믿었다.

골든 컴퍼니의 웹사이트에 게시되어 있는 이 회사의 중심 가치는 규율과 자립, 그리고 배움에의 헌신이다. 더불어 이 회사의 모든 활동은 인간이 환경에 미치는 영향과 자연에 대한 존중에 집중되어 있다. 설립자 조이 파머가 구상했듯이 벌들은 젊은 양봉가들에게 자연과 생태계에 대해 가르쳐준다. 이 프로그램에 대한 라디오 다큐멘터리에서 벌 지킴이 데벤테(Devente)는 "당신이 벌을 이해하고 벌이 무엇을 하고 있는지 이해하는 순간, 벌을 대할 때 손을 휘젓지 않고 가만히 있게 되지요."라고 말했다.[11] 킹(King)이라는 또 다른 벌 지킴이는 곤충들의 성실함에 놀랐다고 했다. 경외감이 섞인 목소리로 그는 "벌들은 일을 사랑해요."라고 말했다.[12]

벌에 얽힌 경험을 통해 킹과 데벤테는 인내심을 기르고 대단히 복잡한 시스템을 이해하며 그것을 구성하는 각 부분들을 두루 인식할 수 있게 됐다. 벌 군락들을 관찰하며 지도자 없이도 잘 조율된 팀을 이루어 소통, 협력, 책임감, 희생을 통해 번창하는 방법을 관찰할 수도 있었다. 전세계를 대상으로 한 우리의 연구에서 전통적으로 '여성적'이라고 여겨지는 이런 능력과 특성들은 학교, 직업, 그리고 가족생활에 직접적으로 적용될 수 있다. 그것들은 또한 해크니 도시 농장에서 고취하는 가치들과도 비슷하다. 해크니 도시 농장은 과거에 맥주부터 단추까지 다양한 생산을 하며 공업단지로 자리잡았던 곳을 해크니 주민들이 공적, 사적 기금을 이용해 빌딩을 재건축하고 땅을 정리해 만든 것이다. 이곳은 현재 시범농장, 소기업, 사회복지 프로그램들, 그리고 골든 컴퍼니와 같이 여러 요소들이 합쳐진 단체들을 후원하는 장소가 됐다.

우리가 해크니 도시 농장을 방문한 아침에 여섯 명 정도의 사람들이 농장의 프리잔테(Frizzante)카페에서 아침을 먹고 있었고 건너편의 '바이크 야드 이스트(Bike Yard East)'라는 자전거 가게에서 일하는 사람들은 자전거를 수리하고 있었다. 10시경 여성들이 요가를 하러 오기 시작했다. 요가수업은 짚단으로 만들어진 건물에서 진행되는데, 매트를 깔 공간을 마련하기 위해 바닥을 새로 정비해야 했다. 적십자사와 다른 단체들을 통해 이곳에 오게 된 여성들은 모두 난민이나 망명신청자들이었다. 요가 이외에도 참가자들은 식사를 같이 하거나 영어수업을 받곤 했다.

우리가 해크니 도시 농장에서 본 모든 활동들은 사회복지 서비스를 위한 보조금과 수익금으로 진행된다. 골든 컴퍼니의 직원들은 양봉작업 이외에도 비즈니스 경영 교육을 받을 뿐 아니라 새로운 상품을 개발하고 재고와 대금기록을 관리하는 책임을 맡는다. 그들은 아이디어가 담긴 상품기획을 뒷받침할 자세한 계획을 제출하는데 종종 동료들이 제기하는 질문들 덕분에 계획을 더욱 발전시킬 수 있게 된다는 사실에 그들 스스로가 놀라곤 했다. 이 기획 가운데 가장 성공적이었던 것은 꿀로 만든 립밤인데 기획부터 판매전략까지 잘 준비된 덕분에 주문 받는 곳마다 전량 판매되는 인기를 누리고 있다.

해크니 프로그램들에 참여하는 사람들의 창의력과 집요함은 흥미진진한 새로운 비즈니스를 시작할 때 느껴지는 열정과 같다. 농장이 가까운 공원에 공공 정원을 만들었을 때 구스타보는 규율을 어기는 유일한 사람들은 단지 나무와 식물을 더 심으려고 한 사람들이었다는 것을 알고 놀랐다고 한다.

어느 날 저녁, 구스타보는 어떤 남자가 딱딱한 땅을 부수기 위해 나사돌리개를 사용해 구멍을 파고 있는 것을 보고 놀란 적이 있다. 그는 딸이 얻은 살구 씨를 심기 위해 구멍을 파고 있었던 것이다. 그 남자는 그 나무를 돌보기 위해 돌아왔고 다른 이들이 심은 나무 또한 돌봐주었다.

"우리들 중에 전문적인 원예가는 없었어요. 또한 제가 알기로 이 남자는 이민자였는데 혼자 열심히 독학을 한 것이었죠."라고 구스타보가 말했다. 그 나무들은 결국 열매를 맺었고 지역 공동체 전체가 수확을 나누어가지게 됐다.

구스타보에게 이 과일나무에 대한 경험은 지역사회에 감추어진 전문성과 지혜가 많다는 사실을 확인시켜 주었다. 2차 세계대전과 전후의 힘든 시기를 경험한 지역주민들과 이야기하면서 많은 것을 배웠다고 했다. 그들은 불경기와 식량배급으로부터 경제적으로 살아남는 방법을 배워야만 했다. "사람들은 잼 통과 같은 단순한 것을 활용할 다양한 방법을 찾았습니다. 예를 들어 설탕 통이나 10원짜리 저금통으로 말이죠. 그들은 해진 천들을 재활용해 팔거나 요리해 먹을 채소를 직접 재배하기도 했습니다."

전후 세대의 경험에서 영감을 얻은 해크니의 매니저들은 아이들이 입던 옷과 쓰던 장난감을 모아 가게를 열었고, 농장의 공간을 최대한 활용하기 위하여 이벤트를 기획하는 단체나 기업에게 공간을 대여해주었다. 농장 직원들은 폐기물 가운데 아직도 가치가 있는 물품들을 모으고 분류하고 판매하는 사업을 기획하고 있다. 매주 지역 내 가정집과 사업체들은 사용한 식용유부터 종이까지 수톤에 달하는 재활용 가능한 물품을 내놓고 있는데, 매년 60만 달러의 가치가 될 것이다. 구스타보는 이 활동을 '도시에서의 수확'이라고 설명하는데 이 프로그램이 지역에서 수십 명을 고용하는 효과를 낼 뿐 아니라 수익성 있고 지속가능하며 환경을 위해 도움이 되는 일이라고 전망했다.

구스타보는 도시 수확에 남성적이며 여성적인, 수익창출을 하면서도 사회적 의식이 있는, 그리고 베풀면서도 아끼는 등 여러 가치관을 통합해 적용할 것이라고 했다. 그는 '골든구스(GoldenGus)'라고 불리는 자신의 블로그에 자신의 세대가 사롭고 변화하는 세계를 살아가면서 겪는 문제들에 대해 글을 쓰면서 그의 동료 '녹색이들(greens)'에게 '도덕적 우월감을 설파하지 말라'고 경고한다. 하지만 그는 영국 최고 랍비가 세상의 '도덕적 재무장'을 위해 새로운 단체들과 함께 더 행복한 지역사회와 더 건강한 지구를 만들기 위해 노력하자고 했던 말은 경청해야 한다고 했다. 그는 랍비 조나단 삭스(Jonathan Sacks)가 19세기 영국인과 미국인들이 산업혁명 붕괴에 어떻게 조직적으로 대항했는지에 대해 이야기한 것을 인용하며 말했다. "사람들은 자신들의 인생을 단순히 정부나 시장에 맡기지 않았어요. 스스로 지역사회, 종교단체, 그리고 모든 종류의 단체에 참여해서 직접 해결했죠. 그들은 도덕성과 의욕의 연관성을 잘 이해하고 있었어요."[13]

기술과 경제적 혁신으로 인해 노동자들이 직장을 잃고 고용불안이 만연한 지금, 19세기에 대안이었던 YMCA, 절제연합, 고아후원 모임, 길드, 그리고 공동체 조합이 이번에도 해답일 수 있다. 새로운 형태들은 물론 최소한 부분적으로는 온라인을 기반으로 할 것이다. 그렇지만 실제 지역사회에서는 해크니 도시 농장이나 골든 컴퍼니처럼 근면과 상상력이 인간 대 인간(혹은 인간 대 벌)간의 혁신을 지원하는 모습을 띠게 될 것이다.

문턱 낮은 금융회사

구스타보, 조이 같은 이들에 의해 만들어진 이런 지역적인 노력을 런던시민들이 보고 느끼기도 하지만 그들의 노력은 다른 사람들이 국가적으로나 국제적 차원에서 해결책을 찾는 동기가 되기도 한다. 금융은 인터넷으로 쉽게 전달될 수 있는 품목을 다루고 있기 때문에 상호원조의 현대적 방법을 찾는 이들에게는 매력적인 분야다. 뉴먼가(Newman Street)의 빅토리아 시대 상업빌딩 2층 스위트에 위치한 가일스 앤드류스(Giles Andrews)의 금융소기업 조파(Zopa)는, 대출자와 대여자 모두에게 이런 종류의 도움을 제공한다. 조파(Zopa)는 '합의가 가능할 수 있는 구역(Zone of Possible Agreement)'의 줄임 말이다.

조파는 전통적인 대여자들이 제공했던 조건보다 더 나은 조건으로 대출을 받고 싶어하는 많은 사람들에 대한 정보를 함께 모은다. 대출자들을 함께 모으면 개인이었을 때보다 위험성도 적고 더 좋은 조건으로 대출을 받을 수 있다. 대출자들의 신용기록을 모두 모으면 신용이 더 좋은 상태가 되므로 조파는 이들에게 돈을 빌려준다. 또한 사례금으로 대출자, 대여자로부터 대출금의 2.5퍼센트 미만의 사례비를 받는다.

조파(Zopa) 웹사이트에 사례금이 이렇게 적은 이유와 함께 대출과 대여 방식이 어떻게 수평적으로 이루어지는지에 대한 기본 설명도 나와있다. 웹사이트에 나와있듯이, 조파는 대출자들을 평가해 A+, A, B, C, '젊은 시장(market)'으로 분류한다. 최상의 대출금리는 A+ 대출자들에게 주어진다. 대여자들은 C나 젊은 시장과 같이 신용이 낮은 대출자들에게 돈을 대출해 줄 때 가장 많은 수익을 남긴다. 한 대여자가 한 대출자에게 대여해줄 수 있는 금액을 15달러로 제한하는 시스템으로 인해 큰 손해로부터도 보호받게 되어있다. 100명의 대출자로부터 15달러를 빌려 갚지 못했을 경우가 한 사람으로부터 천5백 달러를 빌려 갚지 못했을 때보다 손해가 훨씬 적어지는 이치다.

"우리 생각은 대여자들과 대출자들 모두를 공평하게 대하자는 것이에요. 또한 우리가 비즈니스를 하는 방식을 개방적으로 하자는 것이지요." 우리가 굿지가(Goodge Street) 지하철역 근처에 위치한 조파 사무실에 도착한 날 앤드류(Andrews)가 말했다.[14] 개방된 형태인 널찍한 사무실 공간은 흰 벽으로 둘러싸여 있었고 컴퓨터 두드리는 소리와 방 건너편에서 조용히 전화로 대화하는 목소리 외에는 조용했다. 조파에서 일 하기 전 가일스(Giles)는 테스코(Tesco) 슈퍼마켓 같은 큰 기업이나 인터넷 창업의 컨설턴트 일을 했다. 그와 그의 파트너 리차드 듀발(Richard Duvall)은 2005년에 은행이 고객들을 성실히 대우하지 않는다고 생각하는, 벤쳐 사업가들이 투자한 1천만 달러를 갖고 조파(Zopa)를 시작했다. 그리고 이는 새로운 창업을 위한 많은 기회를 창출하는 계기가 됐다.

리차드는 '에그 닷컴(Egg.com)'이라는 거의 최초이자 가장 성공적인 온라인 은행을 설립했다. 조파는 그의 시골 농장 헛간에서 난상토론을 거쳐 기획했으며 최고의 아이디어들은 탁구 테이블에서 나왔다고 한다. 마이크로소프트 창시자인 빌 게이츠가 "내가 만나본 사람들 중에서 가장 다이내믹한 사람 중 한명"[15]이라고 한 듀발은 인터넷 거래를 선호하는 고객들이 증가함에 따라 신뢰를 바탕으로 한 사업의 중요성이 더해지고 있다고 설파했다. 그는 이런 잠정적 고객들을 "자유로운 조형자들(freeformers)"이라고 불렀고, 6백만 명 이상의 영국국민이 이 부류에 속할 것이라고 했다. 안타깝게도 듀발은 조파가 설립된 다음 해 췌장암으로 사망하고 말았다. 그는 2007년의 세계 금융위기를 보지 못했다. 하지만 금융위기에 대응하기에 조파는 좋은 위치에 있었다.

국가는 보증으로 은행들을 지원하기 때문에 영국의 노던락은행(Nothern Rock Bank)을 포함한 전세계 은행들의 몰락은 납세자들에게 은행을 회생시키는 부담을 안겨 준 셈이었다. 자신들이 이런 거대한 금융기관들을 되살려냈음에도 불구하고 일반 시민들은 더 이상 은행 대출이 쉽지 않다는 사실을 알게 됐고 예금이자는 물가상승률을 훨씬 밑돌았다. "대중은 그들이 이런 큰 기관들을 상대할 때마다 은행가들이 '우리는 종국에 당신을 무너뜨릴 거에요'라고 말하는 듯한 느낌을 받기 시작했습니다." 라고 가일스가 말했다. 조파는 '우리는 당신을 공손하게 대할 것이고 우리가 어떻게 비즈니스를 하는지도 정확히 알 수 있습니다. 여러분을 놀라게 하는 상황은 결코 일어나지 않을 것입니다.'라고 대안을 제시한 셈이다.

다른 금융기관들이 대출을 줄이는 추세와 더불어 조파의 고객은 폭발적으로 증가했다. 1천만 달러에서부터 2억 5천만 달러라는 숫자는 다른 은행들의 대출금액이 수십억 달러에 달하는 것에 비교하면 아무것도 아닐지 모른다. 그러나 2011년 말 50만 명 이상의 사람들이 투자가나 대출자로 조파에 등록했다. 투자가들에게 돌아간 수익은 평균 7퍼센트를 조금 넘었고, 조파의 대출 중 채무 불이행률은 2퍼센트 미만이었다. 반면, 대출자들에게 청구된 대출이자는 은행 평균보다 20퍼센트 적었다.

조파(Zopa) 모델을 시작으로 이런 개인 대 개인(peer-to-peer) 대여자들이 전세계적으로 확산 증가하기 시작했다. 그들 모두가 정보 매니저로 일하며 대출자들에 대해 수집한 정보로 위험률을 예측하고 분류해 특정 이율을 제공하는 데 활용한다. 이 숫자들은 모두 공개되므로 이 제도는 대출을 둘러싼 불확실성을 완화시키고, 개인 대 개인 금융에 신뢰의 이미지를 심어준다. 전통적인 은행은 정부에 의해 규제되고 지원된다는 것을 아는 조파 회원들은 정부의 안정된 보증보다 더 큰 수익을 선호한다. 구식 스타일의 신용 조합과 비슷한 조파와 조파 스타일의 비지니스들은 "사람들이 자신들 스스로를 위한 기관을 만드는 방법이다." 라고 가일스는 말했다.

조파 자체는 23명 정도의 적은 직원들이 끊임없이 증가하는 대출자와 대여자들을 관리하는 새로운 종류의 금융기관이다. 대단히 빡빡한 스케줄로 일하지만 직원들은 마치 미션을 수행하는 사람들처럼 일한다. 회사가 고객들 대하듯이 직원들을 잘 대접하기를 바라는 가일스는 직원들이 어떻게 일하고 있는지 알기 위해 여러 실험들을 했다. 우리가 방문한 날에는 색색의 공이 가득한 바구니 하나와 각각 '좋다', '나쁘다'라고 쓰여진 통 두 개를 회사에 설치했다. 직원들에게 회사가 돌아가는 상황에 대해 느끼는 그들의 감정에 가까운 통에 공을 던지도록 하고 있었다. 조파(Zopa) 비즈니스 모델 특징인 신뢰 정신의 증거인 듯, 두 개의 통에는 거의 비슷한 높이로 공들이 채워져 있었다.

영업사원 없는 가구회사

대출자들과 대여자들을 모아가면서 조파(Zopa)는 합의가 가능할 수 있는 영역에서 효율성을 창조한다. '메이드 닷 컴(Made.Com)'의 기획자들도 비슷한 방법으로 공동체의 힘을 이용해 가구산업에 새 바람을 일으키고 있다.

닝 리(Ning Li)와 줄리앙 칼레디(Julien Callede)라는 삼십 대의 두 사업가는 전통적인 가구의 도소매가격 형성을 공부한 후에 가구산업에 뛰어들기로 마음먹었다. 이케아(IKEA) 같이 사람들이 직접 가구를 조립하는 방식으로 가구산업에 혁명을 불러온 거대한 기업들조차도 집과 공장 사이에 상점들을 짓고 유지하는데 엄청난 돈을 쓴다. 닝과 줄리앙은 가구의 진정한 가치는 좋은 디자인과 견고한 구조에 있을 것이라고 생각했다. 그렇다면 그런 가치들을 중간 보관 단계에서 소모시키지 않고 배달하는 방법이 좋지 않을까 고민했다.

사업의 필수적인 요소만을 생각하며 줄리앙과 닝은 가구를 필요로 하는 고객들과 제공처를 직접 연결지을 방법을 찾았다. 매주 목요일에 메이드 닷 컴(Made.com)에서 제공되는 소수의 디자인 가구들을 고객들이 직접 선택하고 주문할 수 있게 했다. 만약 그 아이템이 효율적으로 생산되고 적정한 가격에 배달될 수 있는 수량만큼 주문이 되면 그 디자인은 선택되고 공장은 생산을 시작한다. 줄리앙은 "많은 제품을 사서 전시해 놓고 사든지 말든지 하라는 남성적인 방식과는 대조되는 방식이죠."라고 했다. "저희는 고객과의 관계를 진지하게 생각하고 그들에게 원하는 것이 무엇인지 질문하며 빠른 시간 안에 응답합니다."[16]

메이드 닷 컴이 데뷔한 날, 이 웹사이트는 테이블 한 개와 의자 두 개를 내놓았다. 이 회사의 첫 대박 아이템은 런던에서 제일 성공적인 디자이너 중 한 명인 스튜어트 패드위크(Stuwart Padwick)의 흥미로운 책상이었다. 메이드 닷 컴에서 5백 달러 정도에 판매된 이 세련된 책상은 보통 상점에서 판매되는 가격의 3분의 1 가격에 팔렸다. 방문객들이 더 많은 품목들에 투표하기 시작하면서 제공되는 제품들이 안락의자, 소파 침대, 가죽의자 등으로 늘어나기 시작했다. 열댓 명 정도의 새로운 디자이너들이 팀에 추가됐고 사이트는 고객들에게 그들이 주문한 품목이 생산되고 배달되는 과정을 매일 확인할 수 있는 온라인 지도와 업데이트 서비스도 제공하기 시작했다.

공급자들을 확보하기 위해 중국으로 여행을 다니는 닝은 메이드 닷 컴에 참여하는 모든 사람들에게 주어지는 공통된 이익에 큰 기쁨을 맛보는 듯했다. "공장들은 새로운 수출 시장을 찾고 있으며 생산된 제품을 공급할 방법을 찾고 있어요. 고객들은 거리에서 천 5백달러에 판매되는 제품을 5백 달러에 살 수 있다는 사실에 기뻐하고 디자이너들은 한 달에 가구 한 대를 파는 대신 몇 백 개를 팔 수 있으니 행복하죠."[17] 더욱이 그들의 제품이 수천 명의 사람들의 삶과 연결되어 함께 하고 있다는 데 보람을 느끼고 있었다.

노팅힐 게이트(Notting Hill Gate)에 위치한 메이드 닷 컴(Made.com) 사무실에서는 수십 명 정도의 직원들이 매 분기 수백만 달러의 가치를 생산하는 수천 명과의 관계를 관리한다. 놀랍게도 이들 중 그 누구도 세일즈맨으로 고용되지 않았다. 대신 그들은 고객들의 욕구를 충족시켜줄 '경청하는 사람들'로 고용되어 있다. 줄리앙이 "어떻게 물건을 파느냐고요?"라고 되묻듯이 물었다. "다른 사람들의 이야기를 잘 들어줌으로써 팝니다. 만약 당신이 잘 경청만 한다면 고객들은 자신들이 원하는 것이 무엇인지 정확하게 이야기해 주죠. 잘 들으면 시스템을 더 좋게 바꿀 수 있게 되고 더 잘 할 수 있게 됩니다."

재소자들을 위한 신종사업

우리가 영국에서 만난 대부분의 혁신가들은 고객과 시민들을 한 사람씩 직접 상대하며 시스템을 개선해 나가는 새로운 비즈니스 모델을 만들어가고 있었다. 조파(Zopa)를 이용한 대출자들은 자동차를 사거나 부엌을 리모델링 할 수 있었다(사람들이 조파를 찾은 가장 큰 이유 두 가지였다). 골든 컴퍼니의 양봉가들은 새로운 기술을 배우면서 돈을 벌었다. 하지만 이런 직접적인 노력들만이 우리가 발견한 혁신은 아니었다. 비록 런던이 더 이상 대제국의 중심지는 아니지만 이곳은 아직도 세상을 바꾸고 싶어하는 큰 비전을 가지고 있는 사람들이 새로운 아이디어를 배양하는 곳이었다.

런던 중심지에 있는 리젠트(Regent) 공원에서 몇 블록 떨어진 곳에서 우리는 '사회 금융(Social Finance)'을 이끌고 있는 기획자

두 명을 만났다. 이 사회 금융은 개인 자산을 가지고 공공문제를 해결하는 방법을 찾은 기관이다. 이 회사는 오래된 패러다임을 바꾸어서 정부 각 기관과의 협력을 통해 기존 조직보다 더 나은 결과를 낼 수 있는 사회 프로그램들을 제공한다. 투자자들이 현금을 제공하면 정부는 이자와 함께 그들에게 돈을 갚아야 하고, 그 프로젝트가 몇 년 후 성공했을 때에는 투자자들에게 수익금을 돌려준다.

'사회적 영향 채권(social impact bonds)'이라고 알려진 이런 실험적인 기금 계획은 버밍햄의 동쪽에 있는 작은 도시 피터보로에서 재소자들이 석방된 후 사회에 적응하는 과정을 돕기 위한 사업에 사용되고 있다. 멘토링, 주택 공급, 정신건강 치료와 기타 서비스들을 위해 돈을 투자하는 사람들은 13퍼센트 이율까지 수익을 낼 수 있다. 그들이 받는 수익금은 과거 재소자들 가운데 얼마나 많은 이들이 다시 범법행위를 하는지에 따라 결정된다. 돈을 투자하는 사람들의 위험도는 이 프로젝트가 재범률을 7.5퍼센트 줄이겠다는 목표를 달성하지 못할 수도 있다는 데 있다. 정부 입장에서 이것은 민간에 질 수 없는 제안이다. 정부가 지불해야 하는 돈은 감옥에 더 적은 재소자를 수감함으로써 절약되는 예산으로 충당할 수 있기 때문이다.

사회 금융의 기획자인 에밀리 볼튼(Emily Bolton)은 "우리의 아이디어는 돈을 창의력과 개선된 결과를 위한 인센티브로 사용하겠다는 것이었어요."라고 했다. "돈은 사람들을 집중하게 해주거든요."[18]

재소자들에게 사회적 서비스를 제공하는 과정에 투자자들을 포함시킴으로써 에밀리와 그녀의 동료들은 새로운 종류의 책임감을 만들어내고 있었다. 관계자들, 사회 구성원들, 카운셀러들, 그리고 재소자들과 일하는 모든 이들의 노력의 성과는 프로그램이 성공하기를 바라는 사람들에 의해 감독받게 될 것이다. 그들은 투자한 돈을 이자를 포함해서 돌려받기 위해 프로그램의 성공을 계속 염원할 것이기 때문이다.

재소자들의 사회 재참여 서비스가 거의 없다시피 한 영국에서는 석방된 재소자들 중 60퍼센트가 재수감된다. 재소자들이 감옥을 나오는 순간 프로그램 카운셀러가 그들을 마중 나가는 데서 시작하는 이 새로운 프로그램은 향후 6년에 걸쳐 3천 명의 사람들에게 제공될 것이다. 이 카운셀러들은 석방된 재소자가 필요로 하는 모든 것들을 도와주기 위한 중개자 역할을 할 것이다. 이런 빠른 개입과 간소화된 서비스 접근방식은 재범률을 7.5퍼센트 목표까지 줄일 수 있을 것이라고 예상된다. 피터보로의 경찰 보고서에 의하면 잘 알려진 지역 범죄자들에게서 긍정적인 태도 변화를 확인했다고 한다. 하지만 2011년 현재 이 프로젝트의 성과를 평가하기에는 너무 이르다.

이 실험적인 사회적 영향 채권 기획은 영국의 모든 주요 정당들로부터 지지를 받았고 대중에게도 널리 알려졌다. 이런 사실이 사회 금융의 책임자들에게는 약간의 압박으로 다가오기도 한다. "우리는 좋은 결과를 통해 투자자들에게 이득을 나눠주고 싶어요."라고 에밀리가 말했다. 초기 투자자들은 자신들의 투자를 이득을 얻기 위한 수단과 동시에 세상에 좋은 일을 할 수 있는 방법으로 보는 사람들이었다. 그렇지만 에밀리에 의하면 이 사회적 영향 채권이 성공한다면 큰 손 투자가들은 이 채권을 그저 자신들의 다양한 투자 계획의 일부로 생각하게 될 뿐일 것이라고 전망한다. 그녀는 "이 아이디어는 사회 문제를 해결하기 위한 만병통치약은 아닙니다. 그저 여러 방법 가운데 하나일 뿐이죠."라고 결론지었다. 만약 감옥 프로젝트가 성공한다면 다음 투자 구상의 목표는 노숙자, 실직자, 마약이나 알콜중독자들을 위한 서비스를 제공하고 사회 재활치료를 돕는 사업이 될 것이다.

셰리 블레어의 새로운 도전

에밀리 볼튼은 '영향력 있는 투자(impact investment)'의 미래는 밝다고 보고, 다양한 정치적 이념을 가진 사람들이 공동 선(善)을 위해 일할 수 있는 방법이라고 했다. 그녀는 또한 초기단계에 있는 사회금융이 아테나 독트린의 궁극적 발현이라고 생각했다. 에밀리는 전에 KPMG(세계 4대 회계회사 중 하나)와 티베트 난민 적응캠프 두 곳에서 일하며 배우고 익힌 그녀 안에 내재한 남성적, 여성적 가치 모두를 현재 일하는 데 활용하고 있다고 말했다. "우리는 아직 초기 단계에 있어요." 철저히 현실주의적인 비즈니스 업계와 인간적 연민을 결합하는 노력에 대해 이야기하며 그녀가 말했다. "하지만 저는 이런 모든 것들이 연결되는 세상을 상상할 수 있어요."

셰리 블레어(Cherie Blair)도 에밀리 볼튼이 생각하는 것과 같은 미래를 상상할 수는 있었다. 하지만 개발도상국에서 여성 비즈니스를 양성하는 사업을 하면서 그녀는 사회의 끈질긴 편견과 여성들이 마주하게 되는 장애물들에 유념해야 한다는 사실을 알게 됐다. 우리는 하이드 파크의 유명한 대리석 아치에서 가까운, 셰리 블레어 재단 사무실에서 그녀를 만났다. 바깥 거리는 관광객들과 쇼핑하는 사람들로 붐비고 있었다. 안에서는 적은 수의 직원들이 매년 150만 달러 투자 규모로 전세계에 걸쳐 여성들이 하고 있는 작은 사업들과 관련된 일을 하고 있었다. 재단은 2011년 연간보고서를 막 발간했는데, 이 보고서는 인도, 레바논, 이스라엘, 팔레스타인, 그리고 몇몇 아프리카 국가들에서 진행되고 있는 사업개발 프로젝트들에 대한 내용을 담고 있었다.

"성공하고 번창하기 위해 모든 이들은 기술과 돈을 필요로 합니다." 변호사이자 파트타임 판사이며 전 영국 수상 토니 블레어의 부인인 셰리 블레어가 말했다. "그들은 소속감을 느끼고 도움을 받을 자격이 있다는 생각을 해야 합니다."[19] 셰리는 개발도상국과 부상되고 있는 시장에 있는 여성들을 도와주고 소속감을 일깨워 주며 비즈니스 교육과 금융 교육을 제공하기 위해 이 재단을 설립했다. 예를 들어 케냐와 말라위에서 이 재단은 기업가들의 태양열 제품 판매를 도와주고 있다. 인도에서는 수공예품을 만드는 여성들이 제품을 통해 수익을 남기는 법을 가르쳐 준다.

전세계 프로젝트를 방문하면서 셰리는 금융위기로 인해 '경제적, 사회적 영역이 모두 파괴되는 것을 보았다'고 했다. "사람들은 삶에서 일과 가정의 조화를 맞추기 위해서 애쓰고 있어요." 그녀는 개인적으로도 이런 경험이 있는데, 첫 번째는 젊은 워킹 맘이었을 때였고 두 번째는 다우닝가 10번지*를 떠나 공인으로서의 삶을 그만두었을 때였다. "저는 많은 여성들이 삶의 중요한 순간에 겪는 경험들을 했어요. 저는 제 길을 다시 찾아야 했고 적절한 조화를 모색해야 했지요. 이는 실상 여성들만의 문제가 아니에요. 인간 모두의 문제이지만 여성들이 더 많이 이 문제에 봉착하고 있을 뿐이죠."

셰리는 여성 사업가들에게서 그녀의 엄마와 할머니에게서 보아 온, 전통적인 여성적 리더십인 강인함과 가치관들을 확인할 수 있었다고 했다. "엄마들은 길게 본답니다."라고 셰리가 말했다. "그런 사고방식은 위험 부담을 감수하거나 단호함을 보일 때도 훌륭한 조화를 이룰 수 있어요." 이런 조화는 이제 사업을 성공시키는 데 필수요소다.

놀랍게도 셰리에 의하면 개발도상국이 서양의 선진국보다 강인한 여성에게 더 우호적일 때도 있다고 한다. 그녀는 다음과 같이 말했다. "주요 회사들의 이사회 구성을 보세요. 이사회에 여성을 더 포함시키려는 노력이나 성과가 너무 적다는 것은 가슴 아픈 일이에요." 그녀는 이런 리더십 위치에 여성이 더 많았더라면 지난 10년간 실패한 은행들에서 "더 조심스러운 위험 평가를 했을 거예요."라고 강조했다. "은행 이사회를 보며 자신에게 물어보세요. 균형을 유지하기 위해서 과연 누가 다른 관점을 제시할 수 있을까요?"

---

* 영국의 수상관저

제2장
아이슬란드

“우리 정부는
국민들의 요구에
더 귀를 기울여야 한다.”
– 응답자의 92%가 동의

셰리 블레어조차도 지도자들 가운데 여성이 더 많았다면 아이슬란드가 비극적인 경제위기를 피했을 것이라고 말하지는 않을 것이다. 하지만 레이캬비크(Reykjavik)*에서 아이슬란드의 경제를 망가뜨린 사람들이 모두 남성이었다는 것을 단순히 우연의 일치로 보는 사람은 거의 없다.

할라 토마스도티르(Halla Tomasdottir)는 국가의 금융지도자들이 말썽을 일으킬 것이라고 느꼈던 순간을 기억한다. 그녀는 거대한 담보대출이 심각한 문제를 일으키기 전, 그들 중 몇 명을 모아서 함께 이야기를 나누기를 권했다. 당시 할라는 국가 상공회의소의

* 아이슬란드의 수도

책임자였으므로 그들의 편이었음에도 불구하고, 그녀는 이 문제가 그들 모두의 문제라는 것을 설득시키지 못했다. 그들은 끝내 협력하기를 거부했다. 각자 자신은 일을 올바르게 하고 있는데 다른 이들이 문제라고 생각했기 때문이었다. 대부분의 책임자들은 자존심만 과도하게 격앙되어 제도적 위험 가능성에 대해서는 부인하고 있었다. 그녀는 회상하기를 "그들이 모두 남자라는 것만이 문제가 아니라 거의 모두 동시대에 같은 학교에 다녔고 그래서 같은 사고 방식들을 가지고 있었어요. 돈을 많이 벌었을 때는 모두 거의 같은 종류의 자동차와 집과 옷을 샀습니다. 나쁜 사람들은 아니었지만, 이름하여 '거대남근증후군(great-big-penis syndrome)'에 걸린 일종의 희생자들이었어요. 내가 무슨 이야기를 하는지 알겠죠? 그들은 모두 더 많은 것을 추구하기 위해 안달이 나 있었고, 경쟁을 멈추지 않았습니다."[1]

할라가 이야기를 끝냈을 때 보여준 웃음은 역설적이면서도 씁쓸했다. 아이슬란드의 과열되던 금융부문이 악성 부채로 폭락한지 3년이 지난 지금, 그녀는 모두가 틀렸을 때 혼자 옳았던 사람으로 널리 알려져 있었다. 파트너인 크리스틴 페투르스도티르(Kristin Petursdottir)와 함께 세운 아우두르(Audur) 캐피탈이라는 작은 투자회사는 금융난을 잘 견뎌냈다(아이슬란드의 바이킹 여자이름을 따라 지어진 아우두르는 부, 행복, 그리고 깨끗한 공간을 의미한다. 이 회사는 원칙에 충실한 수익 추구와, 투자에 있어서 멀리 볼 것을 강조한다). 하지만 할라는 회사의 성공 축하를 사양했다. "우리는 아직도 정리할 부분이 많습니다."라고 말했다.

우리는 2012년 초 나라 전체가 사회적 가치관의 혼선으로 초래된 경제위기를 어떻게 극복하는지 관찰하기 위해 아이슬란드에 갔다. 과도한 금융위험 부담으로부터 초래된 금융대란으로 평범한 아이슬란드 국민들은 충격에 빠졌고 범죄수사로까지 이어졌다. 우리가 도착했을 때 아이슬란드의 정부 관계자들과 파산한 세 은행 - 란즈방키(Landsbanki), 카웁팅(Kaupthing), 글리트니르(Glitnir) - 의 관계자들은 금융부문의 거품을 조사하기 위해 조성된 특검에 의해 여러 사안으로 기소 당한 상태였다. 자세한 내용들은 아직 공개되지는 않았으나 결국엔 평범한 사람들이 이해하기엔 너무 전문적일 것이다. 그러나 경제위기의 기본적인 윤곽은 명벽했다.

옥토푸스(Octopus)라고 알려진 작은 그룹에 오랫동안 사로잡혀 있던 아이슬란드의 경제는 1970년대에 외부 경쟁체제에 개방되었다. 2000년도 즈음에 전통적으로 정부 소유로 있던 세 개의 은행이 투자자들과 일반 고객들에게 높은 수익성을 약속하며 해외에서 돈을 과도하게 빌리기 시작했다. 유럽의 주요 은행들은 레이캬비크에 있는 아이슬란드 정부가 이 거래를 지지할 것이라고 믿고 이들에게 돈을 빌려주었다. 그러는 동안 아이슬란드 은행들은 유럽 신문들에 광고를 게재하여 40만 명 이상의 사람들(대부분 영국인과 덴마크인)과 정부기관, 지역기관들로부터 입금을 받기 시작했다. 무려 11.6퍼센트나 되는 이자율과 함께 아이슬란드의 예금증서는 보수적이기로 유명한 미국의 뮤추얼 펀드에까지 침투하기 시작했다.

돈이 쏟아져 들어오기 시작하자, 란즈방키, 카웁팅과 글리트니르 은행들은 마치 마법기계처럼 작동하기 시작했다. 외국 자본으로

부터 돈을 받아내서 자신들이 마치 런던이나 뉴욕의 헤지펀드 직원이라고 생각하는 아이슬란드의 지역 매니저들에게 그 돈을 건네주었다. 그들은 과도한 돈을 지불하면서 전세계의 회사들을 사들이기 시작했다. 마음 한편에는 이 모든 활동을 촉진시킨 대출금을 언젠가는 갚아야 한다는 사실을 알고 있었지만, 그건 아직 오지 않은 미래의 일이었다. 그러는 동안 지역 증권거래는 호황을 이루었고 부동산값은 급등했다. 케플라빅(Keflavic) 공항 활주로는 개인 여객기로 붐비기 시작했고 아이슬란드는 전세계에서 일 인당 국민소득이 가장 높은 나라가 되었다.

한동안은 마치 모든 사람들이 아이슬란드의 기적을 믿는 것처럼 보였다. 유엔은 아이슬란드를 인간개발지수(human development index: 사회적 안녕의 척도)[2]에서 가장 높은 점수를 주었다. 워싱턴의 까탈스런 보수 씽크탱크인 케이토 연구소(Cato Institute)는 다른 나라들에게 "아이슬란드의 성공을 보고 배우라"며 세금을 줄이고 규제를 완화하라고 목소리를 높였다.[3] 월스트리트 저널은 아이슬란드 정부의 정책[4]을 칭찬했고, 아이슬란드의 대통령 올라푸르 라그나 그림슨(Olafur Ragnar Grimsson)은 전세계를 돌아다니며 새로운 국제적 벤처 사업의 탄생을 알리고 다녔다. 아이슬란드 대학에서는 금융수업의 수요가 너무 커져 공학부에서조차 상거래 방법을 가르치기 시작할 정도였다.

필연적으로, 이런 금융마니아는 라우가베구르(Laugavegur, 레이캬비크의 중심 쇼핑가)까지 영향을 미치기 시작했다. 이 도시는 레인지 로버 자동차, 뱅과 올루프센 전자기기, 그리고 일본의 고베

소고기 판매에 신기록을 세웠다. 전문직 종사자들이 값비싼 주방 리모델링이나 쇼핑을 하기 위해 런던으로 가는 것은 필수가 되었고, 벼락 부자가 된 졸부들은 금가루가 뿌려진 리조또 식사를 하기 일쑤였다. 평범한 사람들도 30퍼센트 올려준 신용제도 덕분에 고화질 평면 텔레비전이나 새 자동차 등을 여유 있게 구매할 수 있게 되었다. 하지만 실제 그들의 소득은 반 밖에 증가하지 않았다.

몇몇 회의론자들이 아이슬란드가 금융중심지로서 성공할 수 있다는 생각에 의문을 제기했지만 그들의 전망은 주목받지 못했다. 할라에 의하면 아이슬란드 문화에 깊숙이 자리잡고 있는 사회적 동의라는 보이지 않는 힘 때문에 그들의 회의론은 무례하고 용납할 수 없는 것이었다. "우리는 되도록 반대의견을 내지 않고 동의하도록 길러졌어요. 튀어나온 못은 박아야 하니까요."

아이슬란드인들의 이런 집단 순응적인 사고는 덴마크 경제학자 카스텐 발그린(Carsten Valgreen)이 2006년 아이슬란드를 방문해 경제 혼란이 임박했다는 경고를 했음에도 불구하고 이를 무시하도록 만들었다.[5] 덴마크는 1944년까지 아이슬란드를 식민지로 지배했었다. 이런 뼈아픈 역사적 경험으로 인한 두 나라의 관계 때문에 대부분의 사람들은 이런 예측에 대해 화를 내고 방어적이며 무시하는 태도로 일관했다. 아이슬란드의 가장 큰 일간지, 프레타블라디드(Frettabladid)는 발그린을 기괴한 만평을 통해 조롱했고, 란즈방키의 수석 경제학자는 발그린의 예측을 '웃긴다'고 비판했다.[6] 언론들도 자국 회사들이 덴마크의 상징인 '마가신 두 노르드(Magasin du Nord) 백화점'과 같은 해외 자산을 사들이는 것을 환영하는 논

조였다. 아이슬란드 수상이 발그린의 예측을 '허무맹랑하다'고 비난했을 때, 국민들도 수상의 발언에 박수를 쳤다.[7] 국민들은 투자가들이 공정한 평가로 믿고 따르는 스탠다드 앤 푸어와 무디의 높은 신용등급 평가에 안심했다.

한 덴마크의 경제학자의 말은 무시하기 쉬웠을는지 모르지만, 이어서 나온 메릴린치와 바클레이 같은 투자은행의 분석가들이 비슷한 분석을 내 놓은 후, 사람들은 그제서야 걱정을 하기 시작했다. 아이슬란드의 자산을 사재기 했던 외부인들은 전통적으로 생선 대구를 잡아 경제를 유지하던 30만 명의 작은 섬인 아이슬란드가 세계 금융중심지가 되리라는 것에 회의를 갖기 시작했다. 아이슬란드 국가총생산의 여덟 배에 달하는 빚을 은행들이 지고 있다는 보고서가 나돌기 시작하자 아이슬란드의 호황을 지지하던 외부인들은 현금 송금을 중단했다. 은행가와 정부 지도자들은 마법기계가 멈추는 것을 숨을 죽이고 지켜봐야 했다.[8]

결정적으로 2008년 가을에 미국의 은행 리만 브라더스가 파산했을 때, 아이슬란드의 화폐인 크로나(krona)는 마치 로드러너 만화*에 나오는 모루**처럼 떨어졌다. 다른 나라의 은행들은 아이슬란드 은행들에게 대출을 중단했고, 아이슬란드 통화조차도 더 이상 받지 않았다. 레이캬비크의 주식시장은 문을 닫았고 무역 파트너들은 거래를 유예했다. 해외에 있는 아이슬란드 사람들은 그들의 돈

---

* 로드러너 : 멕시코 지방에서 발견되는 매우 빠른 새

** 모루(anvil) : 대장간에서 뜨거운 금속을 올려놓고 두드릴 때 쓰는 쇠로 된 받침대

이 더 이상 쓸모 없고 신용카드도 더 이상 사용할 수 없게 되었다. 국내에서 그들은 해외 화폐로 받은 대출을 더 이상 갚을 길이 없다는 것을 깨달았다. 아이슬란드는 레인지 로버 중고차를 사기에 매우 좋은 곳이 되었다. 또한 국가를 어떻게 운용해야 하는지 새로운 아이디어를 구상하기에도 좋은 장소가 되었다.

어렸을 때 제일 좋아하던 놀이가 '사무실'이었다는 할라가 "세계는 참 놀라워요."라고 말했다. 결국엔 시간이 정치, 은행계좌, 그리고 삶에 균형을 찾아준다는 뜻이었다. 아이슬란드의 경제 붕괴와 함께 "모든 사람들이 모든 일에 있어 투명하고 신중하게 결정해야 하는 것이 얼마나 중요한지에 대해 이야기하고 있지요."라고 그녀가 쾌활하게 말했다. "저는 항상 발전을 하기 위해서는 원칙을 지키고, 원칙을 가진 사람들을 지지해야 한다고 믿어왔어요. 그리고는 모든 사람들을 참여시켜야지요. 이제는 모든 사람들이 참여하고 있습니다."

'산을 통째로 팔아버리자'는 우화

오른 바루르 욘슨(Örn Bárður Jónsson)은 그의 국가가 길을 잃었다고 생각이 든 순간, 이내 참여하기로 마음먹었다. 아이슬란드 정부가 국가의 모든 유전자 정보를 제약회사 연구를 위해 판매하는 것을 막 승인하던 때였다. 아이슬란드 사람들은 그들의 유명한 조랑말처럼 거의 순종 혈통이다. 루터파 목사이며 작가인 오른은 아이슬란드인들의 갑작스런 돈 강박증에 대해 생각을 하고 『산맥수출회사(exPORT Mountains Inc)』라는 우화를 쓰기 시작했다.[9]

레이캬비크 일간지 모르군블라디드(Morgunbladid)의 부록으로 출간된 『산맥수출회사』는 '투자가들에게 조언하고 아이슬란드 상공 회의소에서 이야기를 하며 아이슬란드 직원 조합에서 아이슬란드 사업가들에게 넓게 생각하기를 권유하는' 피터 글래시어슨이라는 사업가의 이야기이다.

아이슬랜드의 명소인 에스야(Esja) 산을 팔자는 피터의 엄청난 아이디어는 처음엔 농담으로 시작했다. 레이캬비크시에서 볼 수 있는 에스야 산은 아이슬란드의 대표적 풍광일 뿐 아니라 아이슬란드인들에 미치는 심리적 영향이 너무나 중요하여 부모들은 그 이름을 따 아이들 이름을 지을 정도이다. 산을 파는 것은 비난 받을 일이었다. 하지만 정부의 한 연구보고서가 그 산을 암반으로부터 분리시켜 홍수가 나기 쉬운 유럽대륙의 저지대로 견인시키는 것이 가능하다고 밝혔다. 재미있는 도전을 받은 아이슬란드인들은 '용맹한 전사' 정신으로 '그들 앞에 놓인 과제를 수행하고 끝내자'고 결심했다. 그들은 '산맥수출회사'라는 거대한 회사를 세우고 '가서 산맥을 팔고 와'라는 슬로건으로 단장했다. 오른은 다음과 같이 썼다.

> 가능한 모든 토목 회사들이 참여했음에도 불구하고 더 많은 회사가 필요했다. 기계와 공구들이 수입되었고 컨설턴트와 전문가들이 흘러 들어왔다. 하루 종일 굴착과 톱질이 진행됐다. 정부는 모든 남성, 여성, 그리고 아이들에게

> 귀마개를 제공했다.
>
> 아주 천천히, 에스야 산은 암반으로부터 분리되기 시작했다. 중심가와 바닷가 도로와 새도우 지역의 길들은 현대 기술의 역량을 구경하기 위해 몰려온 구경꾼들로 가득 찼다. "엄청난 볼거리네, 정말 천재적이야! 피터는 정말 대단해"라며 나이가 지긋한 지역 활동가가 워터패스가(Waterpath Street)와 화운틴가(Fountain Street)의 교차로에 서서 경외에 가득 찬 목소리로 말했다. 그를 둘러싼 모든 사람들이 열렬한 감탄에 합세했다. "이 프로젝트 하나가 창출해낸 일자리를 봐, 그리고 이 산 하나가 우리에게 가져다 줄 유로화도 상상해 봐."라고 어떤 이는 거들었다.

우화에 따르면, 북부 대서양을 항해한 배 가운데 가장 강한 배들이 에스야 산을 가까운 피요르드를 거쳐 바다로 끌고 갔다. 하지만 재난이 닥쳐와 파로(Faroe) 섬들 남쪽 어딘가에서 산이 뒤집히고 가라앉아버렸다. 산을 매각하기 위해 쓰여진 '몇십 억의 유로화' 수표는 무효화되었다. 피터 글래시어슨은 산맥수출회사를 살리기 위해 해외 투자가들에게 갔지만 그들은 도와주지 않았다. 오른은 "누가 이 터무니없는 나라에 투자할 만큼 허무맹랑 하단 말인가?"라고 썼다. 결국, 에스야 산이 서있던 곳은 "아름다움을 빵과 콩을 위해 팔아버린 영혼 없는 자들의 기념비가 되었고 산을 기억하는 사람들을 망연자실하게 만들었다."

피터 글래시어슨과 그의 동료들은 동화 속의 허구 인물들이었목사이며 작가인 오른은 아이슬란드인들의 갑작스런 돈 강박증에 대해 생각을 하고 '산맥수출회사'라는 우화를 쓰기 시작했다.

"저는 실수는 밖에서 한 것이 아니라 바로 이 안에서 한 것이라는 사실에 대해서 글을 썼어요"

음에도 불구하고 실제 인물들을 닮았을 뿐 아니라 아이슬란드는 작아서 다리 하나 건너면 서로 다 아는 좁은 사회이기 때문에 모든 사람들은 오른의 풍자가 지칭하는 이들이 누구인지 알았다. 아이슬란드의 수상이 아이슬란드 교회의 대주교에게 항의했고, 오른은 갑자기 현 위치에서 제명되었다. 오른은 정부의 이같은 반응에 충격을 받았지만, 곧 수도 서쪽에 있는 네스키르캬(Neskirkja)라는 작은 교회에서 일자리를 구했으며 그는 다시 자신의 생각을 가다듬어 글을 계속 써갔다.

오른은 자신의 가슴을 가리키며 "저는 실수는 밖에서 한 것이 아니라 바로 이 안에서 한 것이라는 사실에 대해서 글을 썼어요."라고 했다. "문제는 이 안에 있고, 우리가 만약 균형잡힌 삶을 되찾고자 한다면 우리 자신과 싸워야 합니다."[10]

큰 키에 백발과 반짝이는 푸른 눈을 가진 오른은 1949년 11월 23일 이사피요두르(Isafyordur)라는 도시에서 태어났다. 북극한계선의 피요르드 옆에 자리한 이곳은 너무 북쪽에 있어서 11월 중순부터 1월 말까지 직접적인 태양광이 비치지 않는다. 오른은 "태양은 제가 두 달이 될 때까지 저에게 비치지 않았어요."라고 했다. "그런 공간에서 당신은 희망과 믿음을 갖는 법을 배웁니다. 그것이 단지 여름이 올 것이라는 희망일지라도 말이죠."

우리는 그의 교구에 있는 안식처에서 대화를 나눴다. 그곳은 현대적이며 밝은 색 목재로 구성된 개방된 공간이었고, 붉은색 천을 깐 의자가 있고 천장이 높은 곳이었다. 1월에 레이캬비크에 아주 조금씩 내리쬐는 소중한 태양광을 받아들이기 위해 최적의 높이에 위치한 스테인드 글래스가 따뜻한 색의 빛을 방에 비추었다. 태양이 뜨고 지는 것은 하늘을 연기로 가득 채우는 활화산이나 땅을 흔드는 지진과 같이, 아이슬란드 사람들로 하여금 그들이 장악할 수 없는 힘에 직면하게 한다. 오른에 의하면 한동안 아이슬란드는 엄청난 힘의 자연이 가르쳐주는 겸손함을 잊고 살았다. "우리는 약간 미쳤었죠."

그 광기는 2008년 10월, 은행의 파산으로 끝이 났다. 정부가 은행들을 인수하기 시작하자 해외에서 크로나의 가치는 쓸모 없어졌다. 생선을 제외한 거의 모든 것을 수입해야 하는 아이슬란드의 물가는 하늘로 치솟았다. 물가상승율은 두자리 수를 넘게 되었다. 자동차 대출에 지불할 돈이 많이 남은 사람들은 대출 잔액을 갚아 줄 수 있는 사람에게 자동차를 양도한다는 광고를 내놓았다. 수상은 은행 '동화'의 끝을 알렸고, 바다에서 잡은 생선이나 비용이 적게 드는 수력에너지 혹은 지열에너지를 이용하여 운용되는 용광로에서 알루미늄을 생산하는 것과 같이 유형의 물품을 생산하는 경제로의 귀환을 선포했다.

비록 이 동화 같은 상황이 갑자기 끝났지만, 뒤따르는 악몽은 길고 섬뜩했다. IMF의 긴급구제는 정부 지출을 줄이고 세금을 높이도록 요구했다. 해외 화폐에 연동되어 있던 부동산과 다른 종류의 대출이자는 20퍼센트 이상으로 급등했고, 사람들은 월급보다 많은 돈을 지불해야 했다. 최악이었던 것은, 사람들이 받은 부동산 대출금이 오히려 상승했다는 사실이었다. 대여자들이 물가 상승률에 맞추어 원금 금액을 조정할 수 있도록 되어 있었기 때문이다.

이런 일들에 대한 대중의 분노는 호르두르 토르파손(Hordur Torfason)이라는 한 남자가 레이캬비크 중심지에 있는 아우스트루볼루르(Austurvollur)의 길 위에 마이크와 확성기를 설치하고 사람들에게 생각을 표출할 수 있게 하면서 이야깃거리가 되기 시작했다. 그 때 그는 "우리는 이제 몰락하고 있습니다. 우리 함께 모여 우리나라를 다른 방식으로 재건해 보십시다."라고 말했다.[11]

연대와 변화를 촉구하는 토르파손의 호소는 사람들의 심금을 울렸다. 매주 토요일에 수천 명의 군중이 그와 함께 거리에 나와 냄비나 후라이팬을 두드리며 변화를 촉구했다. 사람들이 직접 만든 포스터들에는 달러로 장식된 돼지머리와 '그들의 머리를 날려버려라'라는 슬로건이 그려져 있었다. 파산한 은행들의 이름이 적힌 현수막은 불태워졌고 모닥불이 피워졌다. 군중은 추위에도 불구하고 8천 명 이상으로 늘어났다. 사람들은 분노를 드러내며 주먹을 흔들었고 복면을 한 남자들이 빌딩들을 현수막으로 뒤덮기 위해 건물들을 감쌌다.

이 시위자들 앞에서 연설을 처음 한 사람 중 한 명인 카트린 오즈도티르(Katrin Oddsdottir)라는 젊은 인권변호사는 확성기를 붙잡고 책임있는 사람들이 물러설 때까지 이 시위는 확산되고 지속될 것이라고 했다. "당신들이 떠나지 않으면, 우리는 계속 갈 것입니다."라고 그녀가 목청 높여 말했다.[12] 카트린은 이번 시위를 전에 아이슬란드의 여성들이 정당을 조직해 남성과 동등한 임금과 권리를 위해 싸웠던 시위와 연결짓지 않을 수 없었다. 1975년 유엔이 여성의 해를 선포했을 때 아이슬란드 여성의 90퍼센트가 일일시위에 참가했다. 10월 24일 이 여성들은 출근을 하지 않거나 살림과 양육을 거부했다. 그들 중 2만 5천 명이 레이캬비크의 야외시위에 참가했다. 많은 여성들이 자신들이 가장 아끼는 옷을 입고 나왔다. 다른 이들은 직업복을 입고 나왔다. 그때도 지금과 같이 여성들은 남성의 과잉(excess)을 사회문제의 근원으로 꼽았다. "남성들이 인간역사가 시작된 이래 세상을 지배해왔는데 세상이 어떻게 되었습니까?" "그리하여 세상은 전쟁, 오염, 비리의 세상이 되었다."라고 아달헤이두르 비얀프레드스도티르(Adalheidur Bjarnfredsdottir)는 말했다.[13]

여성들의 냄비와 후라이팬 혁명

1975년 여성들의 시위는 아달헤이두르를 비롯한 많은 여성 정치인들의 당선으로 이어졌다. 정치에 입문한 아이슬란드의 여성들은 카트린의 세대가 2008년 경제위기에 직면하기 전까지는 이전처럼 활기있게 주장을 펼치지 않았다. 그녀는 이 이야기를 대구 조각과 작은 새우가 가득한 전통적 아이슬란드 스튜를 점심으로 먹으며 우리에게 해 주었다. 파란 눈과 곱슬거리는 금발 머릿결에 서른다섯 살인 그녀는 밝은 파란색 깃과 소매를 가진 넉넉한 사이즈의 빨간 체크무늬 셔츠를 입고 있었다.

"경제위기 직전에 우리는 거리 곳곳에서 '무슨 일이 일어나고 있는 거야?'라고 소리치며 다니지는 않았지만 사회 분위기가 잘못되고 있다는 것은 알고 있었습니다. 모든 텔레비전 프로그램은 투자나 아파트를 리모델링하는 것에 대한 것이었고, 적은 수의 사람들은 정말로 부자가 되었지만 다른 모든 사람들도 '나는 부자인 것처럼 행동할 거야'라고들 했습니다. 아이슬란드 사람들은 그런 식이죠. 모든 사람이 다른 모든 사람과 평등해야 한다고 생각합니다. 바로 그것이 언젠가 크리스마스 시즌에 발마사지기가 인기였을 때 모든 할머니들이 발마사지기를 선물로 받은 이유죠."

은행 파산의 부작용이 평범한 집에도 닥쳐오자, 사람들은 오래된 취미인 정원일, 뜨개질, 그리고 가족으로 관심을 되돌렸다고 카트린이 말했다. "그리고 한때 쇼핑에 몰렸던 많은 에너지가 시위하는 데 쓰였죠."

아이슬란드답게 이 시위들은 대체적으로 평화로웠지만 정부 건물에 돌을 던지기도 했고 경찰이 공공건물을 위협하는 군중을 해산시키기 위해 후추스프레이나 최루탄을 사용하기도 했다. 냄비와 후라이팬 혁명이라고 불리운 이 시위는 정부가 마침내 사임할 때까지 지속되었다. 새로운 정당이 집권했고 요하나 시구르다르도티르(Johana Sigurdardottir)가 아이슬란드 최초 여성 수상에 당선되었다. 그녀가 당선되자 대변인은 "남성들, 특히 젊은 남성들이 문제를 일으켰습니다."라고 말했다.[14] 요하나는 '신중함과 책임감을 가지고' 일할 것을 약속했다.

새로운 수상은 의회에서 급격하게 증가한 여성 정치인들과 함께 일을 시작했다. 의석 40퍼센트 이상을 여성이 차지할 정도였다. 요하나는 여성이 다수인 내각을 구성했고 국유화된 은행들의 중요간부직 또한 여성으로 채웠다. 또한 가장 '남성적'인 아이슬란드의 큰 알루미늄 생산 회사인 리오 틴토 알칸(Rio Tinto Alcan)의 최고 경영자 자리도 여성에게 맡겼다. 이 모든 것은 그들의 어머니, 부인, 여동생, 딸 등 거의 같은 열정으로 여성들을 선택한 남성들의 지지로 이루어졌다.

아이슬란드의 새로운 정부는 유럽 대륙을 휩쓴 긴축정책과 정 반대되는 방식으로 금융위기에 대처했다. 가족의 고통을 덜어주기 위해 사회 프로그램에의 지출을 증가했고, 크로나는 평가 절하됐다. 화폐의 평가절하는 수입물품을 너무 비싸게 만들어서 사람들이 국내산 물품 소비에 집중하게 하였다. 또한 이 정책은 아이슬란드의 생선을 전세계에 값싼 가격으로 판매함으로써 생산증가와 고용증대로 이어졌다. 은행의 파산으로 인해 돈을 잃은 아이슬란드 사람들은 예금 보장 시스템으로 돈을 돌려받았지만 외국인들은 기다리게 했다. 이 정책이 영국과 덴마크의 관계자들을 화나게 했지만 아이슬란드에서는 환영받았다. 은행 시스템의 국내적 요소만 구제함으로써 정부는 납세자들을 더 힘들게 할뻔한 엄청난 부담으로부터 구제해주었다.

아이슬란드의 새로운 지도자들은 맞닥친 위기에 즉각 대처하면서 한편으로는 과거에 아이슬란드를 안정적으로 유지했던 균형 잡힌 가치들을 되살릴 방도를 찾기 시작했다. 카트린에 의하면 "우리는 성적 균형이 잘 맞았던 과거로 돌아갈 방법을 찾고 있어요." "과거에는 남성들이 먼 바다에 오랫동안 나가 있었고, 여성들이 많은 책임을 맡았었죠. 여성들은 위험을 무릅쓰지 않아요. 그녀들은 일을 잘 돌봅니다."라는 것이다.

국가를 재건하는 일의 동력은 덴마크에서 물려받은 헌법을 새로운 헌법으로 바꾸는 데서 시작됐다. 혁신적이고 평등적인 가치를 선보이며, 새 정부는 천 명의 시민에게 헌법 개정 포럼에의 참석 초대권을 무작위로 보냈다. 이 중 950명 정도의 시민들이 스포츠 경기장에 모였다. 그들은 성을 뺀 이름만 쓰여진 이름표를 달고 여덟 명씩 모이는 테이블에 앉았다.

인터넷에 생중계된 이 포럼은 헌법을 개정할 여덟 개의 테마에 합의했는데 민주주의, 투명성, 권력분립 등이 테마 가운데 포함되어 있었다. 자연환경 또한 높은 가치가 매겨졌고, 포럼은 국가의 자원은 모든 이들을 위하여 쓰여져야 한다고 하였다. 아이슬란드의 언어, 예술, 역사를 포함한 특징있는 문화는 공유되고 보호되어야 할 공동의 자산으로 확인되었다. 포럼이 받아들인 다른 중요한 가치들은 평등, 인권, 조화, 안보, 그리고 현재와 미래 세대들의 행복추구였다.

새로운 국가 가치관을 세우고나서 새로운 헌법을 쓰는 의회에 참가하고 싶은 사람들에게 선발 공고가 나갔다. 오른 바루르 욘슨(Örn Bárður Jónsson)은 이 기회를 놓치고 싶지 않았다. 그는 5백 명 이상의 후보자가 있는 목록에 자신의 이름을 올렸고, 투표 후에 자신이 선발되었다는 것을 알게 되었다. 의회는 일을 하기 시작했다. 의회가 하는 모든 일은 유튜브, 페이스북, 트위터와 플리커에 생중계되었다. 시민들은 인터넷을 통해 즉석에서 피드백을 했고 그들의 생각은 헌법개정에 반영되었다.

온 국민의 관심을 헌법개정으로 이끌다

비록 인터넷의 도움으로 헌법개정 과정이 '군중에게 제공'되었지만, 이 일은 많은 전통적 방식의 작업도 필요로 했다. 의회 구성원들은 아이슬란드 대학에 있는 윤리연구센터의 살보르 노르달(Salvor Nordal)을 의장으로 선출했다. 노르달은 특이한 관점으로 아이슬란드의 문제들에 접근했다. 그녀는 추상적인 철학과 윤리학에 통달해 있었다. 또한 그녀의 아버지는 아이슬란드 중앙은행의 운영위원이어서 어려서부터 실용적인 금융문제에 대한 열띤 대화를 들으며 자랐다. 이런 다양한 경험 덕에 그녀는 인간 본성과 욕구에 대한 건강한 안목과 함께 사회에서 돈과 비즈니스의 역할에 대해 존중하는 능력 또한 갖추고 있었다.

우리가 살보르를 대학 교수실에서 만났을 때 그녀는 "저는 본능적으로 의심이 많아요."라고 했다.[15] 교수실 벽에는 아들이 그렸다는 밝은 색의 그림들 – 흰 종이에 왁스 크레용으로 – 이 교수실 벽을 장식하고 있었다. 바깥 캠퍼스 거리에는 얼음같이 찬 비가 내리고 있었다. "여기에 너무 많은 돈이 던져져 있었을 때, 저는 그 무모함에 대해 계속 말했어요."라고 회상했다. "물론, 욕망은 자연스런 것이지만 그것이 통제불능 상태였죠. 이 나라는 마니아 상태에 빠졌었어요."

살보르가 보기에 문제는 가치관의 불균형에 있었다. "사람들이 돈은 절대적으로 좋은 것이라고 보는 반면에 사회복지를 포함한 다른 모든 것들은 외면했죠." 돈과 다른 부의 지표가 사회적 위상

"가족의 고통을 덜어줄 사회 프로그램이 더 필요해요.
수입물품을 비싸게 만들고 우리 생선을 값싸게 팔아야 합니다.
헌법개정에 시민이 참여토록 초대해 주세요."

신중하게 책임감을 가지고 일하는 아이슬란드 최초여성수상 요하나 시구르다르도티르.

과 성공의 기준이 되면서 아이슬란드 사람들은 치열하게 경쟁했다. "그 무엇도 충분히 크거나 충분히 비싸지 않았어요. 압박이 계속 쌓이고 쌓였죠."

살보르에 의하면 이 금융위기가 사람들의 압박을 줄여줬고 검소한 생활방식을 다시 긍정적으로 바라보도록 했다. 하지만 한편으로는 토요일의 시위에서 즉각적으로 표출되었듯이 '신뢰 쇼크(trust shock)'를 일으켰고, 많은 사람들로 하여금 아이슬란드의 국민성에 대해 다시 생각하게 하였다. 아이슬란드 사람들은 때로는 전세계의 큰 나라들과 경쟁해왔다. 살보르에 의하면 아이슬란드를 끊임없는 경쟁의 '승자'나 '패자'로 구분 짓는 이런 고전적인 태도는 남성적인 자세였다. 그러나 금융위기에의 대처방식은 고전적으로 여성적이었다.

물론, 돈이 줄어들자 많은 아이슬란드인들은 외국으로 나가던 쇼핑여행을 포기해야 했고, 지출을 줄여야 했으며 인간관계를 통해 만족을 얻어야 했다. 더 크게 보면 아이슬란드는 과거의 '잃어버린 것들에 대한 분노와 갈망'에서 벗어나 더 안정적인 경제와 사회를 만들어야 했다. 포럼에서 승인받은 가치들을 통지받은 헌법의회는 헌법의 각 부문을 작성할 위원회와 실무그룹을 만들었다.

이 그룹들은 열띤 토론을 벌였지만, 단 한번도 큰 소리가 나거나 교착상태에 빠지지 않았다. 자연환경 부문을 다루는 헌법 내용은 상당 부분 인터넷에 올라온 의견들을 참고했다. 자연을 헌법에서 거의 종교적인 열성을 가지고 신성시하고자 했던 헌법개정론자들은 이에 대한 비판이 거세지자 자신들의 입장을 포기해야 했다. 대신 그들은 환경을 '아이슬란드 삶의 토대'라고 선언했고, 시민들에게 '자연을 존중하고 보호할 것'을 당부했다.[16] 아이슬란드의 풍부한 어업생산시설, 광물 매장량, 수력과 열에너지 매장량에 대한 열띤 토론 뒤에, 그들은 이 자원들이 지속적인 발전을 위해 보호되어야 할 '국가의 공통되고 영원한 자산'이라는 데 동의했다. 이런 자원들을 사용할 수 있는 권리는 한정된 시간 동안 평등한 방식으로 분배될 것이다.

살보르는 헌법개정 과정을 회상하며 "우리는 합의에 따라 일했습니다. 또한 우리는 좋은 결과를 만들어내야 한다는 많은 압박감도 느꼈죠."라고 했다.

최종 문서에는 아이들의 인권도 포함했는데 그들의 안녕(well-being)은 사회에 의해 보장된다는 내용이다. 또한 이 문서는 자연자원의 소유권을 '아이슬란드 국민들'에게 주었고, 입법부, 사법부, 그리고 행정부의 권리를 명확하게 제한했다. 이 새로운 헌법은 재산권과 집회 및 결사의 자유를 보장했고 사람과 동물들에 대한 비인간적인 대우를 금지했다.

이런 포괄적 조항들에, 힘을 가진 사람들이 일반 시민들의 의견에 더 귀를 기울여야 한다는 믿음을 반영한, 좀 더 세부적인 조항들이 덧붙여졌다. 예를 들면 일반 시민들에게 정부 정책을 무효화하거나 청원을 통해 새로운 법률을 제안할 힘이 주어졌다. 그리 놀랄 일은 아니지만, 의회는 입법부가 비즈니스와 금융에 관련된 법안을 바꾸는 것을 굉장히 어렵게 만들었는데, 절대다수인 3분의 2의 지지가 필요하도록 했다. 또한 개인과 미디어에게 표현의 자유를 보장했고 정부에 대한 정보 접근을 보장했다. 새로운 헌법은 미디어에게도 '소유의 투명성'을 요구하면서 책임감을 촉구했다. 의회는 마지막으로 서문을 개정했는데, 의회의 요청으로 오른 바루르 욘슨이 작성했다. 잘 알려진 다른 작가들을 포함한 많은 사람들과 상의하기는 했지만, 마지막에 쓴 글은 자신의 것이었다. 그는 미국 헌법을 연상케 하는 '우리, 아이슬란드 국민들은'으로 시작하며 최대한 짧게 서문을 작성했다.

> 우리, 아이슬란드 국민들은 모든 이들에게 평등한 기회가 보장되는 정의로운 사회를 만들고자 한다. 우리의 다양한 기원이 우리 사회를 풍요롭게 하고, 우리는 모두 함께 우리 세대의 유산, 우리 국가와 역사, 환경, 언어와 문화를 지킬 책임을 갖고 있다. 아이슬란드는 자유, 평등, 민주주의와 인권이 기본이 되는 자유로운 주권국가이다. 정부는 국가에 거주하는 이들의 복지를 위해 힘쓸 것이며, 문화를 증진하고 국민, 국가와 자연의 다양성을 존중할 것이다. 우리는 우리 세대와 앞으로 올 세대의 조화, 안보와 행복을 촉진하고자 한다. 우리는 다른 국가들과의 평화를 위해 일할 것이고 지구와 인류를 존중한다. 이에 따라 이 땅의 모든 이들이 준수해야 할 새로운 헌법을 만든다.[17]

우리의 전세계적 연구에 따르면, 이 헌법에 나와있는 현 세대와 미래 세대를 위한 조화, 안보, 행복과 같은 포부들은 전통적으로 여성적이다. 오른의 생각에는 그 가치들은 또한 전통적으로 아이슬란드적인데, 인간과 자연을 동시에 존중하면서 실용적인 것과 정신적인 것을 두루 섭렵하기 때문이다. 3세대 전만 해도 아이슬란드 사람들은 생존하기 위한 수단으로 땅과 바다에 의존했다. 오른에 의하면, "우리는 지구가 우리를 위해 무언가를 포기했기 때문에 살아올 수 있었어요." "양이나 생선이 자신들의 생명을 주어 우리를 살 수 있게 해주었죠. 자연이 근본입니다. 재는 재로, 먼지는 먼지로 돌아가는 법이죠."* 라는 것이다.

완성된 헌법은 인터넷에 게시되고 아이슬란드 사람들에게 공개되었는데, 이들은 다음에 있을 국민투표에서 이에 대해 토론하고 결정할 것이다. 일을 마친 헌법개정자들은 원래 종사하던 비즈니스, 전문직, 부모, 파트너, 그리고 시민으로 돌아갔다. 30만 명 인구의 나라에서 국가에 극적이며 역사적인 방법으로 봉사한 후에 일상의 삶으로 돌아간다는 생각은 당연하게 받아들여지고 있다. 아이슬란드는 모든 이들에게 더 많은 능력을 요구하는 곳이다. 따라서 농부가 장관이 될 수도 있고, 목사가 사회 논객임과 동시에 국가의 헌법 서문을 쓸 수도 있는 것이다.

'최고 정당'의 새로운 정치

물론, 아이슬란드 국민들은 자신들에게 부과되는 책무를 기꺼

* 영국의 장례식에서 사용하는 속담

이 떠안는 만큼이나 기회를 얻게 된다. 아이슬란드처럼 작은 곳에서는 경쟁이 제한되어있기 때문에 개척자들이나 창의적인 사람들은 모방자나 비관론자들에 대한 걱정을 덜 하고 조용히 그들의 생각을 키워나갈 수 있다. 이런 장점은 위기의 순간에 더 빛을 발했다. 한때, 아이슬란드 사람들은 모든 대안을 고려하고 있었는데 "우리가 청소를 하러 왔어요."라고 조롱하는 '최고 정당'이라는 정치운동도 유행했었다.[18]

배우이자 코미디언인 욘 그나르 크리스틴손(Jon Gnarr Kristin-sson)이 이끄는 이 '최고 정당(Best Party)'은 티나 터너의 '그저 최고'를 테마곡으로 선정하고, 노래 가사를 고쳐서 '편안하면서도 쿨하고 분수, 야생동물, 그리고 전자기차가 있는 도시'를 달라고 했다. 레이캬비크시 선거운동에서 '최고 정당'은 아이슬란드 기존의 지도자들을 '불법 거주자'와 '허튼소리하는 정신 나간 사람들'이라고 부르며 자신들의 공약조차 모두 불이행하겠다고 선언했다. 이 정당은 디즈니 휴양시설의 건설과 국립동물원에 북극곰을 데려오는 것을 선거공약으로 내세웠다. 또한 예산을 절약하기 위해 매년 겨울마다 기념 산타를 한 명씩 줄일 것이라고 했다.

이름과 주장에 걸맞게 '최고 정당'은 2010년 시 선거에서 가장 많은 표를 얻어 욘이 레이캬비크의 시장이 되었고, 그의 말도 안 되는 약속들은 하나도 이루어지지 않았다. 하지만 새로운 시장은 생기를 불어넣기 위해 9월 1일을 '안녕 인사하는 날(Hello Day)'로 정하고, 도시의 문장을 자신의 팔에 문신하기도 했다. 그는 또한 지역 예산을 수정하고 레이캬비크의 사람들을 인터넷을 통해 도시 행정에 참여시키는 중대한 일도 시작했다. '전자 민주주의'라는 개념에 의거한 이 아이디어는, '더 나은 레이캬비크'라는 웹사이트에 사람들이 직접프로젝트나 우선순위를 제안하고 투표하도록 초청한다. 의회의 일거수 일투족을 인터넷에 올리는 '그림자 의회(Shadow Parliament)'나 레이캬비크시 정부의 행동을 인터넷에 생중계하는 '그림자 도시(Shadow City)' 등도 금융위기 이후에 새로 생겨났다.

이 그림자 프로젝트들은 정보에의 자유로운 접근이 좋은 정치의 생명줄이라고 믿는 자칭 '민주주의 괴짜' 커뮤니티에서 만든 컴퓨터 프로그램으로 작동한다. 이것은 영구적인 사업으로 자리잡았고, '더 나은 레이캬비크' 웹사이트를 시 정부를 위해 운영하는 시민재단은 '당신의 우선순위'라고 불리는 민주주의 소프트웨어를 전 세계 시민사회와 정부에 무료로 제공한다. 이 프로그램은 예술인들을 위한 시설을 제공하는 것과 아이들을 위한 견학을 포함한 수십 개의 프로젝트를 진행했다. 레이캬비크의 뒤를 이어, 중앙정부도 시민재단을 고용해서 '더 나은 아이슬란드'라는 웹사이트를 운영하기 시작했다. 이곳에서는 모든 국민이 의료복지부터 관광과 물놀이 공원 개발문제 등 다양한 현안들을 토론한다.

'당신의 우선순위' 사이트는 세계를 망라했다. 브라질의 열대림을 개발할 것인지, 유엔의 가장 이상적인 어젠다는 무엇인지, 유럽의 경제전망은 어떤지 등의 토론으로 세상 사람들을 이끌어냈다. 이 모든 공유와 대화를 가능케 하는 온라인 지원은 스킵홀트(Skipholt)라는 모래가 깔려있는 거리의 하얗고 큰 산업혁명시대 건물에서 일어난다. 한때 제빵공장이었던 이곳의 높은 천장 구조물은 1930년대 항공기 격납고를 연상케 한다. 이곳은 예술가들의 스튜디오로 쓰이기도 하고, 군나르 그림슨(Gunnar Grimsson)과 로버트 비다르 비야르나손(Robert Vidar Bjarnason)이 '21세기에 걸맞게 민주주의를 업그레이드 하고 있다'고 믿는 사무실 공간으로 쓰이고 있다.[19]

우리는 해가 질 무렵 시민재단에 도착했다. 3시가 조금 넘은 시각이었다. 건물 앞 주차장에는 두꺼운 얼음이 깔려 있어서 문까지 가는 것이 위험할 정도로 미끄러운, 조심스런 길이었다. 그러나 안에서는 지구에서 솟구쳐 나오는 따뜻한 물의 열기가 놀랍게도 사무실을 따뜻하게 만들어주었다. 군나르와 로버트는 허브티가 담긴 컵을 들고 우리를 맞이했고, 기숙사 방처럼 꾸며진 널찍한 탁트힌 공간으로 우리를 안내했다. 그곳에는 크리스마스 조명들, 푸스볼 테이블, 피아노, 그리고 빈 병과 컵이 널려져 있는 바가 있었다. 그들은 오래된 소파 위에 기대앉아 위기가 어떻게 창조로 이어졌는지 설명하기 시작했다.

"몹시 충격받고 놀라는 것부터 시작됐어요."라고 군나르가 말했다. "사람들은 분노했어요. 그들은 정부가 바뀌고 개혁하기를 바랬지만 책임자들이 사퇴를 한 뒤, 아무도 무엇을 어찌해야 할지 몰랐어요. 사람들은 '슈퍼마켓에 음식이 있을까?' 혹은 '집을 잃어버리게 되지는 않을까?'와 같은 원초적인 고민에 시달렸죠."

머리숱이 적고 덥수룩한 수염의 덩치있는 군나르는 대장장이 아버지와 어린이 옷가게를 운영하는 어머니 밑에서 자랐다. "부모님은 아이슬란드가 가난했다가 부자가 되는 것을 목격했어요. 그들은 제가 양심 바르게 자라도록 했고 제 주변에서 무슨 일이 일어나고 있는지 관심을 갖도록 이끌었죠." 군나르의 부모는 급진적인 것과는 거리가 멀었다. 사실, 14살 때의 정치입문은 보수당의 청년그룹에서 시작되었다. 그는 웃음을 지으며 "그것은 제 자신이 일종의 무정부주의자라는 것을 깨닫기 전이었죠."라고 말했다.

그날, 군나르는 오렌지색 지퍼가 달린 바지를 입고 있었다. 네바다 사막에서 매년 열리는 급진적인 자기 표현 행사인 '불타는 남자'에 규칙적으로 참석하는 그는 처음에는 게으른 북유럽 펑크 무정부주의자로 보였다. 하지만 그는 아이슬란드의 첫 인터넷 공급업체인 센트럼 닷 아이에스(Centrum.Is)를 설립하는 데 도움을 준 열성적인 컴퓨터광이며 15년 넘게 프로그래밍과 웹 디자인을 가르쳐오고 있다. 그동안 시위에 참석하기도 했지만 그것을 삶의 중심으로 만들 생각은 없었다. 그러나 그가 '냄비와 후라이팬 시위'에 참가하고 나서는 우선순위가 바뀌었다.

"저는 직접 시위에 참가하는 것보다 인터넷으로 시위를 조직하는 것을 통해 더 많은 것을 제공할 수 있다는 것을 깨달았어요."라고 군나르가 말했다. 2008년에서 2009년에 걸친 가을과 겨울 동안 그는 컴퓨터 스크린 앞에 딱 달라붙어서 시위 조직자들을 위한 온라인 사이트를 만들고 '의회 그림자'나 '도시 그림자'와 같은 프로젝트들을 개발했다.

아이슬란드의 경제위기 이후에 일어난 대중의 분노는 군나르를 놀라게 했다. 대부분의 아이슬란드인처럼 데모가 과격해졌을 때 그도 충격을 받았다. 경찰은 후추 스프레이와 최루탄을 사용했고 플라스틱 방패를 이용해 군중을 밀쳐냈다. 시위자들은 그에 대항해 앞으로 밀치며 돌을 던졌다. 최악의 순간 텔레비전 시청자들 조차도 젊은 경찰들의 눈에서 공포를 볼 수 있게 되었고 몇몇 시위자들이 군중에서 떨어져 나와 경찰들을 보호했다. 평화시위를 원하는 사람들은 오렌지색 옷을 입고, 앞으로는 시위자들과의 연대와 비폭력에의 헌신을 보여줘야 한다고 말하기 시작했다. 그 후 군나르는 오렌지색 옷을 자주 입었다.

그는 정치 상황을 걱정하는 많은 아이슬란드인들과 같은 의견이었다. 그는 인터넷에서 희망을 찾았다. "정보의 자유로운 이동과 투명성은 인터넷의 기본이지요." 그가 말했다. "인터넷은 실제로 우리가 서로를 볼 수 있게 해줍니다."

'더 나은 레이캬비크'와 '더 나은 아이슬란드'에서, 사람들은 생각했던 것보다 많은 공통점을 서로가 갖고 있다는 것을 깨닫게 됐다. 군나르의 파트너인 로버트는 전통적인 아이슬란드의 가치관들이 전면에서 주목을 받게 됐다고 했다. "사람들이 표현을 할 수 있고 그 터가 개방적이고 안전하다고 믿게되면 그들은 합의를 도출할 수 있습니다."[20] 그가 생각하는 포괄적인 합의는 공유된 희생과 책임으로부터 나온다고 했다. "10년 전까지만 해도 모든 아이슬란드 사람들이 사회는 같이 움직이는 것이라고 생각한다는 느낌을 받았어요. 하지만 사람들이 더 많은 것을 자신을 위해 챙겨야 한다고 생각하면서부터 바뀌기 시작했죠. 만약 그들이 그만큼 돈을 벌 수 없다면 돈을 빌려서라도 더 많은 것을 얻어야 한다고 생각했죠."

많은 아이슬란드인들처럼 로버트도 부와 성취를 이루기 위해 집을 떠나 캘리포니아와 런던에 갔었다. 사업가로서 성공한 그는 금융위기가 아이슬란드에 닥쳤을 때 돈에 대한 별 걱정 없이 아이슬란드로 돌아와 이 비영리 재단에서 일할 수 있었다. 군나르와 로버트는 1984년에 처음 만났다. 로버트는 자신이 직접 제작한 컴퓨터의 부품을 찾기 위해 기계 가게를 돌아다니던 열두 살짜리 아이였다. 조금 더 나이가 든 군나르는 이런 가게 중 한 곳의 직원으로 로버트가 필요로 하는 부품들을 찾는 것을 도와주었다. 로버트가 해외로 나가기 전에 그들은 한 컴퓨터 회사에서 함께 일했었다. 또다시 함께 하게 된 그들은 기술에 대한 관심 말고도 훨씬 더 많은 분야에서 동기부여를 받고 있다.

"사람들에게 정보를 제공함으로써 큰 기업이나 정부가 가지고 있는 힘에 균형을 제공하는 일을 하니 참 기분이 좋아요." 로버트가 말했다. 군나르는 "대표자들을 주민들과 이어주면 더 좋은 민주주의가 되지요. 정치인들이 그에 반응하는 것을 보면 정치인들은 실제로 정말 좋은 일을 하고 싶어해요. 실상 그 점은 제가 예상했던 바는 아니었어요." 라고 말했다.

재기의 몸짓, 희망을 보다

몰락 이후, 아이슬란드 전역에 걸쳐 사람들은 분노와 상실감을 다스려가면서 자신들과 국가에 대해 좋은 감정을 가지는 방법을 찾게 됐다.[21] "우리는 우리 스스로가 특별하다고 생각했어요. 가장 덜 부패했고, 제일 정직하고 가장 윤리적이라고 생각했죠."라고 레이캬비크 시내에 있는 홀트(Holt) 호텔의 매니저 스노리 발순(Snorri Valxoon)이 말했다. "모든 사람들은 자신이 특별하다고 생각하는 것 같아요. 런던이나 뉴욕, 아이슬란드, 어디에 있던지 말이죠. 이제 우리는 우리가 다른 이들과 같다는 것을 배우고 있어요. 은행 중 하나를 운영하던 한 남자는 금융시장 붕괴 6주 전에 그의 노후연금 전체를 외국 시장으로 옮겼어요. 또 다른 사람은 그의 은행이 몰락하기 한 달 전에 백만 달러를 요구했지요. 정말 충격적이었어요."

스노리는 비즈니스 관점에서 경제호황기에 지어지고 큰 돈을 들여 리모델링을 한 호텔들을 거론하며, 홀트 호텔의 소유자들은 오래 전에 담보대출을 모두 갚고 빚을 지는 것을 거부한 사실에 대해 감사한다고 했다. "다른 좀비 호텔들이 있거든요." 열려는 있지만 매달 적자를 보는 호텔들을 가리키며 그가 말했다. "우리는 직원 수를 감축하기는 했지만 괜찮을 거예요."

아이슬란드에서 '괜찮다'는 말은 더 이상 이전의 의미가 아니다. 스노리와 아내는 얼마 전 아이를 가졌는데 정부가 지불하던 육아휴직금은 줄어들었다. 위기가 시작됐을 당시 구입한 그들의 아파트 대출이자는 너무 솟구쳐서 "제가 70세가 될 때까지 갚아야 할 것 같아요."라고 그가 말했다. 그럼에도 불구하고 그는 안정적인 직장을 가진 서른한 살이었을 때 위기가 찾아온 것에 대해 감사하게 생각하고 있었다. "누구보다 젊은이들이 걱정거리가 가장 많을 거예요."

산드라 흐라프닐두르(Sandra Hrafnildur)의 말이 맞다면 젊은 아이슬란드인들은 국가의 불확실성을 인내심과 장기적 비전으로 견뎌낼 것이다. 많은 대학 졸업생처럼 산드라는 그녀의 전공분야인 사회복지분야에서 직업을 찾지 못했다. 우리는 그녀를 울카노(Woolcano)라는 선물가게의 카운터에서 만났다. 거대한 북극곰 봉제인형이 그 가게 문 앞에서 손님들을 맞이했다. 그녀는 아이슬란드를 비록 느리지만 안정적인 번영을 위한 길로부터 밀어내는 바람에 젊은 세대를 힘들게 만든 기업가들과 정치인들에게 '약간은 화가 나있다'고 인정했다.[22] 하지만 그녀는 과도하게 남성적이었던 시대의 끝이 '우리 여성들이 일을 (남성보다) 잘 할 수 있는 기회'라고 보았다.

개인적으로 이 도전에 응한 산드라는 저렴한 악세사리를 만들기 시작했다. 그녀는 와이어와 크리스탈 장식으로 만든 악세사리를 울카노와 인터넷에서 판매한다. 첫 3개월 동안 그녀는 9만 3천 5백 크로나, 즉 725달러 정도를 벌어들였다. 그녀는 이 돈을 노숙자들에게 음식과 옷을 제공하는 지역 자선단체에 기부했다. 최근 한 노숙자의 죽음이 레이캬비크의 시민들을 놀라게 하기 전까지는 수십 명의 노숙자들이 도시의 보호시설에 의탁하고 있다는 사실을 많은 이들이 모르고 있었다. 그 노숙자의 죽음 뒤에 노숙자 이슈는 '더 나은 레이캬비크' 웹사이트의 중요한 토픽이 되었다.

"이 모든 것이 나쁘게 끝나지는 않을 거에요." 산드라가 그녀 세대의 정신적, 정치적, 경제적 상황에 대해 전망했다. "우리 문제의 대부분은 우리가 누구이며 무엇을 하고 있는지 잘 이해하지 못하는 데서 비롯됐어요. 이제 더 많은 사람들이 목소리를 내고 있고, 더 많은 사람들이 이해 받고 있다고 생각해요. 우리는 우리의 모습을 되찾고 있어요."

제3장
이스라엘

"권력은 통제라기보다
영향력에 관한 사항이다."
– 응답자의 74%가 동의

젊은 군인 한 명이 이스라엘의 도시 네탄야(Netanya) 북쪽의 한적한 해변도로의 모퉁이에 서 있었다. 그의 뒤로는 모래해변이 푸른 지중해까지 뻗어 있었다. 앞에는 세이지 허브와 넝쿨 관목이 자라고 있는 건조한 정원이 펼쳐져 있었다. 제복과 같은 올리브 색의 큰 가방과 꽉 찬 배낭이 그의 발 밑에 놓여 있었다. 우리의 작은 렌터카가 가까워지자 그는 한 손으로 태양빛을 가리고 다른 한 손은 우리를 향해 흔들었다.

이스라엘 정신에 영감을 받은 것처럼 우리는 차를 세웠다. 그는 처음에는 히브리어로, 그 다음에는 영어로 우리에게 2번 고속도로에 있는 야나이(Yanai) 인터체인지까지 데려다 달라고 사정했다. 그곳에서 자신이 속해있는 이스라엘 방위군(Israeli Defense

Forces: IDF) 동료들을 만나기로 했고 함께 텔아비브로 이동할 것이라고 했다.

우리의 작은 피아트500은 그 군인과 짐의 무게에 눌렸고 앞으로 나아가기 위해 우리 차의 작은 엔진은 계속 무리를 해야만 했다. 우리가 출발하자 그는 미국에 관해 질문을 했고 모든 이스라엘 국민을 징병제로 국가의 명분에 묶어두는 정책을 비판하기 시작했다. 야나이에 도착해 영어와 히브리어인 샬롬(평화)으로 작별인사를 나누며 악수를 했다. 우리는 좋은 일을 했다고 뿌듯해했다. 그런데 실은 그게 아니었다.

군대에서 활약중인 여성 병사들

"그 남자를 어디서 태웠다고요?"[1]

이스라엘 방어군 본부에서 레이첼 위젤(Rachel Weisel) 준장을 만난 지 2분도 안 되어 우리가 길에서 만난 군인과의 일화는 말문을 열기 위한 이야깃거리가 아니라 웃음을 사라지게 하는 논쟁이 되었다. 우리는 북쪽으로 뻗은 도로에 대해 이야기하면서, 이스라엘 사람 모두가 친절하고 너그러워 보여서 태워주어야만 할 것 같은 의무감을 느꼈다고 말했다. 또한 우리는 아쉽게도 그 군인의 이름은 물론 군대에 대한 무지 탓에 그의 계급이나 옷에 부착된 휘장도 묘사할 수 없다는 말도 덧붙였다.

"잘못된 일을 하셨지만 어쩔 수 없죠. 잘 알지 못했으니까요. 그

군인은 잘못했어요. 그는 더 잘 알았어야 해요. 그는 혼줄이 날 겁니다."

그녀 말에 의하면, 오래 전 히치하이킹을 하던 이스라엘 방어군 하사 한 명이 팔레스타인 전사에게 붙잡혀 살해된 일이 있었다고 한다. 당시 그를 구출하려던 특공대원 한 명도 함께 희생됐다. 이스라엘군은 곧 군인들의 히치하이킹을 아예 금지하는 캠페인을 벌일 것이라고 했다.

한숨을 내쉬며 '당신들 정말 멍청하군요'라는 눈빛으로 우리를 쳐다보는 위젤 준장은 사건조사를 약속하고는 그 이야기를 더 이상 하진 않았다. 우리는 여행 안전에 대한 주의를 듣기 위해 까다로운 신원조회와 보안검사를 거쳐 이스라엘 방어군 본부에 들어온 것은 아니었다. 우리는 남성성과 여성성, 그리고 이스라엘에 대해 이야기 하러 온 것이었다. 우리의 그릇된 판단에 대한 위젤 장군의 반응은 전통적인 여성적 가치 그 이상을 보여주는 것이었다. 직관적이며 옳고 그름에 대해 판단력이 분명한 그녀의 말은 우리를 무안하게 하지 않으면서 우리의 무지와 그 군인의 경솔함을 나무랐다. 그녀의 말에는 앞으로 평생, 이스라엘이나 혹은 다른 곳에서라도, 행여 모르는 사람을 길에서 태워주는 일이 다시는 없도록 결심시킬 정도의 호소력이 있었다. 군대식 말투보다는 부드럽고 교육적인 말투가 방 안의 분위기를 해치지 않으면서 중요한 이야기를 나눌 수 있게 해주었다.

우리의 멍청한 선택에 대한 그녀의 솔직한 반응은 바로 우리가 이스라엘에서 찾으려했던 아테나의 가치인 진솔함(candor)이었다.

우리의 조사 결과가 보여주듯이, 사람들은 여성적 특징인 솔직한 감정표현과 같은 진솔함에 높은 가치를 부여한다(응답자의 77퍼센트가 공감). 우리는 국민들이 매일같이 분쟁의 벼랑 끝에 서 있는 이스라엘 같은 국가에서는 솔직하고 정확한 소통이 매우 중요할 것이라고 생각했다. 이웃의 적과 대치하고 있는 이스라엘만큼 의사소통의 문제가 심각한 상황을 야기할 곳을 찾기는 힘들 것이다.

적이라고 선언한 이웃들과 최근 전쟁을 치렀던 국가들에 둘러싸여 고립되어 있는 이스라엘은 지구상 다른 어떤 작은 나라보다도 심각한 위협에 직면해 있다. 또한 이스라엘은 자살테러와 같은 위협이 국내에만 국한되지 않고, 해외여행을 하는 이스라엘 시민들도 언제 어디서나 테러 위험에 노출되어 있다.

인구 약 8백만 명의 이스라엘은 국가를 건설하고 유지하는 데 어느 한 사람도 배제시킬 여유가 없다. 이스라엘 여성들 또한 이스라엘 남성들처럼 징병의 대상이며 여성들 역시 실제 전투에 투입된다. 전통적인 여성적 가치인 인내심과 공감은 팔레스타인 지역을 들락거리는 차량 검문소처럼 위험한 곳에서 오히려 대단한 가치를 발휘한다.

"다른 시각이에요."라고 위젤이 검문소에서 복무하는 여성 군인을 염두에 두고 말했다. 검문소에서 검색을 기다리는 사람들은 흔히 불편을 호소하거나 의심받는 것을 언짢아한다. 잘못된 말 한 마디나 신체 접촉이 시끄러운 저항이나 물리적인 대치국면으로 확대될 수 있다. 팽팽한 긴장상황에서도 공감을 통해 접근하는 역량을 가진 여성은 사람들에 대한 존경심과 친절이 목숨을 구할 수 있다는 사실을 확인하게 된다. 이런 여성적 자질은 군대 자체가 더 많은 정보를 바탕으로 규율에 충실하고 더욱 신중하게 움직일 수 있도록 해준다.

'구식 생각'의 틀 안에서 이스라엘 방어군은 남성 위주이다. 남자들만의 집단이며 가장 공격적으로, 위험을 감수하는 이들이 가장 높은 자리에 오를 수 있었다. 이스라엘 남성들은 군 생활 기간 위험한 임무를 수행하며 평생 우정을 쌓았다. 이런 경험은 그들 생애 내내 자랑거리를 제공했다. 오늘날의 군 지휘관들은 관찰과 정보수집 및 분석에 의거한 좀 더 신중한 방식을 권장하고 있다. 위젤 장군은 이를 여성 군인들에게서 영향을 받은 '더 넓은 시각'이라고 설명했다. "아시다시피 만약 여성이 실제 전쟁을 벌일 것인가와 같은 어려운 결정에 참여한다면 모든 파장들을 고려하게 될 것입니다."

위젤은 이스라엘의 국방부인 마트칼(Matkal) 건물 한구석 사무실에서 인사문제를 총괄하고 있는 이스라엘 방위군의 유일한 여성 중장인 오르나 바르비바이(Orna Barbivai) 밑에서 복무했다. 우리가 바르비바이를 만난 날, 그녀는 하루 종일 군 기술을 연구, 개발하는 회의에서 대부분의 시간을 보냈다. 공상과학 소설에나 나오는 소형 무인정찰기나 위성, 첨단장비들은 군인들에게는 진화된 살인 수단을 제공한다. 이런 무기의 위력 탓에 더 많은 정보에 근거한 신중한 결정이 더욱 중요해진다. 바르비바이 중장에 의하면 장교들은 "총구를 통해 보는 것보다 더 넓은 시각을 갖고 있어야 한다."[2]

강렬하고 집중된 눈빛을 가진 바르비바이는 그녀의 생애 동안 총구를 몇 차례 겨눠본 듯한 인상을 지녔다. 녹색 군복 바지에 견장이 달린 검은색 가디건을 입고 있었는데 창가에 놓여 있는 젊은 시절 사진과 아직도 많이 닮아 보였다. 그 사진은 그녀가 18세에 입대하던 날 찍은 사진이라고 했다. 벽에는 그녀가 자주 인용하는 '이스라엘 방위군의 정신' 이라 불리는 윤리 규정 액자가 걸려 있었다. '모든 인간은 인종, 신념, 국적, 성, 지위나 역할에 상관없이 존중받아야 한다.'[3]

바르비바이는 이스라엘 방위군의 규율이 갈등을 없애는 협상에 좀 더 뛰어난 여성들에게 더 합당한 가치라고 믿는 사람들이 많다고 했다. 이런 이유로 그녀는 종종 여성군인을 최전방에 배치시키는데 두 딸도 전방에서 복무하고 있다(작은딸은 유대아와 사마리아 접경지역의 방위군 경찰로 복무하고, 큰딸은 현재 해군 소령인데 고참 인사장교로 일하고 있다). 바르비바이 중장은 여성 군인들이 폭력사용을 피하고 적극적으로 상대방을 존중하는 소통과 협상에 임할 준비가 되어있다고 믿고 있다.

지속가능한 공공서비스 벤쳐 기금 투자

바르비바이 장군이 강조하는 도덕적 가치(그리고 불의에 대한 유대인들의 역사적 경험)는 이스라엘 사회 전반의 혁신가들에게 영향을 미치고 있다. 물론 어떤 이들은 여성적인 에너지가 그들의 노력을 이끌고 있다는 것을 인정하기를 주저한다. 50세인 야딘 카우프만(Yadin Kaufmann)은 이스라엘에서 가장 공격적인 투자가들 중 한 명으로 그의 회사 베리타스 벤쳐 파트너스(Veritas Venture Partners)는 신기술 창업과 기업 공개에서 괄목할만한 기록을 세웠다. 카우프만은 이스라엘이 소프트웨어와 의료기술산업 분야에 진력하도록 하는 데 기여했다. 고등교육을 받은 재능 있는 인재들에 의존하는 이 전략 덕분에, 미국 정부가 산정하는 국내총생산 순위에서 이스라엘은 30위에 오를 수 있었다. 이스라엘은 이탈리아, 스페인 및 여타 오랜 역사의 국가들보다 순위가 앞서 있고 다른 국가들이 대불황으로 침체되어 있을 때 오히려 약진했다.

우리는 라아나나(Ra'anana)라는 인구 9만 정도의 작지만 붐비는 도시에서 카우프만을 만났다. 베리타스는 번쩍이는 새 오피스 건물 3층에 위치하고 있었다. 우리는 이스라엘의 탄탄한 기술 수준을 라아나나 곳곳에서 확인할 수 있었다. 마이크로소프트, 휴렛패커드, SAP와 같은 유명한 첨단기술 기업들이 근처에 위치해 있다. 더욱 놀라운 사실은 도시 북쪽의 농장 가까이 지은 새로운 건물 안에 위치한 이스라엘의 자생적인 기술업체들이다. 이들 산업단지가 새로 심은 작물 농장을 배경으로 솟아있는 광경은 마치 미국 실리콘 밸리의 한 구석에 와 있다고 착각할 정도였다.

건장하고 그을린 피부에 각진 얼굴의 육상선수 몸집을 가진 카우프만은 정확한 목표를 정하고 열정적으로 추진하는 사람의 단호하고 계산된 자세로 이야기했다. 베리타스를 통해 그와 그의 파트너들은 수십 개의 기술기업에 자금을 직접 제공하거나 투자를 주선했으며 이들 가운데 많은 기업들이 더 큰 기업에 팔리거나 주식 공개를 통해 주식회사가 됐다.

통신, 소프트웨어, 그리고 의료산업에 집중하는 카우프만은 전 세계 투자자들로부터 돈을 모아서 수십 개 기업의 창업을 도왔다. 이들 중 많은 기업이 국제적 명성을 가진 내실 있는 기업으로 성장했다. 하지만 성공에 성공을 거듭하면서 카우프만은 전문분야에서 금전적 성공만으로는 충분치 않다고 생각하게 됐다. 그는 다른 사람들, 더 넓게는 이스라엘 사회의 요구를 충족해줄 수 있는 방법을 찾았다. 항상 일자리 창출과 사회문제 해법을 찾는 데 관심을 가졌던 그는 '변형(metamorphosis)'과 '뛰어난 가치를 가진 재능'이라는 뜻을 가진 히브리어 '트무라(tmura)'에 매료됐다. 카우프만은 그가 비즈니스 창업에 대해 아는 것을 모두 활용해 자신이 만났던 기업가들을 더 큰 그림의 장기적 서비스 프로젝트에 참여시킬 계획을 세웠다.

일은 많이 하지만 현금이 부족한 이스라엘의 야심찬 기업가들 대부분은 자신들의 사업 이외에 세상을 더 나은 곳으로 만들 방법을 꿈꿔왔다. 그러나 대부분 이를 위해 기부할 돈이나 시간이 부족하다. 하지만 이들은 회사를 시작하면서 시작 당시에는 가치가 별로 없었지만 성장 가능성이 높은 자기 회사의 많은 주식을 가지고 있었다. 카우프만은 '트무라'라고 이름 지은 단체에 주식과 주식 옵션을 기부하는 아이디어를 제안했다. '공공서비스 벤처 기금'이라고 이름 붙여진 트무라는 기부업체가 주식공개를 하거나 구매자가 생기면 기부 받은 지분을 자유롭게 팔 수도 있고 얻은 수익을 후원할 만한 가치가 있는 지원자들에게 배분할 수도 있다. 카우프만은 주로 아동이나 빈곤한 동네를 위한 프로젝트 후원을 선호하지만, 최종 결정은 독립적인 이사회가 한다.

카우프만은 이 아이디어를 2002년에 제안하기 시작했는데, 이스라엘에서 뜨고 있는 기술분야의 기술자, 과학자 및 사업가들이 시원한 에어컨 바람이 나오는 그들의 사무실 바깥의 지역사회와 연계될 수 있다는 것에 대단히 호의적이라는 사실을 발견했다. "첨단기술 분야가 그들만의 세상에 갇혀 있다는 인식, 아니 현실이 그렇습니다."라고 그가 설명하기 시작했다.[4] "그런 세상에 갇혀 있다면 자신이 고립되어 있음을 알게 되고, 세상에서 일어나는 일에 대해서 조금이라도 예민하다면 무언가를 하고 싶어집니다."

카우프만의 새로운 구상은 기업가들이 그를 알고 신뢰하고 있었던 덕에 성과를 거둘 수 있었다. 그는 이 기관 운영을 위해 캐나다 이민자인 바루크 리프너(Baruch Lipner)를 채용했다. 지난 10년 동안 주식과 주식 옵션을 트무라에 기부한 기업 후원자가 250개 이상 생겼다. 그 기업들이 성공하거나 혹은 실패하면서 사업의 포트폴리오는 6백만 달러 이상으로 상승했다. 트무라는 이스라엘의 BBS(Big Brothers and Big Sisters)와 청소년센터들의 연대인 카디마(Kadima), 텔아비브 성폭력 긴급 대응센터, 그리고 저소득층 가정의 아이들에게 과학과 기술교육을 하는 테크노다(Technoda)라는 단체에 돈을 기부할 수 있었다.

이제는 많은 기부기업들이 안정적으로 이익을 내면서 트무라는 스스로 굴러가는 상황이 되고 있다. 야딘은 자신이 이뤄낸 업적에 대해 자랑스럽게 이야기했지만 이야기하는 내내 엄지손가락으로 볼펜을 끊임없이 눌러댔다. 1분에 80회 이상 볼펜을 누르면서 지역에 영향을 주며 동시에 수익을 낼 수 있는 계획에 대해 이야기하기 시작했다.

지난 몇 년 동안 카우프만은 이스라엘의 첨단기술과 벤처 분야에 축적된 경험, 네트워크 그리고 지식을 중동의 다른 지역에 기업을 설립하는 데 활용할 방도를 찾고 있었다. "2006년에 저는 라마야(Ramallah)의 초창기 기술산업에 참여하고 있는 팔레스타인 사람들을 만나게 됐어요."라고 회상했다. "그들 중 일부는 캘리포니아에 위치한 시스코 시스템의 일부인 이스라엘의 네타냐 소재 시스코 지사를 통해 아웃소싱된 소프트웨어 개발을 담당하고 있었는데 대단한 성과를 얻어내고 있었습니다. 제가 라마야에서 관찰한 것들은 여러 가지 면에서 1980년대 이스라엘을 연상시켰죠." 카우프만 개인의 초기 팔레스타인 인맥들이 미국에서 마이크로소프트사 및 두어 개의 창업회사들과 오랜 기간 일하고 최근에 중동지역으로 돌아와 기술분야에서 일하려고 하는 사에드 나셰프(Saed Nashef)를 소개시켜 주었다. 캘리포니아 주립대학 롱비치 캠퍼스에서 컴퓨터공학을 공부한 나셰프는 에키옴 메나(Equiom Mena)라는 아웃소싱 기업을 창업했다. 활력이 넘치고 야심만만하며 재능이 있는 그는 카우프만이 헤르질야에서 투자했던 기업인들과 매우 닮았고, 이 둘은 이내 친해질 수 있었다.

이스라엘에서 이미 기술분야의 영향력을 목격했던 카우프만은 팔레스타인 지역에서 비슷한 발전을 돕는 것은 상당한 새로운 비즈니스 기회임과 동시에 팔레스타인 지역 주민만이 아니고 이웃 이스라엘인들에게도 '사회적' 파장이 있을 것이라고 믿었다. 카우프만

카우프만은 '트무라'라고 이름 지은 단체에 주식과 주식 옵션을 기부하는 아이디어를 제안했다.

'변형'과 '뛰어난 가치를 가진 재능'이라는 뜻을 가진 히브리어

그는 이스라엘의 기술자, 과학자 및 사업가들이 시원한 에어컨 바람이 나오는 그들의 사무실 바깥의 지역사회와 연계될 수 있는 방도에 대해 대단히 호의적이라는 사실을 발견했다.

과 나셰프는 함께 웨스트 뱅크 지역내 작지만 꾸준히 발전하고 있는 인터넷과 모바일기술 업체들에게 투자할 펀드를 만들기 시작했다. 미국에 본사를 둔 이 사다라 벤쳐(Sadara Ventures) 기업은 팔레스타인 지역 정보기술 창업에 투자하는 첫 펀드이다. 기부산업이 아닌 이 펀드는 '투자자들에게 금융이익을 돌려주고' 또한 '팔레스타인 지역의 활기차고 지속 가능한 지식기반 경제의 발전'을 지원할 목적으로 만들어졌다.

카우프만과 나셰프가 잠재적 투자자들을 데리고 웨스트뱅크에 들락거리며 신용을 쌓도록 하면서 사다라 벤쳐는 회사의 두 가지 목표에 감동한 국제적 기업과 개인들로부터 3천만 달러를 모을 수 있었다. 우리가 만난 날 사다라 벤쳐는 투자지원자들을 선별하는 작업을 막 마치고 첫 창업에 투자할 계약서를 작성하는 중이었다.

팔레스타인 지역을, 개발을 기다리는 '녹지'라고 부르는 카우프만은 평화 분위기를 만들기 위한 오랜 열망이 결국 돌파구를 찾아냈다는 흥분을 감추지 않고 말했다. 우리가 그에게 나셰프를 향한 공감과 협력에의 의지가 '조금은 여성적이지 않냐'고 물어보았을 때, 그는 의자에서 꿈지럭거린 채 펜을 계속 눌러대며 말했다. "제가 그렇게 말하길 기대하진 마세요. 하지만 성공 비결은 분명 잘 듣고, 상대방을 존중하며, 다른 이들의 요구에 민감하게 반응했다는 사실이에요. 원하는 대로 부르셔도 좋습니다만 저는 단지 지금 꼭 해야 할 일이라고 생각했을 뿐이에요."

'아이들을 위한 도시' 실현

야딘 카우프만에게 그의 야망 가운데 '여성적인' 면에 대해 물어보았을 때 불편해 했던 까닭은 그가 굉장히 경쟁적이며 남성중심적인 나라에서 살아왔기 때문이었다. 이스라엘에서는 흔한 말로 무식한 힘은 존경 받고 유약함은 패배로 이어진다그들 한다. 하지만 그에 반하는 지역사회, 협력, 감정, 창조성을 강조하는 대목도 역시 국가 건설과 운영 스토리의 한 부분이었다. '사브라스(sabras, 이스라엘의 선인장 이름이기도 함)'라고 불리는 어르신들은 이스라엘의 설립과 초창기에 대해 이야기할 때면 항상 희생과 협력 정신이 생존에 필수적이었다고 말한다. 심각한 위기에 대응하는 전통적인 여성적 대응은 육체적 용기나 정신적 강인함만큼이나 이스라엘의 국가적 특성이기도 하다.

폴란드인 아버지와 이스라엘인 어머니 사이에서 태어나 이스라엘에서 자란 하나 허츠만(Hana Hertsman)은 이스라엘 국가를 세운 선구자 집안 사람이다. 그녀는 샤론 벌판에 있는 농장에서 자랐다. 그곳에서 아버지는 지역 정치인인 동시에 발전된 관수 시스템을 창안하고 올리브 나무를 감염시키는 병의 치료법을 찾아낸 사람으로 잘 알려져 있었다. 목가적인 유년생활을 되돌아보며 그녀는 자신이 동네 전 지역에서 '버릇없는 딸'이었다고 했다. 그런 목가적인 삶은 그녀가 16세 때 부모님이 자동차 사고를 당하면서 산산조각났다고 했다. 아버지는 돌아가셨고 어머니는 중상을 입으셨다.

맏딸로서 10대의 허츠만은 소녀가장이 되어 일을 해야 했다. 오랜 동안 어머니의 힘든 회복을 뒷바라지했다. 그리고 군대에 갈 나이가 되자 국방의 의무를 수행하기 위해 군에 입대했다. 군대에서 허츠만은 대단히 우수하여 장교로 승진했다. 이스라엘 방어군에서의 4년 동안 허츠만은 강한 리더십과 독창성이 가져오는 긍정적인 면과 더불어 과도한 자존심이 초래하는 부정적인 결과도 볼 수 있었다. 그녀는 복무를 마치고 사회에서 인력 관리 분야에서 일하기 시작했다. 그러면서 그녀는 많은 남성 동료들이 이스라엘 방어군에서 익힌 강인함과 자존심은 간직한 반면 독창성과 열정은 잃어버리고 있다는 것을 알 수 있었다.

홀론(Holon)시에서 지역 관리인으로 일하게 된 허츠만은 서류더미에 묻혀 침체된 관료주의가 지역사회를 몰락시키고 있다는 것을 발견했다. 바로 이웃인 텔아비브와 달리 홀론은 비즈니스와 인구 모두 감소하고 있었다. 부동산 가치가 하락했고, 공원, 학교, 도로, 인도와 같은 공공시설들이 쇄락했다. 모티 새손(Moti Sasson)이라는 새로운 시장이 1993년에 선출됐다. 그는 허츠만에게 도시 매니저로 일하게 했다. 허츠만은 홀론 시의 회복을 돕는 일을 맡았다. 재선을 염두에 둔 새손 시장은 그녀에게 단기적 효과가 나타날 구상과 장기적 계획 모두를 요구했다.

우리는 홀론의 퇴근시간이 지나고 시청 사무실 대부분의 불이 꺼진 저녁에 허츠만을 만났다. 그녀는 시청에서 일한 20년간 쌓인 기념품과 선물로 가득 찬 사무실에 있었다. 넌센스라곤 찾아 볼 수 없는 그녀는 짧은 바지에 보수적인 고리 귀걸이를 하고 있었다. 그녀 뒤에는 남미에서 구입했다는 포스터가 걸려있었다. 포스터 그림에는 젊고 강한 여성이 이두박근을 드러내며 자신감 있게 웃고 있었다. 허츠만이 시장과 함께 홀론을 변화시킨 이야기를 들으면서 우리는 그 포스터 속의 강인한 여자가 허츠만이라는 생각이 들기 시작했다.

1993년에 허츠만은 홀론의 위기가 단지 개발관이 아니라 정체성의 문제라는 총체적인 시각으로 보았다. 텔아비브가 문화의 중심지로서 젊은 독신자들에게 매력적이란 사실을 알아차린 그녀는 홀론이 가족, 특히 아이들을 위한 곳이 될 수 있겠다는 생각을 했다. 지역 지도자들 회의에서 그녀는 '홀론–아이들을 위한 도시'라는 슬로건을 칠판에 적고 이 슬로건을 현실로 만들 수 있는 아이디어를 간청했다. 이 그룹은 홀론이 안전한 동네, 더 나은 교육과 더 좋은 여가활동 공간을 제공할 수 있을 것이라는 데 공감했다. 그들은 또한 이런 목표가 추가 예산이나 추가 인력의 동원 없이 진행되어야 한다는 점도 이해했다.

허츠만은 이 야심찬 계획에 헌신적이었음에도 불구하고 이 프로젝트를 법석 떨지 않고 조용히 시작했다. 목표가 달성될 때까지 그 누구도 일의 진전 속도나 작업의 질을 개선하라고 지적하지 않았다. 허츠만은 1천 명이 넘는 도시 직원들에게 유년기가 미치는 장기적인 영향에 대한 열정적인 연설을 하며 동기부여를 했다. 그녀는 유년기 교육이 인생의 근본을 형성하는 데 있어 얼마나 결정적으로 중요한지에 대해 역설했다. 지역사회가 양육의 중심이 되어 아이들에게 집중하는 공간이 될 수 있음도 설득했다. 결국 미래 세대를 위해 '좋은 일'을 하는 것 이상이었다. 아이들을 위한 도시 프로젝트는 이 도시를 모든 사람들이 살만한 곳으로 만들었다. 그로 인해 부동산 가격 하락도 뒤집을 수 있었다.

직업을 계속 갖기 원하는 시청 직원들이 이 계획에 참여하게 되었다. 태만함을 방지하기 위해 그녀의 핵심 매니저들을 새로운 부서로 배치했다. 시청 각 부서의 책임자들은 교육담당관들이 됐다. 청년프로그램의 매니저는 직원들의 결근이 잦고 일에 의지가 없는 재활용부서로 옮겼다. 새로운 변혁에 자극받은 새 매니저는 환경미화원들에게 아이들을 위한 도시를 만드는 데 자부심을 가질 것을 권고했다. 재활용부서는 결근이 줄어들고 실적은 향상됐다.

다른 도시의 경험에 따라 홀론 팀은 폐교 하나를 국립 아동박물관으로 바꾸었다. 또 다른 폐교를 직접 체험을 할 수 있는 예술센터로 바꾸었다. 음악, 문학, 댄스 프로그램들이 모든 연령대 시민들을 위해 만들어지면서 예술이 이 도시의 재탄생에 핵심요소가 됐다. 이런 창조적 작업의 대부분은 큰 돈 없이 이루어졌다. 이에는 주변에 대가 없이 동참을 촉구하는 허츠만의 뻔뻔함도 한몫 했다. 예술가들은 유명한 아동도서에 나오는 주인공들의 조각상으로 꾸며진 '이야기 정원'을 만들었다. 만화가들은 그들의 작품들을 만화박물관에 기증했다. 많은 예술작품들 또한 고속도로 중앙분리대나 일반 공원에 세워졌다.

물론 도움을 요청하는 데도 한계가 있었다. 학교와 다른 시설들을 재건할 때 자금이 필요해지자 허츠만은 비대한 관료조직을 대폭 축소해 수백 개의 일자리를 줄였다. 이런 조치는 시청 노동자들과의 격렬한 투쟁을 야기했다. 수백 명이 파업에 가담했다. 허츠만의 집에 살인협박 전화도 왔다. 그녀의 차에 불을 지르기까지 했다. 3개월 동안 그녀는 경호원 없이 어디도 갈 수 없었다. 하지만 시민과 시청 노동자들이 작아진 관료조직으로도 시 전체가 잘 돌아간다는 사실을 확인하게 되면서 소란은 점차 사그러 들었다.

도시에 재건의 정신이 자리잡기 시작하자 주변지역에서도 개선의 노력이 시작됐다. 이스라엘에서 가장 큰 워터파크를 포함해 새로운 공원들이 도시 주변에 세워지기 시작했다. 전체 녹지 면적은 3백 에이커 이상으로 넓어졌다. 지역사회의 외관과 느낌이 바뀌면서 가족들은 도심을 떠나 교외로 이주하던 것을 멈추기 시작했다. 그러자 3년 전부터 홀론의 인구가 증가하기 시작했다. 모래언덕으로 영구 보존될 곳과 연결된 지역이 새로운 주거공간 건설 지구로 인가됐다.

이 모래언덕은 홀론 거주자들의 생각과 마음 속에 특별한 의미를 갖고 있다. 홀론은 히브리어로 '언덕'이란 뜻이다. 1924년 이 지역에 사람들이 처음 정착하기 시작했을 당시에는 노란 언덕과 이따금씩 보이는 플라타너스 나무밖에 찾을 수 없었다. 이스라엘의 독립전쟁 기간에는 이 모래언덕에서 전투가 벌어졌다. 평화로운 시절에는 이 모래언덕이 아이들의 놀이공간이었고 한때는 자연의 모습을 그대로 보여주기도 했다.

홀론의 반전은 장기적 계획, 협력, 그리고 자식들을 잘 양육해 보겠다는 부모들의 공통된 헌신의 증거다. 허츠만은 관청이 지역 사업체들과 산업시설의 필요성을 잘 이해하고 해결하는 곳이란 점을 부각시켜 사업체들의 참여를 이끌어 냈다. 홀론의 삶의 질을 보여줌으로써 새로운 사무실과 공장을 지을 곳을 찾는 사업자들을 유치할 수 있었다. 이 모든 것은 대부분 미래 세대를 향한 모성적인 관심을 자극함으로써 이루어 낼 수 있었다. 수년간 이런 방식의 반향을 생각할 때 허츠만은 홀론의 보호 아래에서 자란 아이들은 자신들의 가족을 같은 방식으로 같은 곳에서 키우고 싶어할 것이라고 예측했다.

1993년 하나 허츠만이 꿈꾸었던 '아이들을 위한 도시'가 2010년에 현실화됨으로써 홀론은 전세계에 이름이 알려지게 됐다. 거주자 대상 조사에 의하면 80퍼센트 이상의 주민이 자신의 삶에 만족했다. 또 4분의 3이상의 거주자가 친구들에게 홀론으로 이사하라고 권하겠다고 답했다. 홀론은 젊은 세대들에게 인기가 많아서 새로운 학교와 유치원 건설이 이어졌다. 요즈음엔 홀론시 공직자들이 도시의 양적 성장을 억제해 기존 거주자들이 편안하게 생활할 수 있는 인구 25만 명 정도의 소도시로 유지되도록 노력 중이다.

'삶의 질'로 승부하는 텔아비브

여행작가들이 미니 빌바오(Bilbao)라고 평가하는 홀론시는 지난 10년 동안 혁신적 리더십을 통해서 국제적 명성을 얻은 이스라엘의 두 개 도시 중 하나이다. 파산 직전에 있던 더 큰 도시 텔아비브는 고등학교 교장 출신으로 1998년에 시장이 된 론 훌다이(Ron Huldai)에 의해 되살아나게 됐다. 시장이 된 훌다이는 도시의 삶의 질에 집중하면서 소위 '인간 생태계'를 다양한 지역에 조성하면서 똑똑하고 야심찬 젊은 사람들의 마음을 끌었다. 15년 후 텔아비브는 열 개가 넘는 새로운 공연장, 박물관과 2천 개 가까운 바와 나이트 클럽, 그리고 호황을 누리고 있는 첨단산업으로 가득한 도시가 됐다.

개발자들이 새로운 아파트와 쇼핑센터를 계속 지어대면서 텔아비브의 하늘은 건축용 크레인으로 가득 차 있었다. 새로운 건축과 건물 개조작업이 텔아비브 미술관, 하비마(Habima) 국립극장, 그리고 텔아비브 영화관에서 이루어지고 있었다. 270만 명이 넘는 관광객이 도시의 지중해 해안과 세련된 밤 문화를 즐기려고 몰려들면서 관광산업은 호황을 누리게 됐다.

우리는 훌다이 시장을 '2012년 예술주말'의 시작을 알리는 리셉션에서 만났다. 하 타차나(Ha Tachana)라는 버려진 기차역을 개조한 해안가 창고에서 벌어진 이 행사에는 수백 명의 사람들이 몰려들었다. 식당과 소매시장단지를 만들어낸 이 재개발 사업은 훌다이의 업적 가운데 가장 눈에 띄는 것들 중 하나이다. 매일 밤 수천 명의 방문객이 이곳을 찾는다. 리셉션에는 수백 명의 사람들이 벽돌과 목재로 이루어진 공간에서 현대 인상주의 그림들을 즐기고 있었다. 훌다이는 이 광경을 즐기고 있었지만 도시의 호황이 있기까지 자신이 쏟은 열정에 대해서 찬사를 들을 생각은 없는 듯싶었다.

"저는 매우 상식적인 사람입니다."라며 자신은 자전거도로 개발과 같이 작지만 점진적으로 삶의 질 향상을 이루는 계획을 추진하는 방식을 취했을 뿐이라고 했다.[5] 그는 파티의 소음을 뒤로 하고 "중요한 것은 모든 일에서 거창한 해결책을 찾지 않는 것이에요."라고 했다. "비록 조금씩 나아지더라도 일을 좀 더 잘하는 것이 제 목표죠." 이 목표는 지난 10년간 팔레스타인과 그들 지지자들의 이스라엘에 대한 공격이 급격히 줄어들면서 달성하기 수월해졌다. 비록 논란이 많았지만 안전벽의 설치로 폭격은 급격히 감소했다. 상대적인 평화와 고요함은 많은 사람들이 텔아비브에 대해 더 많은 신뢰를 가질 수 있도록 했다(하지만 반대의견을 가진 이들은 아직 남아있는 중요한 정치적 문제들에 대해서 무심해졌다고 불만이다).

14년간 시장직을 수행한 68세의 훌다이는 스스로가 대도시 시장을 하기 위해 태어난 것처럼 말하고 행동했다. 유럽, 미국, 그리고 심지어 베트남의 시장들을 만났는데 하노이 시장이 그와 같은 목표를 가지고 있다는 것을 발견했다. 사람들이 행복하고 만족하는 삶을 살 수 있는 살만하고 잘 작동하는 도시를 만드는 것이 바로 그것이다. 텔아비브에서 그는 이 목표 달성을 위해 다양성에 대한 존중이 꼭 필요하다고 확신하고 있다. 이 도시는 타임아웃(Time Out) 잡지에 동성애자 관광객들을 위한 최고의 도시 중 하나로 평가됐지만 텔아비브는 여전히 독실한 종교커뮤니티의 하나이다. "모순과 다원주의는 이곳의 실상인데, 그 이유 때문이라도 우리는 관대해져야 합니다."

관대함을 위해서는 지속적인 소통이 필요하다. 이를 위해 훌다이는 페이스북과 트위터 같은 뉴미디어를 활용한다. 이런 인터넷 창구들은 주류 미디어의 중개 없이 훌다이가 시민들에게 직접 이야기할 수 있게 해준다. "저에겐 완벽한 도구에요. 신문과 텔레비전이 저에 대해 하는 잘못된 이야기를 수정할 수도 있지요."라고 그가 웃으며 말했다. 또한 시민들이 같은 방식으로 자신의 고민과 걱정을 직접적인 방법으로 전달할 수 있게 해준다. 그가 흔히 듣는 얘기는 높은 생활비, 대중교통의 문제, 그리고 젊은이들의 좌절이다.

"저는 경청하려 해요."라고 훌다이가 말했다. 이는 그가 키부츠라는 농장 협동조합에서 삶의 대부분을 보낸 부모님에게 물려받은 것이라고 했다. "저는 매일 어머니로부터 우리는 모두 같은 인간이고 똑같이 존중 받을 자격이 있다고 들어왔어요. 제가 알기로 한쪽이 옳으면 다른 쪽도 옳을 경우가 대부분이라는 점이에요. 그것이 삶의 본질입니다. 우리는 단 하나의 해결책만을 찾는 것이 아닙니다. 우리는 함께 더불어 사는 방법을 기대하며 조금씩 개선해 나아가는 것이지요."

하지만 더불어 살며 조금씩 개선해 나갈 수 있는 능력은 심각한 도전과 실패 없이는 가능치 않다. 우리는 이 사실을 나중에야 알게 됐다.

휴머니티를 위한 호소

2011년 7월 7일 다프니 리프(Daphni Leef)는 하비마(Habima) 광장에 텐트를 세웠다. 그곳은 네거리의 중심이자 주요 공연장들이 있어서 도시의 문화중심지를 이루는 곳이었다. 이 드라마틱한 행위와 함께 그녀는 이웃들에게 텔아비브의 젊은이들에게 이 대도시에서 살아남기 위해 견뎌야 하는 도전에 대해 생각해보기를 요구했다. '자신의 세상을 최대한 작고 저렴하게 만들려는 노력' 에도 불구하고, 그녀는 도시의 주거비를 감당할 수 없어 노숙자 신세로 떠밀리고 있었다. 더욱 안타까운 것은 '우리는 모두 함께다'라는 이스라엘 사람들의 정신이 사라지고 있다고 느껴지는 것이라고 했다.[6] 페이스북에 남긴 '텐트를 치고 당신의 의견을 주장하세요'라는 글과 함께 다른 이들도 그녀와 같이 도로변에 살면서 시위에 동참하기를 촉구했다.

아랍의 봄 시위와 월스트리트 점령운동 이전부터 이스라엘 전역의 젊은이들이 다프니의 '텐트-인' 운동에 참여하기 위해 이곳으로 몰려왔다. 한달만에 이 거리에는 4백 개의 텐트가 들어섰다. 시위자들은 음식, 위생, 커뮤니케이션, 엔터테인먼트, 그리고 교육 프로그램을 제공하는 살아있는 공동체를 자체적으로 조직했다. 평화롭고 비교적 조용한 이 집단은 지역 사회에 그 어떤 위협도 주는 것 같지 않았다. 사실상 이 시위집단은 지역의 카페와 가게들의 영업을 돕고 있는 셈이었다.

인파와 함께한 이 시위의 주제는 미국의 월스트리트 점령에서처럼 경제적 불평등과 같은 다양한 불만거리를 다루기 시작했다. 중요한 차이점은 이스라엘판 시위가 목표 일부를 달성했다는 점이다. 이스라엘 내각은 저소득층과 중산층을 위한 20만 개의 아파트를 지었다. 부유한 개인과 기업의 세금을 올렸다. 3세에서 5세 사이의 모든 아이들을 위한 무료 보육시설을 제공하는 계획을 인가했다. 페이스북을 이용하며 공동체를 갈망하던 25세 여성이 국가를 움직인 것이다.

우리는 텔아비브 카페에서 다프니를 만났다. 우리의 대화는 에스프레소와 꿀이 덮인 아이스크림을 먹으며 진행됐다. 기획자로서의 성공 덕분에 여러 군데로부터 요청이 늘어난 관계로 그녀는 정신 없는 모습으로 조금 늦게 도착했다. 그녀의 검은색 가디건은 어깨 한 쪽을 드러내며 흘러내리고 밝은 오렌지색 스카프를 메고 있었다. 손에는 태블릿 컴퓨터와 스마트폰을 들고 있었다. 예루살렘에서 태어난 그녀는 저명한 작곡가의 딸이고 최초의 시온주의 정착자들의 후손이다.

사회운동가가 되기 전에 다프니는 프리랜서 필름 편집자로 생활을 유지하기 위해 고군분투했었다. 성인이 된 후 길지 않은 삶 동안에 일자리 경쟁은 더욱 치열해졌고 집세는 3배 이상 뛰었다. 그녀의 마지막 상황은 집주인으로부터 3주일 내에 이사를 가라고 통보받은 것이었다. 그녀가 살던 건물을 더 많은 돈을 받을 수 있는 호화 아파트로 바꾸겠다는 것이었다. 그녀가 '응급상황'이라고 호칭한 이 순간 집단시위 아이디어가 떠올랐다. 페이스북에서 몇 명의 친구를 초대하려다가 실수로 '모든 사람 초대'를 누르면서 이처럼 뜨거운 반응을 불러오게 됐다. 그녀의 1천 2백 명 페이스북 지인들 중 수백 명이 미디어에 종사하고 있었다. 그들은 이 초대장을 또 수천 명의 사람들에게 재전송하면서 운동이 시작됐다.

텔아비브 시위자들은 정부가 결국에는 그들의 문제들에 대해 해결책을 내놓을 것이라는 점을 알게 됐다 – 그들 시위의 초점은 정부로 하여금 그들에게 귀 기울이게 하는 것이었다. 다프니에 의하면 매일 그녀와 동료 시위자들은 수상을 비롯한 정부 관련자들과 대화를 하려고 노력했다고 한다. 그들의 목표는 정부측 인사들을 귀찮게 해서 그들이 무언가를 하도록 만드는 것이었다. 텔아비브 모임이 도시 블록 몇 개를 채울 만큼 성장하자 아랍과 드루즈(Druze) 마을까지 퍼지며 이스라엘 전역에서 작은 시위들이 일어났다. 결과는 '한번도 만난 적 없는 사람들이 공통된 필요로 인해 모인 것'이었다. 다프니의 견해에 따르면 이런 대중의 요구에 따른 정책변화는 인간에 내재된 성향인 '공감'의 수준을 보여주는 것이다. 전통적으로 여성적이라고 여겨져 왔던 바, 다른 이들의 어려움에 대한 예민함은 선거에서 당선이나 재선을 원하는 모든 남녀 정치인에게도 필수적으로 요구된다.

다프니의 성공은 전세계의 관심을 받게 됐다. 우리를 만나고 나서 2주 후에 그녀는 클린턴 글로벌 이니셔티브(Clinton Global Initiative)의 손님으로 미국에 초청받아 강의를 했다. 그녀의 운동이 세상을 바꾸겠다는 거창한 욕구에서 출발한 것이 아니라 단지 좀 더 나은 삶을 살겠다는 바램에서 나온 것이라는 내용이었다.

하지만 몇 달 후, 2012년 6월에 다프니가 텔아비브의 로스차일드 거리에서 사회적 운동을 재개하려 했을 때는 경찰이 활동가들을 가로 막으며 텐트 치고 캠핑하는 것을 막았다. 혼란 속에 다프니와 11명의 활동가가 체포되는 사태가 벌어졌다. 시위자들이 '민주주의'를 부르짖는 가운데 경찰은 다프니를 밴에 밀어넣어 경찰서로 데리고 갔다. 다프니에 의하면 체포되어 있는 동안 치료가 필요하다는 그녀의 요청이 일곱 시간 동안 묵살됐다고 한다. 다음날 밤 사람들

용기와 소통을 활용, 배짱있는 호소로
사회 문제를 해결하는 다프니

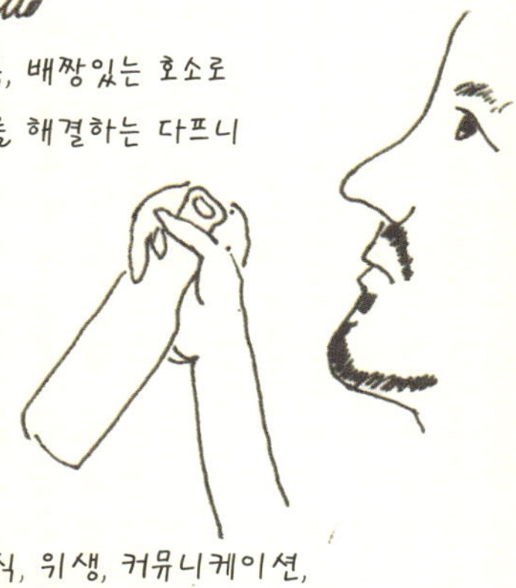

한달만에, 이 거리에는 4백 개의 텐트가 들어섰고 시위자들은 음식, 위생, 커뮤니케이션, 엔터테인먼트, 그리고 교육 프로그램을 제공하는 살아있는 공동체를 자체적으로 조직했다.

은 텔아비브 중심가에 모여 경찰에 대항했다. 또다시 경찰은 무력으로 대응했고 85명을 체포했다.

시위대 체포는 2011년 시위에 대해 호의적이었던 훌다이 시장의 입장변화를 보여주는 것이었다. 이스라엘에서 아테나 가치들이 자리를 잡아가고 있음에도 불구하고 지속적인 발전보다는 차질이 많아진다는 것을 보여주고 있다.

다프니는 지치지 않고 아테나 패러다임에서 중요한 두 가지 가치인 용기와 소통을 활용해 이스라엘 사회의 변화를 위해서 노력하고 있다. 그녀는 인간이 공유하고 있는 휴머니티를 향한 '배짱 있는' 호소가 심각한 사회 문제를 해결하기 위해 이스라엘을 뭉치게 했다고 말했다. 이런 가치들은 이보다 더욱 심각하고 엄청난 문제들을 해결하는 데 활용되어 왔다.

무료로 듣는 세계 최고 명교수 강의

우리는 텔아비브 호텔 로비에서 샤이 레셰프(Shai Reshef)를 만났다. 그는 자신의 시간 절반을 보내는 미국 캘리포니아주 파사디나 사무실에서 돌아오는 길이었다. 다프니 리프처럼 샤이는 높은 목표를 위해 사람들이 뭉칠 수 있도록 조직하고 영감을 주려고 노력하고 있었다. 큰 차이는 그가 전세계를 대상으로 일하고 있다는 점이었다. 그의 수단은 놀랄 만큼 단순하지만 매우 야심찬 것이다. '인민 대학(University of the People)'이라는 인터넷 기반 사업을 통해 전세계 모든 학생들에게 세계 최고의 대학 교수들 강의를 무료로 들을 수 있게 해주는 사업이다.

몇 달 뒤 57세가 되는 샤이는 훨씬 젊은 사람의 에너지를 내뿜고 있었다. 그는 10년 전이었다면 반대했을 정부나 대학으로부터 이제 이 프로젝트가 인정 받게 되어 힘을 얻고 있다고 말했다. 그는 "사람들은 전세계 어느 곳에서도 변화를 만들 수 있는 것은 바로 교육이라는 점을 압니다."라고 했다. "세상에는 우리가 상상하는 것보다 훨씬 더 많은 선의가 존재하고 있습니다."[7]

선의는 '인민 대학'을 유지하게 하는 커다란 힘의 원천이다. 이는 샤이가 이스라엘의 첫 시험준비 서비스를 만들어 미국의 교육사업체인 카플란에 팔면서 받은 백만 달러를 가지고 2009년에 시작한 사업이다. 그 후로 그는 전세계 교수들과 연대해 온라인 강의와 학생 상담을 자원해서 하는 이 프로젝트를 진행해왔다. 학생들은 지원비 명목으로 10달러에서 50달러를 내야 한다(학생의 소속국가 GDP에 비례해 지불한다). 또 그들은 영어와 컴퓨터 능력 테스트를 통과해야 한다. 교육은 무상으로 이루어진다. 학생들은 20명에서 30명의 남성과 여성으로 이루어진 온라인 '교실'에서 함께 배우고 공부한다. 이 그룹들은 질문에 답하고 방향을 제시해주는 교수들이 모니터하고 지도하게 된다.

이론과 실제에서 모두, '인민 대학'은 마음과 생각을 여는 방식으로 교육과 사회적 상호 작용을 혼합한다. "르완다의 집단학살에서 살아남은 생존자들의 경우 하버드 대학에도 동료 학생이 있고, 팔레스타인 학생은 수업을 들을 때마다 대부분의 경우 이스라엘 학생을 만날 수 있죠."라고 샤이가 설명했다. "그들 모두가 발견하게 되는 것은 '적'이라고 여겨지던 그들이 상상보다 훨씬 더 문화적으로 비슷하다는 점이에요. 이는 특히 젊은 사람들에게 해당되는 사항이지요. 어디서든 젊은 사람들은 단지 함께 일하는 것만으로도 정말 위대한 일을 할 수 있다고 믿는 것 같아요. 오늘날의 영웅은 이전처럼 혼자 행동하고 다른 누구도 필요 없다는 듯이 처신하는 사람이 아니라 페이스북에서 '좋아요' 클릭을 많이 받는 사람들이죠."

'인민 대학'이 받은 백만 개 이상의 '좋아요' 중 3분의 2는 이슬람 세계의 사람들로부터 받은 것이다. 샤이는 이를 모든 지역 사람들이 교육의 가치를 높게 평가한다는 증거로 여겼다. 이 대학에서 제공하는 수업 중 가장 인기 있는 비즈니스경영과 컴퓨터공학은 언어나 관습에 상관없이 세계 어느 곳에서나 적용될 수 있다. 이 수업들은 초고속 인터넷을 필요로 하지 않는 방식으로 학생들에게 전달된다. 이는 매우 중요하다. '인민 대학'에서 수업을 듣는 학생들 절반은 인터넷 속도가 최적의 서비스 상태보다 빠르지 않은 인터넷 카페에서 강의에 접속하기 때문이다. 대략 백 명의 학생들이 아이티(Haiti)의 파트너들과 만든 두 개의 학생 센터에서 제공되는 위성 인터넷 서비스를 통해 수업을 듣는다.

2009년 이래로 이 대학 등록생은 130개국의 1,300명으로 늘어났다. 샤이의 지원자들 가운데는 인도 기술대학 학장, 옥스포드 대학 부총장, 그리고 뉴욕 대학교 총장들이 있다. 지난해 뉴욕 대학교는 아부다비 캠퍼스의 수업을 '인민 대학' 학생들이 수강할 수 있도록 하고 인터넷으로 들은 수업의 학점을 인정해주기로 했다. 최초로 입학허가를 받은 학생은 아랍 에미레이트에서 진행한 오리엔테이션에 참여하기 위해서 처음으로 비행기를 탔다. 샤이의 성공은 저렴하거나 무료로 제공되는 기술, 자신의 노력, 그리고 교육에 헌신하는 전세계의 자원봉사 교수들 덕분이다.

"이것은 저와 자원 봉사하는 교수들처럼 가진 것이 많은 사람들이 받은 것들을 다른 이들에게 돌려주고 세상을 위해 무언가를 할 수 있게 한다는 데에서 착안했어요."라고 샤이가 말했다. "이 프로젝트는 변화를 위해 평화를 실천해야 한다는 생각에서 시작됐습니다. 우리는 세계 어디에 있든 모든 사람이 그들 자신을 계발하는 것을 도와줄 의무가 있어요." 아랍 세계의 아랍의 봄 혁명과 같은 전세계의 움직임에 대해 이야기하면서 샤이는 이 운동들이 정치만큼이나 기회를 얻기 위한 욕구에서 비롯된 것이라고 했다. 무료 온라인 대학이 보여준 나눔과 가르침을 향한 충동은 지역사회와 국가를 더 평화로운 시대로 인도하려는 이들에게 희망을 준다고 했다. "우리는 이렇게 국경을 뛰어넘는 교육이 과연 무엇을 얻어낼 수 있는지 확인하기 시작했을 뿐입니다."라고 그가 신나서 말했다. "저는 이 프로젝트가 세상을 바꿀 다양한 계획의 모델이 될 수 있을 것이라 상상하곤 한답니다."

진실을 말하는 여성 언론인

이스라엘의 사회활동가들이 그들 사회가 직면하고 있는 어려운 문제들에 관해 이야기할 때마다 용기에 대한 문제가 매번 제기되곤 한다. 공격적인 이스라엘 사회에서 권력에 맞서 진실을 말하려면 집, 이웃과 자신의 이상에 대한 특별한 강인함과 의지가 필요하다. 우브다(Uvda, 진실)라는 텔레비전 쇼의 진행자 이야나 다얀(Ilana Dayan)은 주류 미디어에서 가장 큰 목소리를 내는 여성 언론인일 것이다. 법학학위를 가진 군 복무경험자 다얀은 부패와 범죄에 대한 그녀의 보도로 인해 끊임없이 소송에 시달려 왔다.

작지만 단정한 금발 머리에 강인한 인상의 다얀은 텔레비전 스튜디오에서 우리를 만났다. 그녀의 사무실은 아들이 그린 만화 주인공 스폰지밥(SpongeBob) 캐릭터를 제외하고는 모두 일에 관련된 것으로 꾸며져 있었다. 중동지역에서 가장 두려워하는 취재기자인 그녀는 최근에 취재를 할 때 공감과 인내심을 더하는 방식을 시작했다고 말했다. 그리고 그 방법은 매우 효과적이었다고 덧붙였다.

"최근에 특별한 경험이 있었어요."라고 그녀가 말했다.[8] "저는 한 여성을 만났는데 변호사인 동생이 도박 빚 때문에 그의 부모님을 살해한 혐의를 받고 있었어요(부모님 돈을 차지하려는 동기 때문에). 저는 야아라(Yaara)라는 연구를 도와주는 이와 함께 그녀를 만나러 갔어요. 만나서 이야기를 시작할 때 저는 그 여자분에게 '자신과 가족에 대해 이야기하는 것이 언짢거나 가족과 부모님이 어땠는지에 대해 언급할 수 없다면 굳이 저희와 인터뷰를 할 이유가 없다고 생각해요'라고 말했어요. 저는 그녀에게 완전한 선택권을 주었고 압박하진 않았어요."

다얀은 인터뷰한 그녀가 어떤 결정을 할지 모른 채 헤어졌다고 했다. 후에 "야아라가 '아까 그거 전술이었나요, 아니면 진심이었나요?'라고 물어봤을 때 나는 '둘 다였어요. 역지사지로 생각해 보았더니 내가 아닌 당신이 자신에게 좋은 것이 무엇인지 더 잘 알 거라고 생각했죠. 당신이 결정할 일이죠'라고 대답했어요."

결국 다얀은 인터뷰를 했다. 이 경험이 공격적인 리포터로서는 얻을 수 없는 교훈을 주었다(이전에 그녀는 너무 공격적이어서 한 번은 다른 기자가 취재하는 것을 막기 위해 벽에서 전화선을 뜯어냈다고 한다). 그녀는 자신이 인터뷰하는 사람들의 감정과 욕구를 인정하면서 신뢰와 협력을 얻어낼 수 있었다. 결국 일의 결과물은 아무리 도전적인 상대라 하더라도 그녀가 만들어 가는 이들과의 인간적 유대 덕분에 향상된다. 이 방식은 다양한 종류의 사람들에게 효과적이었다. 그 중에는 미성년자를 성추행한 혐의로 기소된 정통유대교 랍비와 전투 중 사망한 군인들의 어머니들도 포함됐다. 다얀은 그녀의 이런 작업방식의 변화가 더 큰 사회 변화의 한 사례라고 본다. 그녀는 이스라엘이 다양한 일과 리더십 스타일에 걸맞는 협력적이며 순응적인 호의적 사회가 되어가고 있다고 생각한다.

"사회는 굉장히 빨리 바뀌고 있어요."라고 다얀이 파키스탄에 가기 위해 짐을 꾸리면서 이야기했다. "가장 중요한 변화 중 하나는 여성들이 힘있는 자리에 진출하고 있다는 사실이에요. 이스라엘에서는 현재 여성이 이스라엘 3개 정당의 대표입니다." 이 세 자리 이외에도 다얀은 금융, 군대, 그리고 비즈니스 분야에 있는 여성들이 구태의연하고 거친 군대식 방식을 버리고 변화를 이끌고 있다고 했다. 그렇다고 해서 여성 리더나 여성처럼 생각하는 남성들이 낙오자라는 뜻은 아니다.

"제 친구의 딸이 보병 부대의 지휘관이에요."라고 그녀가 말했다. "그녀는 아침에 제 시간에 일어나지 않는 군인들 때문에 속을 썩이고 있었어요. 저는 그녀가 그럴 때마다 자기 자신에게 '이야나는 어떻게 할까?'라고 물어본다는 말을 듣고 굉장히 기분이 좋았어요. 그녀는 내 목소리를 따라 하면서 '일어나'라고 소리지른다고 했죠. 효과가 있었대요!"

강경파 지도자의 섬김 리더십

다얀이 대변하는 이 변화는 그녀가 이야기한 것만큼 넓고 깊을 것이다. 이스라엘 사회 각 분야에서 여성들이 부각되면서 그녀들의 리더십 스타일이 많은 남성에 의해 받아들여지고 인정받기 시작했다. 그 중 가장 눈에 띄는 경우를 예로 들자면, 대단한 정통 유대교 가정에 태어나 이스라엘 국가를 세운 전사들과 함께 참전했고, 안보문제에 있어서 항상 강경파였던 89세 남성의 변화였다. 하지만 2012년경 이스라엘 대통령 시몬 페레스(Shimon Peres)는 열렬한 평화주의자로서 내각을 대부분 여성에게 맡기고 자신의 자리를 활용해 유대교 도덕에 기반한 소통, 연민과 리더십을 주창하고 있었다.

많은 이스라엘 사람들이 페레스가 대통령직 수행에 새로운 방식을 도입했다는 사실을 알고 있었다. 그런 연유로 우리는 직접 대통령 집무실에 가서 확인하는 것이 필수적이라고 느꼈다. 햇볕이 따스한 오후, 관광객들이 예루살렘 거리를 가득 채우고 역사적인 템플 마운트(Temple Mount)의 서쪽 장벽에서 신입병사 선서식이 이루어지는 시각에 페레스의 대통령 실장인 에프라트 두브데바니(Efrat Duvdevani)가 우리를 대통령 집무실에서 맞았다. 두브데바니는 전직 수상인 이츠하크 라빈(Yitzhak Rabin)이 암살당한 후 페레스와 함께 17년간 일해왔다. 그녀는 여성 경영의 힘과 고위직에 여성을 배치하는 일의 중요성을 굳게 믿고 있었다.

"대통령 집무실에서 가장 중요한 직책은 모두 여성들이 맡고 있어요. 그녀들 대부분은 어머니에요."라고 두브데바니가 우리에게 설명했다.[9] "여성은 삶의 많은 부분을 한 삶으로 엮어내야 하죠. 직장이 그 부분을 도와준다면 모든 이가 이득을 봅니다. 현대사회가 일하는 엄마들을 위한 해결책을 제시하곤 있어요. 기술 덕분에 엄마들은 어느 때나 일할 수 있고 밤에도 일할 수 있어요. 이것이야말로 현대경제가 나아가야 할 방향이에요."

"요즘 사회는 일하는 직원들이 행복해야 해요. 그들은 배려 받고 있다고 느낄 수 있어야 하고 그것은 돈 이상의 의미를 갖고 있지요."라고 그녀가 말했다.

그녀의 집무실에서 우리는 10여 명의 사람들이 낮은 테이블에서 차 주전자와 물을 놓고 둘러앉아 있는 것을 보았다. 두브데바니는 그들 모두가 대화에 참여하기를 원했고 모든 이가 자리를 잡고 함께 앉았다. 우리와 함께 만난 사람들은(그들은 모두 여성이었다) 보좌관과 고문 역할을 맡은 여성들이었다. 그들이 가장 중요하게 강조한 바는 자신의 자존심이 아닌 협력이야말로 일이 돌아가게 해준다는 점이었다.

"세상은 너무 복잡해서 다양한 전문성을 가진 다양한 사람들이 머리를 모아서 문제를 해결해야 해요."라고 두브데바니가 말했다. "여기에서 중요한 것은 팀워크(team work), 팀워크, 또 팀워크입니다. 언제나 팀워크이지요."

그녀는 여성이 팀워크를 더 잘 하고 일터에서 더 원만하며 다양한 시각을 이해하는 데 능숙하다고 믿고 있었다. 직원들에 대해 이야기하면서, "제 법률고문은 미디어가 어떻게 돌아가는지 잘 알고 있어요. 예산을 맡고 있는 사람은 법적 측면에서 상황을 파악하고 여론을 이해하지요. 과거에는 직원들이 한 분야에서만 정통하면 충분한 일차원적인 전문성이 강조되었죠."라고 했다.

"요즈음의 직장은 뛰어난 실력뿐만 아니라 다양한 분야를 결합하는 능력을 요구합니다. 또한 자존심을 제쳐두고 더불어 일하는 역량도 요구하죠. 제 경영 방식은 협력하고, 함께 난상토론을 하며 모든 이들이 참여하는 방식이에요. 우리가 일하는 복잡한 환경에 적합한 방식이랍니다. 이런 방식으로 일하기 위한 자질은 여성들이 갖추고 있어요."

페레스 대통령은 미국방문을 마치고 얼마 전 귀국했다. 미국에서 오바마 대통령뿐 아니라 구글, 페이스북, IBM 회사를 방문해 이스라엘을 대표하는 목소리와 함께 전세계의 의견을 대변하는 행보를 펼치고 왔다. 방문한 모든 곳에서 그는 여러 사람들에게 평화에 대해 이야기했다. 페이스북이 온라인에서 사람들을 어떻게 모았는지에 대해 이야기하면서 그는 영업담당 셰릴 샌드버그(Sheryl Sandberg) 사장에게 "귀하가 이곳에서 하는 일은 사람들이 서로 미워할 이유가 없다고 설득하는 일이지요."라고 말했다.

오바마 대통령과의 만남에서 페레스는 아랍혁명과 더불어 이스라엘과 이슬람 세계의 불화를 잠재우는 데 있어 여성의 역할에 대해 이야기했다. "그는 여성이 자신들의 행동에 따르는 결과에 대해 생각한다는 사실을 잘 알고 있어요."라고 두브데바니가 말했다. 우리가 그녀에게 대통령이 한 말에 대해서 좀 더 구체적으로 이야기해보라고 부탁했을 때, 그녀는 웃으면서 동료와 히브리어로 잠깐 대화했다. 그리곤 우리에게 직접 물어보라고 했다. 몇 분 후 우리는 보안점검을 받고 오랜 정치생활에서의 기념품들과 책으로 둘러싸인 대통령 집무실로 들어갔다.

해외 여행의 피로에서 회복 중이었지만 페레스는 앉아있던 큰 책상 뒤 의자에서 튕기듯 일어났다. 그는 웃으면서 자신이 사회에서 가장 중요한 이슈라고 생각하고 있는 문제에 대한 우리와의 대화에 기꺼이 임했다. 그 이슈는 다름아닌 좀 더 평화롭고 조화로운 사회를 만드는 데 있어서의 여성의 역할이었다. 그는 백악관을 방문했을 때를 떠올리며 "오바마 대통령이 '중동에서의 민주주의와 평화를 가로막는 것은 무엇입니까?'라고 물었어요. 저는 '남편들'이라고 대답했지요."라고 했다.[10] 페레스 대통령의 부연설명에 따르면, 시기심 탓에 다른 이들을 권력에서 배제시키고 공격적으로 통치하는 남성들에 대해 말하고 있음을 알 수 있었다. 너무 많은 남편과 아버지들이 아이들을 교육시키지 않고 부인과 딸들의 사회참여를 막음으로써 지역의 평화를 가로막고 있다고 그가 말했다. 만약 여성들이 대화에 참여할 수 있다면 아랍 여성들과 유대 여성들이 평화를 쉽게 만들어낼 수 있을 것이라고 했다. "그렇지만 현실은 너무 많은 남편들이 부인들의 사회참여를 막고 있어요."

페레스는 세계가 변화의 순간에 도달한 듯하며 그 사실이 자신을 긍정적이고 신나게 만든다고 했다. 첫째로, 페이스북과 트위터와 같은 소통하는 커뮤니케이션 기술이 사람들로 하여금 지도자들에 대한 진실을 파헤치는 동시에 변화를 위한 운동을 할 수 있게 하고 사람들을 행동하게 한다는 사실이다. 페이스북의 창시자인 마크 주커버그(Mark Zuckerberg)에 대해 이야기하면서 "주커버그는 마르크스나 레닌보다 더 위대한 혁명을 일으키고 있어요."라고 했다. 아울러 무역의 세계화는 기업들이 국경이나 문화를 뛰어넘어 효율적으로 일하도록 촉구하고 있다. 이것이 소통과 협력의 새로운 장을 열고 있다.

둘째로, 페레스는 더 이상 국가경제는 없다고 했다. 단지 세계경제가 있을 뿐이다. 결과적으로 세계적 기업들은 "의도하지 않은 도덕적 역할을 요구 받고 있어요."라고 그가 말했다. "국제적 기업은 전세계를 향한 선의의 자세 없이는 제품을 판매할 수 없기 때문에 인종 차별을 할 수 없습니다. 그들은 다문화적이면서 동시에 다국가적이어야 하죠. 세계화는 우리의 눈을 뜨게 만들어요." 눈이 뜨이면 "독재자처럼 행동할 수 없습니다. 독재자들은 어둠 속에서만 일할 수 있으니까요.”

대통령은 자신의 ‘보다 여성적인’ 리더십 스타일로의 때늦은 변화에 대해 열정적으로 이야기했다. 여성적 가치는 융통성, 겸손, 의견의 다양성 그리고 섬김을 강조하는 것이다. “새로운 세상에 구태의연한 생각들이 너무 많아요. 당신이 해야 하는 일은 변화된 세상에 자신을 적응하는 것이에요.”라고 그가 말했다. “과장하려 들지 마세요. 당신은 그리 대단하지 않아요. 당신은 그다지 현명하지도 않아요. 현대의 지도자는 헌신 혹은 섬김(serve)을 위해 존재해요. 섬기는 것보다 저에게 더 큰 기쁨은 없습니다. 제가 잠자리에 들 때 ‘오늘 나는 섬기는 삶을 살았어’라고 생각하면 기분이 좋아요.”

한때 ‘매 같은 강경파’였지만 지금은 ‘비둘기 같은 평화주의자’인 시몬 페레즈는 인간과 국가가 변화할 수 있다는 것을 몸소 보여주고 있다. 이스라엘은 여성의 강점을 버려두고서 성숙한 국가로 발전할 수 없다. 페레스가 강조하는 것과 같이 세상은 인간의 절반을 차지하는 여성을 버려두고 번창할 수 없다. 그는 미래 세대를 탄생시키는 여성들이 ‘진정한 창조’를 한다고 평가하면서 여성들이야말로 미래를 존중하고 평화를 증진하는 시각을 가지고 있다고 했다. 한때 강경한 시온주의자였던 그는 늦었지만 이런 시각을 갖고 살게 됐다. “남자들은 싸움을 멈추지 않을 것입니다.”라고 그가 말했다. “여성들은 평화를 가져오는 노력을 멈추지 않을 것입니다. 그들은 전쟁이 건강하지 않다는 것을 알지요.”

제 4 장

일본

"진정한 변화는
우리가 인내하면서 미래를 계획할 대
비로소 다가올 것이다."

– 응답자의 71%가 동의

2011년 센다이 지진을 관측했던 한 과학자는 지진의 위력이 지구를 움직일 정도로 강력했다고 했다. 지구가 더 빨리 돌면서 하루가 1초 정도 줄어들었다는 것이다. 미국의 지질학 조사에 의하면 해안가로부터 130킬로미터 떨어진 곳에서 일어난 이 지진은 혼슈섬 전체를 서쪽으로 2.4미터 가량 움직이게 했다고 한다. 지진이 해저와 부딪히면서 생긴 쓰나미는 9미터 높이로 일본열도를 향해 제트기의 속도로 몰려갔다.

위협적인 파도는 지진으로 이미 무너진 해안가 마을의 빌딩과 파괴된 가스시설로 불이 난 산업시설, 상업건물, 그리고 주거지 수백 채를 덮쳤다. 지진 발생 후 한 시간도 채 되지 않아 마을을 덮친 쓰나미는 자동차, 버스, 기차, 그리고 대양을 오가는 배들을 몽땅

쓸어버렸다. 어떤 곳에서는 바다로 둘러싸였음에도, 가스배관이 훼손되어 유출된 가스 탓에 불타고 있는 빌딩들이 있었다. 그 건물들은 천연가스를 뿜어내고 있는 바다 위의 유전같이 보였다.

대대적으로 파괴된 지역이 혼슈의 해안가를 따라 240킬로미터 이상 이어졌다. 집, 학교, 다리와 공공시설들이 사라졌고 마을 전체가 돌더미로 주저앉았다. 두 자리 수로 시작된 사망자는 매분 늘어났다. 다음날 동이 틀 무렵, 수만 명이 집을 잃었고 1천만 명에게 전기공급이 끊겼다. 곧이어 후쿠시마 원전에서 방사능 물질이 방출되고 있음을 언론이 폭로하면서 이들의 불편은 이내 공포로 바뀌었다. 원전 3기가 녹아 내렸고 수소 폭발로 방사능 차단 건물들에 구멍이 뚫렸다. 체르노빌 사태 이후 최악의 핵 재앙이 시작된 것이었다.

이 사고의 사망자와 실종자 수는 1만 9천 명이 넘고 파괴된 재산, 사업 피해, 받지 못한 임금 등의 경제적 손실은 2천억 달러를 넘어섰다.[1] 2011년 3월 11일에 일어난 이 사건의 엄청난 파장은 미국에서 2001년 9월 11일에 일어난 테러와 비슷한 방식으로 사람들을 동요시켰다. 미국인들이 9·11을 역사의 분기점으로 이야기 하는 것처럼 일본인들은 3·11을 일본에 심각한 변화를 초래한 분기점으로 받아들인다.

정부에 기대지 않고 스스로 일어서다

일본인들과 일본 전역의 고통은 세계 언론을 장식했다. 곧이어

분노, 공감과 행동 등의 이미지들이 더해지기 시작했다. 이런 반응은 정부가 수십만 명의 피해자들에게 필요한 지원을 해주지 못했다는 사실을 일본인들이 알게 되면서 나타났다. 원전 관리자들이 방사능으로 오염된 수만 톤의 물을 바다에 방류한 것이 밝혀지면서, 그리고 얼마 전까지 방사능으로부터 안전하다고 얘기했던 지역에서 갑자기 떠나라고 명령하면서 사람들의 분노는 커졌다.

대중의 분노는 정부의 느린 구급조치와 후쿠시마 문제의 실체를 은폐하고 있는 검열에 대해 수천 명의 시민들이 항의시위를 하면서 분출됐다. 1970년대 이후 그 어느 때보다 많은 사람들이 곳곳에서 시위를 벌이기 시작했다. 자신들을 '시로토 노 란(아마추어들의 반란)'이라 부르는 시위조직자들의 자세 탓인지 시위는 평화롭게 진행됐고 심지어 시위를 즐기는 듯 보이기도 했다. 그들은 소나 유독성 폐기물 드럼통 모양의 옷을 입고 머리가 두 개인 토끼가 그려진 부채를 흔들었다.

대단한 시위였지만 정부의 실패에 대항해 직접 행동에 나선 일본 시민들의 자발적 움직임에 비할 바는 아니었다. 이 현상이야말로 우리가 일본을 방문해 확인하고 싶은 것이었다. 우리가 볼 때 행동에 가담하는 시민들은 개인적 책임감이라는 아테나 가치를 대변하는 이들이었다. 우리의 여론조사에 의하면 대다수의 사람들이 큰 조직들은 지나치게 많은 힘을 행사하고 있으며 문제해결은 자신들만의 방식으로 해결하는 것이 더욱 효과적이라고 답변했다. 2011년 일본인들은 여러 단호한 방식으로 재난에 대처했다.

지진이 일어난 직후 사람들은 소셜 미디어를 통해 정전 등의 정보를 공유하며 극복하려고 노력했다. 자신들이 알고 있는 상황을 전국에 두루 전파하기 시작한 것이다. 지진이 일어난 지 일주일 만에 게이오 대학 2학년인 코헤이 후쿠자키(Kohei Fukuzaki)가 Room donor.jp라는 웹사이트를 만들어 집 잃은 사람과 가족들을 빈 집과 아파트, 방을 기부하겠다는 사람들과 맺어주기 시작했다. 2주일 만에 후쿠자키는 2천 개의 공간을 얻어냈고 수백 명의 집 잃은 사람들에게 무료 안식처를 제공해 주었다.

우리는 북적이는 상가들과 유흥가 지역인 시부야에 있는 기술 인큐베이터 라이트닝 스포트(Lightning Spot)라는 곳에서 후쿠자키를 만났다. 혼잡하기로 유명한 이 동네는 기차역으로도 유명하다. 역 앞에는 하치코(Hachiko)라는 충성스러운 강아지를 기리는 동상이 세워져 있다. 하치코는 주인이 죽은 뒤 9년 동안이나 매일 오후 주인을 찾으러 그곳에 왔다고 한다. 라이트닝 스포트는 인터넷 기반 사업을 하는 기업인들에게 싼 가격으로 인터넷과 공간을 제공한다. 세계 주요 도시들에 이와 비슷한 작업 공간들이 있어서 방문하는 디지털 관계자들을 자석처럼 끌어당기며 비즈니스 개발자들을 위한 공간을 제공한다. 우리가 코헤이와 이야기하는 동안, 유명한 앵그리 버즈 게임의 개발자 중 한 명인 핀란드의 피터 베스터바카(Peter Vesterbacka)가 엘리베이터에서 내려 편한 의자와 와이파이 연결을 찾았다. 크고 붉은 색의 성난 새가 그려진 티셔츠를 입은 그에게 몇 사람이 인사를 했지만 그는 곧 키보드 앞에 앉아 일하기 시작했다. 그는 그 방을 꽉 채운 수많은 개척자들 중 한 사람일 뿐이었다.

차가운 녹차를 마시면서 코헤이는 고베 지진이 일본을 덮쳤을 때 네 살이었고 그가 학교에 갈 나이가 되어서야 지진의 비극과 정부의 느린 대응에 대해 알게 되었다고 했다. "정부가 너무 많은 통제력을 갖고 모든 작업을 지휘하고 있었고 벽이 얇고 애완동물 조차 데리고 갈 수 없는 곳에 사람들을 몰아 넣었어요."[2] 3·11 직후에 그는 요코하마의 컨벤션 센터에 위치한 대피소에서 친구를 만났다. 그때 그는 머물 곳을 필요로 하는 이들이 엄청나게 많다는 데 놀랐다고 했다.

"그 컨벤션 센터에는 5천 명 이상의 사람들이 있었고 한 끼에 그저 차 한 병과 귤 두 개를 받고 있었어요."라고 그가 말했다. 집에 돌아온 코헤이는 사람들이 인터넷을 통해 도움을 구하고는 있었지만 여전히 많은 어려움에 처해 있음을 알았다. 웹 디자인에 정통한 친구들과 함께 여행객들과 빈 집을 연결해주는 Airbnb.com이라는 웹사이트에서 영감을 받아 비슷한 사이트를 만드는 데 착안했다.

"많은 사람들이 트위터에 기거할 공간을 제공하겠다는 의사를 밝혔고, 우리는 도움을 제공하려는 이들도 많다는 사실을 알게 됐어요."라고 코헤이가 말했다. 사흘이 채 되지 않아 Roomdonor.jp 사이트가 개설됐고 스마트폰 버전도 생겼다. 검색이 가능하도록 만들어진 이 사이트는 재난지역 밖의 모든 지역 사람들과 연결될 수 있었다. 또한 어떤 기부자들이 애완동물을 함께 거주할 수 있도록 허용하는지도 찾을 수 있게 해주었다.

웹사이트가 만들어진 후 가장 큰 도전은 대형 미디어가 재난사고로 가득 채워지고 있을 때 이 서비스를 알리는 것이었다. 코헤이는 이 사이트가 서비스를 시작했고 대학생이 만들었다는 사실을 언론에 알렸지만 별 주목을 받지 못했다. Roomdonor.jp는 다이스케 츠다(Daisuke Tsuda)라는 젊고 유능한 기자가 이에 대한 기사를 쓰기 전에는 큰 관심을 끌지 못했다. 주일 미국 대사인 존 루스(John Roos)가 지지를 보태자 더 많은 사람들이 웹사이트를 방문하기 시작했고, 수백 명의 집 잃은 이들이 피난처를 찾게 됐다.

웹사이트가 바쁘게 움직이기 시작하고 언론의 인터뷰 요청이 답지하면서 재난 발생 2주 후인 3월 30일까지 코헤이는 방 기부에 참여하는 이들을 한 명도 직접 만나지 못했다. "한 여성분이 딸과 함께 3월 25일 방을 신청했고 바로 다음 날인 26일에 방을 배정 받았습니다." 코헤이가 말했다. "그들은 도쿄의 빈 아파트에 들어갔어요." 그들이 도착하자 이웃들이 아파트에 가구를 가져다 주고 음식과 가전제품들도 가져다 주었다. 이런 과정은 수천 번 되풀이 됐고 사람들은 체증이 극심한 국가의 비상대책 시스템을 통하지 않고 직접 작업에 나서기 시작했다. 코헤이와 같은 보통 사람들이 도덕적인 책임감을 갖고 재난에 대응하는 지도자가 됐다.

3·11에 스물 한 살이었던 코헤이는 도덕성을 가진 지도자처럼 보이는 사람은 아니었다. 마른 몸매에 비대칭의 긴 머리를 한 그는 지혜나 강인함을 지닌 사람이라기보다는 일본 소년밴드의 가수처럼 보였다. 하지만 온라인 상에서는 누구도 당신이 몇 살인지 알 수 없고 실행 가능한 아이디어는 지지를 받을 수 있게 된다. 코헤이는 자신의 노력이 기술을 이용해 긍정적인 인간적 연대를 만들어 보려는 세대들의 감수성을 반영하는 것이라고 믿고 있었다. "젊은 세대

는 기술에서 가능성을 찾아요." 그가 말했다. "우리는 연대하고 연결할 방법을 늘 찾고 있지요."

우리가 그의 노력이 갖는 문화적, 역사적 의미에 대해 물어보았을 때 그는 자신이 경제적 기회의 한계와 과부하 걸린 정부의 서비스에 시민들이 계속 적응해 가는 차원에서 상황을 보려고 했다고 답했다.

"일본 사람들은 비판을 쉽게 합니다."라고 정부의 비효율적 재난 대응에 대해 사람들이 보인 성급함에 대해 이야기했다. 그가 3.11과 같은 심각한 사회문제에 직면해 배운 교훈은 개인적인 책임감의 회복과 개개인의 대응이 갖는 중요성이다.

코헤이의 견해에 따르면, 일본의 부흥기에 대기업과 정부 기관이 사회를 지배하기 시작했다. 그들이 요람에서 무덤까지 재정적 안정을 제공해 준 반면 '이웃간의 정'은 사라졌다. 잃어버린 10년이라고 불리는 세대에 태어난 코헤이 세대는 의존과 함께 뒤섞여 있는 풍요로움을 알지 못했다(잃어버린 10년은 1991년에 시작한 일본의 제로 성장 혹은 최저의 경제 성장기를 말한다). "3·11이 닥쳤을 때 일본인들은 화재나 응급상황 시에 사람들이 보여줬던 일본의 전통적인 정신으로 대응했습니다. 직접 나서 서로서로를 도왔습니다. 저는 소셜 미디어가 일본인들의 오랜 전통적 특성을 되살리고 있다고 생각합니다."라고 코헤이가 웃으며 말했다. "우리는 진정한 일본인의 모습으로 되돌아갔어요."

시민의 땀으로 만든 '희망 통조림'

3·11이후 사람들을 도와준 사례들 가운데에서 키노야 이시노마키 수이산(Kinoya-Ishinomaki Suisan) 회사와 그 회사의 고등어 통조림 제품만큼 극적인 예를 찾기는 힘들다. 생선은 키노야 통조림의 주요 생산품이자 중산층의 전통적 기호식품이다. 도쿄에 있는 교토의 커뮤니티가 그 통조림공장이 쓰나미에 의해 파괴됐다는 사실을 알고는 소속 시민들이 사태가 벌어진 북쪽 지역으로 달려가 돕기로 했다.

그들이 키노야 회사가 있는 이시노마키에 도착해 보니 통조림 공장은 파괴되었고 키노야사의 상징인, 고래처럼 보이는 그림이 그려진 9미터짜리 생선기름 탱크는 90미터 저 멀리 바닥에 나동그라져 있었다. 잔해 가운데는 모래로 뒤덮여 미처 상표를 부착하지 못한 수천 개의 생선 통조림들이 있었다. 아직 반짝거리는 새 통조림 캔들은 큰 영향을 받은 것 같지는 않았다. 몇 개를 열어보자 안에 있는 생선은 멀쩡했다. 하지만 상표가 없어서 이 통조림들이 무엇인지 쉽게 판단할 수 없었고 정부당국에서는 이 제품들의 정상적인 판매를 허락하지 않았다.

이에 굴하지 않고 교토 시민들은 이 수백 개의 생선통조림을 도쿄로 가지고 돌아가 지역 내 가게에서 비공식적으로 팔기로 했다.

우리는 지하철을 타고 교토에 가서 골동품가게와 레코드가게가 즐비한 거리를 걸어 키노야 카페를 찾았다. 카페 안에는 반짝거리는 통조림 캔에 둘러싸인 공간에서 음료와 스낵을 팔고 있었다. 시민들이 '희망의 통조림'이라고 부른 깡통에 만화 캐릭터, 동물, 풍경과 일본 국기가 장식되어 있었다. '서로를 도와요. 일본'이나 '우리는 살아 남아 번창할 겁니다.'라는 문구들도 있었다.

카페 안에는 나가토 키무라(Nagato Kimura)가 수십 개의 캔이 쌓여있는 테이블에 앉아서 사람들의 너그러움이 다양한 예술작품으로 표출된 통조림 캔에 감탄하고 있었다. "그들(교토의 구원자들)은 바로 달려왔어요."라고 가족이 통조림 사업을 하는 키무라가 말했다.[3] "정부가 느리게 움직이는 동안 시민들이 직접 도움을 주었지요. 저는 굉장히 놀랐습니다. 저희처럼 작은 가족회사는 공장을 여러 개 갖고 있는 대기업이 받는 혜택이 없는데, 그건 거의 기적이었죠."

키무라 가족은 1957년에 통조림공장을 개업했다. 오십 년 넘게 이 회사는 어부들이 바다에서 수확해 오는 무엇이든 사들여, 작은 까나리부터 거대한 고래까지 활용해, 다양한 소스로 조리한 통조림을 만들었다. 다른 회사들이 어디서나 수입할 수 있는 냉동생선을 사용하기 시작했을 때도 키노야는 오직 싱싱한 지역 생산물만 고집했다. 이 브랜드를 좋아하는 고객들은 맛에 차이가 있다고 말한다.

수년간 키무라 가족은 대기업들의 합병제안을 거절하면서 80명 정도의 지역 직원들을 고용하는 이시노마키에서 작은 회사를 운영해왔다. 많은 직원들이 회사 소유의 아파트에 살았다. 아이들은 지역 학교에 다녔다(2006년에 찍은 사진은 거대한 통조림 앞에서 직원들이 서 있는데, 캔에는 '고래와 함께 50주년을 기념하며!'라고 쓰여 있다).

재난 당일 오후 2시 45분쯤 지진이 통조림공장을 덮쳤다. 사무실에서 키무라는 땅이 흔들리는 것을 느꼈고 즉시 쓰나미가 닥칠 것을 예상했다. '그렇게 심각한 것은 아닐꺼야'라고 생각했지만 안전을 위해서 직원들을 공장에서 대피시켰다. 쓰나미는 오후 3시 52분에 예측하지 못한 강도로 공장을 덮쳤다. 쓰나미로 인해 공장은 물에 잠겨 60센티미터 정도의 물이 이층 사무실에 넘쳤다. 키무라는 파도를 이겨내고 살아남을 수 있었다. 하지만 그의 공장 및 창고와 이시노마키 지역 전체가 파괴됐다. 물이 빠지면서 키무라는 그것을 밖으로 대피해서야 보았다. 어선을 비롯한 작은 배들이 해안가로 쓸려왔다. 상업건물들도 쓸려 내려갔다. 수백 채의 주택이 돌무더기처럼 쌓여 있었다.

이시노마키시는 쓰나미의 가장 큰 타격을 입은 곳이었다. 주민 3천 명 이상이 사망했는데 통조림 공장 옆 초등학교에서는 74명의 아이들과 10명의 선생님이 사망했다. 만 명 이상의 사람들이 집을 잃었다. 재난 직후 응급구호 활동가들은 생존자 구출과 함께 그들에게 머물 곳, 전기, 물과 연료를 공급하는 데 집중했다. 그런 충격 상태에서 키무라는 회사의 미래에 대해 생각할 겨를이 없었다. 그런데 길이 다시 개통되면서 '희망의 통조림' 자원봉사자들이 통조림 공장에 도착한 것이었다. 고무장갑과 삽으로 무장한 그들은 파편과 모래 밑에 묻혀있던 수천 개의 캔을 파내서 씻고 정리했다. 키무라는 말했다. 그들은 지진 전에는 "그저 고객이었지요. 하지만 지진이 난 후에 그들은 상처 치유의 일부였습니다."

50명이 넘는 자원봉사자들은 며칠 동안 끊임없이 일했다. 그들

'희망의 통조림' 자원봉사자들이 통조림 공장에 도착한 것이었다.
고무장갑과 삽으로 무장한 그들은 파편과 모래 밑에 묻혀있던 수천 개의 캔을 씻고 정리했다.

은 밤에는 캠핑을 하면서 자신들이 가져온 음식과 물을 생존자들과 나누었다. 그들은 키무라에게 그가 사업을 재건해서 지역사회의 복원에 기여해 줄 것을 권유했다. 우리가 그를 만났을 때까지도 정부 관료들은 도시의 미래나 재난피해를 입은 해안지역의 장래를 어찌할지 결정하지 못하고 있었다. 어떤 사람들은 인구밀집지역을 더욱 안전하고 높은 지대로 옮겨야 한다고 주장하기도 했다. 또 어떤 이들은 이렇게 오랫동안 지역사회를 구성해온 시민들이 원한다면 복원해 그곳에서 살게 도움을 줘야 한다고 주장했다.

재난 몇 달 후에도 청소는 계속됐고 재건에 대한 논쟁은 끝나지 않고 있었다. 그러나 고객들이 통조림 공장에 제공한 도움은 나가토 키무라로 하여금 인간정신에 대한 믿음을 갖게 했고 미래에 기회가 많다는 확신을 주었다. "일본의 수산업은 많은 문제를 안고 있습니다. 이번 일은 우리가 새롭게 대응할 방법을 생각해보게 합니다."라고 쓰나미 이후의 사태에 대해 이야기했다. 일본뿐만이 아니라 전세계 어장은 더욱 지속가능한 방법으로 운영되어야 하고 해양은 오염으로부터 보호되어야 한다고 그가 말했다. "방법이 바뀌어야 해요. 우리가 그것을 주도할 수 있을지도 모르죠."

변화하는 일본사회

키무라는 재난회복에 사람들이 보여준 동료의식과 이타심 덕분에 미래에 대한 희망을 가질 수 있었다. 지진과 쓰나미 지역에서 멀리 떨어져 있던 일본 사람들은 재난을 직접 경험하지는 못했다. 하지만 그들은 다이이치(Daiichi) 원자력 발전소의 파괴로 인한 전력 공급난을 경험했고 정부의 더딘 반응에 답답해 했다. 시간이 지나면서 중요한 사실들이 은폐되고 정부관료들이 결단력 있게 행동하지 못하고 있다는 사실을 알게 되면서 정부와 기업 지도자들에 대한 국민들의 불만이 커졌다. 도쿄전력회사와 중앙정부가 모두 신랄한 비판을 받았다. 그들의 행동과 복지부동 자세를 비판하며 국가의 주된 권력에 배신감을 느낀 수천 명의 사람들이 시위에 나섰다.

이런 감정은 새로운 것이 아니다. 동경대학교의 카오리 하야시(Kaori Hayashi) 교수는 미디어에 나타난 일본인들의 태도를 수십 년간 추적해 왔다. 그 동안 그녀는 주요 기관에 대한 일본 국민들의 점차적인 실망감을 보아왔다. 그녀에 의하면 3.11 재난이 이런 국민 감정을 더욱 응축시켰다. "이 사건은 일본인들로 하여금 정부가 하는 말이 정말 믿을 수 없는 것이라는 사실을 제대로 깨닫게 했어요."[4] 지진과 쓰나미 후에 주요 언론이 제공하는 정보는 너무 적어서 인터넷의 소셜 미디어에 의존하는 기회가 늘렸다. 재난지역에 사는 사람들의 정보가 공식 채널을 대신했고 그들의 정보가 사람들의 실제 행동을 결정했다.

우리는 동경대학 캠퍼스 안의 빛나는 유리와 콘크리트로 만들어진 건물 후쿠타케 홀(Fukutake Hall)에 있는 사무실에서 하야시 교수를 만났다. 교수실의 벽은 바닥부터 천장까지 수천 권의 책으로 가득 차 있었다. 1980년대에 기자였던 그녀는 1990년대부터 학자로 대학에서 10년 넘게 강의를 하고 있었다. 그동안 세대에 걸친 사회적 태도 변화를 관찰해 왔고 일본인들의 태도가 서양과 비슷한 방식으로 바뀌고 있다는 점을 발견했다.

"냉전이 끝났고 문화의 충돌도 끝났어요."라고 하야시가 말했다. "정치와 권력은 그 이전의 의미와 달라요. 우리 아버지 세대는 국가와 정부에 대한 헌신이 애국심의 직접적인 표출이라고 생각했어요. 젊은 사람들도 일본을 좋아하기는 하지만 국가와 정부가 너무 많은 힘을 가지고 있는 것을 걱정합니다. 그들에게 계층이나 다른 이슈보다 중요한 것은 희망이에요. 그들은 부에 따라 사회를 구분하지 않고 희망이 있느냐 없느냐에 따라 나눕니다."

특히 희망은 부모 세대보다 취업 기회가 제한되고 안정성이 더 적은 사회에 살아야 하는 젊은 세대들에게 의미가 각별하다. "이것이 현재 가장 인기 있는 영화 중 하나가 '항상(Always)'인 이유죠. 이 영화는 1964년 도쿄 올림픽이 열린 시기 가난한 일본 가족에 대한 이야기입니다. 그들은 가난했어요. 국가전체도 상대적으로 가난했습니다. 그러나 그들에게는 희망이 있었습니다."

1964년 일본에서는 직업사회를 남성적이라 여기고 가정생활은 여성적이라 여겼다. 오늘날에는 젊은이들이 이 둘을 섞어 원만한 삶과 행복을 찾을 수 있는 방법을 찾으려고 한다. 이렇듯 더욱 다원화된 삶의 방식에 대해 비판적인 이들은 남성들이 수동적인 '초식동물'이 되어 성공에 필요한 공격적 에너지가 부족할 수 있다고 경고한다. 하야시 교수는 이런 경향을 다양성과 개인의 선택이라는 좀 더 긍정적인 방향으로 생각한다. 하야시 교수는 초식인들이 "급진적이고 회의적이죠."라고 말하고 웃으면서 덧붙였다. "하지만 충분히 급진적이지는 않을지도 몰라요."

정보공유로 극복한 우울증

어려움 앞에서의 강인함이 고귀한 사회적 이상으로 여겨지는 사회에서 자기 자신이 우울증을 겪고 있으면서 자신과 비슷한 이들을 도와주기 위해 자신의 이야기를 털어놓은 젊은 남자만큼 튀는 사람은 없을지도 모른다. 야스히로 토도(Yasuhiro Toudou)는 U2Plus라는 사업기획으로 두 가지 모두를 실천했다. 이 단체는 정신치료가 필요한 사람들을 인지-행동치료(CBT : Cognitive Behavioral Therapy)라는 실용적인 치료와 연결해주고 있다.

야스히로의 개인적인 어려움은 한 핸드폰 회사에서 인터넷 전문가로 일할 때 생겼다. 그가 속한 팀의 매니저가 인사관리를 너무 못해서 기획은 항상 늦었고 일상적인 업무를 끝내기 위해 고통스러운 초과근무를 해야 했다. 이 팀에 속한 모든 직원들은 의욕을 잃었고, 팀 워크는 무너졌다. 실망한 야스히로는 회사를 그만두고 이내 절망에 빠졌다. 피로, 불면증, 동기상실과 같은 전통적인 우울증 증상을 보이던 그는 부모님 집으로 들어갔다. 증상이 악화되면서 집 밖으로 나갈 에너지마저 상실했다. 취미, 친구, 심지어 음식에 대한 관심과 같은 한때 즐거웠던 일들도 모두 잃어버렸고 자살까지 생각했다. 결국 그가 느끼는 감정에 대해 이야기하기 시작했을 때 비로소 증상이 나아지기 시작했다.

우리가 시부야에서 야스히로를 만났을 때 그는 "이런 것들은 모두 일본 사회에서 받아들여지지 않는 사항들이에요."라고 했다. "일본 사람들은 보통 부끄럼을 많이 탑니다. 그리고 우울증에 대한 일종의 수치심이 있어서 도움을 잘 요청하지 않아요. 사람들은 그들의 감정에 대해서 이야기하지 않고, 자신이 겪고 있는 일을 남들과 나누지 않지요."[5]

가족과 친구들의 독려에 따라 야스히로는 한 정신건강센터에서 이뤄지는 안내 모임에 갔다. 그곳에서 고통을 덜기 위한 한 방법으로 CBT를 접하게 됐다. 논리적인 이 방식에 영향 받아 CBT 전문가를 찾았고, 처음 몇 세션 이후부터 회복이 되어간다고 느꼈다. "작아 보일지라도 제가 아침에 일어나서 먹을 것을 만든다는 것 자체가 대단히 중요했어요. 바깥에 나가서 하늘과 나무도 보고 기차를 제 시간에 탈 수도 있었어요."

CBT는 환자들이 자신에 대해 생각하는 방식을 바꾸도록 한다. 이 치료방법은 이미 우울해 하고 있는 사람들을 대상으로 자기자신의 기분이 더 악화될 수도 있다고 생각하는 부정적 인식을 논리를 통해 바꾸려고 한다. 야스히로에 의하면 "무언가 나쁜 일이 일어납니다. 그러면 기분이 상하죠. 이런 기분이 더 부정적인 생각으로 이어지고 더 나쁜 감정으로 발전해요." CBT로 인해 야스히로는 절망감이나 불운하다는 느낌과 달리 그를 지지해주는 가족과 친구들이 있으며 세상에서 살아남을 수 있는 다양한 기술과 재능이 있다는 사실을 논리적으로 생각해보게 됐다. 그의 생각이 비현실적으로 부정적이었다는 것을 알게 되면서 치료가 효력을 갖기 시작했다.

야스히로가 에너지와 창조성을 되찾으면서 그는 일본 사회에 팽배한 우울증의 문제에 대해 생각해보기 시작했고 그런 사람이 많다는 것을 알게 됐다. 수백만 명의 일본 사람들이 매년 우울증을 겪고 있었다. 또한 평균적으로 3만 명이 자살을 시도한다. 그러나 도움을 받는 사람은 얼마 되지 않았다. 그가 일본의 정신건강 문제에 대해 공부하기 시작하면서 오사무 코부리(Osamu Koburi) 치바대학교수가 쓴 글을 읽게 됐다.

오사무는 완벽주의, 강박관념, 공포심과 같이 흔한 정신적 문제에 대해 활발한 저술활동을 해왔다. 일본의 젊은이들이 겪고 있는 문제에 각별히 신경을 썼다. 어떤 경우에는 겉으로는 문제로 보이는 것이 뜻밖의 혜택을 가져다 줄 때도 있다고 한다. 예를 들어 부정적인 생각이 실망감을 억제하게 되는 경우도 있고 완벽주의자들은 자신들의 기준을 끊임없이 높임으로써 놀라운 성과를 낼 수도 있다.

일본에서의 높은 우울증 발병률과 낮은 치료율의 격차에 대해 이야기하며 오사무와 야스히로는 우울증이 있는 사람들에게 정보를 제공해서 치료를 받을 수 있도록 해주는 웹사이트를 만들자는데 의견 일치를 보았다. 함께 U2Plus.jp라는 사이트를 만들어서 사용자들에게 일본에서의 우울증 발병률에 대한 정확한 정보와 함께 다양한 치료 방법을 제공했다. 운동, 명상, 병원에 가는 것뿐 아니라 '가족과 대화하기, 사랑하는 사람, 친구, 지인들에게 연락하기' 등과 '음악과 영화 즐기기'와 같이 실용적인 해결책도 제시했다.

우울증일 때 집에서 할 수 있는 치료방법에 대한 기본 정보 이외에도 웹사이트는 정신건강에 대한 세미나 영상이나 슬라이드 쇼를 제공한다. 야스히로와 오사무는 열댓 명의 CBT 상담가들을 모집해 웹사이트에 올라오는 질문에 답하고 그들 중 일부는 실제 상담을 해주도록 했다. 이 상담가들은 웹사이트를 통해 대화를 시작하기도 한다. 이런 대화는 몇 주 동안 이어지며 심지어 몇 달 동안 지속되기도 한다. 효과는 규모가 큰 집단치료 미팅에서 얻을 수 있는 경험과 비슷한 것이었다.

"어떤 사람이 자신의 문제에 대해서 올리죠. 예를 들어 그들이 원하는 정도로 동기부여가 안 되고 부정적인 생각밖에 안 든다는 점에 대해서 말이죠." 야스히로가 설명했다. "그들은 이에 대해서 이야기하기도 하고 '저는 그저 제 문제를 회피하고 있을 뿐이에요'라고 말하기도 합니다. 그럴 때 다른 사람들은 바로 그 점을 이야기하고 있으며 문제를 정면에서 맞닥뜨리고 있다는 사실을 알려주죠. 이런 작은 성취에 대해 생각하고 잘 키워나가는 것입니다."

U2Plus가 널리 알리고 있는 CBT 방식에 대해 이야기하면서 야스히로는 자기 자신에 대해 이야기하고 있는 것일지도 모른다는 사실을 인정했다. 인생의 긍정적인 면에 집중하고 작은 성공에 집착하면서 그는 우울증을 극복할 수 있었다. 웹사이트를 위해 연구, 조사하면서 그의 우울증이 불확실성과 불안정성이 횡행하는 사회 속에서 생겼음을 알게 됐다. 세대를 거듭하면서 일본 사람들은 '샐러리맨' 직업방식으로 살아왔다. 이 방식은 사람들이 그들을 장기적으로 고용해줄 기업에 헌신하는 것이었다. 들리는 말에 의하면 이

샐러리맨들은 낮에는 열심히 일했고 밤에는 도쿄의 나이트클럽과 술집에서 또 열심히 놀았다고 한다. 세계 도처의 일꾼들처럼 일본의 샐러리맨은 사회적 위상, 삶의 의미와 개인적 정체성을 모두 일로부터 얻었다. 일자리를 잃는다는 것은 상상도 못할 일이었다.

낮은 경제 성장률과 함께 대기업에서의 일자리가 줄어든 '잃어버린 10년' 시대에 태어난 젊은 세대는 이제 샐러리맨에 대해 다시 생각해 보고 삶의 다른 방식을 찾아야 한다. 야스히로는 우리에게 "저는 29세이고, 제 인생 내내 경제는 좋지 않았어요."라고 했다. "저 혼자만 해당되는 것이 아니에요. 저는 자신만의 행복의 의미를 찾는 많은 사람들 중 한 명일 뿐입니다." 수백만 명의 젊은 일본인들에게 있어 온라인과 오프라인의 사회적 관계는 다른 사람에게 관계와 서비스를 제공함으로써 그들에게 행복과 성취감을 가져다 준다. "이 선택은당신을 힘 있는 자리에 앉게 해주지는 않지만 강력한 힘이 되죠."라고 야스히로가 말했다. "저는 이것이 얼마나 가치들을 전환하게 하는지는 모르지만 확실히 자유롭게 느끼게 됩니다."

산모들의 고민을 공유하다

야스히로 같은 젊은이들이 느끼는 자유는 다른 사람에게서 공감과 인정을 찾는 데서 비롯된다. 일본에서 아테나 가치를 찾아 다니면서 우리는 다른 사람을 도와주며 연대를 원하고 성공적인 삶을 살기를 원하는 많은 사람들의 행동에서 이런 종류의 연민을 찾을 수 있었다. 이런 노력은 종종 젊은 사람들이 주도했다. 외부에서 보기에는 이것이 새로운 시대정신이며 뭔가 새로운 것이 시작되고 있다고 결론 내릴 수도 있을 것이다. 서양인들은 특히 일본의 전통적인 문화는 고요하며 개인적으로 강인함을 가졌을 뿐 아니라 고통을 감내한다고 흔히들 상상한다. 이런 가정은 센다이 지진 후에 이어진 언론보도를 가득 채웠는데, '금욕적인', '극복하는' 같은 단어들이 주를 이루었다. 로스앤젤레스 타임스에 나왔던 전형적인 기사의 예로 '일본인들의 금욕적인 기질은 어려움을 극복하는 일본문화에서 기인한다'를 들 수 있다.[6]

타임스와 여타 신문들에서 이야기하는 이런 현상은 '가망(我慢 : gaman)'이라고 알려져 있다. 이는 엄청난 어려움 앞에서도 고귀함을 잃지 않는다는 뜻으로 사용되는 선불교 용어다. '가망'은 실제로 존재한다. '뻣뻣한 윗입술(의연함)'이 영국인들의 삶의 방식인 것처럼 일본 문화의 일부일지도 모른다. 하지만 하나의 특징이 한 국가의 성격이라고 말할 수는 없을 것이며 일본 사람들이 모든 상황에서 항상 금욕주의와 침묵을 선호한다고 가정하는 것은 잘못이라고 할 수 있다. 야스히로의 부모님과 증조부모님들은 우울증에 대한 야스히로의 열린 자세를 지지해 주셨다. 그들은 U2Plus의 인터넷 커뮤니티에서 나타나는 상호 협력이 '가망' 만큼이나 일본 문화의 일부일 수 있다고 했다.

젊은 엄마인 마코 요시오카(Maco Yoshioka)와 치사토 키타자와(Chisato Kitazawa)는 전세계 첫 엄마들이 겪는 일을 똑같이 경험했다. 새로운 아기가 생기면 친구와 가족들은 엄마와 아기를 축하하며 기분을 맞추기 위해 노력한다. 그러나 방문객들이 떠나면 젊은 엄마는 조용해진 집에서 작지만 많은 요구를 해대는 작은 인간 생명체를 돌봐야 하는 의무를 갖게 된다. 아기들은 정기적으로 의료 검진을 받기는 하지만 엄마들이 대체로 알아서 돌봐야 한다. 조언과 도움을 줄 수 있는 경험 있는 엄마들과 가까이 할 수 없는 새로운 엄마들이 아이를 돌보는 처음 몇 주일이나 몇 달은 회의, 두려움, 외로움과 피곤함이 엄습하게 된다.

"엄마들의 10퍼센트는 아이를 낳은 후 산후우울증에 걸려요." 마코가 우리에게 말했다. "제 경험을 말하자면, 도움 받을 곳은 없었고 제 아들을 돌보면서 제 자신도 돌볼 수 있었다면 얼마나 좋았을까 하는 점입니다."[7]

그녀 자신의 상황을 개선하기 위한 열망에서 마코는 새로 아기를 낳은 엄마들을 위한 서비스를 기획하기 시작했다. 엄마들이 정보를 교환하고 서로 기분을 좋게 해주며 운동도 함께 할 수 있는 서비스였다. "임신하고 아이를 낳고부터 회복하기까지는 일년이 걸려요."라고 마코가 말했다. "제가 육체적으로 더 건강했다면 정신적으로도 더 행복했을 거라는 걸 전 알아요."

동네에서 시작한 마코는 마드레 보니타(Madre Bonita, 스페인어로 아름다운 엄마라는 뜻)라는 그룹을 만들어 엄마들이 그들의 고충에 대해 이야기하고 서로 의지하며 운동도 할 수 있게 했다. 쉬운 운동으로는 에어로빅이나 둥근 공을 이용해서 균형감각을 증진하고 배의 힘을 기를 수 있는 것이 있다. 시간이 지나면서 마코는 마드레 보니타의 파트너로 치사토 키타자와를 영입했다. 그들은 영양과 아이의 발달, 가정폭력에 대한 부분을 추가했다. 마드레 보니타는 엄마의 삶 모든 분야를 아우르는 정보와 서비스를 제공하는 포괄적인 프로그램으로 발전했다. 그렇지만 마코와 치사토는 무엇보다도 마드레 보니타의 엄마들과 나눈 우정과 지적인 관계가 가장 가치 있음을 알게 됐다.

미국인들이 속칭 '엄마의 뇌'라고 부르는 현상에 대해 치사토가 "항상 집에 있는 엄마들은 단어를 잊어버리기도 해요."라고 말했다.[8] 치사토는 어른들간의 대화가 마드레 보니타의 가장 큰 이득 중 하나라고 했다. 엄마들이 모이는 다른 곳에서는 보통 아이들을 데리고 가게 되고 아이들이 대화의 중심이 된다. 엄마들은 종종 아이들의 이름을 목에 걸도록 요구 받는다. 자신은 개인이 아닌 아이의 엄마로서의 정체성을 부여 받게 된다. 이런 현상은 너무 흔해서 마드레 보니타에 처음 오는 엄마들은 본능적으로 그렇게 한다. 그러나 곧 아이가 아닌 그녀들 자신의 정체성이 가장 중요하고 이런 세션들에서는 그녀가 중심이라는 사실을 상기하게 된다.

처음 마드레 보니타에 참석했을 때 치사토는 자신의 요구에 집중하는 것이 부끄러워서 남편에게 그녀가 뭘 하고 있는지 말하지 않았다. 남편에게 이야기 했을 때 남편은 지지를 해주었지만 그녀가 마코와 이 프로젝트를 확장하기 위해 함께 일하겠다고 했을 때는 다시 한번 대화를 해야 했다. "남편은 엄마들이 집에 있어야 한다는 생각이 확고했고 이를 바꾸기는 힘들었어요." 그녀가 말했다. "시부모님은 과거세대에 속하는 전형적인 일본인들이세요." 하지만 빨간 모자(Red Hat)라는 국제적인 소프트웨어 기업에서 일하는 다이스케(Daisuke)는 일하는 여성들을 많이 만나는 직업이었다. 그는 곧 치사토가 마드레 보니타에서 일한다면 더 행복하고 더 성취감을 누리는 사람이 될 것이라는 결론을 내렸다. 치사토에 의하면 새로운 일의 부가적인 이득으로 다이스케가 아이에게 더 친근한 아버지가 됐다고 한다. "이제 남편이 딸을 유치원에 데려다 주곤 하는데 둘 다 좋아해요."

마드레 보니타는 두 엄마가 감당할 수 없을 정도로 인기가 폭발했다. 마코와 치사토는 수요를 충족시키기 위해 20명이 넘는 엄마 리더들을 교육한다. 이에는 9개 지부에서 6백 명 정도 여성이 참가해 매주 50개 이상의 세션을 진행하게 했다. 매주 참가하는 사람들은 일년에 125달러 정도 회비를 내어 운영비를 충당한다. 치사토와 마코가 이로 인해 수익을 올리기는 하지만 마드레 보니타는 더 고귀한 이상을 가지고 있는 비영리단체다. 그들의 성공 기준은 엄마들에게 서비스를 제공하는 것과 그녀들의 요구에 대한 대중 인식을 고취시키는 것이다. 변화의 징후는 마드레 보니타를 지지하는 아빠들의 참여에서도 볼 수 있다. 그들은 마드레 보니타를 변형시켜 마드레 단시(Madre Danshi)를 만들고 싶어하는데 이는 '엄마 같은 아빠'라는 뜻이다.

의미있는 삶을 찾아서

'마드레 단시'는 아직은 흔하지 않다. 그렇지만 아테나 독트린을 받아들여 성공과 의미 있는 삶을 함께 찾으려는 일본 남자들도 꽤 있다. 일본의 사회 비평가들이 수동적이라고 칭하는 '초식남'이 아닌 이들은 협력, 너그러움과 겸손 같은 가치로 기업가나 사회 혁신가로 살고 있다. 우리는 이런 일본인을 몇 명 만났다. 켄타로 오하라(Kentaro Ohara)의 Colish.net은 음악가, 웹 기업가, 프로그래머, 또 처음 부모가 된 사람들처럼 공통된 관심사를 가진 사람들이 집을 공유하고 공동체 만드는 일을 도와준다. 그의 목표는 이렇게 온라인으로 관심사를 공유하는 사람들이 실제 삶에서도 가까워지는 것이다. 료 나카가와(Ryo Nakagawa)의 '쉐어 제로(Share0)'라는 서비스는 자영업을 하는 기업가들과 컨설턴트들이 기업의 빈 방을 사무실로 쓸 수 있게 해준다. 료는 미래가 대기업이 아닌 협력을 위해 모이는 실력 있는 개인들의 것이라고 생각한다. 주토 오키(Juto Oh -ki)는 그의 수화 실력과 텔레비전에서 수화 통역가로 얻은 명성을 활용해서 스마트폰과 인터넷을 통해 일본 전역의 청각장애인들을 위한 통역 서비스를 제공하기 시작했다. 이 서비스는 은행, 상점들을 비롯해 정부 기관에서까지 청각 장애인들이 기본적인 사회활동을 할 수 있게 해준다. 더 중요한 점은 이 서비스가 삶의 영역을 제한했던 고립감을 깨뜨려 주었다는 사실이다.

우리가 일본에서 만난 남성들 가운데 요스 카네마츠(Yosh Kanematsu)가 가장 야심만만하고 자유로운 영혼이라고 느껴졌다. 요스는 웹에 기반한 『그린즈(Greenz)』라는 잡지를 중심으로 하는 사업을 운영하는데, 지속 가능한 개발 아이디어와 환경 뉴스를 다룬다. 그는 녹색음료(Green Drinks)라는 음료 회사와 세미나를 제공하는 녹색학교(Green School)도 운영한다. 이런 사업에서 일하는 젊은 사람들은 큰 돈을 벌지는 못하지만 그들이 하는 일의 사회적 영향력을 보상이라고 생각한다. 기업가로서 그들은 이 작은 녹색 제국이 성공하게 된다면 금전적 이득도 볼 수 있을 것이다.

잃어버린 세대의 자식으로서 막 성인이 된 젊은이들은 일본의 경제부흥기(1960년~1990년)가 단지 전설이었음을 잘 안다. 부모님들은 부동산과 주가가 급등했던 때를 기억하고 있겠지만 1990년 초반에 버블이 사라진 이후로 다시는 오르지 않았다. 오늘날에는 아주 소수의 직업만이 남자가 혼자 일해도 가족을 충분히 부양할 수 있을 뿐이다. 더 많은 여성들이 일터에 나가고 있고 일과 성취로 상징되는 구시대의 남성적 정체성은 새로운 이상으로 대체되고 있다.

"좋은 삶은 힘을 의미하는 '치카라(力 : chicara)'와 사랑을 의미하는 '아이(愛 : ai)'가 모두 필요합니다."라고 요스가 말했다. "남성적인 특징은 시야가 매우 좁아서 미래에 대한 약속을 갖고 앞으로 밀어붙이기를 좋아하지요. 여성적인 면은 좀 더 포용력 있고 포괄적인 관점으로 보려고 합니다. 강하지만 통찰력 있고 사려 깊지요."[9]

요스가 그의 삶에 적용하고 있는 남성적, 여성적 면모의 혼합은 어떤 문화에서는 그다지 놀라운 일이 아닐지도 모른다. 그렇지만 일본의 일하는 남성들에게는 전통적인 방식으로부터의 급진적 변화라고 한다. 그의 아버지는 평생 같은 전력회사에서 일했다. 큰형은 대학 졸업 후에 정부 교통기관에 취직했고 퇴직할 때까지 그곳에서 일할 계획이라고 한다. 요스는 장기적으로 보장되는 노동을 가리키는 속어를 사용하며 "그건 철밥통을 의미하죠."라고 했다. 이렇게 안정적인 일자리의 기회가 줄어들자 우리의 세대는 "삶이 담긴 일자리를 원해요. 우리의 삶에 의미를 주는 목표 있는 일 말이에요."

요스가 말하는 '삶이 담긴 일'은 이득을 내고 취업을 하는 것만이 아닌 새로운 관계, 향상된 지역사회, 이에 더해 가능하면 더 나은 세계를 만드는 일을 말한다. 『그린즈(Greenz)』의 독자들은 이런 목표를 이루기 위해 온라인 커뮤니티를 이용해 아이디어를 공유하고 추진한다. 이런 협력의 최근 결과물은 어떤 기기든지 그 기기의 에너지 사용을 측정하고 알려주는 스마트폰 앱이었다. "많은 기업들이 이런 아이디어들을 개발하려 합니다."라고 요스가 말했다. "우리는 전 과정 내내 사람들을 도와줍니다. 아이디어를 정제하고 프로젝트를 완성시키고 알리는 것까지 모두요."

방글라데시에서 발견한 희망

인터넷에 기반을 둔 사업가로서 요스는 효과적인 주창자이지만 그의 주된 역할은 중개인이다. 그의 정보망은 다른 사람들이 물품과 서비스를 제공하게 도와준다. 위에서 아래로 가는 성공적인 아테나 기업의 예를 보기 위해서는 긴자의 쇼핑가에 가봐야 한다. 사람들로 붐비는 기차역에서 몇 블록 떨어진 곳에 빨간 간판의 마더하우스(Motherhouse) 상점을 찾을 수 있다.

우리가 방문한 날, 작은 트럭 뒤편에 나무를 태우는 난로가 있는 포장마차가 행인들에게 바로 구운 고구마를 팔고 있었다. 맨해튼의 프레즐 장사처럼, 고구마 장사는 도쿄의 가을에 변함없이 등장하며 거리는 구수하고 달콤한 향기로 채워졌다. 마더하우스 안에는 시즌에 걸맞는 암갈색, 녹색, 노란색, 그리고 짙은 붉은색의 핸드백과 다양한 악세서리들이 진열돼 있었다. 설립자이며 수석 디자이너를 맡고 있는 에리코 야마구치(Eriko Yamaguchi)가 따뜻한 녹차 잔을 들고 우리를 맞이했다. 단추가 있는 크림 색깔의 가디건을 입은 작은 체구의 그녀는 패션 산업의 거장처럼 보이지는 않았지만 실은 그랬다. 2004년에 야마구치는 워싱턴에 있는 미주 개발 은행에서 인턴십을 마치고 가난한 국가들의 경제개발에 대해 더 배울 기회를 찾고 있었다. 다른 기관처럼 이 은행도 매년 수백만 달러를 개발도상국에 지원하지만 빈곤과의 싸움은 매우 더디다. 그 이유를 배우고 싶었던 야마구치는 방글라데시의 대학원 과정에 등록했다. 이런 결정은 보통 가난한 나라를 떠나 부자 나라로 가는 유학에 대한 고정관념을 뒤엎었다. 그 결정은 또한 그녀에게 새로운 길을 찾게 해 주었다.

그녀는 "저는 야후에 들어가서 '아시아에서 가장 가난한 나라가 어디?'라는 질문을 쳤어요."라고 회상했다. "저는 방글라데시 사진을 보고 그곳에 가야겠다는 생각을 했어요."[10]

에리코는 이런 어려움과 싸우는 사람들과의 개인적인 연대감을 느꼈다고 했다. 어린아이였을 때 그녀는 초등학교에서 왕따를 당

그녀는 방글라데시에서 만들고 디자인 한 핸드백들을 일본에서 파는 아이디어에 착안했다.

직원들을 진정한
파트너로 생각하는
야마구치

"방글라데시의 많은 사람들이 제가 처음 도쿄에 갔을 때 다시는 돌아오지 않을 것이라고 생각했대요. 제가 주문을 받아 돌아오자 사람들이 마침내 이게 정말 큰 기회라는 것을 깨달았죠."

했다. 그 후로도 어린 시절 내내 따돌림을 당했다. 그녀는 자기 자신을 스스로 보호하기 위해 유도를 배우고 강한 척 하는 '문제 청소년'이었다고 했다. 다행히도 그녀는 고등학교를 마치고 방글라데시의 다카(Dahka)에 있는 브라크 대학교(Brac University)에 갈 수 있었다. 공부하지 않는 동안은 지역 경제를 파악하여 방글라데시의 문제와 해결책을 찾기 위해 노력했다. 항상 패션에 관심이 있었던 그녀는 작은 가게와 공장에서 재봉일을 하며 저가의 섬유제품을 만들어내는 사람들이 모이는 지역에 자주 들르게 됐다.

2년 동안 야마구치는 지역 사람들이 시위, 홍수, 전염병과 경제위기를 견뎌내는 것을 보고 탐색하며 곰곰이 생각했다. 모든 것을 일기에 적었는데 자신의 비즈니스를 시작하는 꿈과 야망에 대한 것도 적었다. 거친 삼베로 만든 커피 주머니에서 영감을 받아서 그녀는 방글라데시에서 만들고 디자인 한 핸드백들을 일본에서 파는 아이디어에 착안했다. 이 개념은 그녀의 패션에 대한 관심과 일본의 거대한 여성 패션 시장을 활용해 방글라데시 다카의 사람들에게 일거리를 제공할 수 있게 해주었다. 좋은 아이디어였지만 처음에는 지역 노동자들이 이 일을 할 것이라고 믿는 방글라데시 사람을 찾는 것이 힘들었다. 그녀가 구체적으로 이야기해주지는 않았지만 여러 차례 "호도되고, 거짓말에 당하고 배반당했다."고 했다. 그녀는 마침내 곡식과 감자를 담을 삼베주머니를 만드는 공장과 동업을 성사시켰다.

"그들은 한 개에 1달러 정도 하는 주머니를 만들고 있었지만 우리는 그들이 1백 달러 이상 나가는 패션 가방을 만들도록 해야 했어요."라고 했다. "더 어려운 것은 제가 이슬람 국가에서 사장이 되어야 하는 젊은 여성이었다는 것이죠." 야마구치의 디자인대로 직원들이 일하게 되기까지는 몇 달이 걸렸고 일본의 소매상들에게 보여줄 만큼 괜찮은 품질의 제품을 만들기까지 수십 차례 시행착오를 겪었다. 하지만 점차 직원들의 기술 향상을 지원하면서 160개의 제품을 생산할 수 있었다.

야마구치의 패션 감각은 백화점의 구매 담당자들에게 보여준 디자인에서 분명하게 드러났다. 담당자들은 그녀의 사업 뒤에 담긴 이야기에 매료되었다. 마더 테레사 수녀에서 이름을 따서 회사를 마더하우스라고 이름지었다. 첫 구매상담을 마치고 야마구치는 13개 백화점에 납품하게 됐다. "방글라데시의 많은 사람들이 제가 처음 도쿄에 갔을 때 다시는 돌아오지 않을 것이라고 생각했대요. 제가 주문을 받아 돌아오자 사람들이 마침내 이게 정말 큰 기회라는 것을 깨달았죠."라고 야마구치가 말했다.

이 기회를 잡기 위해서 야마구치는 여러 가지 현실적, 문화적 장애를 극복해야 했다. 직원들을 진정한 동반자로 생각하고 있으며 이들에게 "어떻게 생각해요?"라고 물을 때는 솔직하게 대답하기를 바란다는 점을 직원들에게 인식시켜야 했다. "이전에는 어떤 사장도 직원들에게 이런 질문을 하지 않았었고, 그들은 팀의 일부로 일하는 데 익숙하지 않았어요." 팀워크를 키우기 위해 야마구치는 직원들에게 사진이 들어간 신분증 카드를 만들어 주었다. 많은 직원들이 한번도 사진을 찍은 적이 없어서 그들은 이 카드를 소중히 여겼다. 점심식사는 구내 식당을 만들어 무료로 제공했다. 높은 품질의 가죽제품을 만들기 위해 요구되는 기술향상도 소홀히 하지 않았다. 또한 직원들에게 평균 이상의 급료도 지급했다.

이런 기술을 가다듬는 데 오랜 시간이 걸렸고 야마구치는 생산성을 향상시키기 위해 생산설비를 구축해야 했다. 드디어 투자는 좋은 결실로 나타났다. 생산품들이 '불합격'보다 '합격'을 더 많이 받기 시작한 것이다. 이어서 일본에서 가방들이 인기가 있다는 소식이 들려왔다. 소비자들은 다른 곳에서 생산된 것보다 저렴한 이 제품들을 선호했다. 더구나 고객들은 이윤추구 만이 아니라 세상에서 가장 가난한 나라 중 하나에서 사람들의 삶에 변화를 이끌어 내려는 일본 여성이 세운 사업체의 제품을 산다는 사실을 기뻐했다.

"이 가방들의 품질은, 고객들이 가난한 곳에서 만든 제품은 질과 가격이 모두 낮다는 편견을 극복하게 해주었습니다. 우리는 고품질과 저렴한 가격으로 승부했는데 성공적이었어요." 이 방식은 대성공이어서 소매상들의 추가 주문으로 이어졌다. 마더하우스는 일본에 8개 , 대만에 4개 매장을 열게 됐다. 방글라데시의 공장은 3번이나 확장 이전했다. 임금은 다른 제조업 공장들의 2배 이상 지급했다. 야마구치 대표에 의하면 가장 중요한 사항은 절반 이상의 고객들이 이 회사의 사회적 미션에 대해서는 알지 못하고 단지 패션과 제품 품질 때문에 구매를 한다는 것이다.

물론 야마구치에게는 이윤 추구보다도 사회적 기여가 큰 만족을 준다. 그녀는 다른 이들이 외면하는 빈국 노동자들에게 투자하고 그들을 존중했다. 이는 그동안 형식적으로 투자했던 사업가들의 실패 사례를 극복할 수 있도록 해주었다. 직원들은 최저임금을 받는 대신 노동 계층으로서 삶의 질을 영위할 수 있는 임금을 받았다. 더욱 중요한 것은 그들이 자부심을 가지게 되었다는 것이다. 야마구치는 아테나 스타일로 비즈니스의 성공 가능성을 보여주었다.

우리는 수십 개의 가방들을 전시해 놓은 전시관을 둘러보았다. 그리고 "성공과 행복을 어떻게 정의하세요?"라고 질문했다. "과거에는 대기업에 소속되어 단지 그곳에 있는 것 만으로도 성공과 행복이 보장된다고 믿는 것이 가능했어요. 오늘날 저는 그 이상을 공헌해야 한다고 생각합니다. 지금 하는 일이 무엇이든, 심지어 사업체를 설립한다 해도 그것이 동반자 관계, 협력, 믿음, 그리고 다른 사람들도 행복하게 만드는 것일 수 있어요. 새로운 기업 생태계에서는 더 나은 사고방식이 필요합니다."라고 그녀가 말했다. "물론 경쟁도 필요합니다. 하지만 그건 최저임금을 줘야 한다는 것을 의미하지 않아요. 가끔은 더 잘 공감하고 더욱 창조적이어야 한다는 의미도 되죠. 그러면 성공하게 되지요."

일본은 전세계 발전된 시장의 미래를 보여주는 창일 수 있다. 고령화된 인구, 정체된 성장과 행복가치의 변화에 따른 새로운 삶. 1980년대의 과도한 물질주의에 물들지 않은 일본의 젊은이들은 가치를 추구하는 비즈니스 모델을 만들어내고 있다. 그들은 물질적 풍요(affluence) 보다 영향력(influence)에 더 관심이 있다.

제5장
콜롬비아와 페루

"현 시대는
우리가 다른 사람들에게
더 친절하고 공감하기를 요구한다."

– 응답자의 80%가 동의

호세 마리아 코르도바 공항에서 콜롬비아 메들린(Medellin)의 도시 중심지까지의 길은 가파른 안데스 산맥 중식부인 코르디에라 센트랄(Cordillera Central)을 통과한다. 급경사와 급커브로 질주하는 택시는 롤러코스터처럼 흔들렸다. 밤이었고, 숲의 빼곡한 나무들은 최근 장마로 젖어있었지만 그 어느 누구도 이런 미끄러운 길의 상태에 개의치 않고 달리고 있었다. 모든 이들이 도시를 향해 그곳이 마치 스페인 전설의 엘도라도나 되는 것처럼 빠른 속도로 달려가고 있었다.

비아 산타(Via Santa: 성인들의 길)라고 이름 붙여진 길에서 보이는 도시의 모습은 마치 검은 벨벳 위에 붙은 반짝이 장식처럼 산등성이에 흰 불빛으로 가득했다. 나무들 저만치 너머에는 높은 아파트 빌딩들과 주변의 낮은 동네도 보였다. 그러면서 차는 마지막 커브를 지나 아부라(Abura) 계곡으로 들어섰다.

구릉들이 있고 빽빽한 비즈니스 구역이 있는 메들린은 바다가 없는 리우데자네이루나 금문교가 없는 샌프란시스코처럼 보인다. 차창을 내리니 택시 안은 꽃 향기 나는 시원한 공기로 채워진다. 깊게 숨을 들이마시고 도시를 바라보면 메들린 사람들이 자신들의 도시를 지키기 위해 왜 그토록 열심히 싸웠는지 이해할 수 있다. 이곳은 신비한 금의 도시는 아닐지라도 거의 완벽한 기후를 가진 자연의 선물임이 분명하다. 이곳에선 평화와 행복이 당연한 것처럼 보인다.

이 도시는 한때 온갖 종류의 폭력으로 유명했던 곳이다. 갱들과 마약상들, 심지어 혁명가들까지도 너무 많은 살인들을 저질러서 메들린은 '위험'이란 말과 같은 뜻으로 쓰였다. 1970년대 말부터 1990년대 초까지 악명 높은 카를로스 에스코바(Carlos Escobar)가 이끌었던 마약거래는 매일 수백만 달러의 이득을 내는 코카인 무역을 위해 살인과 협박을 일삼았다. 이런 불법 코카 잎 생산은 콜롬비아 지역경제의 중심이 되었고 커피보다 값이 더 나가는 코카인은 콜롬비아의 주요 수출품이 됐다.

마약거래가 가장 호황을 누리던 1990년대 초, 메들린의 인구는 2백만 명이 채 안 되었으나 살해 당하는 사람은 매일 20명이 넘었다.[1] 총격전, 자동차 폭발과 폭력들은 대부분 범죄자나 경찰을 향한 것이었지만 죄 없는 시민들도 피해를 보았다. 13개월 동안 350명의 경찰관이 죽어나가자, 마약거래를 하지 않는 선량한 시민들은 이런 무법천지가 두렵기도 하고 분노가 끓어올라 직접 군대를 조직할 정도였다. '로보캅'이나 '메들린의 친구들'이라고 이름 붙인 이런 단체들도 마약 중독자나 부랑자들을 겨냥해, 소위 '청소'라고 칭하는 살인을 벌이기 시작했다.

메들린을 덮친 짙은 어둠의 기운은 1993년에 가톨릭 성당이 사회 지도자들과 '평화의 기운'을 증진시키기 위해 모이면서 조금씩 걷히기 시작했다. 지역 성당들은 폭력을 종식시키기 위해 수백 명이 모이는 정례적 대화 모임을 갖기 시작했다. 5월에 40만 명이 넘는 사람들이 평화를 위한 시위에 참석했고, 정부 당국은 갱 멤버들이 범죄 생활을 접고 법을 따르는 시민으로 살 수 있도록 도와주는 프로그램을 확대했다. 미국인들의 도움을 받은 콜롬비아 군대가 숨어 있던 에스코바가 도시에서 도망치려는 순간 그를 색출해 죽인 것이 사태 전환의 큰 계기가 됐다.

에스코바의 죽음은 조직의 위축을 가져왔고 메들린 사람들에게는 도시를 재건하는 기회가 되었다. 갱 리더들과 합의한 평화협정을 시작으로 전과자들이 사회에 참여할 수 있는 사면정책이 시행됐다. 또한 도시 재건 프로젝트에 따라 놀랍도록 멋진 건축물을 중심으로 하는 도시개발계획이 세워졌다. 도시와 주, 그리고 중앙정부의 계획들이 학교, 공원, 박물관과 도서관에 중요한 변화를 가져왔다. 이미 대학 도시로서 널리 알려진 도시이자, 유명한 미술가인 페르난도 보테로(Fernando Botero)*의 고향이기도 한 메들린은 언제

* 페르난도 보테로(Fernando Botero : 1932 ~) : 라틴 아메리카의 문화의 원형이라고 볼 수 있는 역사상의 인물들을 회화적으로 잘 그리는 콜롬비아의 화가

나 문화와 상업의 중심지였고 이런 면모가 다시 부각되기 시작했다. 그러나 도시 개발 관계자들은 메들린의 언덕에 집중된 슬럼가에는 여전히 범죄와 폭력 문화가 만연하고 있음을 알고 있었다. 이곳 거주자들을 도시의 삶 안으로 끌어들이기 위해서는 무언가 괄목할만한 일을 벌여야 했다.

가장 가난한 빈민가를 연구하면서 당국은 지형 탓에 이곳 지역 사람들이 고립되어 있다는 사실을 알게 됐다. 그들은 상업지역에 가기 위해서는 먼 길을 걸어야 했다. 메들린의 지역들을 이웃으로 엮기 위해 당국은 값비싼 스키 리조트에서 사용하는 케이블카와 곤돌라를 만들어 멋도 있으며 사람들을 수송할 수 있는 시스템을 만들었다. '메트로 케이블 문화'라고 이름 붙인 첫 메트로 케이블은 2004년에 처음 시작됐다. 반짝이는 역과 케이블카는 지역 자부심의 원천이 됐고, 몇 시간씩 걸리던 출퇴근 시간이 단 몇 분으로 줄어들었다. 더욱 더 중요한 것은 이런 협력과 존중의 문화가 사람들에게 영향을 미쳐 역 주변의 거리와 골목이 더 평화로워졌을 뿐만 아니라 더욱 풍요로워졌다.

우리는 4월의 어느 아침, 아이들이 학교에 가고 직장인들은 출근하는 시간에 J호선을 방문했다. J호선은 코뮤나(Comuna) 13이라는 지역에 있는데, 산 자비어(San Javier)라는 역에서 시작한다. 그곳에는 매일 바뀌는 일종의 낙서 작품을 그릴 수 있는 콘크리트 벽이 세워져 있었다. 하나의 그림에는 악수하는 두 손과 함께 '평화를 위한 힙합'이라는 슬로건이 쓰여 있었다. 다른 곳에는 썰매를 탄 산타클로스와 만화 캐릭터들이 그려져 있었다. 제법 잘 그려진 그림들이었다. 우리 안내인이 말하길 이런 콘크리트 캔버스가 화가들의 자기 표현 욕구를 충족시켜준다고 했다. 그런 덕분인지 개통이래 7년 동안 메트로 케이블은 단 한번도 낙서작품 벽 문제로 골치썩은 적이 없다.

메트로 케이블 제도는, 시민들이 양질의 공공 서비스가 그들에게 균등하게 제공된다고 느낀다면 제도 자체를 존중하게 될 것이라는 현대 도시계획 이론의 성공적인 결과물이다. 특히 자가용을 살 수 없어서 멀리 떨어진 직장에 쉽게 갈 수 없는 사람들에게 교통수단을 제공한다. '메트로 문화'는 시민들에게 주인의식과 개인 투자자 같은 느낌을 주었다. '이웃'이라는 개념이 개발계획의 시작의 중요한 부분이었으며 역이 들어설 곳을 정하고 그 지역을 발전시키는데 기여했다.

메트로 케이블역 건물은 걸을 때 안전하도록 낮은 경사진 자리에 건설됐다. 이런 성공적인 개발에 이어 정부는 밝은 색깔의 지붕을 얹은 외부 에스컬레이터를 건설했는데, 이로써 가난한 지역의 삶의 질은 더욱 향상됐다. '전기 계단'이라고 불리는 이 에스컬레이터는 60미터 이상의 높이를 5분 이내에 이동할 수 있게 해주었다. 기존에 30분이 걸리는 거리였다. 이 에스컬레이터 건설에는 근처에 사는 노동자들이 참여하였는데 개막식은 성대하면서 진정한 축하의 자리였으며 사회 지도자들과 수백 명의 시민들이 함께 했다.

교통 변화에 자극 받아 에스컬레이터와 메트로 케이블 역사 주변 지역은 상업개발과 공원, 학교, 놀이터, 도서관 건설의 중심지가 됐다. 미국의 게이츠 재단(Gates Foundation)에서 후원받아 세계적으로 유명한 건축가들의 디자인으로 다섯 개의 새로운 도서관들이 지어졌으며 이 도서관들은 지역사회 공동체의 중심 장소가 되었을 뿐 아니라 시민들이 인터넷에 접근할 수 있는 장소가 되기도 했다. 도서관들은 모두 공원에 자리했는데, 그 중 하나는 스페인 정부의 후원으로 지어졌다. 그 개관식에는 스페인의 왕과 왕비가 참석하기도 했다.

비록 메들린의 가난한 지역에서 폭력이 줄어들기는 했지만 여전히 문제는 남아있다. 하지만 메들린 전역, 특히 코뮤나 13지역의 안전은 훨씬 좋아졌다. 이런 변화는 교통시스템과 연관된 다양한 개발 노력 덕분이라고 하겠다. 새로운 직업이 생겨 가족의 수입이 늘어났고 더 많은 돈과 큰 자부심으로 사람들은 자신들의 주거환경을 개선하면서 어린 아이들의 행동을 더 엄격하게 감독하기 시작했다.

이런 지역은 계획 없이 형성됐기 때문에 '경계없는 지역(Barrios Informales)'이라고 불렸다. 무작정 땅을 차지하고 그 위에 집을 지은 사람들에 의해 만들어진 지역이었기 때문이다. 늦은 감은 있지만 도시 당국에서 이곳에 사회기반시설을 만들려고 했으며 정부는 지역 주민들을 계획, 디자인과 건설에 참여시킴으로써 주민들의 지지와 감정적인 헌신을 얻어냈다. 이처럼 모두를 참여시키는 포용성 덕분에 지역주민들이 자신을 프로젝트의 일부라고 느낄 수 있었다.

도시생활에 모든 시민들을 포함시키고 평화와 단결성을 키우려는 메들린의 노력이 널리 알려진 덕분에 우리는 아테나 독트린이

온갖 종류의 폭력으로 유명했고, 높은 지형 탓에 고립되었던
메들린 지역

밝은 색깔의 지붕을 얹은 외부 에스컬레이터는 60미터 이상의 높이를 5분 이내에 이동할 수 있게 해주었다. 기존에 30분 걸리는 거리였다.

실현되는 곳을 찾아 다니는 일정에 메들린을 포함시켰다. 이곳에서는 매우 용감한 여성과 남성들이 폭력과 혼돈에 대항해 손을 내밀며 사람들을 서로 가깝게 만들었다. 라틴 아메리카의 다른 지역에서도 장기적인 사회, 경제와 정치 문제에 대응하려는 비슷한 노력들이 용기 있는 개혁자들에 의해 이루어지고 있었다. 이런 대응은 우리의 연구조사에 참가하는 이들이 지역사회 참여를 중시하는 것과 같은 맥락이었다. 82퍼센트 이상의 응답자가 '내 지역사회에서 봉사하는 것은 중요하다'고 답했다.

'책임공유' 도시 재개발 프로젝트

약칭 EPM(Empresas Publicas de Medellin)으로 알려진 메들린의 공공서비스센터는 도시 전체와 인근 지역에 물, 전기, 가스, 그리고 위생과 상하수도 서비스를 제공한다. 법적으로 이 서비스들은 지역에 불법 거주하는 사람들에게도 제공되어야 한다. 따라서 이 지역에 사는 이들은 타 도시의 불법 거주자들보다 더 높은 삶의 질을 누린다. 물론 모든 사람들이 서비스 요금을 낸다. 하지만 이런 공공 시설의 이득(매년 4.5억 달러)은 지역사회 개발에 투자 될 수도 있다는 것을 의미한다.

1990년대에 찾아온 평화는 EPM 자산을 지역에 투자할 기회를 열어주었고 곧 도로, 배수시설, 그리고 공공광장을 개선하기 위한 프로젝트가 시작됐다. 건축가의 아들인 세르지오 파야도(Sergio

Fajardo)가 2003년에 시장으로 선출되면서 세출이 급격히 증가했다.[2] '가장 아름다운 건물들이 가장 가난한 지역에 지어져야 한다'고 믿은 파야도는 새로운 도서관, 학교, 교통, 그리고 공공 과학센터들이 메들린의 가난한 사람들의 의식을 끌어올려서 이들이 21세기에 성공하기 위해 필요한 교육과 기술을 배우도록 할 것이라고 말했다. 이를 위해서 그는 교육 지출을 도시의 전체 예산인 9억 달러의 40퍼센트까지 끌어올렸다.

위스콘신 대학에서 박사학위를 받은 수학자인 파야도는 시장으로 선출되기 전에는 작가이며 방송기자이기도 했다. 개인적인 인기와 (무소속으로서의)독립적인 행보가 그로 하여금 별다른 비판을 받지 않고 거대 자본을 노동계층을 위한 프로그램에 투자하는데 도움이 되었다. 그가 시장직을 떠나 메들린을 포함한 안티오키아(Antioquia)주의 주지사가 되자 이후 비슷한 철학을 가진 젊은 정치인들이 그의 뒤를 이었다. 우리가 메들린에 도착했을 때, 아니발 가비리아(Anibal Gaviria)의 정부가 선거 직후 막 자리를 잡고 있는 시점이었다. 그는 자신의 내각을 대부분 30대와 40대의 '할 수 있다(can-do)'는 믿음을 가진 젊은이들로 구성했다.

토목공학 학위를 가진 몇 안 되는 콜롬비아 여성 중 하나인 마가리타 앙헬 베르날(Margarita Angel Bernal)은 도시개발기구인 EDU를 운영하고 있는데, 산 안토니오 광장 옆에 위치한 나즈막한 현대식 오피스 빌딩에서 일한다. 이 광장은 지역의 오래된 돔 형식의 교회 이름을 따서 만들어진 것이지만, 현대 도시들이 거리문화를 장려하기 위해 만드는 일종의 거리개발계획의 사례라고 할 수 있다. 광장의 상징은 보테로(Botero)의 새 조각품인데, 테러 시기에 폭탄으로 파괴됐던 평화의 상징이다. 보테로가 기부한 새로운 조각품이 전시돼 있었다. 우리가 베르날을 찾은 날, 광장에서는 노점상들이 커피와 열대과일을 팔고 있었고 가족들은 유모차를 밀며 나무그늘 아래를 거닐고 있었다.

베르날의 사무실 안에서는 24제곱 미터 정도 크기의 도시 지도에 성 안토니오 광장과 비슷하게 개발 중인 프로젝트가 표시되어 있었다. EDU는 각 프로젝트에 지역 자문단을 참여시켜 모든 결정을 함께 했다. 그들은 광장 위치를 정하는 것부터 학교 짓는 자재를 고르는 것, 보육원, 경찰서, 공원의 위치를 정하는 모든 결정에 참여했다. 이런 프로젝트들은 전형적으로 지역사회를 더 살기 좋게 만들기 위한 보도, 거리와 상점들의 리모델링을 포함한다. 자금은 주로 지역 공공서비스 이익으로 충당되지만 세금과 함께 주정부 및 중앙정부의 자금도 사용한다. 또한 성공적인 사업을 후원하려는 국제사회 기부자들의 기부금도 있다.

대체로 메들린의 재개발 프로젝트는 소규모거나 중간규모의 사업이었다. 이런 소박한 접근방식 덕분에 당국자들은 미국 도시들이 1960년대에 역사가 오래된 지역을 관통하는 고속도로를 건설하면서 범한 역사적 건축물 파괴 등과 같은 문제들을 피해갈 수 있었다(보스턴 고속도로 건설로 야기된 문제를 해결하는 데 수천억 달러가 소요됐다). 이 작업을 수행한지 넉 달 째 되었을 때 베르날은 도시 중심부에 큰 개발계획을 기획했다. 그곳은 고물가게, 주차건물과 목재 적재장들이 있는 곳으로 범죄의 중심지역이었다. 도시 중심부에 위치하며 정부기관들 옆에 위치한 이곳은 지역시민들이 중심지로 향하는 것을 꺼리게 만들고 있는 지역이었다. 이곳의 재개발 계획은 수만 제곱미터 공간에 상업공간과 천 2백 개 정도의 콘도미니엄 아파트 건설을 포함하는데, 도시의 재정적 후원을 받아 시민들이 입주하게 될 예정이다.

다른 큰 개발계획처럼, 이 계획 또한 새로운 거주지와 생활터전이 필요한 시민들의 동의를 요구한다. 현 거주자들은 새로운 개발계획에서 주거지 선택에 우선권을 받는다. 그렇지만 예상할 수 있듯이 어떤 거주자들은 더 좋은 제안을 받기 위해 버티고 있다. 그들은 이 프로젝트 추진을 원하는 지역 주민들과 맞서 거래하며 마무리 지을 것이다. 베르날은 이 프로젝트를 이끄는 원칙을 '책임 공유'라고 이야기했다. 이 프로젝트 자산의 82퍼센트는 그것을 임대하는 사람들의 소유인데 그곳에 사는 사람들이 직접 참여하고 있기 때문에, 결과적으로 자산가치 상승과 높은 임대료를 기대할 수 있을 것이라고 했다.

사회안정의 파수꾼은 여성

마가리타 베르날에 의하면, 마우리치오 파시오 린체(Mauricio Facio Lince)는 메들린 도시의 성격을 그대로 보여주는 야심만만한 사람이라고 했다. 아니발 가비리아 시장 바로 다음으로 막강한 도시 정부 고위직에 있는 린체는 38세인데도 젊은 도시정부에선 거의 최고령자에 속한다. 그의 사무실은 높은 현대식 건축물에 위치했는데, 로스엔젤레스 같이 보이는 고층건물들과 19세기 교회 등 도시 풍경을 한 눈에 내려다 보는 곳이었다. 바닥부터 천장까지 유리로 된 벽으로 둘러싸인 그의 사무실에서는 공원 서쪽에 위치한 투우장 지역인 라 마카레나(La Macarena)까지 내다볼 수 있었다.

넓은 어깨를 가진 키 큰 남자 린체는 학교, 경찰, 그리고 사회 서비스까지 모두 관리하는 막강한 권한을 시장에게 주는 콜롬비아 정치시스템 안에서 상당한 힘을 갖고 있다. 물론 현 정부가 전 시장에 의해 시작된 교통과 재개발 계획들은 지속해 오고 있지만, 가비리아 정부는 젊은이들과 학교에 더 비중을 두고 있다고 했다. 린체에 의하면 메들린시 예산의 62퍼센트는 '우나 푸에스타(una puesta)' 즉, '미래에 대한 내기'라고 하는데, 학교와 아이들을 위한 프로그램에 투자하는 것을 의미한다. 학교는 컴퓨터가 갖추어진 디지털 공간이 되어있고 교육은 모두에게 무료로 제공된다. 도서관은 인터넷부터 음악 프로그램까지 제공하는 지역사회 문화센터이자 아동들을 위한 180여 종류의 관련악기가 갖추어져 있다. 목표는 폭력, 돈, 마약으로 찌든 문화를 바꾸어 교육받고 참여하는 시민세대를 만들어 내자는 것이다.

수십 년간 공공안전은 메들린의 주요 정치현안이었고 일반 시민들의 끊임없는 관심사였다. 린체는 어린아이일 때 참석했던 파티를 기억하는데 그 파티가 오후 3시에 끝났던 이유는 부모들이 그 이후에 밖에서 돌아다니는 것은 안전하지 않다고 생각했기 때문이었다. 경찰과 군대가 메들린의 재건에 중요한 역할을 했는데, 마약상들을 붕괴시키고 콜롬비아 무장 혁명군(FARC: Fuerzas Armadas Revolucionarias de Columbia)이라는 좌파 반군들을 제압했다. 린체는 이런 싸움이 굉장히 남성적인 일이었지만, 취약한 평화 위에 사회를 재건하는 일은 보다 여성적인 성향에 의지하는 일이라고 했다.

브라질 상파울로의 선례를 따라, 메들린은 젊은 엄마들에게 서비스를 제공해 아이들을 학교에 더 머물게 함으로써 범죄로부터 멀어지게 했다. 린체는 시민들이 함께 살 수 있는 방법으로의 전환이 중요한 변화라고 했다. 그리고 이 변화를 이끌 사람들은 여성들이라고 했다. 메들린 사회에서 '어머니'라는 형상은 대단히 존경받는 존재다. 린체에 의하면 폭력에 의한 희생자들의 90퍼센트는 남성일지 모르나 그들에겐 어머니, 부인, 자매들이 있다. 가족 자체가 여성을 중심으로 돌아가기 때문에 여성들은 안전과 안정에 크게 기여할 수 있다고 여겨진다

도시 당국자들은 여성들을 위한 기관을 설립하고, 그녀들을 안전 프로젝트에 참여시키기 위한 계획을 세웠지만 평화를 정착시키는 데는 개별 기관들이 더 큰 역할을 했다. 위험한 환경에도 불구하고 여성들이 시위를 주도하고 목소리를 내는 역동성은 라틴아메리카 전역에서 흔히 있는 일이다. 아르헨티나와 칠레에서는 정치적 암살에 대한 진실을 정부에 요구하고 화해 과정을 이룩하는 데 여성들이 중요한 역할을 했다. 린체에 의하면, 그녀들의 노력이 성공할 수 있었던 것은 여성들이 존중과 존경을 받고 있기 때문이었다고 한다. 여성들의 약함이 오히려 강점이 될 수 있었던 것이다.

메들린과 콜롬비아 전역에서 여성들은 폭력조직과 혁명운동을 하려는 사람들에 맞서서 FARC와 갱 생활에 대한 대안 제시 작업을 도맡아 하고 있다. 이런 일을 하는 단체 중 하나인 루타 파시피카(Ruta Pacifica)는 여성들을 도시에서 지방으로 데리고 와서 군사행동이나 반정부 단체들의 행위에 저항하는 시위에 참여시킨다. 바모스 무에르(Vamos Mujer, 여성이 간다)라는 단체는 폭력의 피해자들에게 카운셀링 서비스, 법적 조언, 건강 서비스 등을 제공한다. 메들린 중심부에 위치한 파운다시온 미 상그레(Foundacion Mi Sangre, 나의 피 재단)는 지뢰 피해자들을 도와주는 작은 단체에서 시작해 평화 교육과 행동을 하는 큰 단체로 성장했다. 이 단체의 이름은 가수이자 작곡가인 후안 에스테반 아리스티자발 바스쿠에즈(Juan Esteban Aristizabal Vasquez)의 히트 노래와 앨범에서 따온 것이다. 팬들에게 '후안'이라고 알려진 아리스티자발은 라틴 음악계에서 슈퍼스타가 된 이후 2006년에 이 단체를 시작했다. 그는 단체에 대한 후원과 홍보를 계속했다. 그리고 2012년까지 기업, 대학과 외국 정부를 포함한 수십 개의 후원자들이 참여했다. 미 상그레는 메들린 중심 상업지구의 그늘진 곳 엘 포블라도(El Poblado) 거리에 있는 사무실에 기반을 두고 있다. 이 단체는 카탈리나 콕 듀크(Catalina Cock Duque)라는 활동가가 이끌고 있는데, 그는 정말 특독특한 방법으로 콜롬비아의 변화를 이끄는 가장 잘 알려진 활동가 중 한 사람이 됐다.

화해와 협력으로 이룬 평화의 결실

오후 다섯 시 즈음에는 '마을'이라는 뜻을 가진 엘 포블라도의 교통체증이 너무 심해 걷는 편이 자동차를 이용하는 것보다 빠른 경우가 생긴다. 이런 상황에서 어느 누구도 '카풀'을 하지 않는다. 메들린의 가장 부유한 사람들에게는 큰 자동차가 사회적 지위의 상징이기 때문이다. 레인지 로버나 재규어차 안에서 꼼짝 못하고 앉아 있는 것이 부와 권력의 표상이다. 포블라도 가에서 동쪽으로 몇 블록 떨어진 곳에는 부티크 가게와 쇼핑몰이 들어서 있다. 이곳의 작은 타운하우스 2층에 위치한 사무실은 아직 불이 켜져 있었다. 안에는 카탈리나 코크 듀크가 완벽한 미국식 영어로 전화대화를 하면서 컴퓨터 키보드를 두드리고 있었다. 콜롬비아의 엘리트 지도자 대부분이 그러하듯 카탈리나도 해외에서 학교를 다녔다. 그녀는 메릴랜드 대학교에서 학사학위를 받고 런던 정경대에서 석사학위를 받았다. 그녀는 열여섯에 시작한 자신의 사명을 완수하기 위해서 고국으로 돌아왔다.

"당시 아버지가 에너지부 장관이었고, 정부가 작은 마을까지 전력을 공급할 계획이라는 발표를 하기 위해 해안가 마을로 가시면서 저를 데리고 가셨어요."라고 카탈리나가 회상했다. "이 계획은 주민들에게 좋을 것이라 생각해 시작됐지만, 주민들은 전기를 원하지 않았어요. 그들은 텔레비전이나 전기로 할 수 있는 그 무엇도 원치 않았어요. 그들은 그저 인간답고 전통적인 그들의 삶의 방식을 그대로 유지하기를 바랬던 거죠."[3]

전기를 원하지 않은 그 마을은 콜롬비아의 태평양 연안에 있는 초코(Choco)라는 지역에 위치했다. 페루에서 파나마에 이르는 해안가에 살던 주민들의 후손인 원주민들은 지역의 언어를 유지하고, 아프리카에서 온 노예들 후손들과 함께 살고 있었다. 아마도 콜롬비아에서 가장 가난한 주에 속할 이 지역은 금 광산과 열대우림의 목재산업에 의존하고 있었다. 이런 여건은 지역사람들에게 환경의 위험과 기회를 동시에 주고 있었다. 카탈리나가 1999년에 학위를 받고 집에 왔을 때 그녀는 친환경적인 광산업을 하려는 기업들을 후원해주는 '초코의 친구들 재단(Amigos de ChocoFoundation)'을 설립했다. 이 재단은 전세계 보석상들에게 친환경적으로 채굴된 '녹색 금'을 공급하는 7백 개의 가정을 후원하기에 이르렀다. 카탈리나는 4개국의 작은 광산업자들을 참여시켜 더욱 '책임감 있는 채굴 연대'라는 단체를 만들었으며 2009년에는 드디어 미 상그레를 맡아달라는 제안을 받고 수락했다.

"두 개의 미션이 있어요." 라고 그녀가 말했다. "한 가지는 전쟁의 상처를 치유하는 것이고, 다른 하나는 예술과 문화를 통해 우리 젊은이들의 폭력을 방지하는 것이죠." 미 상그레는 수백 개의 학교와 지역 문화센터를 통해 젊은이들에게 음악, 연극, 글쓰기와 미술 프로그램들을 제공한다. 이런 일과 관련된 프로젝트들은 미 상그레와 이 단체가 후원, 관리하는 다른 단체들에 의해 이루어진다. 가끔씩 후아네스 자신이 참가해서 약간의 스타파워를 이용할 때도 있지만, 대부분은 선생님과 자원봉사자들에 의해 이루어진다. 2012년까지 이 단체는 5만 명 아동들에게 이런 문화생활을 제공했다. "많은 사람들이 좋은 일을 하고 싶어하지만 선택하거나 접근하는 방법을 잘 모릅니다. 우리는 그러한 방법들을 제공하고 그들이 참여할 수 있도록 초대하는 거랍니다."

미 상그레는 교육, 심리 치료와 다른 서비스들을 제공함으로써 전쟁의 상처를 치유하려 한다. 특히 전쟁피해자나 지뢰로 다친 아이들에게 이런 서비스를 제공한다. 카탈리나의 방식은 확실히 여성적인데, 이는 공감, 희망, 소통과 포용력을 강조한다. 이 단체는 화해를 촉진하기 위해서 전쟁터에서 적대하며 싸웠던 사람들과도 함께 한다. "남성은 주먹인 반면에 여성은 열린 두 팔입니다." 그녀가 직설적으로 말했다.

우리가 만난 저녁, 카탈리나는 과거엔 혁명군이었지만 평범한 민간인의 삶으로 돌아가고자 하는 사람들을 도와주는 곳인 '평화의 집(Casa de Paz)' 가운데 한 곳을 방문하고 막 돌아오는 길이었다. 3만 명 이상의 여성과 남성들이 무기를 버리고 이런 평화의 집을 비롯한 콜롬비아의 재통합 프로그램을 통해 시민사회로 돌아오게 됐다. 그녀가 방문한 곳은 빌라비첸치오(Villavicencio)라는 도시 외곽에 위치한 곳으로 목장과 큰 농장이 있는, '대 초원 (Los Llanos)'이라고 불리는 거대한 농업지대 안에 있었다. 그녀 말에 의하면 농장과 주변 건물들은 혁명군과 그들의 가족이 몇 달 동안 머물던 곳이라고 했다. 이 기간 동안 그들은 콜롬비아 법조인들을 만나서 심리적 상담과 교육 서비스를 제공받았다. 이 프로젝트의 목표는 평범한 삶에 대한 이해가 아직 적은 어릴 때 게릴라 집단에 합류했을 가능성이 높은 이들에게 대안적인 삶의 방식을 알려주는 것이다.

"그들이 겪은 경험은 대단히 특이합니다." 카탈리나가 들었던 이야기들을 반추하며 말했다. "어렸을 때 게릴라 집단에 합류했던 젊은 여성을 만났어요. 들어가자 남성과 강제로 성관계를 맺게 되었고 임신을 하게 되었지만 상황 파악이 안 됐습니다. 그녀 안에 아이가 있다는 것을 몰랐던 것이지요." 이 젊은 여성은 평화의 집에 오면서 단 한 가지 생각만을 갖고 왔다고 카탈리나가 말했다. "그녀는 계속, '저는 엄마가 되고 싶어요. 엄마가 되고 싶어요. 엄마가 되고 싶어요.'라고 말했답니다."

카탈리나는 이와 비슷한 기본적인 인간적 욕구가 평화의 집에서 만난 사람들 모두의 동기라고 말하면서, 기존의 반군이 일반 사회의 일원이 되기 위해 겪어야 하는 수많은 일들에 충격을 받았다고 했다. "FARC에 있었던 사람, 군대에 있는 사람과 일반인들이 모두 소통하도록 하려는 목표를 가지고 있어요. 이 프로그램을 진행하는 한 남자분은 자신의 할아버지가 FARC에 의해 유괴되고 살해됐지만 이젠 그들을 돕고 싶다는 말로 자신을 소개했어요."

카탈리나가 참여했던 며칠간의 프로그램에서는 정치, 경제, 군사 문제들에 대해 다양한 입장을 가진 사람들이 서로 만나고 대화하게 했다. 이 프로그램은 불빛 아래 음악과 함께 과거 FARC 군인들이 여성 옷을 입고 무대에서 패션쇼를 하면서 시작됐다. 그들이 거리낌 없이 관객의 웃음을 이끌어내면서, 이 은퇴한 전사들은 한때 자신들을 증오했을지도 모르는 사람들이 그들을 같은 인간으로 볼 수 있게끔 할 수 있었다.

그들을 계속 만나면서 카탈리나는 이들이 단지 아이들이라는 사실을 알게 되었다고 했다. "9살이나 10살에 징집되어 정글에서 살게 되었죠. 사는 동안 공포심 밖에 모르고 자란 거에요. 군대를 두려워했고 그들의 사령관을 무서워했으며 믿을 사람이 한 명도 없었던 거죠. 신발이나 음식 없이 지낼 때도 있었습니다. 이제 그들이 바라는 것은 평범한 집에서 직장을 다니고 가정을 이루는 것뿐이었습니다."

빌라비첸치오 근교에서 이루어지는 이 모임은 편견과 고정관념을 깨고 다양한 종류의 사람들이 평화로운 국가를 상상하도록 하는 워크샵 형태로 진행됐다. 이 과정의 대부분은 스토리텔링으로 이루어졌다. 게릴라들을 두려워하거나 가족을 잃은 사람들은 내전시기 자신들의 삶의 경험에 대해 이야기함으로써 심금을 울렸다. 정글을 떠나온 게릴라군은 그들이 목격한 전쟁의 참상, 사망한 친구들, 그리고 FARC에 합류하며 포기한 삶에 대해 이야기했다.

카탈리나는 이런 스토리텔링을 통해 서로 외면하고 분노하던 사람들이 서로에 대해 연민을 느끼게 되고 그들 삶의 경험이 어떻게 역사를 형성하게 될지도 상상할 수 있었다. "저는 현실적 이상주의자에요." 라고 그녀가 말했다. "우리 사회는 가치관을 상실한 사회였어요. 이제 사람들이 서로의 이야기를 경청하고 희망을 봅니다. 상황을 극복하려는 의지, 자기 삶의 이야기를 전환하려는 의지도 있어요." 평화의 집에서 카탈리나가 함께 했던 화해그룹 회원들은 모임을 마치고 콜롬비아 국가를 부르며 다짐했다.

수십 년간의 내전 이후 콜롬비아의 평화는 국민 대다수의 꿈이었다. 이 과정은 경찰과 군대의 협력뿐 아니라 더욱 많은 여성적 가치를 가진 메들린 시 정부를 비롯해 후아네스와 카탈리나 같은 활동가들에 의해 성공적으로 진행할 수 있었다. 2011년 그동안 평화를 향한 참여자들의 노력이 결실로 나타나 2021년까지 4백만 명의 전쟁 희생자들에게 땅을 돌려주고 보상하도록 하는 새로운 법안이 만들어졌다. 그때까지 화해와 협력을 위한 노력은 지속될 것이다.

콜롬비아는 남미에서 두 번째로 큰 나라일 뿐 아니라 지난 10년간 상당한 성장을 누려왔기 때문에 이런 목표를 달성할 자금을 조달할 수 있을 것이다. 실제로 남아메리카 전체가 미국, 유럽, 그리고 아시아 등을 강타한 2008년의 금융위기를 피할 수 있었다. 이런 경험은 남미 사람들을 긍정적으로 만들었다. 2011년 조사연구에 의하면 정부에 대한 신뢰도는 2003년 이후 두 배로 증가했고, 경제에 대한 우려는 절반으로 감소한 것으로 나타났다.[4] 최근 연구는 더 놀라운 사실을 보여준다. 세상에서 가장 긍정적인 사업가들이 바로 옆 나라인 페루의 사업가들이라는 점이다. 페루는 역사적으로 많은 사람들이 높은 빈곤율과 부족한 공공자원으로 불안정한 국가였다.[5] 페루에서 불평등은 아직도 심각한 문제지만 페루의 경제상황은 지난 10년간 다른 어느 나라보다도 향상됐다.

콜롬비아와 비교할 때 페루는 심각한 정치적 문제에도 불구하고 자발적인 노력의 정도가 더욱 크고 성공적이었다. 페루는 지난 100년간 열 번의 쿠데타를 겪었다. 1992년에 알베르토 후지모리(Alberto Fujimori) 대통령은 유신을 선포하고 군사력으로 의회와 법정을 닫으면서 교착상태를 종식시켰다. 현재 그는 인권침해 및 다른 범죄로 감옥에 있다. 후지모리 통치 이전과 통치기간 그리고 그 이후에도 페루는 내전으로 몸살을 겪었다. 중앙정부는 종종 극악무도한 지역혁명 운동집단 센데로 루미노소(Sendero Luminoso, 빛나는 길)와 싸워야 했다. 아직까지 일부 반군은 시골과 안데스산맥 지역에 남아 있다. 하지만 세 번의 성공적인 선거로 정치상황이 안정되어 사업가들과 개개인이 국가와 국가의 이미지를 재건하는 데 동기부여가 됐다. 지역 문화, 특히 페루의 음식과 음식산업을 육성하면서 일종의 르네상스를 맞이하게 되었다. 페루인들의 자부심은 높아졌고 페루의 태평양 연안, 원주민, 그리고 유럽의 영향을 받은 독특한 문화는 전세계인들의 관심을 갖게 했다.

페루의 문화를 선도하는 주인공은 가스톤 아쿠리오(Gaston Acu-rio)이다. 그는 파리의 르 코르동 블루(Le Cordon Bleu) 요리학교에서 수학한 야심찬 셰프이다. 27세에 페루만의 지역 특성을 지닌 특이한 요리법을 개발하기 위해 고국에 돌아왔다. 이런 지역적 특성을 지닌 영향의 일부는 리마의 차이나타운에 가득한 아시아 음식점과 따뜻한 태평양에서 잡힌 해산물 음식과 페루의 여러 가지 전통음식들이었다. 여기에 스페인과 프랑스, 그리고 그의 할머니의 영향이 더해져 가스톤이 열풍을 일으킨 음식이 탄생했다. 가스톤은 "음식은 여성적이죠."라고 말한다.[6]

명품으로 발전한 페루요리

리마에 도착해서 가스톤 아쿠리오를 찾는 사람들은 택시운전사나 노점상인에게 그의 이름만 말해도 그가 운영하는 레스토랑이 어딘지 알 수 있다. 그의 음식점에 한번도 가보지 않은 수백만의 페루 사람들도 그의 팬들이다. 이들은 막무가내로 그를 사랑하는데, 그가 페루의 집에서 만드는 음식을 전세계 사람들이 주목하게 만들었고, 그의 성공이 작지만 중요한 산업을 일으켰기 때문이다. 수백 명의 지역 남성과 여성들이 그의 레스토랑에서 일하는데, 그곳에선 패스트푸드에서 최고급 요리까지 선보인다. 또한 그는 파샤쿠테크(Pachacutec) 지역과 가난한 지역에서 온 젊은이들에게 요리교육을 시킴으로써 그들에게 새로운 길을 제시해 주었다. 이들은 수업료 비싼 요리학교의 10분의 1 가격으로 능력있고 야망있는 셰프가 될 수 있었다. 음식 수출이 늘어나면서 수천 명의 사람들이 부를 나누어 가지게 됐고 국가 전체가 그가 일으킨 관광산업으로 인해 이득을 보고 있다.

국제적으로 유명한 사람이 몇 안 되는 페루에서 아쿠리오는 수백만 명의 희망과 꿈을 대변한다. 그리고 사람들이 끊임없이 그를 찾게 만들었다. 그를 만나는 가장 쉬운 방법은 아직 공사중인 그의 레스토랑에 가는 것이었다. 우리는 유리로 둘러싸인 공사장 1층에서 그를 만났다. 이곳은 패션 번화가인 미라플로레스(Miraflores) 지역에 곧 개장하는 페루-이태리식 식당인 로스 바치체(Los Bachiche)로 실내장식을 마무리하는 상황이었다. 검은 청바지와 검은색 폴로셔츠를 입은 아쿠리오는 바 옆의 긴 테이블에 앉아 있었다. 우리는 식당의 셰프들이 하나씩 가지고 나오는 다양한 메뉴의 음식들을 함께 시식하면서 대화를 나눴다.

"이전에는 사람들이 먹고 즐기기 위해 레스토랑에 갔지요. 그게 다였어요." 라고 아쿠리오가 의자에 깊숙히 앉아 곱슬거리는 검은 머리를 넘기며 말했다. "저는 학교에 가서 이렇게 요리하는 법을 배웠어요. 많은 식기류와 많은 냅킨을 필요로 했죠. 이런 요리는 대체로 부자들을 위한 것이었어요. 하지만 이건 마치 연극 같았고, 소수의 사람들만이 경험하는 것이었어요."

전통적인 고가의 식당에 불만을 느낀 아쿠리오는 '창의성, 아름다움, 윤리, 그리고 이야기'가 조화된 음식을 개발하기 시작했다. 1994년 그는 부인 아스트리드(Astrid)와 함께 리마에 돌아가서 '아스트리드와 가스톤'이라는 레스토랑을 열었는데, 그곳에서 그는 지역의 농장과 어촌에서 구한 재료로 만든 음식을 선보였다. 모든 음식은 세비체(cebiche)* 같은 전통적인 페루 음식을 포함해 다양한 종류의 감자, 문어와 알파카(alpaca)** 들이 재료가 됐다. 메뉴에는 재미있는 이야기들이 덧붙여져 있다. '힘있는 사람들에게 억압받은 털 복숭이 게는 노란 고추와 고습도치와 함께 한다. 혁명이여 영원하라!' 그리고 맛과 이야기는 계절에 따라 달라진다.

'아스트리드와 가스톤'의 사업은 너무 성공적이어서 코치나 노보안디나(Cocina Novoandina, 새로운 안데스 산맥의 요리)라는 요리학파를 형성할 정도였다. 그리고 아쿠리오는 '아스트리드와 가스톤'을 스페인과 남미 다른 지역에 열었다. 요리학교에서는 이 레

---

* 세비체 : 신 레몬 즙이나 오렌지 즙의 소스, 다진 양파, 소금 및 고추를 곁드린 잘게 썬 날 생선이나 날 조개류의 요리

** 알파카 : 라마와 비슷하고 털이 긴 남미산 동물

"우리에겐 매년 2백 5십만 명의 관광객이 옵니다. 관광객이 2천 5백만 명까지도 늘어날 수 있을지 모르죠."

스토랑들에서 일할 스태프를 키워냈다. '라 메르'라는 해산물 레스토랑은 뉴욕과 샌프란시스코 지부를 포함해 8개로 성장했다. 아쿠리오 부부는 덜 비싼 '탄타'라는 레스토랑을 차려서 빠르게 장만된 음식을 대접하는데, 주스 바에서부터 중국–페루 퓨전음식 같은 다양한 실험을 하는 레스토랑이다. 이런 실험은 또다른 작은 체인이 되었고 건강한 페루 음식에 대한 비전을 퍼뜨릴 뿐만 아니라 문화 간 교류도 이끌어 냈다.

"우리가 전세계에서 사용하는 재료를 생산하는 농부들은 지속가능한 농업으로 가족을 부양하고 있는 여전히 가난한 농부들입니다."라고 가스톤이 설명했다. "그렇지만 우리가 더 성공 할수록 그들도 더욱 성공하게 됩니다. 성공은 믿음에 근거하지요. 우리는 고객들에게 새로운 음식을 시식해 보기를 권합니다. 알파카나 성게 같은 것이지요. 고객들 또한 우리를 믿기 때문에 시식해 보고 좋아하게 됩니다."

세계가 아쿠리오를 알기 시작하면서(포트폴리오 잡지는 그를 '세계의 차세대 슈퍼 셰프'라고 불렀다) 페루와 전세계에 그의 모방자들이 생겨났다. 그는 지역의 모방자들이 그의 방식을 공부하고 요리를 흉내내도록 허용하였으며 심지어는 자신의 공급자들로부터 식재료도 살 수 있게 해주었다. 왜냐하면 관광산업에서는 더 많은 방문객을 유치하는 것이 필요하기 때문이라고 그는 설명했다. "사람들이 우리 가게에 왔을 때 우리 식당에 자리가 없으면 다른 다섯 개 정도의 레스토랑을 소개해 줍니다." 아쿠리오가 말했다. "저는 그들이 그곳에서도 훌륭한 경험을 할 것이라고 생각합니다. 그들이 뉴욕이나 런던에 다시 돌아가서 경험에 대해 이야기하면 친구들이 또 올 것입니다. 현재 우리에겐 매년 2백 5십만 명의 관광객이 옵니다. 관광객이 2천 5백만 명까지도 늘어날 수 있을지 모르죠."

가스톤은 페루 음식이 유럽, 북미, 그리고 아시아지역으로 퍼져나가는 데 환호하고 있다. 각 지역의 사람들도 안데스지역 음식을 좋아하게 되면서 지역의 식재료에 대한 수요가 늘어나면 최저생활을 하고 있는 농업 종사자들도 새로운 시장을 찾게 된다. "정말 대단한 것은 우리가 다른 세계의 사람들을 우리의 음식으로 유혹했다는 점이에요."라고 그가 웃으며 말했다. "우리는 전세계가 사랑하는 음식을 만들 수 있으리라고 생각지 않았는데 그렇게 됐어요."

가스톤에게 그의 '상품'은 페루 문화와 그 자체가 갖고 있는 모든 것이다. 음식을 통해 문화적 소통을 하고 있지만 그는 페루 사람들이 산과 바다에서 느끼는 교감, 가족에의 헌신, 예술적 감각, 그리고 존경과 존중을 받고자 하는 마음을 다른 사람들도 함께 느끼도록 하는 것이라고 했다. 결국 가스톤이 만들어 가는 세계와의 연계감은 평화와 발전을 촉진하는 명분이 된다.

"저는 페루에서 가장 부유한 동네에서 자라났어요." 가스톤이 말했다. 그의 아버지는 국회의원이었다. "저는 부잣집 자식들이 가는 학교에 다녔고, 따라서 일종의 울타리 안에서 자랐죠. 하지만 아버지는 제가 특별한 것이 아니라 운이 좋은 것이라고 가르치셨습니다. 제가 나이가 더 들었을 때 제게는 부자 친구뿐만 아니라 가난한 친구도 있었어요. 페루를 더 나은 곳으로 만들어야 할 책임이 있음을 저는 깨닫게 되었습니다."

후지모리 시대의 혼란과 페루의 진정한 민주주의를 향한 투쟁 시기에, 가스톤은 요리를 계속하면서 비즈니스는 확장됐고 유명해졌다. 가스톤과 노벨 문학상 수상자인 마리오 바르가스 요사(Mario Vargas Llosa)가 누린 유명세를 페루의 음악가들과 디자이너들도 곧 누릴 것이라고 그는 믿고 있고, 곧 문화의 전성기가 올 것이라고 믿고 있다. 페루는 전쟁에 이긴 적도 없고 세계 시장을 점유한 적도 없다고 하면서 평화로운 시대에는 화가, 요리사, 연기자, 그리고 작가들이 세계의 주목을 받을 것이라고 그는 예측했다.

"우리는 세계를 감성적으로 정복하고 싶어해요."라고 가스톤이 말했다. "미국과 한국은 기술의 나라이고요, 프랑스와 이태리는 명품을 만드는 나라라고 할 때, 우리는 다양성과 마법의 나라가 되면 전세계가 우리에게 다가올 것입니다."

여성 경찰관의 명품 서비스

가스톤 아쿠리오 덕분에 더 많은 사람들이 페루를 방문하고 있고, 리마는 마추피추(Machu Pichu)나 티티카카(Titicaca) 호수와 함께 관광명소로 자리잡았다. 하지만 리마에 온 관광객들은 미라플로레스(Miraflores) 지역을 벗어나지 않는다. 그 지역 밖은 안전이나 편의시설이 부족한 가난한 판자촌이기 때문이다. 지역주민의 절반이 세계 빈곤 기준 이하로 살고 있고 20퍼센트 정도는 하루 1달러 이하로 살고 있는 '절대빈곤층'이다.[7]

가난한 사람들을 위해서는 기본적인 서비스가 생존의 열쇠이다. 리마의 분주한 거리에서 활동가인 실비아 롤리(Sylvia Loli)가 세운 '여성들로 이루어진 경찰 팀'은 누구보다 훌륭한 도움이 됐다. 도시의 중심가에 위치한 여성들의 집 운영자인 롤리는 리마의 여성들이 성폭력, 가정폭력 상황에서 경찰과 대응할 때의 어려움을 잘 알고 있었다. 다른 일들만으로도 업무 부담이 많은 경찰에게 여성폭력 사건들은 가장 낮은 우선순위로 쉽게 묵살당했다. 여성들이 경찰이 되면 서비스가 개선되리라 믿은 롤리는 여성들을 모집하기 시작했다. 교통경찰의 부패에 대한 대중의 분노가 폭발할 즈음 이 아이디어는 일부의 지지를 얻게 됐다. 검은 머리의 작은 체구를 가진 롤리는 여러 개의 학위를 가지고 있으며 정치계에 잘 알려져 있는 여성이다. 가난하고 소외 받은 사람들을 대변하는 삶을 살면서 그녀는 따뜻함을 지닌 권위를 갖고 있었다. 한마디로 어려운 문제들을 어찌 다뤄야 하는지 아는 여성이었다.

나라가 변화하는 모습에 놀라워하며 그녀는 공공안전분야에서의 발전에 대해 이야기했다. 교통 서비스가 성공하자 경찰은 여성 옴부즈맨을 더 찾게 되었다. 롤리가 말하듯 남성들은 여성들 앞에서 바보같이 행동하는 것을 부끄러워하는 경향이 있으므로 축구시합의 매치같이 여성들을 안전팀에 추가로 배치하게 됐다. 여성을 포함한 경찰 팀은 경찰서 내에 여성을 위한 사무실을 만들었고 그곳에서 여성 경찰관들이 여성 피해자들을 상담했다. 국회의원들이 가정폭력을 중범죄로 다루는 법안에 찬성하게 되면서 가정이 법에 의지하고 법의 영역으로 들어오는 상황이 됐다.

남성, 여성, 그리고 아이들 모두가 경찰 개혁과 법의 혜택을 받게 된 이런 변화 뒤에는 여성들의 열정이 있었다. 페루가 이룬 사회적, 경제적 발전에 대해 우리가 물어봤을 때, 그녀는 페루가 아직은 중요한 해결책들이 밑바닥부터 자신과 아이들의 삶에 즉각적인 변화를 필요로 하는 사람들에 의해 만들어지는 시기에 있다고 대답했다. 하지만 이런 큰 그림을 갖고 목표를 추구할 기관은 아직 존재하지 않는다.

이런 욕구를 충족시키기 위해서 여성들의 집은 모든 사람들에게 상담 프로그램과 함께 법적 도움을 준다(우리가 방문했을 때, 나이 드신 남자 어르신이 임대에 대한 상담을 받기 위해 소파에 앉아 차례를 기다리고 있었다). 롤리는 또 직업훈련과 작은 사업을 시작하고 싶은 여성들에게 금융과 기술적 지원을 해주는 서비스를 시작했다. 이 기관은 도자기와 옷을 만드는 창업도 지원했다. 롤리는 마을의 폭력을 피해 아무도 아는 사람이 없는 리마에 오게 된 한 여성의 이야기를 하기 시작했다. 롤리와 그녀의 팀은 그 여성에게 머물 곳과 기술 교육을 제공해 주었고 이 여성은 마침내 요리사가 됐다. 국가가 아직도 남성주의에 빠져있지만 하나 둘씩 꾸준히 돕다보면 사람들이 더 나은 삶을 살게 될 것이라 믿는다고 롤리는 말했다.

슬럼가의 청각장애인 교육

남미에서 가장 가난한 도시 가운데 한 곳의 붐비는 거리, 아파트의 꼭대기에 있는 단칸짜리 학교보다 '하나 둘씩(one by one)'이란 점차적인 개념에 적합한 예는 없을 것이다. 이곳에서 카르멘 자발라(Carmen Zavala)는 청각장애인 아이들의 엄마들에게 수화를 가르치고 읽기, 쓰기와 수학을 가르치고 있다.

미국인 엄마와 신앙심 깊은 페루 아빠 사이에서 자라난 카르멘은 그녀의 부모가 미국에서의 편안한 삶을 포기하고 리마의 길거리 아이들을 위한 교육 프로그램을 운영하는 것을 보아왔다. 에르네스토(Ernesto)와 마가렛 자발라(Margaret Zavala)는 이 일을 1980년대에 시작했는데 마약을 하기 위해 길거리에서 돈을 구걸하는 아이들에게 담요와 음식, 그리고 옷들을 가져다 줬다. 아동 사망은 흔한 것이었고 그들은 여러 질병을 앓고 있었다. 어떤 아이들은 청각장애가 있었고, 그들만의 수화도 개발해 사용하고 있었다.

자발라 부부는 밤에는 도시를 순찰하기 위해 밴에서 일하며 수백 명의 아이들을 만났다. 마침내 미국에 있는 집을 팔고 이 사업을 계속하기 위한 기금을 교회를 통해 모금하기 시작했다. 모금한 돈으로 리마에서 아홉 개의 집을 샀고 숙소와 사회 서비스 센터로 이용했다. 이 프로그램은 계속 성장했다. 그러자 그들이 있는 것에 불만을 품은 리마 슬럼가의 갱들의 관심이 이곳에 쏠렸다. 그들의 폭력과 협박으로 결국 일은 중단됐다. 자발라 부부는 미국에 돌아가서 아이들을 교육했다. 놀라운 일은 아니지만 카르멘은 학교를 마치고 뉴욕 교외의 스타벅스에서 잠시 일하다가 리마로 가서 의료구호 기관에서 코디네이터로 일하기 시작했다. 그곳에서 의료서비스는 제공할 수 있었지만 청각장애인 아이들을 교육할 수는 없었다.

"페루에는 그 당시 청각장애인들에게 수화를 할 수 있는 자격증을 가진 선생님이 열 명 정도였고 아이들을 가르칠 수 있는 약 일곱 명의 수화를 하는 청각장애인들이 있었어요." 카르멘이 말했다. "이곳은 8백만 명 이상이 거주하는 도시에요. 그러다보니 교육받지 못하는 아이들이 훨씬 많지요."[8]

카르멘은 아들을 돕고자 하는 엄마 달리아(Dahlia)와 그녀의 아들 움베르토(Humberto)를 만났을 때 감동을 받았다고 했다. "그 아이는 일곱 살이었고 잘 웃었어요. 하지만 '예' '아니오'와 '앉아'와 같은 말 외에 그들이 소통할 수 있는 언어가 없었어요. 아이는 자기 이름이 움베르토이고 엄마가 '엄마'라는 사실도 몰랐어요. 그저 알고 있는 것은 이 여성이 자신을 돌봐주고 있고 그녀가 없어지면 어쩔 줄을 모른다는 사실이었죠."

한 아이와 한 엄마로 인해 카르멘은 이들에게 수화를 가르쳐줄 선생님을 구했다. 카르멘이 세운 계획에 따라 그들은 수업에 매주 참여하며 함께 배웠다. 마침내 그 엄마와 아이는 학교공부도 할 수 있을 정도가 됐다.

이 이야기가 퍼지기 시작하면서 카르멘의 프로젝트는 매일 아이와 엄마들이 함께 일하는 정도까지 확장됐다. 이 모든 일은 그녀의 아파트에서 진행됐으며 햇살 맑은 날에는 옥상에서 진행되기도 했다. 우리가 카르멘을 만나러 갔을 때 움베르토와 달리아는 수업을 받고 있었다. 청각장애 소녀와 함께 수업 중이었는데, 움베르토가 우리에게 수화로 "아저씨는 머리가 하나도 없는 것을 보니 굉장히 나이가 많은가 봐요."라고 말하자 소녀가 깔깔 웃었다.

움베르토의 웃음은 어린아이가 나이 많은 어른을 놀리고 난 후의 보통 아이들의 웃음 같았다. "저것은 대단한 발전이에요."라고 카르멘이 말했다. 여기에는 세상을 더 나은 곳으로 만들고자 하는 한 사람의 열망 덕분에 새로운 삶을 살게 된 또 한 사람이 있었다.

제6장
케냐

"돈이 적은 세상에서는
개인적인 인간 관계가 더 중요하다."
– 응답자의 82%가 동의

소규모의 농업은 케냐 경제의 중심이며 케냐 인구 절반 이상을 먹여 살린다. 이를 이해하기 위해서는 'J농장' 같은 사례에서 출발해보면 좋다. J농장은 1~2에이커 정도의 땅만 소유하고 있는 작지만 집약적인 농업의 좋은 예다. 햇볕에 그을린 땅에서 J는 가족을 먹여 살리고도 남을 양의 카사바와 옥수수, 고기를 생산한다. 남는 식량은 가까운 도시인 나뉴키(Nanyuki)에 파는데, 그곳은 관광객들이 적도를 가리키는 커다란 노란 표지판 앞에서 사진을 찍기 위해 멈췄다 가는 곳이다. 자급자족에서 판매까지 하는 그는 아이들과 손자들이 학교에 가고 자신보다 나은 삶을 살 수 있을 것이라는 희망을 갖고 있다.

2012년 초, J가 우리와 이야기했을 때 그의 음성은 케냐의 부패와 빈곤의 역사에도 불구하고 긍정적이었다. 그는 카사바를 가공하는 작은 공장을 차릴 계획을 세울 정도로 긍정적이었다. 가뭄에 강하고 경작하기 쉬운 카사바 뿌리는 오랜 기간 저장할 수도 있어서 상품가치가 높다. 작은 공장을 세우면 J와 이웃들은 함께 수익을 조절할 수 있고 지역의 식량 공급 또한 안정화 시킬 수 있게 된다.

J의 희망과 믿음은 새로운 기술과 도구라는 유형의 것만이 아니라 무형적인 부분에도 기반을 두고 있었다. 우선 무형적인 부분을 보면 2007년의 대통령 선거가 부정부패와 살인적인 폭력으로 처참하게 점철된 이후, 케냐인들은 정치체제 개선을 위한 노력을 시작했다. 결과물은 민주주의를 진작시키고 법치주의를 강화하며 여성들에게도 동등한 권리를 주는 새로운 헌법이었다. 이 헌법은 평화롭고 질서정연하게 치뤄진 국민투표에서 3분의 2 이상의 찬성으로 통과됐다.

물론, 미래는 이런 문서 하나로 예측할 수 없는 일이고 케냐의 정치는 아직 모순으로 가득 차 있었다(헌법의 주요 지지자인 케냐의 수상은 최고 부자이면서 그의 아들을 피델 카스트로라고 이름 지을 정도로 좌파였다). 또한, J와 같은 수백만의 케냐인들은 정치와 정부에 신경 쓸 여유가 없었다. 나이로비의 국가 지도자들은 안정적인 민주주의를 통한 경제성장에 관심이 클 수 있겠지만 시골에 있는 사람들은 날씨나 토양의 상태 등에 관심이 더 많다. 기술의 도움이 보태진 아테나 스타일의 신뢰와 협력이야말로 이처럼 매우 기본적인 분야에서 사람들의 일상적 삶에 큰 변화를 일으키고 있다.

영세농가에 자연재해 보험을 들게하다

J의 예가 대표적이다. 우리는 나뉴키에서 멀어질수록 패이고 좁아지는 흙길 도로를 지나 J를 만났다. 시간상으론 두 시간이나 걸렸지만 거리는 30킬로미터 밖에 되지 않았다. 마지막 90미터 정도는 타고 간 밴이 고장날 수도 있는 험한 길이라 걸어가야 했다. 우리는 붉은색 셔츠에 파란색 바지를 입고 있는 J를 만났다. 그는 손으로 태양을 가리며 우리의 통역인 젊은 여성 로즈 고슬링가(Rose Goslinga)를 보고 환하게 웃었다. 더 좋은 표현을 찾기가 힘들 정도로 로즈는 J의 세일즈 담당자이자 그에게 새로운 돈벌이 작물 경작을 가능하게 해준 사람이다.

'세일즈 담장자'라는 직책은 로즈가 케냐의 농민들에게 해준 일에 비하면 너무 하찮은 직책이다. 케냐의 빈곤을 퇴치할 방법을 찾던 로즈는 많은 농부들이 비싼 씨앗을 심거나 그들의 경작지 모두를 활용해 경작하는 것을 꺼린다는 점에 관심을 갖게 됐다. 조금 더 들여다보니 소규모 경작을 하는 농부들은 가뭄이나 홍수가 그들의 작물을 한 순간에 휩쓸어갈 수 있기 때문에 씨앗이나 비료에 많은 투자를 하지 않는다는 사실을 알게 됐다. 선진국처럼 대규모 농업의 위험도를 보험으로 줄여줄 수 있는 방도를 찾는다면 농부들이 자신들의 땅에서 더 많은 생산을 할 수 있을 것이라고 생각했다.

농업보험은 부유한 국가들에서는 흔하며 특히 정부가 보장한다. 케냐는 이런 보조금을 지원해줄 만큼 부유하지 못하고, 대부분의 농장은 너무 작아서 전통적인 보험으로도 어찌할 도리가 없었다.

"각 농장을 방문하는데 50달러 정도가 들어요."라고 로즈가 설명했다. "그런데 받는 보험료는 5달러 정도에 불과하죠."[1] 만약 재난이 닥쳐서 농부가 보험료 청구를 하면 보험사는 피해보상 수표를 쓰기 전에 상황 파악을 위해 한 번 더 농장을 방문을 해야 하므로 결국 손해는 이미 100달러가 되는 셈이라고 했다.

농장 방문 비용을 줄이기 위해 로즈는 바람, 강수량, 그리고 온도를 측정할 수 있는 값싸고 자동화된 기상관측대에 의지하려 했다. 한 관측대가 수백 개의 농장을 관장할 수 있다. 무선 전화로 연결되어있는 이런 관측대들은 케냐 대부분의 지역을 관측할 수 있다. 컴퓨터 프로그램을 이용해 분석가들은 관측대로부터의 관측결과를 바탕으로 경작의 성공과 실패를 예측할 수 있다. 좋지 않은 기후에도 농부들이 보험 청구를 할 필요조차 없다. 그들은 자동적으로 보상받을 것이고 재도전할 자금이 생길 것이다.

"저는 항상 보험은 셈법 게임이라고 배웠어요." 로즈가 프로젝트를 시작할 때를 회상하며 말했다. 다른 말로 하자면, 보험은 많은 사람들이 가끔씩 생기는 손실을 보상할 만큼의 보험료를 지불할 때 가능하다. 지속가능한 프로그램을 만들려던 그녀는 더 큰 스케일로 눈을 돌렸다. "우리는 수만 명의 농부들에게 보험을 제공할 수 있는지 확인해보고 싶었어요."

나뉴키에서 J농장까지 우리와 동행한 로즈는 케냐의 농부들이 더 안정적이고 생산성을 높이도록 도와주는 프로그램을 맡아서 진행하기에 아주 적합한 인물이었다. 경제학 학위를 가지고 있을 뿐 아니라 르완다 정부에서 몇 년간 일한 경험이 있는 그녀는 비즈니스, 정부, 또 금융이 어떻게 돌아가는지 알고 있었다. "저는 수학을 좀 할 줄 알아요." 그녀가 말했다. 하지만 탄자니아에서 자라난 개인적 경험이 그녀가 아프리카와 농업에 헌신하도록 이끈 계기라고 할 수 있다.

선교사 증조부와 선교사 부모를 둔 로즈는 저개발 국가에서 인간개발과 경제적 발전을 도우려고 하는 가정에서 태어났다. 일부 프로젝트는 성공적이었고 어떤 프로젝트는 실패했다. 소녀시절에 로즈는 아버지가 의사로 일하던 병원 옆 농장에서 깊은 인상을 받았다. 그곳에선 지역 사람들이 병원에서 제공하는 옷을 살 수 있는 신용을 얻기 위해 농장에서 일했다. 1980년대 탄자니아에서 옷은 구하기 힘든 물건이었으므로 병원의 스태프들조차도 옷을 받기 위해서 농장에서 파트타임으로 일하는 것을 로즈는 보았다.

병원의 농장은 로즈에게 자연의 순환에 기대 살아가며 토지를 경작하는 사람들에 대한 깊은 존경심을 심어주었다. 그녀의 설명에 의하면 아프리카 농업사회의 대부분은 수천 년간 태양과 비에 의존해왔다. "농부들은 그들의 수확이 좋을 때만 기뻐합니다."라고 그녀가 말했다. "그리고 비가 오면 모든 사람이 기분 좋아하고요." 그해의 강수량에 따라 크리스마스를 풍족하게 지낼 수 있을지 결정되었으며 자녀들을 학교에 보낼 수 있을지도 결정됐다. 역사적으로 볼 때 흉작은 매 3~4년마다 찾아왔다. 농업보험 없는 이런 손실은 대단히 치명적일 수 있다.

케냐의 농촌에서 보험이 삶을 더 낫게 만들어 주리라는 확고한 믿음으로 로즈는 기후 관측대의 기술과 무선 소통을 활용하여 알맞은 가격의 보험이 가능토록 했다. 이곳에서 그녀는 시민사회 운동가들이 2007년 대선 이후 위기에 사용했던 방법을 활용했다. 가장 중요한 발전은 우샤히디(Ushahidi, 스와힐리어로 '증언'이라는 뜻)라 불리는 프로그램을 이용해 사람들이 폭력사태를 문자나 이메일로 고발할 수 있게 한 것이었다. 수집된 데이터는 국가 전역의 폭력 정도와 범위를 보여주는 지도 제작에 활용됐다. 케냐에서 태어난 미국인 에릭 허스만(Erik Hersman)의 아이디어인 우샤히디는 어떤 정부의 정보나 미디어보다도 나은 정보를 제공했다.

우샤히디의 정확성과 편리함은 클라우드 소싱 기술의 힘과 신뢰성을 증명했고, 이것이 바로 로즈의 보험 계획의 기반이 됐다. M-Pesa라는 두 번째 기술은 돈이 거의 들지 않는 금융거래 시스템으로서 보험료와 클레임 지불을 추가비용 없이 가능하게 해준다. M-Pesa(M은 '기동성'이란 뜻이고 Pesa는 스와힐리어로 '돈'이라는 뜻이다)는 사파리콤(Safaricom) 통신회사에 의해 2007년에 도입됐고, 즉시 신용카드, 수표, 현금 대용으로 사용가능하며 가장 널리 쓰이는 수단이 됐다. M-Pesa로 인해 농부들은 물론이고 사람들은 도둑을 당하거나 수익을 손해 보는 두려움 없이 시장에서 거래를 할 수 있었다.

이런 유용한 기술이 개발되고 널리 사용되기 시작하면서, 로즈는 물자를 구입할 때 농부들에게 제공되는 적은 대출에 보험료를 포함시킬 수 있을 것이라는 희망을 가진 대출자들을 만나게 됐다. 그녀는 케냐의 대부분 은행들이 농업이 어떻게 돌아가는지 이해하지 못하고 있거니와 작은 대출을 많이 하는 것이 위험하다고 생각했기 때문에 농부들과 거의 거래하지 않는다는 사실을 알게 됐다. 두 개의 큰 종자 및 비료회사들이 나서서 돕기 시작했다. 신겐타(Syngenta)라는 다국적 기업은 씨앗 판매로 보험을 가능하게 하면서 그녀를 후원했다. 케냐 전역에서 종자를 판매하는 잠비아의 씨드 코(Seed Co of Zambia)도 동참했다. 이들의 동참 덕분에 농부들에게 필수적인 물자를 제공하는 소규모 소매상들이 장마나 가뭄 대비 보험의 세일즈맨 역할을 하게 됐다.

모든 기본적인 작업이 끝나자 로즈는 회사이름을 킬리모 살라마(Kilimo Salama, 안전한 농업)라고 짓고 루시 무리우키(Lucy Muriuki)가 운영하는 종자가게를 보험 판매 첫 사업장으로 정했다. 다른 '영농 의사들' 처럼 루시는 농업전문가들이 '투입(input)'이라고 부르는 필수품들을 지역경제의 중심인 소규모 농장들에 제공했다. 오랜 기간 거래를 하면서 루시는 그녀를 믿게 된 수백 명의 농부들을 알고 있었다. 그녀는 가게를 열기 전에 항상 의사처럼 흰 가운을 입고 고객들이 문제점과 전략에 대해 이야기할 때 경청하곤 했다.

"저는 새로운 기술을 배우면 다른 사람들과 이를 공유합니다." 나뉴키에 있는 그녀의 상점에서 우리가 만났을 때 그녀가 말했다.[2] 루시의 말에 따르면, 토끼를 위한 약이나 카사바 멜론에 쓰는 농약으로 성공을 이룬 농부는 그의 이웃들에게 이를 전할 것이고, 루시의 사업을 통해 형성된 신뢰는 더욱 확대될 것이라고 했다.

첫 보험 세일즈에서 신뢰는 중요했다. 케냐의 시골지방에 사는 사람들은 보험을 이용해 본 경험이 적거나 아예 없었다. 많은 사람들은 보험료 지불을 두려워했고 그들이 보험지급을 원했을 때 보상을 받지 못할까 우려했다. 이런 두려움은 킬리모 살라마 사업을 시작한 첫 해에 해소되었다. 기상관측대가 가뭄을 보고하자 보험에 들었던 농부들 모두가 보상을 받았기 때문이다.

보험 프로그램에 대한 소문이 퍼지자, 더 많은 씨앗 판매자들이 세일즈맨이 되었고 수천 명의 농부들이 보험료를 내는데 동의했다. 2013년에 보험가입자는 1만 2천 명으로 증가하리라 예측되며 킬리모 살라마의 직원은 다섯 명에서 70명으로 늘었다.

세일즈맨들이 사용하는 영업기법도 진화했다. 씨앗가게의 판매대에서 농부들의 목소리가 커졌으며, 그들 농장에서 가장 가까운 기상 관측대 위치를 보고하고, 키우고 싶은 농작물을 찾아 나서며, 보험료에 대한 정보를 바로 제공받는 수준이 됐다. 이런 여건은 상점에 비치된 책에 부착된 코드를 식별할 수 있고 원하는 것을 인터넷으로 쇼핑하는 장바구니 기능을 가진 핸드폰 덕분에 모두 가능해졌다.

오늘날 케냐 전역의 농부들은 킬리모 살라마의 보험을 주요 연간계획 일정에 포함시키고 있다. 연속되는 보험신청으로 보험 서비스는 자체적으로 지속될 수 있었는데 이것이야말로 로즈 고슬링가의 주요 목표 중 하나였다. 그녀는 자급자족할 수 없는 사업을 후원하는 자선사업에는 관심이 없다고 밝혔다. "애초에 구상 자체가 이를 사업화 해야 한다는 생각이었어요." 농부가 돈을 지불하려는 의지가 있다는 사실은 '가치가 있음'을 의미한다.

가치는 J와 같은 농부들의 삶에서 확연히 드러난다. 그는 새 기로즈는 회사이름을 킬리모 살라마(안전한 농업)라고 짓고 종자가게를 보험판매 첫 사업장으로 정했다.

기상관측대가 가뭄을 보고하자 보험에 들었던 농부들 모두가 보상을 받았다. 더 많은 씨앗 판매자들이 세일즈맨이 되었고 수천 명의 농부들이 보험료를 내는데 동의했다.

술을 도입해 새로운 작물을 경작하고 생산을 늘리려 한다. 모든 사람들의 궁극적 목표는 농업의 부가가치를 높여 이득을 창출함으로써 자식들을 학교에 보낼 수 있고 그 아이들이 다른 경제활동 영역에 참여할 수 있는 준비를 하도록 하려는 것이다. 소규모 농장으론 증가하는 인구를 뒷받침할 수 없기 때문에 이런 발전은 필수적이다. 케냐의 인구는 지구상 어느 나라보다 빠르게 증가하고 있다.

빈곤을 무너뜨린 희망의 영농자금

사하라 이남 아프리카지역의 다른 나라들과 마찬가지로 케냐의 농부들은 1960년대에 발명된 후 진화된 곡물 하이브리드로 곡물생산을 증대시킨 '녹색 혁명'에 참여하기 위해 필요한 창고시설, 씨앗, 경작도구, 금융기술에 오랜 기간 접근할 수 없었다. 또한 최근 해외원조의 감소와 생활비 증가는 아프리카 농부들에게 심한 부담이었다.

이런 환경에서 개발과 농업 전문가들은 소규모 땅 주인들이 더 현대적이고 지속가능한 방법을 사용하도록 도와주는 데 집중했다. 거시적으로는 미국과 같은 주요 산업국가들이 수천만 달러를 소규모 가족농장의 수익을 증가시키는 데 사용하겠다고 했다. '빌 앤 멜린다 게이츠 재단'과 같은 주요 기관이 후원하는 이런 프로그램들은 기근을 없앨 뿐만 아니라 극한적인 상황에 의해 생기는 안보 문제를 해결하려는 목적을 갖고 있다. 배고픈 군중들은 정치적 극단주의에 취약하기 마련이므로 선진국들의 이런 도움은 아프리카를 안정화시키는데 기여할 수 있다.

물론, 소규모 농부들을 도와주는 일은 당연히 지방으로 가서 농부들과 접촉하며 직접 교육과 지원을 실시해야 한다. 케냐와 르완다에서 이런 일에 앞장서고 있는 단체는 '원 에이커 기금(One Acre Fund)'인데, 이 기관은 아프리카나 농업, 또는 미래라는 주제를 논의할 때면 빠지지 않고 등장할 정도로 유명하다. 이 기금은 전형적인 남부 사하라 농장의 크기를 본따 이름이 지어졌으며 킬리모 살라마와 함께 파트너십을 맺어 추진하는 '시장 보따리' 프로그램으로 알려져 있다.

앤드류 윤(Andrew Youn)이 아직 비즈니스 스쿨 학생이었을 때 착안한 '원 에이커 기금'은 농부들을 교육시키고 그들 농장에서 생산 증가를 지원하는 자급 가능한 프로그램을 만들어가고 있다. 앤드류는 자신이 만든 기금을 기존의 사회적 조직들과의 파트너십을 통해 실현한다(보통 여성 농부들로 이루어진 사회적 상부상조 단체들과 협력한다). 지속가능한 현대적 기술에 대해 농부들이 수업을 듣고나면 대출을 받고 씨앗과 비료를 지원받는다. 수확시기에 작물을 내다 팔 시장을 찾는 데 도움을 받기도 하고 가격이 상승할 때까지 수확물을 저장할 창고도 제공받는다.

2006년에 10만 달러 이하의 기금으로 시작한 이 단체는 처음에 백 명 정도의 가족에게만 이런 '보따리'를 제공할 수 있었다. 이 실험을 통해 각 가족마다 약 3백 달러 정도의 돈이 들어갔지만 참여 농장에서의 생산물은 4백 퍼센트 이상 증가했고, 소득은 3배 이상

전형적인 남부 사하라 농장의 크기를 본따 이름이 지어진 '원 에이커 기금'은 앤드류 윤이 비즈니스 스쿨 학생이었을 때 착안한 프로그램이다.

'원 에이커' 방식은 대단히 잘 작동하여서 이 프로그램의 80퍼센트 비용은 참가하는 농민들이 지불한 대금과 대출금의 이자로 유지된다

늘었다. 이 아이디어가 성공하자 앤드류는 더 크게 확장하기 위해 투자를 받기 시작했다. 이 모델은 염소와 같이 작은 현물 담보로 대출을 받아야 하는 농부들 그룹에게 지원을 했다. 만약 그룹의 한 명이라도 돈을 갚지 못했을 경우에는 그룹 전체가 다음 시즌에 후원을 받지 못한다. 이런 시스템은 집단 내 동료들로부터 받는 사회적 압력이 작동해 결과적으로 98퍼센트의 농부들이 빌린 돈을 갚았다. 이 돈은 다시 이듬해의 대출로 이어졌다.

우리가 2012년 초 케냐에 도착했을 때, '원 에이커'는 가족당 드는 비용이 80달러 정도로 줄어들 정도로 성장해 있었다. 10만 이상의 가족이 참여하고 있었으며, 이 기금은 40명 이상의 운영자와 보조 운영자들을 많은 지역에 두고 있었다. 8백 명 이상의 관리자들을 배출했는데 그들은 미래를 이끌어 갈 잠정적 리더들이었다.

'원 에이커'의 가치관은 웹사이트에 잘 나와 있는데 겸손함, 성실함과 진실성이 포함되어 있다('우리가 말한 일을 우리는 실천하고, 우리의 말은 바로 우리의 가치관입니다'라고 쓰여있다). 이런 가치관들은 또한 '원 에이커'에 고용된 사람들이 멀리 떨어진 곳에 있는 농민들 및 그의 가족들과 함께 직접 일해야함을 의미한다. 이런 정책 탓에 케냐의 스태프를 만나기는 힘들었지만, 우리는 '원 에이커'의 정책 관리자 스테파니 핸슨(Stephanie Hanson)을 미국에서 만날 수 있었다.

우리의 대화는 공정무역 거래된 케냐 커피를 파는 카페에서 이루어졌는데, 스테파니는 '원 에이커'가 농민들에게 새로운 이상을 제시하는 것은 아니라고 했다. 그대신 이 사업은 케냐의 시골 생활에서 오랜 전통이었던 신뢰 관계를 더욱 공고하게 구축하고 있을 뿐이라고 했다.

"사람들은 항상 나누며 살아왔어요."라고 그녀가 말했다. "만약 이웃이 많은 수확을 거두었고 당신이 그러지 못했다면, 좋은 수확을 거둔 이웃 농부가 당신에게 나누어 주었죠."[3] 전통적으로 이런 나눔은 사람들을 배고픔과 기근에서 구제해주었다. 좀 더 형식을 갖춘 시스템을 통해 더 많은 이들이 위험부담을 나누게 되면 수확에 실패한 농민들에게 나누어줄 음식의 양은 늘어날 것이다. 동시에, 좀 더 진전된 방식 덕분에 수확이 줄어 고통받는 경우는 줄어들고 농민 가족들에게는 더 나은 기본적 삶이 보장될 것이다.

'원 에이커' 방식은 대단히 잘 작동해서 이 프로그램의 80퍼센트 비용은 참가하는 농민들이 지불한 대금과 대출금의 이자로 유지된다. 이 기금 서비스의 수요는 새로운 직원을 고용하고 훈련시키는데 필요한 기관의 역량보다 빠르게 증가하고 있다. 물론 즐거운 고민이긴 하지만 핸슨의 말에 따르면 이 기관의 지도자들은 맥도날드 햄버거 체인 같은 예상하지 못한 곳에서 롤모델을 찾고 있는 중이라고 한다.

"맥도날드는 영업과정 표준화를 매우 잘했어요."라고 핸슨이 말했다. "맥도날드는 지역 시장의 맞춤형 서비스 측면에서도 성공적이에요." '원 에이커' 역시 다른 국가의 파트너들에게도 기본적인 프로그램을 제시하지만 이에 더해 지역 특성을 살리는 맥도날드식 경영방식으로 더욱 성공할 수 있다고 했다.

물론 앤드류 윤이 '원 에이커'를 비즈니스로서 성공시키고 확장했지만 이 기금의 궁극적 목표가 농업 제국을 건설하는 것은 아니다. 오히려 앤드류와 직원들의 목표는 서비스를 제공받는 농민들과 그들 가족의 삶을 향상시키는 것이다. 전세계적으로, 이런 사람들 가운데 8억 명이 현재 하루에 2달러 이하로 살아가고 있다. 그들의 삶을 향상시키는 길은 결국 긴 안목으로 볼 때 빈곤, 기아, 조기사망, 그리고 사회적 불안을 줄이는 작업이 될 것이다.

핸슨에 의하면 이런 빈곤에 저항하려는 목표를 가지고, '원 에이커'가 그들의 지혜와 경험을 영리단체, 비영리단체, 그리고 정부 기관들에게 전수하여 그들이 이 재단에서 이미 챙기고 있는 곳에서까지도 영역을 구축할 수 있게 할 것이다. 이런 개념 하에서 은행이 자동차 구매나 소규모 비즈니스에 돈을 대출해 주듯이 농민들에게 대출 서비스를 제공할 수 있을 것이다. "만약 소규모 농민들을 위한 시장이 있다면, 그들은 우리와 협력하는 것이 아니라 우리와 경쟁하는 것이지요."라고 핸슨이 차분한 목소리로 말했다. "우리는 그것이 농민들에게 더 많은 선택지를 준다는 의미이기 때문에 좋은 일이라고 생각합니다."

극빈층의 마지막 희망, 소액금융서비스

'원 에이커' 같은 프로그램이 가져오는 장기적 영향력은 곧 어른이 될 농장 아이들의 건강과 교육수준이 향상되고 있다는 사실에서 확인할 수 있다. 도시 인구가 매년 5퍼센트 정도 증가하고 있는 케냐는 상업과 생산업 분야에 더 많은 일자리를 필요로 할 것이고 이런 자리는 충분한 교육을 받은 노동자들이 채워야 한다. 하지만, 현재 케냐의 많은 젊은이들에겐 당장 일과 수익이 필요하므로 몇 년을 교육에 투자할 여유가 없다. 이런 사람들을 위해서 세상에서 가장 오래된 구호 단체인 '가톨릭 구호 서비스(Catholic Relief Services)'는, 전세계적으로 유행하고 있는 소액금융지원(micro finance)에서조차 돈을 빌릴 수 없을 정도로 가난한 이들을 위해 대출과 예금 서비스를 제공하고 있다.

"이곳 사람들은 신용도 그렇지만 돈을 보관할 안전한 장소를 필요로 합니다."라고 나이로비 인근의 웨스트랜드(Westland) 지역 사무실에서 일하는 가이 반미넨(Guy Vanmeenen)이 설명했다.[4] 이 지역은 전세계 어느 곳에서나 볼 수 있는 사무실과 쇼핑가 및 거주지가 모두 공존하는 곳이다. 이곳은 또한 많은 구호단체들의 본부가 있고 구호단체가 필요로 하는 비즈니스들이 성업하고 있는 곳이기도 하다. 자바 숍(일종의 케냐의 스타벅스)은 사람들로 붐비고 있었고 북쪽으로 한 블록 위에 위치한 푀니칸(Phoenican) 레스토랑과 스시 바는 점심 손님을 기다리고 있었다.

벨기에에서 태어난 가이는 키가 크고 말랐으며 금발이었다. 빈곤과의 싸움에 대한 그의 헌신은 1989년 남미를 여행하면서 목격한 매우 가난한 지역의 상황에서 충격을 받으면서 시작됐다. 케냐에서 그는 '원 에이커'에 참여하는 농부들보다도 더 가난한 이들을 위해 일한다. 이 케냐 사람들은 금융 기관을 이용할 수는 없었지만,

반미넨이 찾아낸 것처럼 그들 사회에는 나름대로의 예금조직* 전통이 있었다. 크게는 스물너댓 명 정도의 사람들로 이루어지는데 이들은 매주 만나 참석자들로부터 아주 적은 돈을 모아 차례를 정해 이 자금을 준다.

비록 이런 조직을 통해 가끔씩 현금을 받을 수는 있었지만, 예금 이자를 받을 수 없거나 비공식 시스템이 안고 있는 약점들도 있었다. 첫째, 참가하는 사람에게 변동이 생기면 그들이 받는 돈은 불공평하게 배분될 때가 있었다. 둘째, 이런 방식은 모든 참가자들이 돈을 받기 전에 실패해 버릴 수도 있었다. 셋째, 이 시스템에는 융통성이 없어서 응급 상황이나 지역사회의 이익과는 상관 없이 운용된다.

부드러우면서도 일에 있어서 열정적인 가이는 사무실 의자 대신, 요가 공 위에 앉아 앞뒤로 흔들거리며 이야기했다. 그는 분명히 자신이 서비스를 제공하는 사람들의 검소함과 지혜를 존경하는 듯했다. "사람들은 닭을 사서 키우는 것과 같은 방법으로라도 예금을 합니다." 또한 아주 가난한 사람들이 경제적 안정을 얻도록 도와줄 수 있다고 그는 확신했다. 마을과 도시에서 전통적인 예금조직을 공식화하고 그들에게 거래내역, 금고 및 대출계획을 만들어주었다. 현금뿐 아니라 기록도 보관하는 이런 금고들은 네 개의 다른 자물쇠로 채워지게 만들어져서 조직원 네 명이 각자 가지고 있는 열쇠가 모두 있어야만 열 수 있도록 되어있다.

---

* 우리나라의 전통적 계와 비슷한 모임

은행만큼 안전한 이 박스 시스템은 이미 이웃 사이에 존재하고 있는 신뢰를 더욱 강화시켰다. 대출계획은 구성원들이 대출을 계획할 수 있게 해주었고 이율도 정하게 했다. 때로는 일수 같이 두 자리 수의 이자율을 내는데 익숙해 있는지라 이런 박스 시스템은 보통 연 30퍼센트의 이율까지 정해지기도 했다. 대부분의 대출은 며칠이나 몇 주일 내에 갚게 되며 개인 대출자들은 원금을 갚고 이자를 조금만 내면 됐다. 그러나 이 시스템으로 예금한 돈으로 매년 평균 27퍼센트의 이윤을 받는다. 대부분의 소규모 예금자들에게는 이런 수익이야말로 그들이 투자를 통해 얻는 첫 소득이다.

대출 이외에도, 가이의 조직들은 사회적 이익 프로젝트도 운영하는데, 지역사회의 발전을 위해 투자를 하거나 병이나 큰 문제를 겪고 있는 조직원 가족들에게 긴급 기금을 제공한다. 기금 제공 여부는 조직 구성원들에 의해 결정되는데 그들은 대부분 부인이거나 어머니이다. 이런 예금조직에 참여하는 구성원의 70퍼센트가 여성이다. "여성들이 더 많은 사회적 기술을 가지고 있을 뿐 아니라 함께 문제를 해결하는 데 더 익숙해요."라고 가이가 말했다.

놀랍게도 예금조직 구성원들이 한두 푼씩 모아 7년간 총 8백만 달러를 모았다. 가이는 그 다음 단계로 예금자들이 직접 새로운 조직을 구성할 수 있도록 교육을 했다. '가톨릭 구호 서비스'에 의해 승인을 받은 일이지만 이 일은 엄연히 일종의 사업이다. 이런 컨설턴트들은 사람들을 도와서 새로운 조직을 만들고 운영하게 해주며 요금을 받는다. 이렇게 교육받은 컨설턴트들은 그들이 함께 일하는 모든 조직으로부터 수고비를 받기 때문에 이 사업을 확장하는 것이 그들에게도 이득이다. 이런 자족적인 순환으로 인해 '소액 예금자' 이던 가난한 사람들은 이제 '소액 사업가'들이 되는 것이다.

가이의 궁극적 목표는 세상의 가장 가난한 사람들에 의해 운영되며 외부로부터 투자나 지시를 받지 않는 독립된 금융 시스템을 만드는 것이다. "우리는 후원 방식에서 시장 방식으로 바꿔가고 있어요."라고 가이가 말했다. "우리는 7백 명의 서비스 제공자들을 고용하고 있고, 그들은 90명의 견습생들을 모집했습니다." 이런 개인 컨설턴트들이 지역의 가장 가난한 사람들을 위해 일하지 않을 지도 모른다는 우려도 있었다. 하지만 그들은 처음 목표와 마찬가지로 가장 가난한 사람들을 위해 계속 일하고 있다는 연구결과가 이미 나와있다. 이 시스템은 머지않아 가이와 '가톨릭 구호 시스템'이 더 이상 필요치 않을 만큼 잘 굴러가게 될 것이다. 그 결과 또한 좋을 것이라 생각하고 있다.

공존의 지혜, 꿀 프랜차이즈

"이건 역량강화에 관한 사항이에요."라고 그가 말했다. "사람들은 이제, '우리가 구호에 의지하지 않아도 돼.'라고 이야기합니다." 어떤 예금조직은 이미 축적한 부를 이웃들과 나누기로 결정할 정도였다. 마을에서, 그들은 미망인들과 고아들에게 매일 구호품을 제공하고 있다. "이 프로젝트가 끝날 때, 우리는 사람들이 그들 스스로 할 수 있는 능력을 보여주게 될 것입니다."라고 가이가 말했다.

그룹 행동에 기초한 권한강화는 케냐에서 하나의 유행처럼 보인다. 이것은 마치 백 년 전 산업화된 국가들에서 나타났던 무역 노조의 성장을 방불케 한다. 차이점이 있다면 케냐의 경제는 산업적이 아니라 기업적이라는 점이다. 숫자게임을 원하는 사람들은 더 작은 규모로 그들 자신의 자원을 활용해 각자 알아서 해야만 한다. 우리는 나이로비 도시 외곽의 작지만 오염되지 않은 산림에서 이런 사례를 찾았다. 응공(Ngong) 산림 보호구역은 전세계에 몇 안 되는 도시 안의 숲이다. 이곳은 수백 종 동물들의 서식처이자 4백만 명 도시인들에게는 시끄러운 도시의 소음과 교통지옥으로부터의 피신처이다.

우리는, 돈을 모아 꿀 프랜차이즈를 만든 여성들을 만나기 위해 응공에 갔다. 산림 안에서 우리는 아테나 세계여행을 시작했던 런던의 해크니 지역에서 본 비슷한 장비들로 벌을 키우고 있는 여성들을 만났다. 그들의 꿀벌들은 벽돌모양의 '랑그스트로스식 벌통'에서 살고, 여성들은 일을 하기 위해서 흰 옷과 마스크, 장갑을 끼고 있었다. 작은 항아리에서 나오는 연기가 벌들을 잠재우고 벌집을 열 수 있게 했다. "그들은 술 취한 것처럼 보여요."라고 양봉인 중 한 명이 농담을 했다.

일하는 동안 이 나이로비 양봉인들은 꿀로 인한 수익과 양봉을 통해 수익을 낼 수 있는 방법에 대해 이야기했다. 그들은 또한 이 비즈니스를 시작하기 전에 숲에서 채벌한 나무들을 연료로 내다 팔던 당시, 현재 보다 돈을 많이 벌지 못했던 시절에 대해 회상했다. 그 일은 산림관리원들이 그들에게 숲에 들어갈 수 있도록 허락했기 때문에 가능했다. 우리가 방문한 날 이 여성들은 일을 마치면서 춤을 통해 감사와 열정을 표현했다. 벌의 움직임처럼 보이는 마구잡이식 춤을 추며 날개짓을 하는 그들은 행복한 웃음을 터뜨렸다.

그들이 응공 숲에서 딴 꿀은 '허니 케어 아프리카'라는 기업에 의해 운영되는 공장으로 간다. 설립자인 파루크 지와(Farouk Jiwa)는 인도에서 온 이민 4세인데 그의 조상은 나이로비에 철도가 건설되면서 지역 무역의 중심지로 개발되던 시기에 이민왔다.

파루크는 꿈 많은 환경공학자로 시작했지만 곧 비즈니스 개발자로 변신했다. 이 전환은 캐나다의 대학을 졸업하고 케냐로 돌아와 이 곳의 환경문제가 복잡한 해결책을 필요로 한다는 것을 깨닫고 일어난 변화였다. 물론 희귀 동물과 그들의 서식지에 대해 심각한 걱정을 하기는 했지만, 동물들을 보호하기 위해서라도 케냐인들이 자연환경을 파괴하도록 내몰고 있는 빈곤을 줄여나가야 한다는 사실을 깨달았기 때문이다.

파루크가 우리에게 말했다. "전통적으로 비영리기구들이 와서 5년 정도의 기간 동안 중요한 일들을 하지만 그들이 떠나면 동시에 모두 끝납니다."[5]라고, 다른 한편으로는 "기업들이 와서 착취를 하지만 그들은 5년 그 이상의 목표가 있어요."라고. 파루크가 보기에 케냐인들은 너무 일찍 끝나버리는 구호 사업에 참여하거나 자연환경을 파괴하고 자신만을 위해 이익을 남기는 기업들과 일하고 있었다. 장기적 사업이면서 더욱 공평한 수익분배와 환경에도 도움이 되는 대안을 찾다가 그는 꿀 생산이라는 결론을 내렸다.

그 당시 케냐 문화에서 중요한 역할을 차지하는 케냐의 양봉업은 힘든 일임에도 불구하고 생산량은 적고 질도 낮은 방식으로 생산되고 있었다. 당연히 호주같은 먼 곳에서 온 수입품들이 시장을 점유하고 있었다. 석사학위를 위해 캐나다에 돌아간 파루크는 케냐의 산업을 재활시키는 계획에 대해 논문을 썼다. 이 계획은 여성을 비즈니스에 참여시키기 위한 방법과 그들이 생산하는 품목의 품질을 지속적으로 유지하는 방법에 관한 것이었다.

2000년에 시작한 '허니 케어 아프리카'는 우선 돈을 내어 교육을 받고 장비를 구입하며 네트워크의 회원이 될 농민들을 찾기 시작했다. 활동가들이 꿀을 채취하기 위한 핸드 펌프와 함께 트럭을 타고 지방을 돌아다녔다. 생산자들에게는 그곳에서 바로 임금을 지불했다(우선 자재와 장비 대출자금을 먼저 지불했다). 이 활동가들은 꿀을 공장으로 보내서 정화하고 소독한 뒤 세 개의 브랜드 중 하나로 제작해 소매시장에 팔았다. 소매상에서 팔리는 꿀 가격을 확인한 농민들은 결과물을 만들 때까지 소요되는 비용을 기록한 회계장부를 받았다. 결과적으로 네 개의 벌통이 있는 농민들은 매주 약 한 시간 정도의 일을 하고 일년에 3백 달러 정도를 받는 수준이었다. 그들의 다른 소득과 합하면, 이 꿀 사업은 2천 명 이상의 참여자들이 하루 2달러라는 빈곤수준에서 벗어날 수 있게 해주었다.

시작한 지 12년이 되자 허니 케어는 안정적으로 수익을 올리는 사업이 되었다. 양봉인들의 40퍼센트가 여성들이고, 파루크는 그녀들의 아이들이 튼튼한 지붕이 있는 집에 살고 매일 학교에 가는 변화를 볼 수 있었다고 했다. 이런 변화는 2000년 이래로 꽃피운 그와 같은 기업들 덕분이다. 2011년에 케냐의 경제는 5.4퍼센트 성장했고 2012년까지 지속됐다.

허니 케어 아프리카, 원 에이커, 킬리모 살라마와 같은 사업들의 성공에 대해 이야기하면서 파루크는 매우 긍정적이었다. 심지어 브랜드 혁신을 위해 지방 마을의 소규모 소매상들까지 대상으로 삼을 정도이다. 적절한 네트워킹, 교육, 공급체계와 브랜드를 통해 작은 회사들은 서비스를 향상시키고 비용을 줄이며 품질을 향상시킬 수 있다. 파루크는 "중요한 것은 더 유연해지고 민첩해 지는 것이죠." 라고 했다.

이 모든 것을 가능하게 해줄 기기는 바로 무선전화기다.

정글 속의 정보화 혁명

지난 3년간 케냐를 방문한 적이 있는 사람이라면 이곳이 전세계에서 무선 네트워크가 가장 발달한 곳이란 생각을 하게 될 것이다. 나이로비 시내에서부터 먼 지역 마을까지 모든 사람들이 손에 핸드폰을 들고 걸어 다닌다(케냐는 2천만 명의 성인 시민이 있는데 2천 5백만의 핸드폰 계정이 있다). 또한 사람들이 비즈니스를 하는 어디에서든 거래는 M-Pesa시스템에서 문자로 이루어진다.

에릭 허스만(Erik Hersman)의 우샤히디(Ushahidi) 프로젝트 덕분인지 모바일 기술에 대한 신뢰는 세계적으로 케냐가 높을 가능성이 있다. 우리는 응공 도로에 있는 건물의 아이허브(iHub)라고 불리는 장소에서 에릭을 만났다. 일본의 라이트닝 스팟처럼, 아이허브는 발명가들과 혁신가들에게 만나고 협력할 공간을 제공한다. 이런 공간이 에릭의 중요 관심사이지만 그는 우샤히디의 역사적, 정치적 중요성을 인식하고 우리의 질문에 성의껏 대답했다.

"사실 이것은 정보가 흐르는 방식을 바꾸는 것에 관한 것이었어요."라고 그가 우샤히디의 시작에 대해 회상하며 이야기했다. "무선 소통은 사람들이 세상을 보는 시각을 바꿀 수 있는 힘을 가지고 있어요."[6]

덩치가 크고 유순해 보이는 에릭은 그의 기술이 전세계의 위기 상황에서 활용된 것에 대해 스스로 놀라워하고 있었다. 그의 기술은 이란과 아랍의 시위에 사용되었다. 북아메리카에서는 우샤히디를 통해 스키타기에 가장 좋은 곳을 표시하는 지도를 제작하고 미국 동북부지역에서는 조산원을 찾는 정보를 공유하는 데 이용되고 있음을 신기해 했다. 그에 의하면, 사용자들은 이 정보가 신뢰할만하다는 것을 발견하고 "여러 개의 커뮤니티와 기관들간에 신뢰의 다리를 만들어 줍니다."라고 했다. 에릭에 의하면 우샤히디가 주는 교훈은 '연결성이 힘'이라는 점이다.

케냐에서 그 누구보다도 많은 연결을 가지고 있는 회사는 무선 서비스를 제공하는 사파리콤(Safaricom)이다. 시장 점유율 65퍼센트에 달하는 사파리콤은 케냐에서 가장 높게 평가 받는 브랜드다. 사파리콤이 2007년에 M-Pesa를 시작했을 때, 경영진은 사파리콤이 이를 가장 잘 활용할 수 있는 위치에 있다고 생각했었다. 하지만 사람들이 이를 대안적인 금융시스템으로 바꿀 것이라고는 상상하지 못했다.

사파리콤의 경영진은 처음에 아프가니스탄에서 문자를 통해 경찰들에게 월급을 지불한다는 말을 들었을 때 문자를 통해 돈이 이동하는 방식이 갖는 잠재성을 알아차렸다. CEO인 로버트 콜리모어(Robert Collymore)는 사파리콤의 고객들이 M-Pesa를 통해 케냐 전역에 있는 친구들이나 가족에게 돈을 부칠 것이라고 생각했다. "그 당시 사람들이 돈을 부치는 방법은 직접 어떤 사람에게 맡기거나 버스 운전사에게 맡기는 것이었어요." 그가 우리에게 말했다. "우리는 그 방법이 매우 효율성이 떨어진다고 생각했죠."[7] 쉽고 안전한 대안을 찾은 케냐인들은 M-Pesa를 바로 받아들였고 사용하기 위한 다양한 방안을 찾았다.

M-Pesa의 인기가 폭발하면서 사파리콤은 허가된 곳과 사파리콤 상점들에서 수천 명의 사람들이 줄을 서서 자신들의 계좌에 돈을 입금하거나 문자로 받은 자금을 현금화하는 것을 목격할 수 있었다. 사파리콤은 M-Pesa의 운영비를 현금 인출시에 약간의 수수료를 부과함으로써 충당한다. 가장 높은 수수료는 100달러 이상 인출 할 때 1%이다, 전형적인 M-Pesa 거래는 한 번에 몇 달러를 초과하지 않지만 2012년에 이르러 이 시스템은 하루 2백만 회 이상의 거래를 기록했다. 케냐 경제 거래의 약 20퍼센트가 M-Pesa를 통해 이루어지고 있는 셈이다.

M-Pesa가 제공하는 보안과 안전성이 더욱 신뢰성 있는 시장 환경을 만들어주었고 경제활동을 진작시키고 있다. 다른 아프리카 국가의 이동통신사들도 이 시스템을 사용하기 시작했으며 당국자들은 기존의 금융기관들로부터 항의를 받고 있다고 하는데, 이는

M-Pesa의 영향력을 말해주는 것이다. 콜리모는 이 시스템의 성공에 기뻐하고 있지만 앞으로 문자에 기반을 둔 기술이 더 많은 이득을 낼 것이라 기대하고 있다.

콜리모는 아직 케냐의 영아사망률이 전세계에서 가장 높지만, 만약 M-Pesa를 통해 건강관련 서비스가 산전관리와 출산비를 지급하게 된다면 줄어들 수 있을 것이라고 생각한다. 그는 이 프로젝트가 아이와 엄마들을 살릴 수 있으리라 예측하며 M-Pesa를 활용하고 싶어하는 비영리기구들의 연락을 받았다고 한다. 비슷한 맥락에서, 그는 미국의 응급 구호 관련자들이 난민들에게 문자로 음식 바우처를 나누어 주는 방식과 관련해 사파리콤에 연락을 했다고 소개했다. 현금과 종이 바우처 시스템은 도둑질과 남용의 희생이 되기 쉽지만, 개인이 받는 문자 메시지 방식은 음식, 물과 약품이 필요한 사람들에게 공급될 수 있도록 할 것이다.

핸드폰과 금융 외에도, 사파리콤은 무선 기술과 태블릿 컴퓨터를 활용해 오지에 있는 케냐 아동들에게까지도 책과 신문과 기타 자료들을 접할 수 있게 해주는 방법을 연구하고 있다. 케냐인들이 국제적으로 활동하는 세상을 꿈꾸면서, 콜리모는 기술이 '케냐의 어린이가 뉴욕의 학생과 경쟁할 수 있는 유일한 수단'이라고 했다. 교육이 수만 권의 책을 보유하고 수천 개의 학교에서 선생님들을 고용해야만 이루어질 수 있는 시절에는 케냐 아이들이 경쟁할 방법이 없었다. 하지만 무선인터넷을 이용한다면 그 아이들이 충분히 경쟁력이 있다고 콜리모는 생각하고 있다.

교육과 건강 및 금융분야의 향상은 더욱 다원적인 경제를 만들고 케냐인들의 삶의 질을 향상시키는 데 필수적일 것이다. 빠른 인구증가와 함께 동아프리카 경제공동체의 중심지로서 케냐는 생산과 서비스업의 성장태세를 갖추고 있다. 2011년 말, 서유럽이 한창 경제위기를 겪고 있고 미국조차 같은 상황이 되는 것을 피해 보려고 노력하고 있을 때 세계은행 관계자들은 케냐 정부의 경제정책과 케냐의 성장에 찬사를 보냈다.

비록 중공업이 잘 발달되어 있지는 않지만, 제조업이 국가경제의 14퍼센트를 차지하고 기업인들은 새로운 아이디어를 동원해 이 수치를 늘리려고 노력하는 중이다. 예를 들어서 요엘 잭슨(Joel Jack-son)은 수레나 다닐법한 비포장 도로를 여행하는 관광객들을 위해서 세련되지는 않았지만 값싼 자가용을 만드는 계획을 세웠다. 그의 첫 모델인 '모비우스 1'은 6천 달러로 차를 만들 수 있다는 것을 증명했다. 우리가 케냐에 도착했을 때는 조금 더 큰 '모비우스 2'가 출시됐다. 두 차량 모두 간단한 생산과정을 통해 만들어졌다. 모비우스 2는 잭슨 킨도리(Jackson Kindori)의 농장 같이 고립된 곳에 사람과 생필품을 옮기려는 사업가들에게 특히 유용할 것이다.

요엘에 의하면 교통은 아프리카 전역에서 "큰 사회적 문제입니다."라고 했다.[8] 그렇지만 그는 이 문제에 천착해 아프리카의 소비자들을 위한 적정가격의 차와 트럭을 만드는 엄청난 기회를 보았다. 그가 필요한 차량을 만들며 케냐의 헨리 포드가 될지는 좀 더 지켜봐야 할 일이다. "우리의 희망은 최대한 많은 생산과정을 케냐에서 소화해내는 것이고, 지금 당장의 목표는 가격, 품질과 배달입니다."

만약 그들의 회사가 매년 5천 대의 차량을 생산하고 판매하는 위치까지 간다면 이는 케냐 전체의 교통 경제를 바꾸고 경쟁자들의 디자인과 품질을 바꿀 것이라고 요엘이 말했다. "저에게 있어서 가장 중요한 것은 수백만 명의 사람들에게 의미 있는 변화를 가져오게 하는 것입니다."라고 모비우스의 잠재력에 대해 이야기하며 요엘이 말했다. "저는 우리가 그것을 할 수 있는 위치에 있다고 생각합니다."

모비우스가 성공하게끔 만들어줄 환경(성장, 급증하는 중산층, 또 증가 일로의 고객들의 수요)이 케냐와 국제적 무역 파트너들과의 관계도 향상시켜주고 있다. 이런 국제적 관계뿐 아니라 국내경제, 기술정책에서 신뢰를 쌓는 관계가 희망과 행복의 초석을 마련하고 있다.

지난 10년간 세계에서 가장 빠른 경제성장을 이루고 있는 국가 10개 중 6개가 아프리카국가들이고, 국제 금융기관들은 중산층이 증가하고 있는 아프리카를 떠오르는 비즈니스 시장으로 주목하고 있다. 이런 자신감 있는 발전이 미국을 포함해 전세계 수백 개의 기업들로 하여금 아프리카에 투자하게 했다. 중국 기업들에 의해 처음 시작된 투자는 전세계 누구에게도 뒤쳐지길 원치 않는 미국 정부의 관심을 이끌었다. 우리가 방문한 지 얼마 되지 않아, 미국 국무장관 힐러리 클린턴이 월마트, 보잉, 그리고 페덱스와 같은 기업

관계자들과 함께 나이로비를 찾았다.

이 방문은 미국이 아프리카의 잠재력에 관심이 있음을 보여주기 위해 이루어진 것이었다. 케냐의 개발을 위해서 민주주의의 중요성을 강조한 클린턴은 2013년 선거를 후원하기로 약속했다.

클린턴의 아프리카 방문 중, 남아프리카 공화국의 경제분석가인 크리스 랜드버그(Chris Landberg)는 "아프리카에 대해 기존과는 차원이 다른 관심이 생기고 있다. 중국, 프랑스, 영국, 인도, 브라질, 터키 등 전세계의 중요한 나라 모두가 줄을 서서 아프리카에 관심을 보이고 있다."고 뉴욕 타임즈에서 말했다.[9] 전세계가 소비자와 생산자 모두를 만족시키기 위해서 줄을 서고 있을 때, 케냐와 케냐의 이웃나라들은 경제주간지 이코노미스트가 아프리카를 '희망의 대륙' 이라 부여한 명칭을 누릴 자격이 있음을 증명하게 될는지도 모른다.[10]

제7장
인도

"정부에 더 많은 여성들이
지도자의 위치에 있다면 좋을 것이다."

– 응답자의 76%가 동의

소가 신성시되는 인도에서 죽은 소의 살과 가죽을 도려내 가죽을 만드는 직업인 차마르(chamar)가 그다지 추앙받는 직업이 아니다. 그들은 달리트*(dalit), 즉 불가촉천민(untouchable)들로서 법적으로는 차별을 금지하고 있지만 사회 전체적으로는 거부당하고 있다. 학교에서 달리트 아이들은 친구들이 공부할 동안 청소를 한다. 어른 달리트들은 일을 구하기 힘들다. 가장 운이 없는 달리트들, 특히 여성들은 매일 사람과 동물들의 배설물을 모으고 치우면서 살아간다.

역사적으로 달리트 여성의 운명은 탄생과 함께 결정됐다. 만줄라 프라딥(Manjula Pradeep)은 다른 시기에 태어났다면 가죽 만드는 사람이거나 화장실 청소부로 살았을 것이다. 교육은 물론이고 편안하고 안정적인 삶을 위한 어떤 기회도 주어지지 않았던 그녀는 50세 생일을 맞이하기도 힘들었을 것이다.

확고한 신념과 법적 제도 개선 덕분에 만훌라는 고등교육의 기회를 얻었고 사회복지 석사학위를 취득했다. 하지만 그녀 고향인 구자라트(Gujarat)에서는 전통이 아주 강해서 달리트*들은 아직도 미움, 차별과 폭력에 시달리고 있다. 1989년에 만훌라의 사촌은 그가 사귀던 높은 계층 여성의 '명예'를 보호한다는 명목으로 그 계층 남성들에게 살해당했다. 1993년에는 한 달리트 여성이 정의를 요구하며 인도를 흔들어 놓았다. 그녀의 아들은 경찰에 감금당했다가 사망했다. 만훌라는 이 사건에 뛰어들었고 불합리한 구습과 싸우는 기나긴 여정에 들어섰다. 그녀는 변호사가 됐다. 소수 집단을 위해 싸웠으며 한때는 화난 군중이 그녀의 사무실을 습격해서 경호원을 고용해야 할 정도였다. 그녀가 관련한 가장 유명한 사건은 여섯 명의 교수들에게 윤간당한 달리트 여학생을 변호한 사건이다.

아메다바드(Ahmedabad)의 상업도시부터 아라비아해의 소도시까지, 만훌라 프라딥은 구자라트의 확고한 양심으로서 사랑과 존경을 받는 동시에 미움과 조롱도 받고 있다. 그녀는 소외된 소수자들을 사회, 경제적 주류층에 편입시키려고 어느 누구보다도 앞장서

---

* 인도 신분제도 하의 불가촉천민(Untouchable)을 가리킨다. 카스트에 의한 인도인 신분은 브라만(승려), 크샤트리아(왕이나 귀족), 바이샤(상인), 수드라(피정복민 및 노예, 천민) 4개로 구분되는데 최하층인 수드라에도 속하는 않는 불가촉천민(Untouchable)이 있다. 불가촉천민은 '이들과 닿기만 해도 부정해진다' 는 생각 때문에 이렇게 부른다. 오늘날에는 이런 차별적 호칭은 쓰는 것을 법적으로 금지하고 있어 일반적으로는 마하트마 간디가 쓴 '신의 아들' 이라는 의미로 사용하기 시작한 하리잔(Harijan)이나 이에 반발해 생겨난 스스로를 핍박받는 자라는 뜻의 달리트(dalit)를 쓴다.

노력했다. 그녀의 노력 탓에 기존 정당들은 그녀를 문제아로 여긴다. 하지만 도움을 주는 사람들은 그녀를 용맹한 장군으로 생각한다. 우리가 어느 작은 지역 학교에서 그녀를 만났을 때, 작업복 차림의 그녀는 편안하고 작은 목소리로 부드럽게 이야기하는 자기만족감에 차 있는 여성이었다. 그녀는 우리를 어느 교실로 안내했다. 칠판에는 'World Wide Web'이라고 쓰여 있었다. 선생님이 지역 언어인 구자라트어로 인터넷에 대해서 설명하고 있었다.

"이 아이들은 학교에 와서 인간 대접을 받습니다."라고 만훌라가 말했다. 그녀는 이 아이들이 인도의 다른 학교에서처럼 기술과 기본적인 과목들을 공부할 것이라고 설명했다.[1] 그들은 영어를 배울 것이다. 또한 그들을 하류계층에 묶어두려는 사람들에게 도전하는 법을 배울 것이다. 평등에 대한 이상을 강화하기 위한 하나의 방법으로 그들은 모두 요리사와 함께 요리를 한다. 그 요리사는 남편에게 HIV를 옮고 쫓겨난 여성이다. 음식이 준비되었을 때 학생들은 큰 접시에 음식을 덜어다가 함께 둘러앉아 식사를 한다.

수천 년간 더 높은 계층에 있는 사람들은 달리트들과 식사를 함께 한 적이 없었고 달리트들 또한 그들보다 낮은 계층의 사람들과 식사하기를 거부했다. 이런 역사에 비추어 볼 때 이 학교의 식사는 아이들에게 관습, 가정, 그리고 권한에 관해 질문을 하도록 하는 조용하지만 깊은 체제 전복적인 교훈을 전하고 있었다. "학생들이 이곳에서 나가면 그들 위치에 대해 질문을 제기하고 평등을 성취하기 위해 나아갈 것입니다."라고 만훌라가 말했다. "다음 세대를 돕는 진정한 방법이지요."

라이카(Rayka)라는 작은 시골마을에 자리잡은 나브사얀 비디아라야(Navsarjan Vidyalaya) 학교는 학생들과 선생님들 목소리로 떠들썩했는데 수업도 하고 식사도 하고, 저녁에는 교실을 침실로 바꾸는 일과로 온종일 분주하다. 인도의 뭄바이, 방갈로르, 델리, 그리고 하이데라바드 같은 대도시를 키운 산업과는 동떨어진 세상 같다. 인도의 발리우드(Bollywood)나 콜 센터의 백만장자처럼 보통 사람들이 현대 인도에 대해 갖는 이미지와는 공통점이 별로 없다. 그러나 이 학교와 아이들은 인도를 인도인들이 꿈꾸는 모습과 가장 근접한 나라로 만드는 데 중요한 초석이 될 것이다.

수년간 국민총생산의 놀라운 경제성장에도 불구하고 인도는 아직도 라이카의 아이들 같은 수백만 명의 아이들이 교육의 기회를 받지 못하는 상황이다. 다양한 발전에도 불구하고 인도는 전체 인구의 70퍼센트가 고립된 지방에서 살고 있는 매우 빈곤한 국가이기 때문이다. 인도의 미래는 소프트웨어 엔지니어나 산업 재벌들보다 중산층 노동자와 소비자가 되어가는 가난한 지방주민들이 독립과 민주주의가 약속한 모든 것을 더불어 누릴 수 있을 것인지에 달려 있다.

"인도는 앞으로 몇 년 안에 기회를 잡아야 한다."며 런던의 킹스 칼리지 인도 연구소의 수닐 킬나니(Sunil Khilnani)는 최근 인도가 두가지 운명 가운데 하나를 선택해야 한다고 주장했다.[2] 하나는 인도의 다양성을 활용해 모든 사회계층을 경제에 참여시키는 것이다. 다른 하나는 여성과 달리트를 계속 소외시킴으로써 결국은 '소외되고 고립된 이들'의 분노를 자극하는 경우이다. 킬나니는 인도가 '정치적 상상력, 판단력, 그리고 행동'을 통해 개발 이익을 나누고 위험한 불평등을 피해나갈 방법을 찾을 것을 촉구했다.

인도의 약속과 위험성이 구자라트에서보다 명확하게 드러나는 곳은 없다. 우리는 진보를 실천하기 위해 새로운 아이디어에 대한 열린 마음을 가지고 다른 사람들과 더불어 활동하는 사람들을 만나기 위해 이곳에 왔다. 만훌라에 의하면 구자라트는 '인도에서 가장 발달한 주 가운데 하나'이지만 이곳은 또한 '인권침해도 가장 빈번하게 일어나는 지역'이다. 지속되는 편견과 차별은 가진 자와 가지지 못한 자의 격차를 벌어지게 하고, 사회적, 정치적 분열로도 이어진다. "기업들이 빼앗고 있는 땅의 대부분은 달리트와 가난한 사람들의 것이에요."라고 만훌라가 말했다. 동시에 달리트들은 그들이 전에 가지고 있던 땅에 건설된 공장에서 일자리를 얻기 위해 애쓴다.

값싼 자동차 계획은 실패했지만

인도가 개발되면서 극복해야 할 어려움의 실제 사례는 라이카에 있는 학교에서 80킬로미터 정도 떨어진 구자라트의 사나드(Sanad) 지역에서 볼 수 있다. 그곳에는 세상에서 네 번째로 큰 자동차 생산 회사인 타타 모터스(Tata Motors)가 있다. 이곳에서는 2010년에 개장한 새로운 조립라인에서 조그만 나노(Nano) 해치백을 생산해낸다. 부활절 계란 같은 모양과 색깔을 한 이 차는 한 달에 1만

대가 생산된다. 한 대에 3천 달러 정도 하는 실린더 두 개짜리 나노는 세계에서 가장 값싼 자동차다. 하지만 이 자동차를 생산하기 시작한 지 4년 된 지금에도 아직 인도에서 조차 자리잡지 못하고 수출도 거의 없다.

전세계 자동차 시장을 휩쓸 계획으로 시작된 타타의 나노 기획은 농민 시위대 때문에 벵갈의 공장을 버리고 구자라트에 새로운 공장을 짓게 되면서 지연됐다. 힘이 부족할 뿐 아니라 에어백 같은 기본적인 안전장치가 없는 이 자동차는 별 인기를 끌지 못했다. 2010년에 뉴욕 타임스는 이 자동차를 '사고 싶어하는 사람이 별로 없는 자동차'라고 규정했다.[3] 2012년에 우리가 인도를 방문했을 때 나노는 예상했던 혁명을 일으키지 못했음이 분명했다. 타타의 경영자인 라탄 타타(Ratan Tata)는 이 자동차가 가난한 사람들을 위한 차라고 생각하는 카스트 편견으로 인해 인기를 끌지 못하고 있다고 했다. 타타는 "이 차에 붙여진 편견이 무엇이든 우리는 극복할 것입니다."라고 했다.[4] 그는 유럽과 미국에서도 비슷하게 작은 픽셀이라는 차를 판매할 계획이라고 말했다.

서양 시장에서 타타처럼 부정적인 쪽으로 관심을 많이 끈 제품이 잘 팔릴지는 미지수다. 와중에 타타의 나노 기획은 인도의 사회경제적 문제를 일목요연하게 드러내고 있다. 사회의 많은 계층들 역시 나노 프로젝트가 기대했던 약속의 기회를 놓쳐 버렸다. 이 자동차의 실패는 중공업이 인도를 곧 부유하게 만들어 줄 것이라고 생각했던 사람들에게 실망을 안겨주었다.

인도의 진정한 발전동력은 이렇듯 거대한 기획에 달려있지 않고 평균적인 인도 여성과 남성의 사회적 유동성을 증가시키려는 노력에 있을지도 모른다. 소득, 교육, 그리고 건강에 따라 판단되는 여성의 행복(wellbeing)은 한 국가의 행복을 재는 척도로도 널리 쓰이는 지표이다. G20의 주요 국가 중 하나이지만 인도는 국민당 소득과 부에서 가장 낮고 인도 여성들은 평등과 복지에서 가장 낮은 수준의 삶을 영위하고 있다. 유엔이 작성한 문서에 의하면 '대부분의 인도 여성은 그들의 개인적인 삶에서 독립적인 결정을 할 힘이 없다'라고 한다.[5]

여성의 삶이 향상될 때 비로소 국가가 발전한다면, 인도의 미래는 성 격차와 카스트 차별을 줄일 때 이루어질 것이다. 이런 목표로 인도의 여성 자영업협회(SEWA: Self Employed Women's Asso-ciation)가 앞장서 일하고 있다. SEWA가 처음 한 일은 경찰과 부패한 공급자들에게 착취당하고 유린당하던 거리 노점상들을 위해 공정한 임금과 안전을 확보하는 일이었다. 이어서 SEWA는 가난한 노동자들이 빚을 갚도록 하기 위해 소액 금융대출을 해주거나 공예가들을 위한 안정적 시장을 확보해주는 일을 시작했다. 이 단체의 도움으로 시장에서 물품을 팔던 여성들은 적정한 가격으로 물품을 판매할 추가 공간을 얻을 수 있었다.

사바르마티(Sabarmati)강 동쪽의 자그마한 사무실에 위치한 SEWA는 고립과 차별에 너무 익숙해진 나머지 더 나은 삶을 상상하기도 힘들어하는 빈곤계층 여성들을 위해 서비스를 제공하고 지원한다. 그들은 SEWA의 도움으로 노동의 시장가치를 비롯해 수공업 제품과 농장 제품의 시장가치에 대해 배운다. 또한 이 정보를 가지고 공정한 임금을 요구할 수 있게 된다. SEWA는 교육, 건강서비스, 예금과 대출 프로그램, 보험, 숙소 등을 제공한다. 구자라트 주의 참가자 수는 80만 명을 넘는다. 다른 지역과 합치면 전국적으로 참여자는 120만 명에 이른다.

우리가 SEWA의 중앙본부를 방문했을 때 몇 명의 여성들이 사무실에서 일을 하고 있었고 다른 방에서는 참가자들이 인터넷과 직업교육을 받고 있었다. 이 단체의 진짜 작업은 수백 개의 다른 곳에서 진행된다. 그곳에는 4백 명의 소녀들을 위해 새로 시작한 폴리테크 기술학교도 포함되어 있다. 우리와 이야기하기로 약속한 네 명의 고위 간부들은 자신들의 삶이나 한 일에 대해 그다지 생각할 겨를이 없는 여성들이었다. SEWA의 회장인 카필라 반카르(Kapila Vankar)는 우리의 관심에 대해 감사를 표했다. 고립되고 힘없는 여성에서 지도자로 변신한 자신의 인생 여정에 대해 이야기하며 그녀는 예전에는 집 밖의 세상에 대해 잘 모르고 노동자로서의 정체성도 없었다고 말했다.

인도의 많은 빈곤층 여성들처럼 그녀는 매일 장시간의 노동을 했지만 계약이 제대로 되어있지 않아서 정당한 임금이나 작업시간, 혹은 임무들에 대해 목소리를 내지 못했다. 다른 이들처럼 담배농장과 공장에서 일한 카필라는 그녀의 불안정하고 빈곤한 상태를 거의 바꿀 수 없는 것이라고 생각했다.

시작부터 SEWA는 바깥사람들을 의식한 빈곤계층 여성들의 비난을 받았다. 엄마들은 이 단체 보육시설에 아이들을 맡기길 주저했으며, 노동자들은 고용인들의 눈밖에 날까 두려워했다. 하지만 인내심과 그녀들의 편에 선 법을 앞세워 이들은 결국 성공했다. 카필라의 경우가 대표적인 사례다. 그녀와 동료들이 권리를 주장하면서 고정적인 노동시간을 갖게 되고 임금은 인상됐다. 이전에는 가능하지 않았던 예측 가능한 노동시간, 주기적인 휴가, 식사도 제공됐다.

사람들에게 존중 받기 시작한 카필라는 가정과 마을의 의사결정에 참여하기 시작했다. 그녀가 갖게된 자신감이 가족과 이웃들을 변화시킨 것이다. SEWA에서 배운 글쓰기와 경영기술을 존경하기 시작했다. 그녀는 자부심을 가지고 이야기했다. 최근에는 마을 사람들이 그녀를 존경할 뿐 아니라 판차야트(Panchayat)라고 불리는 마을 지도자는 그녀에게 마을 문제를 상의하곤 하는데, 이러한 일들은 SEWA에 참여하기 전에는 전혀 상상할 수 없었던 일이라고 했다.

카필라의 리더십은 2003년에 마을 전체를 파괴시킨 홍수 때 도전을 받았다. 아이들과 함께 어둠 속에 남겨진 수백 명의 여성들을 발견한 그녀는 그들에게 피난처를 찾아주었다. 그리고는 그녀들 가운데 절반 정도와 함께 마을 지도자들에게 가서 왜 홍수가 배수 시설로 빠지지 않았으며 미래의 피해를 막기 위해 무엇을 해야 하는지 이야기했다. 여성들은 배수시설을 만든 기관이 잘못을 저질렀으며 이에 대해 손해 배상을 했다는 얘기를 듣게 됐다. 재난 후 카필라는 이 돈을 배수시설을 고치는 데 쓰도록 밀어붙였다. 이 일을 하고 나서 나머지 돈으로 마을에 첫 고등학교를 만들 수 있었다.

카필라가 보여준 성공은 새로운 자동차를 만들려는 사업가의 꿈이 아니라 훨씬 더 간단하고 기본적인 꿈이었다. 그것은 그녀가 노동자로서, 그리고 시민으로서의 정체성을 찾아가며 얻은 자존감이었다. 수십만 명의 삶에 그녀의 방식으로 영향을 주면서 SEWA는 자동차를 만들거나 콜 센터에서 전화를 받는 직업에 지원할 생각도 못하는 사람들에게 힘을 불어넣어주고 있으며 인도발전을 이끌고 있다. 더 나은 삶은 그들을 가족처럼 소중하게 여기고 양육해 주는 단체에서부터 시작되고 있다.

SEWA로부터 지원받은 여성들은 여러 어려움 속에서도 이곳에서 가족애에 힘입어 공예, 섬유, 농업생산을 증대시키는 새로운 기술을 습득했다. 또한 이것을 익히는 과정에서 개발된 개인적인 역량은 SEWA의 밑거름이 되고 있다. 그녀들은 SEWA의 소액 대출을 활용해 기계를 구입하여 뜨개질과 소금생산 등 전통산업의 작업 효율성을 높혔다. 이 두 가지 일은 전세계적으로 유명한 민족운동가이며 인권운동가인 마하트마 간디(Mahatma Gandi)의 영향을 받은 것으로 인도 문화에서 중요한 의미가 있다. 간디는 감동적인 오랜 투쟁에서 가난한 자들과 여성들과의 연대를 표현하기 위해 집에서 만든 간단한 '소박한 옷' 을 입었다. 또한 그는 그 유명한 '소금행진(salt march)'도 벌였다. 수천 명의 군중을 이끌고 아메다바드에서 바다로 가서 소금을 만들며 소금생산을 제한하는 정책에 저항했다. 미국의 보스톤 티파티에서와 비슷한 이 행진을 통해 사회적 저항과 궁극적인 독립의 시작을 알렸다.

여성의 삶이 향상될 때
국가가 발전한다면, 인도의 미래는 성 격차와 카스트 차별을 줄일 때 이루어질 것이다.

빈곤계층 여성들은 SEWA의 도움으로 노동, 수공업 제품과 농장 제품의 시장가치에 대해 배우고 공정한 임금을 요구할 수 있게 된다.

현대에도 이어져 내려오는 간디의 철학

간디는 그의 아쉬람*(ashram)을 아메다바드에 설립한 구자라트 출신이었다. 서거한 지 60년이 지난 지금도 간디의 존재감은 이 도시에서 느껴진다. 전세계적으로 존경받고 있지만 사람들은 그의 삶과 행동에 대해 매우 극단적으로 상반된 견해를 가지고 있다. 예를 들어서, 어떤 달리트들은 그가 '불가촉천민(untouchable)'을 불법화한 것에 대해 경의를 표하는 반면, 다른 이들은 그가 카스트 제도를 합법적으로 유지시킨 것에 대해 불만을 표시한다. 비슷한 맥락에서 많은 사람들은 간디의 여성에 대한 개인적인 태도(그는 여성과 관련된 여러 가지 파괴적인 콤플렉스가 있었다)와 그가 주창했던 '포용의 정치' 사이의 간격에 곤혹스러워 한다.

하지만 민중의 영웅으로서 간디는 여성과 가난한 사람, 그리고 종교적 소수파들의 평등한 권리를 위해 싸운 상징이다. 아메다바드 강가의 작은 캠퍼스에 있는 그의 아쉬람은 전세계 관광객들을 끌어들이는 국가 성지다. 그곳에서 우리는 수많은 인도 관광객들이 그가 살던 집(지금은 박물관)을 포함해 붉고 하얀색의 건물들을 보기 위해 버스에서 내리는 것을 보았다. 버스에서 내린 대부분의 사람들은 집 앞에 있는 간디 동상의 발에 입을 맞추었다.

우리는 역사 공부를 좀 하고나서 '마나브 사드나(Manav Sadhna, 인류를 위한 공헌)'라는 단체를 만나기 위해서 아쉬람에 갔다.

---

* 힌두교도들이 수행하며 거주하는 곳

중앙조직이 거의 없는 단체인 마나브 사드나는 비렌 요시(Viren Joshi)에 의해 설립되었다. 그의 아버지는 지난날 간디와 함께 캠페인 활동을 했다. 1980년대 대부분을 미국에서 일하며 살았던 그는 TJ Maxx에서 일하고 알루미늄 회사에서 기계 기술자로도 일했다. 1989년 인도로 돌아와 아메다바드에 정착한 그는 기도하기 위해 아쉬람을 정기적으로 방문하고 도시를 돌아다니며 혼자 헤매고 있는 아이들과 이야기도 한다. 듣고 본 것에 바탕해 비렌은 아이들에게 위생에 대해 가르치고 목욕도 주선했다. 또 아이들 옷에 단추도 달아주고 가능한 한도 안에서 음식도 사주었다.

거리 아이들의 친구이자 멘토로 시작한 비렌은 아쉬람과 연계하기 시작했다. 그는 마나브 사드나를 만들어 가난한 이들을 위해 봉사하고 그들을 주류 사회로 끌어들일 방법을 찾는 아이디어를 발전시키는 기관으로 키웠다. 인도 정부와 파트너를 맺은 이 단체는 아메다바드의 슬럼가에서 '78 학교'를 운영하고 시각장애인들을 위한 기숙학교도 운영한다. 다른 이들과 함께 마나브 사드나는 컴퓨터 센터에서 기술교육과 인터넷을 통한 대학교육을 제공할 뿐 아니라 건강, 금융, 그리고 지역개발 분야에서 활동한다.

다양한 프로젝트만큼이나 마나브 사드나의 특별한 점은 이 단체가 간디의 철학과 방식을 따른다는 것이다. 이 단체가 직접적인 서비스를 제공하기도 하지만 이 그룹이 하는 대부분의 일은 다른 이들을 지원해주는 것이다. 확실한 방향이나 판단을 내리기보다 비렌은 도시의 사람들을 위해 일하고 싶어하는 모든 이들을 환영한다. 매일 아침 10시 기도 이후에 미니 세미나가 되기도 하는 토론회에서 봉사활동이 갖는 실용적이거나 정신적인 측면에 대해서 그와 대화하도록 하고 있는 것이다. 궁극적인 목표는 가장 간단한 일조차 불가능해 보이는 곳에서 사람들이 지성적으로 견디고 성공하게끔 하는 것이다. 돈이나 기술적인 조언에 못지 않게 중요한 것은 매사가 포기해야만 할 것처럼 어렵게 보일 때에도 사람들을 계속 나아갈 수 있도록 하는 감성적이며 영적인 후원이다.

기도에 참석한 이후에 우리는 사람들이 자신들의 활동에 대해 보고하는 것을 들었다. 어떤 사람들은 성공했다고 했고 다른 이들은 자신이 직면한 어려움을 해결할 방법에 대해 조언을 구했다. 두 명의 호주 건축가들인 치아라 타피아 톰스(Ciara Tapia-Toms)와 에반 드레이지(Evan Drage)는 무더운 날씨 때문에 건축 인부들이 그들이 짓고 있는 학교건축현장에서 일하는 것을 꺼리고 있다고 생각한다고 했다. 홀리(Holi)라는 시끌벅적한 축제명절이 곧 올 것이므로 상황이 더욱 나빠질 것이라 관측했다. 이 날은 사람들이 서로에게 밝은 색깔의 밀가루를 뿌리며 봄이 오는 것을 축하하고 노는 봄의 축제일이다.

바닥에 맨발로 앉아있는 수십 명의 여성과 남성들이 이 건축가들의 고민에 대해 듣고 있었지만 해결책을 제시하거나 어떤 행동을 취해야 하는지는 제시하지 않았다. 그러나 그들은 열심히 경청했다. 그들은 '국경 없는 건축가회'에서 온 호주 사람들에게 그들의 경험은 당연한 것이며 믿음만이 유일한 선택일지 모른다고 이야기했다. 그들은 몇 개월 후에 떠나야 하겠지만 하던 일은 지속될 것이고 아마도 다른 사람들이 이어서 진행하게 될 것이라고 했다.

건축가들에게 보낸 포용과 인내심은 간디의 경우와 마찬가지로 수많은 방해물들이 있지만 의미있는 일을 해보려는 사람들이 종종 느끼는 좌절감에 대한 해독제 같은 것이다. 군중 속에 앉아있던 젊은 여성인 마리에트 푸르모 뒤 사르텔(Mariette Fourmeaux du Sartel)이 그녀가 D.light라는 델리의 회사에서 일할 때의 일을 회상했다. 이 회사는 핸드폰 충전기 역할도 하는 값싼(8달러 정도) 태양열 전등을 파는 회사였다. 환경 친화적이며 전기가 없는 가정에 사는 가난한 아이들을 위한 상품으로 고안된 D.light는 거룩한 사명감도 가진 기업이었다. 인도에서 마리에트는 다른 사람들과 함께 시골 지역에 전등을 보급하기 위해 애쓰면서 성공과 함께 좌절도 많이 겪었다.

그녀는 미국에 있는 휴렛패커드에서 일할 것을 수락하고 델리에서 일을 시작하면서 마나브 사드나에 오게 됐고 많은 도움을 받았다고 했다.

우리가 마나브 사드나에 대해서 질문을 하자 마리에트가 "저는 그토록 순수한 마음과 행동, 그리고 너그러움을 경험한 적이 없어요."라고 대답했다. 그녀에 의하면 아쉬람에서 사람들은 "손이 가슴을 따라 행동합니다." "그들은 무언가를 생각해내고 '붐'하고 바로 해냅니다. 저는 가슴에서 머리로 가서 '만약에 이렇다면? 그럼 어떡하지?' 같은 질문을 하는데 말이에요. 그들은 여과되지 않은 순수한 사랑을 바로 표현합니다."

마나브 사드나 사람들의 자연스러움과 정신은 샌디에고의 휴렛패커드에서 일하게 되면서도 그녀와 함께 갔다. 현재 그녀는 환경친화적이고 지속가능한 제품개발을 위해 노력하고 있다고 한다.[6] "그들이 진정으로 녹색 환경에 관심이 있는 것은 아니에요."라며 다른 회사들이 지구에 대해 생각하는 척만 하는 현상에 대해서 이야기했다. 조직의 크기와 성공에도 불구하고 마리에트는 이들이 '가슴을 따르는' 조직으로서 다른 이들을 위해 일하고 싶어하는 이상주의자들에게도 어울리는 직장이라고 했다.

마리에트는 그녀의 사무실에서 관심 있는 동료 회사원들과 함께 모여 작업에 영적인 부분을 고려하며 정기적으로 명상을 진행한다. 그녀는 동료들에게 무기명으로 선물이나 서비스를 주는 '무작위의 친절한 행동'을 시작했다. 동료들은 어떤 사람의 친절한 행동을 즐기며 똑같은 행동을 주변에 베풀기를 바란다는 메시지가 담긴 카드와 선물을 받는다. 그녀는 곧 휴렛패커드 회사 내 다른 곳에서도 이런 카드가 나타나는 현상을 보았다. "그건 제가 한 게 아니었어요."라고 그녀가 말했다.

비록 작은 일들일 뿐이지만 이런 무작위성의 친절과 그룹 명상은 공통된 목표를 위해 일하는 사람들에게 일종의 조화와 연대감을 제공한다. "HP에는 HP방식이라는 말이 있어요." 그녀가 말했다. 그녀는 이것이 다른 이들을 격려하는 마나브 사드나 철학과 비슷하다고 말했다. "HP의 창시자인 데이브와 빌은 항상 이를 실천해 왔어요. 그들은 따듯한 심장을 지닌 경영자입니다. 지난 몇 해 동안 그 일부가 파괴됐지만 최근에는 이를 재건하기 위해 노력 중이랍니다."

회사가 다시 개방성과 열의로 돌아가며 그녀의 우선 순위 역시 일터에서 존중받는 것임을 느꼈다고 했다. 그녀는 자신의 팀에게 작은 변화가 큰 진보를 만들어냄을 보여줄 수 있다고 했다. "우리는 꽤 대단한 비전이 있어요. 그러나 지금 여기서 당장 보스들의 허락 없이도 할 수 있는 일이 무엇인가가 중요하지요."라고 그녀가 말했다. 마리에트는 HP에서의 리더십 스타일이 아쉬람의 연장선이라고 생각하지만 마나브 사드나의 에너지와 영감은 그녀의 일 밖의 삶에도 큰 영향을 미쳤다. "이곳에서의 제 경험은 모든 것을 바꾸었어요."라며 그녀가 이곳에 올 수 있을 때마다 1만 3천 킬로미터를 마다 않고 오는 이유를 설명했다.

마리에트의 변화는 비렌 조시의 변화와 비슷하다. 그가 미국에서 젊은 시절 일할 때 항상 "인생이 그저 나 자신만을 위한 것, 교육을 받고 일을 갖고 돈을 벌고 가족을 위하는 것뿐인가, 아니면 그 이상인가?"라는 질문을 던졌다고 한다.[7] '그 이상'을 찾기 위해 그는 인도 시골을 여행하면서 다른 사람들을 도울 방법을 찾아다녔다. 마침내 가난한 아이들을 도와주기로 결심하고 처음에는 기본적인 음식, 쉴 곳, 그리고 돌봄을 제공했고 이후에는 교육으로 옮겨갔다. 이렇게 마나브 사드나는 탄생했다. 돈이 떨어지자 그는 다시 미국으로 돌아갔지만 사람들을 도와주겠다는 꿈은 버린 적이 없다고 했다. 그의 꿈을 알아차린 보스가 그에게 해결책을 제시했다. 일 년의 반은 미국에서 임금을 받으며 일하고 또 다른 반은 마나브 사드나와 인도에서 일하는 것이다. 이런 해결책은 2005년까지 지속됐다. 그 후에는 비렌의 소명이 독립적으로 지속 가능해지면서 마나브 사드나에서 계속 일하게 되었다.

여러 해 동안, 거리의 아이들을 도와주기 위해 시작한 '인간봉사(human service)' 단체는 학교와 부엌에서 다양한 기술, 재능, 교육을 통해 사람들이 서로를 돕는 '실험'까지 하게 되었다. "사람들은 우리에게 와서 '도와주고 싶어요'라고 이야기하면서 6개월에서 1년간 머무르기도 합니다."라고 비렌이 말했다. 그 동안, 이곳에서 도움을 받았던 여덟 명이 이제는 정규직으로 종일 근무하고 있으며 2백 명이 파트타임으로 일하는 유연한 커뮤니티가 되었다. 그들은 9천 명 이상의 학생들을 교육하고 7천 명의 가난한 아이들에게 식사를 제공한다. 이 모든 것은 아침 10시 기도 회의에 내재되어 있는 바와 같이 의도적으로 포용하거나 형식적이지 않은 '시스템 아닌 시스템' 덕분에 가능하다. "저희에겐 사무요원이나 관리자 또는 운영자가 없어요."라고 비렌이 말했다. "우리에게 전화기 한 대가 있었지만 제대로 작동하지 않아서 없애버렸죠. 놀랍게도, 우리가 시작한 그 어떤 것도 돈 때문에 그만둬야 한 적은 없었어요." 나쁜 아이디어나 실천으로 인해서 실험이 실패할 수도 있지만 그에 의하면 한 프로젝트가 지속 가능한지 아닌지 확인 할 수 있을 때까지 놀랍게도 자금과 인력이 끊이지 않았다고 한다.

물 프랜차이즈 사업

비렌이 오직 기적에 의존한다고 비판하는 사람들도 있을 수 있겠지만 사실 그는 일종의 시장을 형성한 것이다. 그곳에서 아이디

아난드는 인도 시골지방의 물 문제를 해결하는 데 집중하기로 결심했다.
사르바얄 프로젝트는 비즈니스와 기부를 혼합한 형태다.

175명의 고객을 가지고 있는
프랜차이즈 공급자는 매달
430달러를 벌 수 있다.

금융기관은 기계비용을
장기 분할상환 해주었고,

마을사람들은 갤론당 아주 적은 돈을 지불한다.

어와 프로젝트가 넉넉한 지지를 받으며 자연스럽게 자라나는 것이다. 성공하는 것들은 실행 가능하면서도 가치 있는 것을 전달하는 프로젝트다. 다른 프로젝트들은 사라지거나 마나브 사드나 그룹의 도움을 받아 변화한다. 예를 들어서 아난드 샤(Anand Shah)는 깨끗한 물을 접할 수 없는 사람들에게 물을 제공하는 아이디어에 몇 년을 쏟았다. 이 문제는 3천만 명의 사람들이 깨끗한 물을 접하지 못하는 나라이자 모든 질병의 90퍼센트가 물과 위생에서 비롯된 국가에서는 작은 문제가 아니다.

휴스턴의 이민자 부모에게서 태어난 아난드는 단순히 돈을 기부하는 것보다 인도를 위해서 더 많은 일을 하고 싶어하는 인도 출신의 젊은 사람들과 함께 인도에 왔다. 그는 우리에게 "인도 디아스포라*(diaspora)의 많은 젊은이들이 인도에서 일하고 싶어했어요."라고 했다.[8] 이런 사람들이 '그들의 마음과 정신을 행동으로 옮기도록' 도와주기 위해서 그와 그의 누이는 일손을 필요로 하는 인도 단체와 해외의 젊은 사람들을 연결해주는 인디코(Indicorps : 인도 군단)라는 단체를 만들었다. 그의 이론은 '돈은 사람들을 따라 다닌다'였다. 인도에서 일한 경험을 가진 인도계 미국인들은 도움이 필요하게 될 효과적인 프로그램의 후원인으로서 평생 활동할 것이다.

아난드는 인디코를 그의 누이들에게 맡긴 후에 기부재단을 만

* 디아스포라(Diaspora: 세계 각지에 산재(散在)하면서 정체성과 민족성을 상실하지 않고 세대교체를 반복해 온 공동체를 말한다. 유대인이 그 전형적인 예지만 교포사회를 비롯, 우리 한민족이 전세계적으로 퍼져 있는 경우도 이에 속한다.

들고 싶어하는 피라말(Piramal)이라는 부유한 인도 가족을 위해 일하기 시작했다. 사전조사를 하면서 그는 가난한 마을에서 많은 시간을 보냈고 간디 아쉬람에서의 기도에 참가하기 시작했다. 기도 후 세션에서 아난드는 그 모임에 많은 제안을 했다. 그리고 인도 시골지방의 물 문제를 해결하는 데 집중하기로 결심했다. 사르바얄(Sarvajal, 모두를 위한 물)이라고 명명된 이 프로젝트는 비즈니스와 기부를 혼합한 형태다. 사르바얄의 접근방식은 마을에 우물을 팔 사람을 보내 펌프를 설치한 후 떠나버리는 기존의 방식과는 달랐다. 이런 우물들은 종종 실패했다. 우선 그 지역에 가서 우물을 파는 자체가 매우 돈이 많이 들 뿐만 아니라 사후 수리는 거의 이루어지지 않았다.

고립의 문제를 해결하고 마을 주민들에게 수도 비용을 받아야 하는 어려움을 해결하기 위해서, 사르바얄은 지역 공급자들에게 프랜차이즈를 할 수 있는 고도 기술의 필터 시스템을 개발했다. 금융기관은 이 기계들의 비용을 장기 분할상환할 수 있게 해주었다. 마을 사람들이 깨끗한 물을 이용하는 기간 내내 프랜차이즈 공급자들은 상환비용으로 이득을 볼 수 있었다. 피라말 가문의 도움으로 사르바얄은 이 기계들을 만들어 설치하고 원격으로 감독한다. 공급자들은 적당한 양의 물을 정수하기 위해서 돈을 선불한다. 돈을 제때 지불하지 않으면 서비스는 곧 중단된다. 175명의 고객을 가지고 있는 프랜차이즈 공급자는 매달 약 430달러를 벌 수 있다. 하지만 선불을 한 20명의 고객만 있어도 이 비즈니스는 수익을 올릴 수 있다. 그들은 갤런당 아주 적은 돈을 지불한다. 가난한 인도 가족은 그들 소득의 20퍼센트 정도를 의료비에 지출하는데 사르바얄 딜러에게서 물을 구매하면 아주 많은 돈을 절약할 수 있게 된다.

4년이 채 되지 않아 50개 이상의 수도 프랜차이즈 공급자들이 수만 명의 사람들에게 물을 공급하기 시작했다. 또한 아난드 샤는 하버드에서 교육을 받고 미국을 떠나 인도에 온 사람이 갖는 힘을 의식하기 시작했다. “제가 한 많은 작업들은 말도 안 되는 일들이었어요.” 그가 말했다. “하지만 이런 일을 하는 사람이라는 데 힘이 있었어요. 예를 들어서 저는 인도 대통령에게 만나고 싶다는 편지를 썼고 만날 수 있었어요. 그런 일들이 말도 안 되는 것들이었지만 저는 해냈지요.”

더 큰 규모에서 보자면 아난드는 인도가 사회주의 국가였을 때 대중이 ‘큰 공장과 큰 프로젝트가 모든 문제를 해결할 것’이라고 믿는 ‘큰 프로젝트’ 사고방식에서 벗어나고 있는 중이라고 설명했다. 오늘날에는 수백만 명의 기업인과 활동가들이 문제를 해결하기 위해 그들 자신들을 투신하고 있다. 그들 중에는 인도를 떠나 미국과 유럽에 갔다가 국가를 위해서 뭔가를 하기 위해 다시 돌아온 사람들이 많다. 아난드 같은 이들은 디아스포라의 2세들로서 변혁을 위해서 그들의 뿌리가 있는 나라에 자신들의 에너지를 열심히 쏟고자 한다.

지금까지는 사회주의를 대신하기 위한 새로운 사회적, 정치적 움직임은 나타나지 않았다. 아난드에 의하면 인도는 ‘평화롭지만 혼란스러운 국가로, 새롭게 진보할 방법을 찾을 기회가 풍부한’ 곳이다. 하지만 지금까지 “아무도 우리 모두가 할 일이 있다는 것을 알려주지 않았어요. 그런 담론이 시작되어야 합니다. 저는 그렇게 되리라 생각합니다."라고 아난드는 말했다.

상생의 주택 프로젝트

그 와중에, 영감과 창의성 있는 많은 사람들이 그들의 아이디어를 통해 더 많은 인도 사람들을 안전과 건강, 안정성이 보장되는 주류 경제로 편입시키려고 노력 중이다. 이런 상황에서 주택보다 더 중요한 것은 없다. 전적으로 지역에서 자생한 대안으로 현대식 주택시장에 진입할 수 없는 수많은 사람들에게 주거공간을 제공하는 굉장한 변혁이었다.

DBS 커뮤니티라는 개발 회사의 설립자들은 고(故) 프라할라드(C.K Prahalad)가 쓴 『피라미드 바닥의 부(富)』라는 책에서 영감을 받았다고 한다. 아주 간략하게 말하자면, 이 책의 주장은 사회적 선(善) 차원에서 뿐만이 아니라 수익의 거대한 기회가 하루에 2.5달러 이하로 사는 수십억 명의 사람들을 위한 시장에 뛰어드는 사람을 기다린다는 것이다. 이런 고객들을 위해 생산되는 물품과 서비스에는 끝없는 수요가 있을 것이라고 했다. 그의 책에서 프라할라드는 이들을 위한 은행, 의료, 그리고 비누와 같은 제품들의 성공사례를 소개한다. 또한 시장의 기회를 측정할 때 구매력 평가(PPP: Purchasing Power Parity)를 이용하라고 주장한다.[9] 이런 기준에 따르면 중국이나 인도에서 하루에 2.5달러 미만으로 사는 사람이 미국에서 똑 같은 돈으로 하루를 지내는 사람보다 고객으로서의 가치가 훨씬 높다.

구매력 평가는 부동산, 교통, 자재, 그리고 노동력과 같은 기본적인 것들의 현격한 가격차이를 고려한다. DBS 커뮤니티의 설립자들은 구자라트에 집을 지으면서 이를 고려했다. 이곳에서는 노동자들의 임금도 낮고 시멘트와 같은 자재에 들어가는 비용도 산업화된 국가보다 훨씬 적기 때문이다. 이렇듯 적은 비용으로 DBS는 아메다바드뿐만 아니라 수라트(Surat)의 해안도시에도 주택지를 개발할 수 있었다. 대문과 울타리로 둘러싸여 있는 이 프로젝트들은 방 두 개가 딸린 높은 아파트단지들로 이루어졌다. 현대식 부엌과 화장실이 있는 아파트들은 8천 달러에서 2만 달러 정도의 가격이다.

비록 수준 이하거나 빈민가 주택에서 월세로 살고 있지만 인도 시장에는 이렇게 상대적으로 저렴한 가격의 콘도 스타일 집을 구매할 수 있는 능력의 잠재적 고객들은 많다. 하지만 이런 사람들은 은행 계좌가 없거나 대출해본 적도 없거니와 신용카드도 없어서 신용기록이 없다. 이 문제를 극복하기 위해서 DBS는 사람들의 대출을 지원하고 계좌를 정리할 수 있도록 도와주는 비영리단체들과 접촉했다. 이런 단체들은 구매자들이 예산을 세우는 작업을 도와줄 것이다.

"우리는 고객들을 훨씬 더 잘 이해합니다." DBS와 함께 일하는 비영리 개발기구인 '사아트(Saath)'를 설립한 라엔드라 조시(Rajendra Joshi)가 말했다.[10] 인도의 부동산 전문가들처럼 라엔드라는 슬럼가 재개발에 동의하지 않는다. 실제로 수준 이하의 집들이 밀집되어 있으며 대부분의 경우 엉성하게 지어진 집들이 수백만 명의 사람들에게 필요한 것으로 잘못 이해되고 있다. 하지만 선진국에서와 같은 중산층들을 위한 집을 구입할 수는 없지만 적어도 조금 더 나은 집을 구매할 여력이 있는 수많은 이들에게 선택할 기회를 시장은 주지 않았다.

역사적으로 "인도의 부동산은 상류층과 중상류층을 위한 것이었습니다."라고 라엔드라가 DBS 사무실에서 샌드위치와 차이티* (chai tea)를 우리에게 건네면서 말했다. 새로운 방식을 찾기 위해서, DBS와 사아트는 "이에 대해서 함께 생각해 보기로 하지요. 과연 사람들에게 가격이 알맞은 주택이 무엇인지 찾아봅시다."라며 머리를 맞대었다.

잠재적 고객들과 상담을 한 뒤, 한 달에 150~200백 달러의 수입이 있는 고객들은 60 ~120 제곱미터 정도 크기의 새로운 아파트를 구매할 수 있다고 결론지었다. 더 높은 수준의 삶을 영유할 수 있는 수백 가구의 아파트 단지는 기존의 슬럼가 근처에 살며 금전적으로 어느정도 안정된 사람들에게 충분히 구매력이 있었다. 부동산 금융회사들이 저소득층을 위한 서비스를 제공하기 시작하자 이 프로젝트는 더욱 힘을 얻었다. 라엔드라는 서비스가 현저히 부족했던 이 분야에서 '지속가능한 시장'을 보았던 것이다.

라엔드라는 시장의 힘을 이용해서 아메다바드의 가난한 사람들의 삶을 향상시켜온 경험이 많았다. 그의 가장 성공적이었던 프로

* 차이티(chai tea): 인도식으로 조리해서 마시는 홍차. 향신료와 우유를 넣은 일종의 밀크

젝트 중 하나는 사이트를 이용해서 가정에 전선을 연결시켜주는 가격을 250달러에서 40달러로 줄인 것이다. 지역의 전기 공급자들이 이런 저가의 전기 연결을 신청하는 사람들에게 전기를 제공함으로써 이득을 볼 수 있다는 것을 깨닫고 사이트 같은 그룹의 원조 없이도 전기를 제공하기 시작했다. 이 아이디어가 현실화되자 "저는 후원금을 받아야 하는 걱정을 하지 않아도 되었어요."라고 라엔드라가 말했다. "돈은 가난한 커뮤니티에도 있어요. 당신은 그저 비즈니스 모델을 만들면 돼요."

사이트와 DBS는 시장 운용에 약간의 조건 변화를 주었다. 부동산은 전기와 같은 서비스가 아닌 고정 자산이기 때문이다. 그들은 투자자들과 투기꾼들이 수백 개의 아파트를 사고자 해도 절대 팔지 않았다. 라엔드라는 그의 단체가 슬럼가와 중산층 아파트 사이의 격차를 줄이는 사회적인 목표에 충실하다고 했다. 그리고 그들은 이런 집을 필요로 하는 사람들을 겨냥했다고 했다. 그들은 병원, 어린이 집을 비롯해 커뮤니티가 지속가능하게끔 하는 여러 서비스도 추가했다.

비록 이 모델은 구자라트의 가난한 사람들의 삶의 질 향상이라는 사회적 목표를 갖고 있지만 동시에 수만 개의 집을 건축하는 영리사업이기도 하다. DBS는 이 방식이 효과적이라는 것이 증명되면 많은 경쟁자들이 생길 것이라고 했다. 하지만 5억 명 정도의 잠재적 고객 숫자를 고려하면 이 시장은 여러 사업가들이 뛰어들어도 충분히 크다고 볼 수 있다.

우리는 라엔드라 조시를 만났을 때 아메바다드 외곽의 건설현장도 방문했다. 우리는 그곳에서 빼곡한 슬럼가 곁에 네 개에서 여섯 개의 콘크리트와 벽돌 아파트 단지가 들어서는 것을 목격했다. 시멘트 봉지, 벽돌, 그리고 철골구조물들이 쌓여 있었고 안전요원이 기구와 자재들을 보호하기 위해 순번을 정해 경비를 서고 있었다(그 날이 휴일이어서 노동자는 볼 수 없었다). 우리의 가이드는 아메바다드에서는 거의 볼 수 없는 현대적인 부엌과 욕실 및 엘리베이터를 갖춘 885세대가 들어설 것이라고 설명했다. 모든 면에서 이곳은 미국의 도시 외곽에서 흔히 볼 수 있는 건축현장과 비슷했다. 단지 다른 점은 펄럭이는 깃발과 빌보드로 가득한 부동산 중개업소들이었다.

물론 이 건축의 크기와 질로 보았을 때 관심을 불러일으키기 위한 깃발과 환영 센터는 필요가 없을 정도였다. 새로운 건물들은 아이들이 뛰어 놀고 시끄러운 오토바이들이 지나다니는 1~2층짜리 건물들과 빗물 웅덩이로 가득한 이름없는 동네 옆에 들어서 있었다. 새로운 아파트단지 뒤에는 쓰레기장이 있었다. 포장된 도로, 깨끗한 물, 그리고 수도 시스템 모두가 없는 이 동네에서 DBS–사아트는 바이어들을 따로 불러모을 필요가 없었다. 이 개발이 주는 기회에 끌려 완공이 몇 달 남았음에도 불구하고 벌써 수백 명이 입주신청을 했다.

DBS가 이 계획을 시험하기 위해서는 프로젝트를 완성하고 팔아야 하지만 그저 약간의 업그레이드된 서비스로도 큰 성공을 거둔 다른 프로그램들을 보면서 라엔드라와 그의 파트너들은 자신감을 가지고 있었다. 과거의 다른 프로젝트들은 슬럼 거주자들에게 인기가 있다. 그것은 그들 동네를 더 좋게 변화시키겠다는 자존감과 자부심을 키워주었기 때문이다. 그의 설명에 의하면 거리도 더 조용해지고 안정적으로 변화했다. "긍정적인 선순환 변화가 자리잡기 시작했어요."라고 그가 말했다.

DBS-사아트 계획은 저소득층의 신분상승에 탄력을 주는 지역과 집에 대한 자부심에 달렸는데 이는 인도에 튼튼한 중산층을 만들기 위해 꼭 필요한 단계다. 시장에 기반을 둔 이 계획은 물을 공급하며 사람들을 돈을 지불하는 고객으로 대접한 아나드 샤의 논리와 비슷하다. 두 사례 모두에서 알수 있듯이 진정한 인센티브를 제공한다면 모든 이들을 같은 목표에 이르게 한다는 사실이 성공의 근간이었다. 더 많은 사람들이 스스로의 삶을 상승시키려 한다. 집을 소유하겠다는 현상으로 표출되는 사회 유동성에의 갈망은 인도의 가난한 사람들이 늘 갖고 있었다고 라엔드라가 말했다. "차이점을 말하자면 오늘날에는 그들의 목표가 닿을만한 곳에 있다는 것이지요." 이런 변화는 나라안에서 성장 일로의 경제 에너지와 민주적인 정치를 비롯해 강력한 언론이 호레이셔 앨저*(Horatio Alger) 스타일의 희망과 사회적 평등의 메시지를 전달하는 데서 더 큰 동력을 얻고 있다.

인도의 국가운동인 크리켓 팬인 라엔드라는 인도의 국가대표팀

---

* 호레이셔 앨저(Horatio Alger (1832.1.13 ~ 1899.7.18) : 미국 아동 문학가. 목사의 아들로 태어나서 하버드대학 신학대학을 다녔으나 2년 만에 목사직을 버리고 소설가의 꿈을 안고 뉴욕으로 진출해 《누더기를 입은 딕》을 비롯해 120여 편의 소년 취향의 성공담식 소설을 발표했다. 특징은 가난한 소년이 근면과 절약, 정직의 미덕으로 성공한다는 것이다. 그의 이름은 미국적인 성공의 꿈과 결부되어 흔히 인용되고 있다.

을 비유에 사용한다. "10년 전까지 국가대표팀은 대부분 도시에서 온 선수들로 구성됐어요. 그들은 중산층 엘리트 선수들이었죠." 하지만 최근에는 리그와 팀들이 새로운 선수들을 구하는 데 더욱 열린 마음을 가지게 됐다. "최고의 선수들은 작은 도시와 마을에서 나옵니다. 그들은 다른 이들보다 배가 고프기 때문에 더욱 열심히 하죠."

열심히 일해 집에 투자할 정도로 성공한 신흥 중산층에 대해 이야기하는 라엔드라의 목소리에는 희망과 낙관이 묻어났다. 공과 방망이로 하는 모두가 참여할 수 있는 스포츠를 생각해보면, 이 이야기는 우리에게 익숙한 이야기가 된다. 증가하는 인구와 복지에 의존하는 가난한 사람들로 가득한 도시들이 바로 이곳 지구의 또 다른 지역에 있다. 개인적 야망과 내 집 장만의 꿈을 가진 지구에서 가장 활기찬 중산층을 만들어가고 있는 국가가 있다. 이 나라 사람들 또한 방망이와 공을 가지고 하는 게임을 즐겨 한다. 가장 큰 차이점은 크리켓 게임은 하루 이상 연이어 진행할 수 있다는 것이다. 반면 미국 야구는 가끔씩만 그렇게 느껴질 뿐이다.

제8장
중국

"실패를 하고 그것을 인정하는 것은
전체적인 성공에 대단히 중요하다."

– 응답자의 82%가 동의

성장하는 도시와 빈곤한 지방에 대한 기본적인 논의 없이 21세기 중국을 거론하기는 힘들다. 중국은 사회주의지만 또 자본주의다(베이징의 마오의 무덤 건너편 공원에서 주차되어 있는 롤스로이스 자동차를 목격할 수 있었다). 중국 사업가들과 정치적 반대자들은 혁신하거나 자신의 주장이 허락되는 상황 이외에는 중국 정부에 의해 활동을 제한받는다. 중국은 전통적인 동시에 현대적이고, 부유하기도 하지만 한편으로는 가난하며, 자신감과 불안감이 공존한다.

중국의 가장 큰 도시인 상하이에는 초현대식 고층건물들이, 오래된 식민지시대의 낮은 건물과 좁은 골목길이 빼곡한 지역 위로 솟아있다. 프라다, 베르사체, 디올 같은 명품들을 플라자 66이라는 대형 쇼핑몰에서 살 수 있고, 조금만 더 걸어가면 첫 공산당 회의가 열렸던 박물관도 갈 수 있다. 이렇듯 거리에서 발견하는 역설은 국가 정치에서도 명백히 드러난다. 공산당 지도자들은 궁극적으로 절대적인 권력을 갖고 있는 동시에, 긴 세월 동안 사회의 통제를 완화하고 경제 성장을 촉진하려는 노력도 한다.

소비와 투자, 수출의 놀라운 성장과 함께 통제를 병행하는 공산당의 전략 하에서도 정치적 반대자들이 증가하게 됐다. 비록 미국과 같은 외국의 비평가들을 만족시킬 만큼 인권이 신장되지는 못했지만, 중국 시민들의 평균적 삶의 질은 급성장했다. 13억 명 인구의 중국은 지난 20년간 국민총생산(GDP)이 500퍼센트 성장했다. 더욱 놀라운 것은, 1989년 천안문 광장에서 진압하는 군대에 의해 민간인 수백 명이 사망한 사태 같은 일을 겪지 않고 이런 일이 이루어졌다는 점이다. 그 당시의 갈등은 시민사회운동과 더불어 느리지만 여전히 지속되고 있는 정치적 행동의 틀을 만들게 된 듯하다.

변화와 안정의 조화는 중국인 모두가 신경쓰고 있는 문제인 것 같다. "평균적인 중국인은 '저는 혼란 빼고는 모든 일을 잘 다룰 수 있어요.'라고 합니다."라고 상하이에서 활동하는 비즈니스와 마케팅 컨설턴트인 블랙(PT Black)이 말했다.[1] "정부는 크게 조직하는 일은 대단히 잘 해왔고 혼란에 빠지는 일도 방지하고 있어요. 또한 중국인이 행복한 삶을 살도록 해주는 일도 꽤 잘 해왔죠." 현대 중국에서는 법적 제한이 없는 한 창조적인 일을 하는 사업가가 그들이 원하는 모든 실험을 해도 되는 것처럼 보인다. " '묻지 말고 이야기하지도 말라'가 이곳에서의 삶의 방식이랍니다."라고 PT가 덧붙였다.

중국에 처음 가는 서양인은 그곳에 대한 지식과 경험이 있으며 중국에 대해 존중하는 마음을 갖고 중국을 해석할 수 있는 사람의 도움을 받으면 좋을 것이다. 우리의 친구 PT만큼 적합한 가이드가 없다. 그는 학문적으로나 전문적으로 중국을 더 잘 이해하려고 노력하며 살아왔다. 중국의 지도자와 평범한 사람들이 무슨 생각을 하고 있는지 알고 싶어하는 저널리스트, 정부 관료, 그리고 비즈니스맨들이 PT에게 자주 자문을 구한다. '사려깊은 미디어(Thought-ful Media)'라는 언론사의 임원인 PT는 현대 중국 문화와 사회를 이해하는 데 집중하고 있다. 우리는 중국 기업가들의 융통성과 창의성에 대해 질문했다.

"이곳에는 창의력이 넘쳐나요." 우리가 방문한 상하이의 오래된 프랑스 지역에 있는 PT의 세련된 아파트에서 그가 말했다. 이런 창조성은 공산당이 1986년에 개방정책과 함께 상업 제한을 풀면서 시작되어 폭발적인 개발로 이어졌다. 하지만 PT에 의하면 경제성장 25년 후에 중국인들의 성공에 대한 기준은 변화했다고 한다. 부와 지위를 추구하는 것 이외에도 야망이 있는 사람들은 더 만족하는 삶을 살고 싶어하고 자신들이 더 나은 삶을 창조하고 있다고 생각하고 싶어한다. 다른 전문가들도 지적하듯이 중국인들은 일종의 정신적 만족을 찾는다. 이는 다른 사람들에 대한 봉사나 다른 사람들과의 연결, 아니면 사회주의 이전의 정신으로의 회귀일 수 있다. 그들은 이를 정치적인 조직이 아니라 개인적인 행동을 통해 성취하려고 한다.

"10년 전에는 모든 사람들이 정치와 민주주의에 대해 이야기했지만 이제는 변했어요."라고 PT가 말했다. 미국이 테러로 몸살을 앓는 것을 보며 중국인들은 '민주주의의 위험성'에 대해 생각하는 한편, 그들의 경제적 성공 덕분에 민족주의적인 자부심을 가지게 됐다. 이런 발전과 더불어 '장기적인 창조적 아이디어'를 추구하는 개인들이 중국적인 방법으로 더욱 자유롭고 풍요로우며 안전한 국가를 만들어갈 것이라 전망했다.

"중국인들은 인류 역사상 가장 성공적인 인종이에요."라고 PT가 말했다. "중국은 다인종국가이자 다언어 국가이고 20년 만에 6억 명의 사람을 빈곤에서 벗어나게 한 정부를 가지고 있습니다. 그 어떤 국가가 이보다 더 많은 사람들에게 그렇게 많은 일을 빨리 달성했겠습니까. 이런 관점으로 본다면, 중국인들은 자기계발을 하며 그들만의 시장을 만들어가고 국가를 발전시킬 것입니다. 그들이 잘할 수 있다고 믿는 것이 당연하죠."

미래경제 설계하는 엘리트

블랙이 외국인들에게 이야기하는 최고의 조언은 오래된 전제와 가정들을 버리고 세계에서 가장 크고 오래된 사회의 가능성에 눈을 뜨라는 것이다. 그러면 매분 마다 변화하고 창조적인 개인이 확대일로에 있는 중국이란 사회를 발견할 것이다.

중국계 미국인 1세인 캘빈 친(Calvin Chin)은 빠르게 성공할 방법을 찾기 위해 2004년에 상하이로 이주했다. 그는 중국의 값싼 노동력과 수출 사업을 지원하는 국가정책 덕분에 다른 국가들에 비해 우위를 갖고 있는 분야인 고도의 기술 산업에서 기회를 찾았다. 캘빈은 'SMIC(Semiconductor Manufacturing International Corpora-tion, 반도체 개발 국제 기업)'라는 창업에 참여했다. 이는 일자리 창출을 노리는 시 정부와 연대해 놀라운 성장을 이뤄냈다. 3년 후 SMIC가 주식공개를 하게 되자 캘빈은 주식을 팔고 더 많은 일을 하고 싶어하는 다른 사람들을 상담해주는 비즈니스 컨설턴트로 활동하게 됐다. 그는 수익을 내면서도 사회를 위해 좋은 일을 할 수 있는 이들을 만들어내는, 자급자족이 가능한 비즈니스를 만들기로 결심했다.

캘빈과 그의 친구들은 인생에서 더 깊은 의미를 찾고자 했다. "이 모든 경제성장에도 불구하고 인생이 공허한 것처럼 느껴질 때가 있어요."라고 그가 말했다.[2] 이런 공허함은 돈이 가져다 줄 수 있는 행복에 한계가 있음을 깨닫고 또 느끼는 벼락부자의 감정일 수도 있고 사회적인 부분일 수도 있다. 중국에서 억만장자 계층의 부상은 평범한 사람들을 자극하기도 했지만 경쟁적인 사회에서 생길 수 있는 불평등을 반영하는 현상이기도 했다.

중국은 이제 '비싼 스포츠카를 탄 여성이 쓰레기통을 뒤지는 할머니 옆을 지나가는 것을 목격할 수 있는' 곳이다. 젊은 중국인들이 이런 사회 격차에 대해 느끼는 감정은 미국인과 비슷하다. 젊은 중국인들은 대학 학비와 의료비를 감당할 것을 걱정한다. 또 나이 많은 부모와 조부모 부양을 걱정한다. 이런 걱정들은 가치에 대한 중국인들의 대화를 이끌어나가고 성공과 행복한 삶의 의미에 대한 질문을 하게끔 한다. 또한 이런 걱정들은 더 높은 가치를 추구하는 혁신을 배양하는 새로운 개발 기획을 예고하고 있다.

SMIC에서 배운 것을 활용해서 캘빈은 치팡(Qifang)이라는 기관을 공동으로 설립했다. 이 기관은 적은 투자기금을 모아서 대학생들 학비 대출을 도와주는 기관이다. 몇 달 안가서 치팡은 2,500명의 학생들에게 신용 정도에 따라 다른 이율의 학자금 대출을 받을 수 있도록 도와주었다. 그 중 단 한 명도 지불을 연체하지 않았다. 치팡은 전세계의 주목을 받게 됐다.

캘빈은 중국에서도 사회적 기업이 성공할 수 있음을 증명했다. 그리고 치팡을 다른 이들에게 넘겼다. 트랜지스트(Transist)라고 불리는 그의 다음 도전은 '수익과 사회적 목표'를 가지고 있는 창업가들에게 백만달러까지의 자금 지원뿐만 아닌 컨설팅을 제공하는 기관이다. 중국인뿐만 아니라 외국인 컨설턴트들로 이루어진 트랜지스트 팀은 3일짜리 단기 코스인 'Lean Start-up Machine' 세미나도 연다. 이곳에서 학생들은 새로운 아이디어를 어떻게 만들어내고 적용시키는지를 배운다. 트랜지스트는 투자할 제안서도 받고 있다. 이미 4개의 전망 밝은 회사들에게 투자했다. 이 가운데 3개는 인터넷 기반 금융서비스 관련이다. 다른 하나는 유나이티드스타일(Unitedstyle)이라는 회사인데 전세계 소비자들에게 패션을 배달해준다. 유나이티드스타일 고객들이 회사 웹사이트에 들어와서 옷을 디자인하면 회사는 그 옷을 만들어 전세계로 배달해 준다. 유나이티드스타일 옷가격은 대단히 경쟁력이 있는 가격으로 한 벌에 130

달러 정도 한다. 그리고 가장 현대적이고 환경친화적인 좋은 기술로 제품을 만들어낸다.

금융과 노하우는 한 명이나 두 명 자녀 가족으로 태어나서 그들 부모에게 많은 책임감을 느끼고 있는 젊은 중국인들이 받는 스트레스를 줄여줄 수 있다. "만약 두 부모님과 네 분의 조부모님을 모셔야 한다면 새로운 것을 시작하기 위해 도전 하는 일은 너무나 큰 도박일 수 있습니다."라고 캘빈이 설명했다. 격려나 금융 파트너 없이는 잠정적 창업가들이 새로운 일에 도전하는 일은 없을 것이다. 그보다 대기업에서의 안전한 경력을 선택할 가능성이 높다. 캘빈은 그가 제공하는 도움으로 도전자들이 중국뿐만 아니고 전세계의 삶을 개선하기를 희망한다. 그는 교육, 보건, 안보, 식품안전, 그리고 환경친화기술 분야에 기회가 많다고 본다.

캘빈이 목표로 하는 비즈니스의 모든 분야에서 중국정부가 개입을 줄였고 수익사업을 위한 시장을 열긴 했지만 리더십은 진공상태가 됐다. "중국은 계획경제에서 자유시장으로 옮겨갔고 국가소유 자산에서 개인소유 자산으로 방향을 옮겨갔어요."라고 그가 말했다. 더 최근에는 정부가 문화적 결정권자로서의 역할도 줄이면서 개인과 사회를 이끄는 가치관을 정의하는 것을 더이상 하지 않고 있다. "3,40년 전에는 정부가 사회의 가치를 결정했어요." 그가 덧붙였다. 오늘날 중국인들은 스스로 도덕적, 사회적, 또 상업적 우선순위를 정한다. "밑에서부터의 가치변화가 일어나고 있어요." 캘빈이 말했다. 이런 변화로 사회적인 기업의 발전과 함께 중국 역사상 처음으로 인류애가 싹트고 있고 사회단체가 시작되고 있다.

사회적 기업 모델 창조

플로라 란(Flora Lan)은 중국인들 대부분이 공휴일을 즐기고 있던 2012년 노동절날 우리를 만나서 기술자와 디자이너, 마케팅 담당자와 교육자들이 환경주의를 주창함으로써 어떻게 수익을 올릴 수 있는지에 대해서 설명해 주었다. 중국을 더러운 치약이나 산업 오염과 연관짓는 서양인들에게 플로라의 회사인 그리노베이트(Greenovate) 비즈니스 모델은 불가능해 보일 수도 있다. 하지만 그리노베이트는 중국 기업들에게 어떻게 국제적 노동기준과 환경기준을 지키면서 지속 가능한 제품을 제공할 수 있는지 가르치면서 수익을 낸다.

이 회사는 공산당의 우선순위 변화로 인해 이득을 보게 됐다. 수십 년간의 억제되지 않은 중국의 성장이 있고 난 후, 이제는 정부 관료들이 단순한 경제발전만이 아닌 일반시민들의 삶의 질에 집중하기 시작했다. 심각한 공해문제에 문제의식을 느낀 광저우(중국의 디트로이트)의 관료들은 거리의 차량을 50퍼센트 줄이려고 노력 중이다. 교통체증을 줄이고 공기의 질을 높이기 위한 정책이 중국 전역에서 시행되고 있다. 그와 동시에 주 자치정부는 삶의 질을 향상시키기 위해서 대중교통과 공원, 문화센터에 투자를 하고 있다. 이런 변화는 증가하고 있는 환경 운동에 대한 정부의 대응이라고도 평가되고 있다. 환경운동의 일환으로 2011년에는 공해를 만드는 공장들에 대한 대규모 시위를 시작했다.

환경에 대한 이런 사회적 우려를 활용하기 적절한 시점에 미혜라 흘라딘(Mihela Hladin)이라는 슬로베니아 여성이 그리노베이트를 설립했다. 그녀는 중공업 관련 엔지니어링 일을 하는 유럽 회사에서 일하기 위해 중국에 왔으며 문화적 혼돈과 환경에 대한 무지로 환경사업이 더 힘든다는 점을 알게 됐다. 우리와의 만남에서 그녀는 말했다. "저는 같은 문제에 계속 부딪혔어요. 그건 사람들이 쉽게 나무를 살릴 수 없다는 사실을 교육받지 못했기 때문이었지요. 강은 일주일만에 깨끗해지지 않잖아요. 저는 함께 일하던 사업가들이 그들의 환경적 영향력에 대해 더 깊은 이해를 하고 있었더라면 그들이 같은 방식으로 했던 일을 계속 하지는 않았을 것이라고 확신합니다."[3]

프로젝트가 끝나고 흘라딘은 그리노베이트를 만들기 위해 중국에 머물렀다. 이 회사는 월마트와 애플이 그들의 공급자들이 국제적 환경·노동 기준을 준수할 것을 주장하던 시점과 비슷하게 설립됐다. 때를 같이해 중국 시민들은 그들 지역의 공해 때문에 시위를 하기 시작했다. 정부 관료들이 이런 캠페인을 허락하자 더 많은 사람들이 중국에서의 삶의 질을 위해서는 공기, 물, 땅을 보호해야 한다고 주장하기 시작했다.

관심에서 행동으로의 변화는 사회적 목표를 위해 일할 것이라는 신뢰를 받는 중국 정부와 기업에게는 문제거리였다. 중국은 비영리기구가 거의 없었고 관료들은 그들이 무슨 일을 할 것인지에 대해서 믿거나 신뢰할 기준이 없었다. 이 문제를 해결하기 위해서 흘라딘은 그리노베이트를 자선단체가 아닌 기업으로 만들었다. 이런 융통성 있는 기획은 흘라딘과 그녀의 동료들이 교육하고 조언하고 알리는 환경운동가로 행동하면서 정부의 제한을 덜 받을 수 있도록 했다. 사업으로서 그리노베이트는 불편한 감시 없이 사회적 이익을 창출할 수 있었다.

우리가 상하이 주택가에 위치한 그리노베이트를 방문했을 때 플로라 란이 회사의 탄생스토리를 이야기해 주었다. 이 회사는 골목에 있는 이층짜리 건물에 위치했는데 그 건물에는 공중에 빨래가 걸려 있었다. 그리고 그곳은 아이들의 목소리가 들리는 곳이었다. 공휴일이어서 그녀의 동료들은 일을 하지 않고 있었다. 플로라의 가족은 짧은 공휴일에 방문하기에는 너무 멀리 살고 있었다. 그래서 그녀는 가족에게 가는 대신 우리에게 사회적 기업의 중요성과 그들의 작업 방향이 인정받고 있다는 것으로 만족하는 것 같았다. 가장 처음 해야할 일은 독립성을 확실히 하는 것이라고 했다.

"거대 권력기구인 정부와 일할 때 사람들은 우리도 거대 권력이라고 생각하는 경향이 있어요."라고 플로라가 말했다.[4] 그녀가 한 말의 요점은 중국에서는 비즈니스를 하는 사람들과 소비자들이 특정한 서비스를 정부에 의존하는 경향이 있어서 정부와 너무 가까우면 그리노베이트에 대한 불신을 키울 수 있다는 것이다. 고객들이 그리노베이트의 진정한 목표를 믿지 못하거나 회사와의 관계를 불안하게 생각할 수도 있다.

그리노베이트의 고객들은 많은 공해를 배출하는 제조회사에서부터 고객들에게 건강하고 환경친화적인 음식을 제공하고 있다는 것을 확인받고 싶어하는 요리사까지 다양하다. 플로라의 일은 고객들의 연료, 전기, 물, 그리고 다른 자재들의 소비를 측정하는 것

2011년에는 공해를 만드는 공장들에 대한 대규모 시위를 시작했었다. 더 많은 사람들이 중국에서의 삶의 질을 위해서는 공기, 물, 땅을 보호해야 한다고 주장하기 시작했다.

홀라딘에 의해 그리노베이트가 설립되었다. "사람들이 쉽게 나무를 살릴 수 없다는 사실을 교육받지 못했기 때문이었지요. 강은 일주일만에 깨끗해지지 않잖아요. 환경적 영향력에 대해 더 깊은 이해를 하고 있었더라면 같은 방식으로 하지 않았을거라고 확신합니다."

에서 시작한다. 그녀와 동료들은 폐기물 위험순위를 검토하며 고객들이 생산하는 제품이 소비자들에게 안전한지를 확인한다. 이런 검사가 끝나면 컨설턴트들은 매니저들에게 리포트를 제출하고 나서 기술이나 사업의 변화를 감독하고 직원들을 교육하게 된다.

플로라에게 그리노베이트에서의 일은 단순한 직장 이상의 의미를 갖는다. 사회적 기업가로서 "돈도 벌지만 행복도 얻게 됩니다."라고 그녀는 말했다. 사실 그녀의 상하이 금융과 경제 대학 동기들이 대기업에 취직해서 버는 돈에 비하면 플로라가 버는 돈은 얼마 되지 않는다. 우리와 만난 날은 그녀의 생일이기도 했다. 부모님이 작은 선물들이 담긴 박스를 보내 온 것에 기뻐하며 부모님이 그녀가 선택한 비전통적인 경력 선택에 만족한 점에 대해 자랑스러워했다.

중국의 한 자녀 갖기 산아제한정책으로 부모님에게 다른 아이는 없었다. 그래서 플로라에 대한 감정이 아이가 많은 다른 가정보다 각별했다. 다른 부모님들처럼 그들도 세대차이로 힘들어 한다. 더 교육받고 더 적극적인 중국의 젊은이들은 정치에 대한 의견을 당당히 밝히기도 했다. 그들의 꿈은 물질적으로 풍족한 삶 그 너머에 있다.

"제 부모님은 그들이 좋은 시민이라고 생각해요."라고 플로라가 설명했다. 공산당 혁명의 아이들로서 그녀의 부모님은 마오쩌둥을 존경해 그의 말을 따른다고 했다. "부모님들은 정부가 하는 말을 경청한답니다. 터무니없다고 생각하는 일은 하지 않는 착한 분들이시지요." 플로라는 그녀의 세대에 대해 말했다. "농담이 아닌 이상 마오에 대해서 이야기하지 않아요. 제 기준에 좋은 시민은 다른 시민들을 돌보는 사람입니다. 좋은 시민은 사회에 대한 의식이 있으며 바늘을 움직이는 사람이지요."

서양적인 표현인 '바늘을 움직인다'라는 플로라의 말은 사회 문제를 파악하고 '내가 그 문제에 대한 해결책을 생각해 낼 수 있다고 말하는 약간의 용기'라는 뜻이라고 했다. 플로라가 돈에는 별로 관심이 없는 데에 대해 부모님은 이해를 하지 못한다고 했다. "하지만 제가 이 일을 해서 행복합니다. 저는 영향력 있는 일을 하고 있는 것이에요. 이것이 제 삶의 방식이기도 하고요."

사회적 이득과 경력에 대한 야망을 함께 이룬다는 관점은 대학에서 스티브 쿤(Steeve Koon)의 강의를 듣고 나서 생겼다. 쿤은 하버드 케네디 스쿨에서 사회적 기업에 대한 공부를 했고 중국에서 아시아의 사회적 기업가들에게 자문을 하고 있었다. 2008년에 그는 중국 여행을 하며 사업을 통해 사회를 개선하는 방법에 대해서 강의했다. 그의 청중은 일을 막 시작하려는 청년들이었다. "전통적인 자선가들은 그들이 얼마나 많은 사람들을 도와줬는지에 자부심을 느낍니다. 사회적 기업가들은 얼마나 많은 사람들을 도와주지 못했는지에 대해 책임감을 느끼지요. 사회는 더 많은 사회적 기업가들을 필요로 합니다."[5] 플로라는 쿤의 '사명감을 가진 비즈니스'에 대한 메시지에서 영감을 얻어 이를 그녀의 경력 모델로 삼기로 했다.

전 세대의 '과시적 소비'에 대해 비판적인 그녀는 일에서 더 많은 보람을 느끼기를 원한다. 그녀의 삶이 더 큰 목적을 위해 일하는 일종의 소명이기를 바란다. 우리가 그녀에게 무엇이 이런 동기를 부여했는지 물어보니 그녀는 잠시 생각한 후 중국의 산아제한

정책에 의해 만들어진 핵가족에 대해 이야기했다. 형제자매가 없는 그녀와 동료들은 일종의 허탈감을 느낀다고 했다. 그녀의 세대를 '뿌리 없이 강 위에 떠있는' 수련에 비유하면서 그녀는 "우리는 매우 외롭답니다. 형제자매도 없고요. 결국 우리는 공동체가 없어요."라고 했다.

플로라의 꿈은 하는 일에서 수익과 함께 목적있는 독립적인 사업의 가치를 보여주는 것이다. 그리고 그가 가장 좋아하는 일은 그리노베이트의 성공을 인터넷을 통해 퍼뜨리는 것이다. 이런 방법으로 사회적 기업 모델은 힘을 얻게 될 것이라고 그녀는 희망적인 어조로 말했다. '정부의 허락을 기다리는 대신에' 더 나은 중국을 만들고자 하는 사람들이 더 적극적으로 활동할 수 있는 공간을 발견할 수 있을 것이라고 했다. 이런 변화의 에너지는 중국 사회에서 이미 생겨나고 있다. 플로라는 이런 사람들간의 소통만 잘 된다면 행동을 위한 아이디어는 창출되고 다듬어지고 적용되어 더 나은 개인과 국가의 삶을 창조할 것이라고 했다.

진정한 변화는 소통의 활성화

플로라 란이 평화적인 변화의 보병이라면 데이비드 워타임(David Wertime)은 이런 캠페인의 전선에서 전세계에 이런 변화를 알리는 역할을 하고 있다. '티리프네이션(Tea Leaf Nation)'이라는 그의 회사는 인터넷에 같은 이름의 잡지를 출판하며 중국과 전세계의 독자들에게 중국에서 일어나는 사건들에 대한 소식을 발빠르게 전달하고 있다. 데이비드와 그의 동료들의 리포트는 소셜 미디어 포스팅에서 따온 것이 많지만 다른 비슷한 사이트와 달리 티리프네이션은 '보트(bot)'라고 불리는 자동 컴퓨터 프로그램에 일을 의존하지는 않는다. 반대로 스태프들이 직접 '중국의 소셜 미디어를 매일 뒤져서 경향을 찾아내고 사람들의 반응을 살피며 주요 뉴스를 심층 보도한다.'[6]

물론 이 잡지에 대한 반응은 뜨겁다. 잡지에는 정부에 반대하는 작가의 '더 부드러운 중국을 위한 간청'이라는 기사의 번역본이 실리기도 했다. 무롱 수에쿤(Murong Xuecun)이라는 필명을 사용하는 작가는 "우리에게 이론적으로는 어떤 권리가 있지만 현실적으로는 없습니다. 이론적으로는 임금이 올랐지만 막상 시장에 가면 고기를 살 돈도 없습니다. 이론적으론 사람들의 삶의 질이 향상 됐지만 사실 그들은 아직도 기어다니고 있는 것이 현실입니다. 이론적으로 당신은 산을 움직였지만 실제로 당신은 그저 구렁에 떨어진 것뿐입니다. 이론적으로 당신은 국가의 주인이지만 실제로 당신은 묶여있는 겁니다."라고 썼다.[7]

무롱의 진보적이며 진심 어린 호소는 중국을 더 개방적이고 진보적으로 만들고 싶어하는 사람들의 지지를 받았다. 그러나 이것만이 이 잡지가 가진 유일한 견해는 아니다. 이전에 티리프네이션은 중국에서 불법으로 거주하면서 일하는 외국인 노동자들에 대한 기사도 실었다. 이때 이 잡지는 정부의 강력한 대응에 대한 반대가 아닌 대중의 지지에 대한 기사를 실어서 많은 호응을 얻었다.

최근 기사에 대한 11만 4천 개의 댓글을 읽으면서 티리프네이션은 네티즌들이 정부의 행동에 찬성하고 있다는 것을 알아냈다. 많은 사람들이 정부가 '진작 했어야 할 일'이라거나 '아예 안하는 것보단 늦는 것이 낫죠'라고 했다. 어떤 사람들은 비슷한 행동을 정부가 따이렌, 상하이, 그리고 광저우에서 하기를 바란다고 했다. '아웃사이더'인 사람들에게 이런 대화는 걱정스럽기도 하다. 어떤 사람은 베이징 경찰이 사용하는 거친 언어를 칭찬하기도 했다. " '치운다'는 정말 적절한 단어입니다. 거리에서 쓰레기를 치우는 것처럼 말이죠."[8]

잡지에서 나타나는 개방성과 다양한 의견은 정부가 주기적으로 대중의 담론을 지배하려는 노력에도 불구하고 중국의 소셜미디어에서 찾아볼 수 있는 자유로운 의사표현을 반영하고 있다. 우리가 베이징에서 데이비드를 만났을 때 그는 이에 대해 설명했다. 이 도시는 굉장히 크고 위화감을 조성한다. 또한 너무 길고 직선적으로 이어져서 착란을 일으키기도 하는 거리들로 이루어져 있다(하루는 우리가 천안문광장에 가려고 30분 동안 걸었지만 가까이 가지 못해 중도에 포기해야 했다). 상하이보다는 덜 활기차지만 베이징에는 강력한 정부 관청들이 있고 언론사들이 위치하고 있다. 이곳에서 정책을 만드는 사람들은 인터넷의 소셜미디어와 싸워야 한다.

"중국 정부가 이를 멈추려고 수없이 노력했어요."라며 데이비드가 가끔씩 정부관료들이 인터넷 포스트를 지우고 특정 블로거들의 사이트를 삭제하는 것에 대해 우리에게 이야기했다.[9] 하지만 정부가 인터넷을 통제하려는 노력은 거의 실패했다. 중국의 2억 5천만 명 인터넷 사용자가 통제에 저항했기 때문이다. 정부 관료들은 대체적으로 인터넷의 자유로운 토론을 가능하도록 열어놓는 것과 너무 많이 통제를 해서 반대 시위를 일으키는 것 사이에서 중용을 지켜야 한다.

"그들은 사람들이 메가폰으로 소리를 지르며 걸어다니는 것을 허용했어요."라고 데이비드가 말했다. "이제 그들이 무엇이라고 하든지 통제할 수가 없죠." 메가폰에 일종의 필터작용을 하는 티리프네이션은 음량을 줄이는 대신 현재 일어나는 일에 대해 지속적으로 메시지를 전달해준다.

티리프네이션의 아이디어는 데이비드가 미국 수도 워싱턴의 국립 몰(Mall)을 방문하면서 생겨났다고 한다. 그곳의 제퍼슨 기념관에서 (제퍼슨은 자유로운 의사표현을 수호한 것으로 유명하다) 세 명의 하버드 졸업생들이 '우리에게 중요한' 것에 대해서 이야기했다고 데이비드가 회상했다. "우리는 중국과 서양의 격차를 줄이는 일을 하고 싶었어요."

처음에는 평화봉사단 자원봉사자로, 그 후에는 국제적인 법률회사에서 변호사로 10년을 중국에서 지내면서 데이비드가 이런 아이디어를 가지게 된 것은 자연스러운 일이었다. 이는 동료인 지미와 레이첼에게도 잘 어울리는 아이디어였다. 중국 북부해안에서 태어나서 자란 지미는 하버드의 아시아 법연구회의 리더였다. 레이첼의 가족은 남부 중국에서 미국으로 이민왔고 아이비리그에 가기 전 그녀는 중국 시 읽기를 즐겼다고 했다. 이 세 명의 친구들은 중국에 대한 열정과 관심을 공유했다. 그들은 살아있는 동안 뭔가 의미있는 일을 하고 싶다는 생각도 공유했다.

몰을 걸어다니면서 생긴 이 프로젝트는 지미, 레이첼, 데이비드로 하여금 중국의 사회적 온도를 매일 측정하게끔 했다. 그들은 중국의 '웨이보*(Weibo)' 사이트와 개인 블로그들을 비롯한 다양한 소셜네트워크를 검토했다. 데이비드에 의하면 이런 '엿듣기'는 편집자들에게 '수백 명의 대체적으로 솔직한 의견'을 들을 수 있도록 해준다. 이런 과정이 중국인들이 외부인들이 생각하는 만큼 고립되어있지 않음을 깨닫게 해주었다.

"중국에는 이런 말이 있어요. '당신은 당신 집 앞의 눈만 치운다.'"라고 데이비드가 설명했다. 하지만 그는 중국인들이 그들 집 앞의 문제보다 훨씬 다양한 문제에 관심을 가지고 있다는 것을 온라인을 통해서 깨달았다. 도시와 지역 정부의 스캔들은 사람들의 혹독한 반응을 자극했고 관료들은 종종 포스트를 검열하지 않았다. 우리가 중국을 방문했을 때 수천 명의 사람들이 인터넷을 이용해 굉장히 부유한 우잉(Wu Ying)이라는 여성이 사기죄로 사형선고를 받은 결정에 반대하기 위해 그녀를 위한 캠페인을 기획하고 있었다. 부유한 사람들은 종종 의심과 질투를 받지만 중국 사법부가 우잉에게 사형을 선고했을 때 이는 굉장한 물의를 일으켰다.

"저에게 감동적이었던 것은 사람들이 한 번도 만난 적이 없는 사람에 대한 사법부의 판정이 얼마나 부당한지에 대해 용감히 글을 올린 것이었어요."라고 데이비드가 말했다. "그들은 경제 사범에게

---

* 중국의 일종의 페이스북

사형을 선고하는 것이 부당하다고 생각했어요. 중국 정부가 정확한 이유를 설명하지는 않았지만 사법부는 사형선고 판정을 뒤엎었습니다. 사람들이 그녀를 살릴 수 있다고 생각하고 행동한 것이 놀라웠어요."

데이비드와 그의 동료들이 티리프네이션에서 그리는 더 큰 그림은 정부가 허용하는 개방성을 활용해 비판, 불만과 함께 삶을 더 재미있고 풍부하게 만들려는 창조성이 넘실대는 활기찬 중국이다. 단기적으로 그들의 성취는 작을지 모른다. 그러나 적은 수이지만 다른 중국의 모습을 위한 움직임, 즉 더 많은 창조성, 직접적인 행동, 시민들의 문제를 해결하려는 노력들을 허용하는 움직임은 더 큰 변화를 염두에 둔 널리 알려진 사람들에게서 비롯되기도 한다.

신진 엘리트들의 리더십

만약 베시 리(Bessie Lee)를 요약할 한 단어가 있다면 그것은 자신감일 것이다. 그녀를 만나면 그녀의 눈에서 반짝이는 고요한 자신감을 느낄 수 있었다. 그 자신감은, 더 나은 중국은 공산당 정부의 '효율적인 기계'로부터 만들어지지는 않을 것이라고 말하는 그녀의 목소리에서도 느낄 수 있다. 대신 더 나은 중국은 대중의 취향과 태도와 행동에 영향을 주기 시작하는 사적인 기업들로부터 시작될 것이라고 했다. "시장의 크기 때문에 제가 영향을 줄 수 있는 사람이 아주 많아요. 이 사실은 굉장히 신나고 정신적으로도 충만한 일입니다."라고 우리를 만나자마자 이야기했다. "저는 중국에서 중국에서만 할 수 있는 일을 하고 싶어요."[10]

베시의 충성심은 여러가지 이유에서 놀랍다. 우선 그녀는 공산당이 1949년에 집권했을 때 대만으로 피신한 부모님을 두고 있다. 개혁 이후 중국에 갈 수 있는 상황 전에 돌아가신 그녀의 아버지는 오래된 전통을 통해서만 고향을 기억할 수 있었다. 그는 전통적인 방식으로 명절을 보냈고 고대 중국 혈통을 기억하기 위해서 전통음식을 차려먹었다. 그는 그의 딸이 2002년에 귀화한 현대적인 중국을 상상하지 못했을 것이다.

국제적인 광고 미디어 회사이며 존 거제마(John Gerzema) 그룹의 자회사인 그룹엠(Group M)의 중국지부 최고경영자가 되면서 베시는 이 계통의 산업이 막 발전하기 시작한 거대한 시장 속으로 진입한 셈이었다. 성장의 기회는 무궁무진한 상황이었다. 최고의 팀을 구성할 기회도 많았다. 사람들의 재능을 확인해 가며 그녀는 혁신과 창의성에 관한 한 약간의 주저함이 있음을 발견하게 됐다. 그녀의 분석에 의하면 중국의 고립성과 교육 시스템이 현재 상황에 도전하려는 충동을 억압시켰다. 이는 실로 어느 분야에서든 큰 변화가 일어날 때 관찰되는 가장 흔한 현상이기도 하다. "이는 중국뿐만이 아니라 아시아에서 흔한 현상입니다."라고 그녀가 말했다. "하지만 중국이 늦게 개방했기 때문에 중국에서 더 심하게 나타난 것이죠."

몇십 년간 축적된 순응하려는 충동은 투자가들을 주저하게 하는 결과가 됐다고 베시가 말했다. 투자가들은 해외에서 검증받은 제품을 모방하는 회사에는 쉽게 투자했지만 완전히 새로운 것에 도전하는 중국 기업가나 사업에 투자하는 것은 꺼렸다. "틀 밖에서 생각하고 권한에 도전하는 것은 새로운 개념이에요." 그녀가 덧붙여 말했다. 새 개념의 가치를 인식한 후 '사람들의 창의성을 장려하는 환경을 만드는 것'이 그녀가 회사와 국가를 위해 할 수 있는 최선이라고 생각했다.

우리는 젠(zen)이라는 상하이의 레스토랑에서 그녀를 만나 점심식사를 했다. 그곳에는 섬세하게 만들어진 딤섬을 골라 먹으며 비즈니스를 하는 사람들로 가득했다. (우리는 돼지갈비, 계란 수플레, 바삭한 두부, 야채와 튀긴 조개류를 선택했다.) 유행의 첨단을 볼 수 있었고 비즈니스 여성들도 많았다. 비록 중국에서 여성에 대한 차별이 완전히 사라진 것은 아니지만 다른 국가들에 비해 적은 것은 문화혁명의 영향을 받은 결과이다. 베시는 이것이 중국이 앞으로 발전하는 데 힘이 될 것이라고 했다. 하지만 이런 장점도 미래 경제를 위해 필수적인 여성들의 힘을 제한하는 다른 사회적 요인들로 인해 방해를 받고있다.

1960년대와 70년대에 성인이 된 여성들은 남성들의 권위에 익숙해 있다. 일부 분야에서 동등한 권리는 얻었지만 그 시대에 그들의 창의성은 제한적이었다. 이 현상의 증거들은 패션에서 볼 수 있다고 베시가 말했다. 중국이 개방하기 전에 "여성들은 패션, 메이크업, 헤어스타일에 신경을 쓰지 못하도록 했어요." 그리고 이런 태도는 그들의 순응에 일조했다. 최악의 경우를 말하자면, 이런 순응적 태도는 국가에 대한 충성을 그 무엇보다 중요시했다. "공산당이나 마오쩌둥에 대해 나쁜 말을 한 사람은 고발당해야 했어요. 사랑하는 부모님, 배우자나 아이들조차도요." 불만을 표출하다 적발된 사람들은 "거리에 끌려나가 얻어맞고 수난을 당했지요." 이것을 보며 자란 아이들은 "조용히 지내야 한다는 것을 배웠죠. 남들 앞에서 튀지 말라고요. 최대한 조용하라고요."

과거 체제 하에서 평등을 경험한 여성들은 그들이 교육과 직업에 있어 평등하게 접근할 수 있는 권리를 누렸다고 생각할지 모른다. 하지만 실은 그들은 평등하게 억압받았던 것이다. 튀는 것을 두려워하는 조용한 시민들로서 역동적이며 팽창일로의 경제를 위해서 재능과 감정을 활용하지 않는 경향을 보였다. 자유로워지고 제약이 점점 완화되면서 어떤 이들은 적응을 잘 했지만 진정한 아테나 스타일의 융통성과 창의성은 그들의 딸 세대에서야 표출됐다. 베시는 중국의 가장 성공한 혁신가들 중에서도 가장 성공한 여성들을 우리에게 소개해 주었다. 중국정부가 작성한 중국 최고 부유층 인사 명단 중 30퍼센트가 여성들이다. 베시가 우리에게 말해준, 중국에서 최고로 영향력이 있는 그녀들 중 몇 명은 다음과 같다.

> 홍 황(Hung Huang)은 중국의 첫 디자인 박물관 관장으로 250만 명의 소셜 미디어 팔로워를 거느리고 있다. 그녀의 어머니는 마오쩌둥에게 영어를 가르쳤다. 그녀의 딸은 유명한 작가이자 패션매거진 창시자이며 크게 성공한 옷가게 대표이기도 하다.
>
> 왕 인샹(Wang Yinxiang)은 차이나 항공(Air China)의 부회장이며 공산당 고위간부다. 정부와 산업 사이를 넘나들며

활약하고 있는 그녀는 초고속성장을 하고 있는 중국의 항공 분야에서 가장 존재감 있는 사람 중 한 명이다.

후 슈리(Hu Shuli)는 영향력있는 뉴스 매거진인 카이징(Caijing)의 설립자다. 정부의 압력에 대항하면서까지 중국의 자연재해에 대한 보도를 했고, 정부의 대응에 대한 비판도 했다. 한 유명한 미국 저널리스트는 그녀를 중국 대중을 위한 '복수하는 천사'라고 불렀다. 중국 내에서 그녀는 중국의 '가장 위험한 여성'으로 통한다.

장 신(Zhang Xin)은 SOHO 차이나의 설립자이며 베이징의 가장 큰 부동산 개발자다. 그녀는 남편이자 파트너와 함께 홍콩 주식시장에 주식을 상장했다. 이것은 아시아 역사상 최대 부동산 회사의 공적 상장이었다.

쟝 총 어(Jiang Qiong Er)는 샹시아(Shang Xia)의 최고경영자이다. 이 회사는 중국의 첫 럭셔리 브랜드이며 에르메스에 버금가는 고가 제품을 만드는 회사다. 실제로 회사를 설립할 때 에르메스가 파트너로 시작했다. 이 회사는 거대한 중국 시장에서 현재 가장 큰 럭셔리 옷과 가구 브랜드다. 지역 장인들이 회사 제품을 만들기 위해 고용되어있는 이 회사는 중국의 싸구려 이미지를 극복하는 데 앞장서고 있다.

현대 중국에서 성공한 여성들은 모두 1980년대에 성인이 된 마오 이후의 세대로서 개혁이 창의표출과 약간의 반항을 가능케 했다고 생각한다. 모든 면에서 그녀들은 다른 주요 국가의 여성리더들과 닮아있다. 부모님들과 달리 "그녀들은 혁신적이며 비판적이고 창조적으로 생각하는 데 익숙해 있어요."라고 베시는 말했다. 그녀들은 베시가 칭하는 소위 '소프트 파워'를 이해하고 있고 이것이야말로 정부가 통제할 수 없는 방향으로 중국을 변화시키고 있음을 이해한다고 했다. 이 현상은 미디어를 통해, 또한 다양하고 야심찬 생각들에 보상하는 기업문화를 통해 이루어지고 있다.

앞으로 올 시대에는 중국의 내수시장이 더욱 발전할 것이고(베시는 이를 유럽 연합에 비유했다) 시장 전체를 점유하겠다는 목표를 가진 회사에게는 다양성이야말로 혁신의 중심이 될 것이다. 이런 환경에서의 사업 성공을 위해서는 지역에 따라 다양한 언어가 사용될 뿐 아니라 인프라와 문화가 매우 다른 중국의 다양한 사람들을 위해 유연함이 필요할 것이다. 중국에서의 세일즈맨은 아침에는 조심스러운 이슬람 고객들을 상대하며 오후에는 매우 경쟁적인 홍콩 사람들을 상대하고 저녁에는 고지식한 공산당 당원을 상대해야 할 수도 있다. 각각의 상황에서 대화와 협상은 각각의 규칙에 의해 이루어질 것이다.

베시에 의하면 사회적으로는 중국인들이 빈곤과 불평등을 포함한 국가의 문제에 대해 더 알게 될 것이라고 했다. "국가가 그들이 생각한 만큼 조화롭지 않다는 것을 깨닫게 될 겁니다." 교육, 취업, 의료를 비롯해 인프라의 격차가 중국의 실제 모습이다. 자기 자신을 위해 부를 모으는 그 이상의 헌신이 이런 사회적 문제를 해결하기 위해 필요하다고 베시가 말했다. 그리고는 중국인들은 이웃과 공동체, 그리고 국가를 위해서 이를 해야만 하게 될 것이라고 했다.

그리고 어떻게 그리 될지가 걱정이라고 했다.

"불행히도, 중국인들이 지금 당장 열망하는 것은 돈 밖에 없어요." 의존성을 만들어낸 공산주의로부터 공공서비스나 사회에 대한 관심과의 균형감각 없이 자본주의로 넘어갔다고 베시는 지적했다. 정부는 사람들이 깨어있고 행동하는 시민들이 되기 위해서는 이런 가치관의 간극이 줄어들어야 한다는 것을 알고 있다. "정부는 언론에 이런 정신을 퍼뜨리자고 제안했어요. 우리는 매일 밤 이상한 춤과 노래를 보고 싶어하지 않아요. 일주일에 두 프로그램 정도면 됩니다. 우리에겐 이타심과 너그러움을 북돋는 교육이 더 필요해요."라고 베시가 말했다.

중국인들은 정부 메시지를 듣는 것에 익숙하며 "정부가 이를 잘 이용하기도 하죠." 베시가 덧붙였다. 하지만 장기적으로는 정부 보조금을 대신하는 시민적 가치, 즉 돌봄을 통해 부유한 계층이 주도하는 사적이며 박애주의적 운동이 시작되어야 할 것이다. 베시에 의하면 "새로운 엘리트들의 리더십이 이런 가치를 창출하고 있어요. 더 잘 교육 받았고 제대로 교육받은 것이죠. 매우 성공적이며 젊은이들은 그들을 존경합니다. 가치를 확산시키기 위해 그들만의 독특한 방법들을 활용할 것이에요."

중국의 오프라 윈프리

중국의 '돌봄영역'을 선도하고 있는 이 사람이 중국의 오프라 윈프리라고 불리는 것은 어떻게 보면 놀라운 일이 아니다. 인기 있는 텔레비전 토크쇼 진행자인 양 란(Yang Lan)은 신문, 텔레비전, 인터넷과 잡지 모두에 걸친 미디어 대기업 공동소유자이기도 하다. 중국에서 가장 부유한 백 명 가운데 한 명으로 그 중에서도 가장 유명한 사람이기도 하다. 그녀의 간판 프로그램인 '양 란 : 원 온 원(one on one)'은 국내외적으로 가장 유명한 사람들을 초대한다. 오프라처럼 그녀는 사회적 문제도 다루고, 해답을 찾으려고 노력한다.

그녀 자신의 재산으로 중국에 긍정적인 변화를 만들고자 하는 열정으로 양 란은 2006년에 가족 자선기관인 썬 문화재단(Sun Culture Foundation)을 만들었다. 재단 운영을 돕기 위해 고용된 광셴 가오(Guangshen Gao)가 우리에게 말해 준 바에 의하면 처음에는 이 재단에 중심적인 목표가 없었다고 한다. 숲 보호가 지속적 관심 영역이기는 했지만 양 란이 가치있게 생각하는 프로젝트를 산발적으로 후원했다고 한다. 양 란은 그녀의 유명세를 활용해 재산을 국가를 위해 사용할 수 있을 만한 '영향력있는 사람들에게 영향을 주는' 데에 열정을 쏟았다.

중국에는 더 많은 자선가가 필요하다. 급격한 성장에도 불구하고 중국에는 아직도 수백만 명이 빈곤 속에 살고 있으며 현대적인 주거시설이 부족하고 좋은 교육과 의료 혜택을 받지 못하고 있다. 그러나 50년 동안의 공산당 집권으로 중국에는 정부가 하지 못하는 일을 할 독립적인 사적 영역의 서비스 분야가 발달되지 않았다. "자선의 문화가 없었어요."라고 광셴이 말했다.[11] 2008년의 사천성 지진으로 450만 명의 이재민이 발생하자 이런 독립적인 자선활동의 빈 자리가 더욱 명백해졌다. 구호사업은 거의 중국 정부가 주도했을뿐더러, 느리고 불충분했으며 놀라울 정도로 준비가 안 되어 있음을 드러냈다. 중국인들은 사적인 구호사업에 많은 기부를 했다. 하지만 재난이 끝난 후에 대중들은 기부한 돈의 85퍼센트는 정부로 귀속되었다는 것을 알게 됐다. 사적인 구호기관들이 그 돈을 사용하지 않았기 때문이었다.

"사실 우리는 그 돈을 사용할 능력이 없었어요." 중국과 미국에서 모두 교육받은 38세의 광셴은 말했다. "저는 기업과 정부 모두에서 일했었죠." 그가 말했다. "저는 희망과 책임, 그리고 신뢰를 믿는 사람들과 함께 자랐어요." 이런 자질들이 사적인 단체에서 더욱 잘 활용될 수 있을 것이라 확신하고는 아직 중국에서는 유래가 없고 명료한 미래계획도 없는 자선사업에 뛰어들기로 결심했다.

비영리 조직을 만들기 위해 양 란과 광셴은 십수 명의 외국인 전문가들을 중국으로 초청해 지역의 비영리 기구들을 위한 세미나를 개최했다. 2012년에 우리가 광셴을 만났을 때까지 5백 명 이상의 사람들이 이 프로그램을 이수했다고 한다. 더 많은 재단과 자선사업의 설립을 독려하기 위해서 양 란은 광셴이 소위 '수퍼 갑부들'이라고 부른 사람들을 뉴욕에 초대해 주요 자선가들을 만날 수 있게 했다. 그 중에는 대학 이사진들을 비롯, 수십 년간 장애인 올림픽을 후원해 온 쉬라이버 가족(Shrivers)과 같은 자선가들도 있었다.

광셴이 기억하기로, 비영리 조직 훈련 프로그램이 성공적이긴 했으나 자산가들은 "전문가들의 말을 듣는데 익숙하지 않았다."고

했다. "그들은 잘 아는 사람들과 이야기하는 것을 선호해요." 이 문제를 해결하기 위해서 양 란은 미국의 억만장자인 빌 게이츠(Bill Gates)와 워렌 버핏(Warren Buffett)을 중국에 초대해 같은 갑부들과 만나게 했다. 이 만남은 히트를 쳤다. 중국의 갑부들이 전세계에서 가장 영향력 있는 두 남자를 만나 그들로 부터 직접 재산을 사회를 위해 사용하는 방법에 대해 배울 수 있었기 때문이다. "그들은 가족과 가치에 대해 많은 이야기를 했어요."라고 광센이 말했다. "그 사실은 대단히 중요했어요."

게이츠와 버핏은 '기부 약속(Giving Pledge)'이라는 캠페인을 시작했다. 이 프로젝트는 미국과 다른 지역의 가장 부유한 사람들이 자선활동을 하도록 이끌기 위한 캠페인이다. 이 약속을 하는 사람들은 그들 재산의 일정 부분을 자선 사업에 기부해야 한다. 그들은 또한 그들의 전문성을 기부해야 한다. 자선단체들이 그들의 돈뿐만 아닌 지능과 경험 또한 받을 수 있도록 하기 위해서다. 게이츠와 버핏은 중국에서 '기부 약속'에 대해 이야기했고 중국 갑부들에게 그들이 이런 사업에 함께 한다면 이 경험은 단순히 수표를 주는 것보다 훨씬 의미가 크다는 사실을 알게 될 것이라고 했다.

중국의 유명하고 부유한 사람들과 미국의 유명하고 부유한 사람들간의 만남은 양 란과 광센이 이 두 그룹의 차이를 확인하는 계기가 됐다. 미국에서 가장 부유한 100명의 여성과 남성은 평균연령이 65세이다. 그 중 30퍼센트는 대대로 부유한 가정에서 태어났고, 대부분은 그들이 직접 관여하기 전에도 자선사업에 대해 친숙해 있었다. 중국에서 가장 부유한 100명의 평균 연령은 51세였다. 그들

중 누구도 가족의 부를 물려받은 바 없었고, 아무도 자선사업과 관련된 경험이 없었다.[12]

중국의 갑부들은 미국인들보다 훨씬 덜 다양했다. 그들의 부의 가장 큰 부분은 부동산이었고, 이로 인해 미국인들보다 안정감이 적었다. 공산당은 아직도 땅값과 개발영역에서 큰 역할을 하고 있다. 어떤 경로로 도로를 만들지에 대한 결정이나 공장자리를 정하는 것이 땅의 가치나 개발을 크게 좌우한다. 최근에는 중국 지방 관료들이 건축에 대한 투자를 줄였다. 수요보다 많은 건축을 공급할지도 모른다는 우려에서였다. 이런 축소 움직임은 가장 부유한 100명의 자산에 직접적인 영향을 줄 수도 있다.

광센은 중국의 부유한 엘리트들의 이런 불안정성에 더해 부유한 사람들에 대한 대중의 불신(중국인들은 부유한 사람들이 대부분 사기를 쳐서 부유하게 되었다고 믿는다)으로 기부하기를 머뭇거릴 수도 있다고 했다. 그들은 빌딩에 자신의 이름을 붙인다든지 눈에 띄는 자선단체를 만들고 싶어하지 않는다. 이름을 알리지 않으려 하기 때문이다. 양 란이 자선 사업을 제안한 부자들의 3분의 2가 이에 해당한다. 이 사람들은 정부의 간섭 또한 피하고 싶어한다. "정부는 보통 작은 기부에는 관심이 없어요."라고 광센이 말했다. "하지만 금액이 커지면 왜 기부했으며 무엇을 위한 것인지 알고 싶어하죠."

이런 장애에도 불구하고 의미 있게 기부하고자 하는 욕망은 중국의 부유한 사람들 사이에서 싹트고 있다. 썬 문화재단은 사람들이 이를 시작할 수 있도록 도와주고 있다. 이들에게 재단은 '독재이든 민주주의든, 그 어떤 정부도'[13] 어떤 자선사업이 성공하고 어떤 것이 실패할지 실험하는 것을 지원할 여력은 없다고 가르친다. 역시 '사업은 결과를 내야 하는 것이기 때문에 이런 불확실한 실험을 할 수는 없는 관계로'[14] 서비스를 전달하는 가장 흥미로운 모델들은 그것이 어떻게 실질적으로 적용될지에 대한 호기심과 함께 시작될 수밖에 없다. 이 영역이 바로 비영리적이며 재단의 후원을 받는 사업들이 관여할 수 있는 부분이다. 수익을 내야하는 압박과 관료주의적 압력에서 해방됨으로써 도시나 지방에서 실험과 시행착오를 거치며 중국적인 해결책에 도달할 수 있게 될 것이다.

이런 사람들이 자유롭게 실험을 하는 데까지는 시간이 걸릴 것이다. 광센의 설명에 의하면, 공산주의는 이런 시민정신과 '형제를 돕는' 윤리를 가졌던 중국의 중산층을 거의 파괴하다시피 했다.

"어떤 왕조든 중국에는 중산층이 수천 년간 형성돼 왔어요. 그들은 어떻게 솔직하여야 하는지, 어떻게 신뢰를 하며 어떻게 책임을 지는지 알고 살았죠. 이들이야말로 중국의 문화적 뿌리였습니다." 비극적이게도 토지개혁과 공산당 혁명 때문에 여러 세대 동안 이 정신이 대물림되지 않았다고 광센은 말했다. "오늘날 중국인들은 모두가 개인일 뿐이에요. 부유해지는 사람들은 개인적 노력으로 부유해지지요. 그들은 시장 시스템이나 법적 기제를 신뢰하지 않아요. 오로지 자기 자신만 믿습니다."

빌 게이츠가 중국인들도 '기부 약속'을 하도록 촉구했지만 광센의 말에 의하면 아직 불가능하다.신뢰가 부족하기 때문이다. "빌은 이것이 실현되는 것을 보고 싶어 하지만 중국에서는 그렇게까지 적극적이지 않습니다. 우리가 할 수 있는 일은 사람들이 와서 공유하고 배우도록 초대하는 것이에요. 우리는 더디긴 하지만 개선되리라 믿어요. 사람들이 배우고 이해한다면 몰아붙이지 않아도 저절로 될 것이라고요."

비영리 분야뿐만 아니고 중국 사회에도 경험이 많은 광센이 점진적인 자선사업 성장 모델을 선택한 일은 아마도 적절한 선택일 것이다. 하지만 사람의 통제 그 너머의 일들이 돌봄의 문화를 향해 중국 전체를 더 빨리 움직이게 할 수도 있을지 모르겠다. 우리가 중국을 방문하기 몇 달 전에 중국 남부에서 어린 여자아이가 트럭에 치여 죽었을 때의 한 예가 그것이다. 운전사가 볼 수도 없을 만큼 작은 이 아이는 트럭의 바퀴아래 깔려 죽었다. 감시카메라에 녹화된 이 사고 장면이 인터넷에 게재됐다. 이 뺑소니 사고에 대한 대중의 분노는 십수 명의 사람이 차에 치인 아이를 지나쳤으면서도 그녀가 괜찮은지 확인도 하지 않았다는 사실때문에 더욱 확대됐다.

이 뺑소니 사고는 중국적인 가치의 쇠락과 연관됐다. 시민들의 책임과 도덕적 가치에 대한 전국적인 담론에 불을 지폈다. 광센은 지속적으로 자선사업을 이어나가고 사람들을 도와줄 것이지만 이런 일의 진정한 에너지는 깨어있는 대중으로부터 나온다고 생각한다. 중국에서 사람들은 '인간적 사회의 미래'에 대해 이야기한다. "우리는 과연 꿀벌이나 개미가 될 것인지, 다시말해 우리가 하도록 배정받은 일만 할 것인지, 아니면 자유를 가지고 더 많은 일을 하기 위해 그 자유를 사용하는 사람들로 이루어진 사회가 될 것인지 이제 알게 되겠죠."라고 광센이 말했다.

제9장
스웨덴, 독일, 그리고 벨기에

"사람들은 지난 세대들보다
감정을 공유하는 데 더 개방적이다."
– 응답자의 77%가 동의

스웨덴 식의 참회의 화요일(Mardi Gra)*은 슈크림과 함께 한다. 스톡홀롬에서는 기름진 화요일에 슈크림이 뉴올리언스 퍼레이드의 플라스틱 구슬만큼이나 흔한데 5~6개를 먹어도 배가 부르지 않을 만큼 가벼운 먹거리다. 우리가 이날 도착했을 때 마리아 지브(Maria Ziv)는 셈라(semla)라 불리는 한 접시 가득한 슈크림과 커피로 우리를 맞았다. 추운 걸음 끝에 도착한 우리는 따뜻하게 환대받는 느낌이었는데, 마리아의 직업 자체가 바로 전세계로 하여금 스웨덴에서 환영 받고 있다고 느끼게 하는 것임을 생각해 보면 아

* 마르디 그라(Mardi Gra): 참회의 화요일. 즉 사순절 전 화요일에 열리는 축제를 말하는데 기름기로 얼룩진(gras) 화요일이라는 의미다. 다른 말로 질편한 축제의 마지막 날을 즐긴다는 뜻이다. 이 화요일이 지나면 재(災)의 수요일이 되고 이 날부터 사순절이 시작돼 금식기, 금욕기에 들어가게 된다.

주 적절한 대접이었다.

국가 관광청의 '스웨덴을 방문하세요(Visit Sweden)'를 관장하는 마케팅 대표인 마리아는 국가의 이미지를 정하고 이를 외부에 홍보하는 등의 일을 한다. 하지만 우리가 그녀를 만나러 간 이유는 관광청이 기관의 트위터 계정인 @Sweden을 의도적으로 시민들이 직접 관리하게 함으로써 세상을 향해 하고 싶은 말을 자유롭게 확대했기 때문이었다. 매주 다른 사람이 번갈아 가며 트위터 계정을 관리하고 거의 통제나 감시 없이 쓰고 싶은 말을 그대로 드러 낼 수 있다.

집단적 메시지를 전하는 이런 실험은 여러 해에 걸쳐 스웨덴 국가브랜드를 개발하려는 노력에서 생겨났다고 설명했다. "한 명의 목소리로 말하는 것보다, 우리는 '스웨덴 사람들이 바로 스웨덴의 목소리인데, 국민들에게 홍보임무를 넘기는 것은 어떨까?'라고 생각했어요. 이 결정은 용기를 내야 하는 일인데, 그저 잘 될 것이라 바랄 뿐이죠. 하지만 우리는 스웨덴 사람들에 대한 믿음이 있어요."[1]

트위터에 글을 올린 스웨덴 사람들은 부자, 가난한 사람을 비롯해 동성애자, 이성애자, 여성, 남성 등 다양한 사람들이었다. 초기에 가장 인기 있던 트위터들은 목사, 양치기, 그리고 한나 프랜지(Hanna Frange)라는 레즈비언 트럭운전사였는데, 그녀가 올린 트윗에는 그녀 옆을 지나친 축산물 운반사의 냄새에 대한 불만도 들어 있었다. '망할! 내 트럭 옆의 돼지 트럭!'이라는 트윗이다.[2] 다른 사람들은 음식, 문화, 눈, 그리고 북유럽과 북미지역 사슴의 차이점에 대해서 이야기하기도 했다.

이 캠페인의 특징인 개방성은 정부관료들이 몇 해 전에 스웨덴과 스웨덴 사람들의 특징을 정의하려고 했을 때 내린 결론이었다. 스웨덴 사람의 특징으로 '개방성'과 함께, '창조성'과 '배려'를 꼽았다. 이 실험은 단연 혁신적이었다. 이전에는 어떤 국가도 관광청을 공개적으로 개방하지 않았다. 이는 고국에 대한 사려깊은 의견을 제시하고자 했던 자원봉사자들의 배려로 가능했던 일이다. 마리아는 "스웨덴 사람들은 다른 사람들의 의견에 관심을 보이고 국가를 사랑하며, 또한 매우 겸손하답니다."라고 말했다.

몇몇 트윗을 제외하고는 첫 달의 메시지들은 정부의 믿음을 확인해주었다. 이런 성공은 유럽 전체에서 볼 수 있는 성숙한 사회참여의 반향이라고 볼 수 있다. 스톡홀름, 브뤼셀, 그리고 베를린에서 우리는 사회참여의 오래된 역사가 어떻게 사람들의 '아테나 스타일' 혁신에 영감을 주는지를 확인할 수 있었다. 하지만 'Visit Sweden' 만큼 눈에 띄는 캠페인은 없었고, 이 캠페인은 전세계의 주목을 받고있다. 백 개 이상의 국가에서 팔로워들이 접속하고 있으며 이는 스웨덴 사람들에게 자부심을 안겨주었다.

"우리는 전세계 청중을 염두에 두고, 시민을 통제하거나 조종하지 않는 완전 개방성을 자신감과 함께 보여주려 했어요." 마리아가 말했다. 그러나 그녀는 국제적 반향이 이렇게 클 것이라 기대하지는 않았다고 했다. "시민들은 다만 당연하게 여기는 일상의 일에 대해서 글을 올렸을 뿐이었는데 다른 이들이 관심을 보이는 데 놀라워했어요. 스웨덴 사람들은 자신들의 문화에 대한 외부의 시각을 알게 되면서 자부심을 갖게 됐죠." 스웨덴 음식을 홍보하는 프로그램도 뜨거운 반응을 얻었다. 대부분 겸손한 시민들로 하여금 자부심을 느낄 만한 음식문화를 갖고 있음을 깨닫게 해주었기 때문이다. 이는 다름아니라 스웨덴인들도 프랑스나 이태리 사람만큼이나 요리를 잘 할 수 있다는 사실이었다.

놀랍게도 이런 공유프로젝트를 시작한 공무원들은 더 높은 직위에 있는 고위관료들에게 이 계획을 허락받을 생각조차 하지 않았다. 이것이야 말로 스웨덴식인데, 소통을 통해 최대한 많은 사람들을 대화에 참여시키려 했다. 스웨덴은 법적으로 민주사회이다. 정부는 엄격한 대중기록법에 따라 거의 모든 정보를 공개한다. 평균 85퍼센트의 성인이 투표에 참여하고 투표용지에는 항상 '기타'가 포함되어 있어서 불만을 가진 시민들은 그들의 감정을 표현할 수 있다.

"우리는 외교부 장관에게 트위터 캠페인에 대해서 어떻게 생각하는지 질문해 보았어요."라고 마리아가 말했다. "장관은 실제로 큐레이터 중 한 사람으로부터 온라인 상에서 비난받은 적이 있어요. 우리는 계정을 시민에게 넘기는 것이 위험한지 그에게 물어보았습니다. 그는 '아니, 이건 정말 대단합니다. 스웨덴은 모든 시민들의 집합체죠.'라고 말했습니다."

스웨덴 국민들은 점차 자기 자신을 표현하는 것과 해외의 반응에 대해 관심이 커져가는 듯했다. 우리가 이 현상을 어떻게 설명할 수 있을지 물어보자 마리아는 저명한 심리학자인 아브라함 매스로우(Abraham Maslow)의 '욕구단계이론(hierarchy of needs)'을 언급했다. 이는 기본적인 생존욕구를 충족시킨 사람들은 더 높은 차원의 도덕적, 사회적 문제에 관심을 갖게 된다는 이론이다. 이 경우에는 스웨덴 사람들과 방문객들이 일주일, 하루, 아니면 한 시간을 같이 하더라도 서로 직접적인 연계 욕구를 가지고 있다고 믿는다고 그녀는 말했다. 관광버스의 시대는 이제 끝났고 방문객들을 집에 모시는 시대가 온 것이다.

@Sweden 캠페인에 문제가 없지는 않다. 2012년 6월, 계정을 맡은 한 여성이 반유대주의적 트윗을 올린 것이다. 언론에서는 이 사건을 크게 다뤘지만 Visit Sweden의 팀은 이 트윗을 수정하지 않은 채 남겨놓았다. 관광청 대변인은 BBC 뉴스에서 이렇게 말했다. "생각했던 대로 일이 돌아가지 않으면 사람들은 궁금해하며 더 많이 알고 싶어하지요."

마리아는 대화를 통해서 많은 것을 배울 수 있었다고 우리에게 말했다. "우리가 욕구단계에서 높이 올라갈수록 '우리는, 그리고 나는 과연 누구인가?'라는 질문에 답을 찾고 싶어하지 않을까요? '나는 다른 사람들과 어떻게 다른가?' 말이죠. 우리는 피상적인 것들을 오랫동안 원해왔어요. 하지만 이제 우리는 다른 이들에 대해 배우고자 하는 욕망을 갖게 됐지요."

성별 편견 극복하는 유아교육

더 높은 요구를 충족하려는 스웨덴식 노력의 산물 가운데 하나는 자본주의와 사회적 프로그램들의 놀라운 결합으로 만들어진 높은 생활수준이다. 유럽연합의 회원국이기는 하지만 스웨덴은 유로화를 받아들이지 않았으며, 덕분에 2008년에 시작된 경제위기를 피할 수 있었다. 사회적, 경제적 평등을 측정하는 지니계수에 의하면 스웨덴은 전세계에서 가장 평등한 사회다.[3] 스웨덴은 보건, 복지, 교육, 그리고 안보에서 가장 높은 위치를 차지하고 있다. 스웨덴 사람들은 물론 이런 상황을 유지하기 위해 높은 세금을 내지만, 그들은 혁신과 노력에 대해 정당한 대가를 받는 자유경제사회에 살고 있다. 간단히 말하자면, 스웨덴 사회는 모든 사람들에게 일정 수준의 기본적 지원을 하는 동시에 자력으로 성공하는 것도 가능케 하는 사회다.

이런 배경 하에서, 유아교육부터 시작해 삶의 거의 모든 분야에 걸쳐 자유로운 실험이 가능하다. 마리아를 만난 후 우리는 이갈리아(Egalia) 유치원을 방문했다. 이곳에서는 76명의 교사가 350명의 어린이들에게 성에 대한 편견을 갖지 않도록 의도적으로 노력하며 가르치고 있었다. 로봇은 인형들과 함께 장난감 상자에 들어가 있고, 아이들의 놀이 부엌은 핑크나 보라색이 아닌 기본적인 색깔로 칠해져 있다. 이곳에서 선생님은 아이들을 주목시키기 위해서 '아이들아' 대신 '친구들아'라고 부른다. 상처가 나는 일이 생기면 피해자가 여자아이든 남자아이든 똑같은 기준으로 해결책을 찾는다.

2010년에 개설된 이 유치원은 처음에는 반(反)남성적인 편견을 걱정한 외부인들의 비판을 받았다. 실제로 학교 선생님들은 정체성보다도 공평한 기회에 더 관심이 많다. 이갈리아의 선생님들은 남아인지 여아인지에 대한 편견 없이 모든 아이들이 원하는 장난감,

옷, 활동과 흥미로운 것들을 고를 수 있도록 한다. 이는 정치적으로 올바르냐의 문제가 아니고 자유와 융통성에 관한 것이다.

이갈리아 학교는 백인이 조금 더 많다는 사실 빼고는 선진국의 여느 학교와 같아 보인다. 우리가 방문한 날 아이들은 복도의 여기저기에서 놀고 있었고 한 교실에서는 노래가 흘러나오고 있었으며 어떤 곳에서는 불만을 토로하는 소리도 들렸다. 설립자인 로타 라얄린(Lotta Rajalin)과 앤더스 벵스톤(Anders Bengsston)은 교실에 있는 작은 의자에 편하게 앉아 우리에게 말했다. 젊은 교사로서 자신들은 아이들에게 가능한 모든 선택권을 준다고 믿고 있다고 했다. 하지만 일에 대해 더 깊게 생각해 보니 남성과 여성에 대한 뿌리깊은 편견이 예측하지 못한 영향을 주고 있다는 사실도 깨닫게 됐다고 했다.

"우리는 아이들과 일하는 모습을 녹화하고 분석했어요." 로타가 말했다.[4] 영상을 통해 아이들을 대하는 데 큰 차이를 발견했다. "큰 차이는 우리가 여자아이들과 더 많은 이야기를 하고 감정적인 면을 자극하기 위해서 많은 설명을 하더라는 점이에요." "하지만 우리는 남자아이들에게 매우 직설적이었어요. '멈춰!' '저리로 가!' '여기 앉아!' '이걸 했으니 이제 저걸 해!'"라고 로타는 이야기했다.

실제로 로타와 앤더스는 남자아이들이 대화할 기회가 많이 없기 때문에 여자아이들보다 언어능력이 덜 발달한 채 어른으로 성장한다고 믿게 됐다. 소통이 사회적으로나 직업적으로도 중요한 능력이 된 시대에 이런 결핍은 걱정스러운 것이었다.

"당연히 여자아이들이 더 나은 언어능력을 갖게 되지요."라고 로타가 말했다. "그들은 학교, 대학, 그리고 삶에서 더 나은 언어 능력을 보여요." 이는 감정을 공유하고 표현하는 것이 기본인 감성적 분야에서도 마찬가지다.

앤더스와 로타는 어른들이 무의식적으로 남자아이와 여자아이를 다른 방향으로 유도한다는 것을 알게 됐다. 그리고는 작은 차이지만 무엇이 적절하고 적절하지 않은지 아이들에게 신호를 보낸다는 것이다. 그들은 이런 편견을 줄이고 아이들이 스스로 원하는 것을 찾을 수 있도록 아이의 성별에 관계없이 의식적으로 비슷한 종류의 지원을 하고있다. 인형, 마차, 트럭, 기구 할 것 없이 모든 종류의 장난감이 성별에 무관하게 제공되며, 전통적인 성 관념을 벗어나는 일을 해도 낙인 찍히지 않는다. 남자아이들은 위로받고 여자아이들은 도전을 받는다.

이갈리아는 새로운 프로젝트이지만 앤더스와 로타는 1998년 이래로 중립적인 교육을 하려고 노력해왔다. 처음에는 적지 않은 노력이 필요했지만 선생님들은 성별이 결정적 요인이 되지 않도록 교육스타일을 바꿀 수 있다는 점을 깨달았다. 때로는 공주가 왕자를 구하러 올 수도 있는 일이다. 또한 때로는 아버지가 생일케이크를 만들 수도 있지 않은가.

이런 변화는 그 속에 있는 사람들에게는 자연스러운 것이지만 바깥에 있는 사람들, 특히 나이 많은 이들은 왜 이런 일이 필요한지 이해하기 쉽지 않다(비판자들은 학교가 아이들을 '중성화'시키며, 변형된 언어로 혼란을 조장한다고 비난한다). 로타는 이 상황을 19세기 세계 곳곳의 노예해방 운동에 비유한다. 해방은 그것이 이루어지기 전까지는 불필요하고 말도 안 되는 일로 여겨졌다. 해방 후에는 그것이 당연한 일로 받아들여졌고 모든 사람들이 노예제도가 틀린 것이라고 여기기 시작했다.

"이것이 제가 10대 아이들에게 이야기할 때 느끼는 거예요."라고 로타가 말했다. "학교에 처음 와서 그들은 이게 왜 중요한지 이해하지 못하겠다고 이야기하죠." 이들의 궁극적인 목표는 모든 곳에서 자유로운 선택과 가능성을 발견하는 어른을 양성하는 것이다. 반쪽만의 가능성에 묶이는 대신 그들은 자신이 선택하는 모든 가능성을 선택하고 표현할 수 있다는 사실이다.

이 학교 교육의 가장 큰 특성은 성적으로 중성적인 면이 아니라 사려깊음이었다. 이갈리아에서 이루어지는 모든 일은 검증, 평가, 그리고 재평가를 거쳤다. 이 과정이 과도하다고 생각될 수도 있겠지만 이런 데서 비롯되는 잠재적 이득이 앞으로 닥칠 문제점보다 훨씬 크다. 만약 모든 사람이 공유하고 협력하며 타협하는 법을 배운다면 세상이 얼마나 나아질 것인가? 상상할 수 있는 모든 영역에서 여성성과 남성성의 조화를 격려하는 사회가 되면 얼마나 많은 창조와 혁신이 이루어질까? 만약 성의 격차가 아이들의 성장을 제한하지 않는다면 개인은 얼마나 더 행복해질는지 모를 일이다.

세계를 움직이는 인터넷 방송

자기 결정권에 대한 욕구는 서양이나 동양만의 현상이 아닐 뿐 아니라, 어느 정도의 부와 안정을 이룬 사람들만의 것도 아니다. 인간의 역사는 인권과 존엄성을 위한 위대하고 긴 싸움이라고 볼 수 있다. 최근에 있었던 가장 놀라운 욕망의 표출은 '아랍의 봄(Arab Spring)'이었는데 이는 2010년 말 튀니지(Tunisia)에서 일어난 대중 시위로, 1956년 이래 최초의 자유선거를 가능케 한 일이었다. 이 운동은 빠르게 퍼져나갔고 이집트와 리비아에서 독재정권을 무너뜨렸다. 모리타니아(Mauritania)에서 오만(Oman)까지 사회적 혼란이 확산되면서 독재자들은 다양한 개혁으로 대응했다. 큰 승리는 드물었지만 이 운동이 거의 영구화됐고, 시위가 다른 중동지역으로 확산과 중단을 거듭했다. 시리아에서 아사드(Assad) 정권에 대항하는 시위는 군대의 저항에 부딪히기도 했다.

노벨 평화상은 매년 모든 세계인들에게 국제정세를 상기시키며, 특히 스웨덴에서는 자유와 평화에 대한 높은 관심을 불러 일으킨다. 밤부저(Bambuser)의 창시자들이 누구든 핸드폰에서 인터넷을 통해 실시간 영상을 올릴 수 있도록 하는 서비스를 만들었을 때, 딱히 국제정세를 염두에 둔 것은 아니었다. 요나스 비그(Jonas Vig)와 만스 애들러(Mans Adler)는 부모님들이 축구경기를 보면서 그 장면을 조부님들에게 보내는 것이나, 새로 결혼한 커플이 자신들의 결혼식 장면을 멀리 있는 친구들에게 보내는 것을 상상했을 뿐이었다.

물론 수많은 경기와 파티가 밤부저의 도움으로 인터넷에 올라오지만, 이 웹사이트에는 아랍 젊은이들이 중동의 독재정권과 싸우는 동영상도 많이 올라왔다. 젊은이들은 전문적인 기자들도 포착하지 못한 폭력의 순간을 담은 동영상을 웹사이트에 올렸다. 밤부저 사용자들이 바로 시리아에서 자유를 위해 투쟁한 사람들이 직면했던 폭력을 처음으로 인터넷에 올린 당사자들이다. 이 서비스는 이제 뉴스를 통제하려는 독재정권의 사이버공격을 자주 받는다. 이런 적대적 대응은 밤부저의 영향력을 보여주는 현상이기도 하다.

우리는 요나스와 만스를 그들의 작업실에서 만났는데, 이곳은 스톡홀롬의 아파트 맨 위층에 있었다. 건물의 아래층에 동양식 마켓이 있는데 밤부저 직원들이 점심에 쉽게 먹고 싶은 온갖 면류를 먹을 수 있게 제공하고 있었다. 몇개의 상점 건너에 있는 바이퍼 룸(Viper Room)이라는 바는 밤부저 직원들이 일을 끝낸 후 머리를 식힐 안식처를 제공했다. 빨간색의 풍성한 머리가 마치 날아갈 듯 보이는 만스는 술집이 문을 닫을 때까지도 늘 그곳에 남아있을 것 같은 모습을 하고 있었다. 짧은 밤색 머리를 하고 깔끔한 비즈니스 캐주얼 옷을 입은 요나스는 AP(Associated Press) 통신사와 파트너십을 협상하고 있을 사람처럼 보였다(이는 실제로 우리가 그를 만난 지 몇 주 후에 이루어졌다).

이 설립자들은 덴마크의 경영대학 학기말 프로젝트로 밤부저를 시작했다. 기술 덕분에 방송에 드는 비용이 줄어들고 있다는 데 착안했다. 그들은 이내 전세계 모든 사람들이 인터넷에 동영상을 올릴 수 있을 것이라고 생각했다. "그때 우리에게 두 가지 질문이 있었어요."라고 만스가 말했다. "하나는 사람들이 무엇을 방송할까였고 다른 하나는 사람들은 무엇을 시청할까였어요."[5]

이런 질문들에 대해 고민하면서 밤부저 사용자들이 방송을 통해 수십만 명의 사람들에게는 다가가지 못할지라도, 적어도 10명과는 교신할 수 있을지 모르고, 그 10명 만이라도 충분히 소중하다고 생각했다. 예를 들어, 외국에 출장 나가있는 아버지는 텔레비전의 메이저리그 경기보다 딸의 인터넷 게임을 보고 싶어할지 모르며 단 한 명의 시청자라도 딸은 그를 소중히 여길 것이라는 생각이었다. 방송을 제작한 사람인 엄마는 목표했던 관객으로부터 받은 최고의 평가를 소중히 여길 것이었다. "작은 것들이 우리를 함께 있게 하지요."라고 만스가 덧붙였다.

옛날 스웨덴 말로 '미숙련 선원'이라는 의미의 밤부저는 2007년에 시작한 이래 처음 몇 년간은 더디게 성장했다. 2010년에 핸드폰 회사들이 더 빠르고 더 저렴하게 데이터 접근성을 높이면서 사용량이 폭증했다. 전세계의 뉴스회사들이 보도하기도 전에 이집트 시위에 대해 시민 저널리즘이 먼저 밤부저에 올라왔다. 정부 관계자들이 카메라와 컴퓨터를 압수하고 동영상을 삭제하면서 인권활동가들에게 이 웹사이트의 가치가 더욱 중요해졌다. "그들이 삭제하지 못하도록 장치한 우리 서버를 이용하는 인권운동가 남성이 있었어요."라고 만스가 회상했다. 이 영상에는 경찰의 폭력 장면들이 담겨 있었다. "그들은 경찰의 과도한 폭력을 법정에 기소했어요."라고 만스가 말했다. 그 동영상이 증거가 되어주었다.

이집트의 시위가 확산되면서 스톡홀롬의 밤부저 직원들은 수천 킬로미터 떨어진 곳의 일의 중심에 서게 됐다. 아마추어들이 찍은 동영상이 매 시간 50개 이상 올라왔다. 동영상들은 그들의 국가를 비롯해 전세계에서 시청됐다. 어떤 경우에는 시위 전면에 있는 사람이 경찰과의 충돌을 담은 생생한 동영상을 올렸고, 핸드폰을 통해 바로 뒤따라오는 동료 시위대들이 이를 시청하기도 했다.

결국 이집트 관료들은 트위터, 밤부저, 페이스북, 그리고 다른 소셜 네트워킹 사이트에 접근하는 것을 금지했다. 이어서 6일 동안 인터넷 서비스도 차단했다. 이런 움직임은 시위를 움직였던 강력한 이미지들을 접할 수 없게 했지만 접근이 용이한 국제적인 동영상 공유 서비스의 가치도 널리 알리게 됐다. 무바라크(Mubarak) 정권이 무너진 후 요나스는 이집트에서 열린 회의에 참가했는데 그곳에서 밤부저 사용자들은 그 서비스가 사람의 생명을 살렸다고 말했다. 한 예를 들자면, 어떤 사용자가 시위를 하다 붙잡혔는데 그는 주머니 속의 핸드폰을 이용해 당시 상황을 인터넷 라디오로 생중계했다. 그가 경찰서에 도착하자 거대한 군중이 모여 그의 석방을 요구했다. 그는 즉시 풀려났다고 한다.

이집트에서 밤부저의 역할은 특별한 것이었다. 사실 이 웹사이트의 창시자들이 예측하기로는 올라오는 99퍼센트의 동영상 내용들은 친구나 가족 바깥의 사람들에게는 별 관심을 끌지 못하는 내용이라고 한다. 하지만 이 경험은 요나스와 만스로 하여금 카메라가 세상에서 어떤 역할을 할 수 있는지를 생각하게 해주었다. 민주주의적인 관점에서, 시민들은 정부에게 감시카메라를 대중이 동시에 볼 수 있도록 하라고 요구할 수 있을 것이라고 했다. 이런 정책이 이루어진다면 감시의 권력구조를 뒤집을 수 있을 것이고, 이는 개인들이 관료들을 감시하는 데 동영상을 사용할 수도 있게 할 것이다. 이런 시스템 하에서 공공 공간의 정의는 매우 커질 것이고 관료들은 시민들과 같은 방식으로 책임을 지게 될 것이다.

만약 동영상 서비스가 진화해 전세계를 공공 공간으로 만들 수 있다면, 이 사건이 기술적 발전으로 인해 전혀 예측하지 못했던 결과를 만들어 낸 첫 사례는 아닐 것이다. 요나스는 토마스 에디슨(Thomas Edison)의 축음기 특허에 관해 위인전에서 읽은 기억을 전해주었다. 에디슨은 죽어가는 사람이 자신의 목소리를 녹음해서 사랑하는 사람들이 그의 목소리를 기억하는 데 그의 기계를 사용할 것이라 생각했다고 요나스가 말했다. 아마도 어떤 사람들은 이 기계를 정말 그런 데 사용할 수도 있었겠지만 축음기는 현대 음악산업을 이루어냈고, 이는 문화가 이전 어느 때보다 빠르고 넓게 퍼져나가게 해주었다. 축음기는 세계를 더욱 가깝게 만들어 주었고 영화와 방송을 시작하게 했다.

밤부저의 기술은 에디슨에 의해 시작된 변화에 비견할 만한 변화를 불러일으킬 수도 있다. 만약 그렇게 된다면 가장 중요한 것은 하드웨어나 소프트웨어가 아닌 사용자일 것이고 그들은 특히 기본적으로 스웨덴적인 시민권과 참여 개념의 덕을 볼 것이다. 스웨덴은 전세계에서 언론의 자유를 보장한 첫 국가 중 하나였고 복지시스템은 국가의 협동심과 시민의 도덕성을 보여주는 유명한 상징이다. 밤부저는 휴대전화가 있는 모든 사람이 전세계와 소통할 수 있게 해준다는 점에서 민주주의적이고 평등주의적이다. 이는 또한 사회, 정치적 토론에 참여하는 모든 사람들을 매우 취약하게 만들기도 한다. 힘있는 사람들이 시민들의 제보로 인해 약해지기도 한다.

시민들은 그들이 만든 동영상을 보는 모든 사람들의 비판에 노출된다. 이런 열린 공간에서의 소통은 높은 경지의 자존감, 책임감과 신뢰를 필요로 한다. 이런 요소들로 인해 밤부저는 아테나 가치에 따라 살고 행동하고 싶어하는 모든 이들에게 이상적인 공간이 될 수 있다.

"우리는 강한 책임감을 느끼며 투명성과 공정성에 대한 열정을 가지고 있어요."라고 요나스가 말했다.[6] 밤부저 기술은 그들 국가의 상황에 대해 책임감을 갖고 싶어하는 사람들로 하여금 투명성과 공정성을 유지하는 비용을 줄여준다. 실시간 방송(live streaming) 기술이 가능해지면서 가장 가난한 국가에서도 사건과 아이디어에 대한 제보가 넘칠 것이라고 요나스가 말했다. 이런 모든 정보를 평가하는 것은 시청자의 몫이다. "우리는 확인하거나 검증하려 하지 않아요." 만스가 말했다. "그것은 오로지 시청자에게 달려있어요." 물론 이 일은 아이디어와 주장이 자유롭게 경쟁하고 모든 목소리를 들을 수 있는 메시지 시장에서 일어날 것이다. 최근에 요나스와 만스는 중동지역 시민들이 밤부저를 선거 모니터를 위해 사용할 수 있도록 시민들을 교육하고 있는 중이다.

전세계 과학자는 하나로 통한다

밤부저가 모든 사람들과 모든 것들의 제한 없는 표현을 가능하게 하는, 끝없이 확장되는 웹사이트를 만들었다면 리서치게이트

리서치게이트는 다양한 자료를 입력 받아서 과학자들의 연구가 막혀있을 때
도와주는 역할을 한다. "과학 연구는 작은 문제들을 지속적으로 해결하는 것이에요."

대체적으로 도움을 제공하고
싫어하는 과학자들.

회원들에게 1만 2천여 개의 질문이 주어졌고, 160만 이상의 연결, 80여만 개의 논문을 공유했다. 공유는 종종 전문분야 외부와 이루어졌는데 학자들간의 벽을 무너뜨리는 결과를 가져왔다.

(Research Gate)는 깔때기 역할을 하는 회사다. 이 서비스는 다양한 자료를 입력받아서 과학자들의 연구가 한계에 부딪혔을 때 도와주는 역할을 한다. 이 아이디어는 하버드에서 교육을 받은 이야드 매디쉬(Ijad Medisch)라는 바이러스학자가 자신이 하던 연구 프로젝트가 막혔을 때 떠올린 것이다. 동료들에게 도움을 요청하자 그 즉시 꾸지람을 들었다고 했다. 그들은 훌륭한 과학자들은 엄청난 자부심을 가져야 한다고 말했다고 한다.

다행스럽게도 이야드에게는 다른 기술이나 분야에 더 뛰어난 협력자를 찾아 도움을 요청할 정도로 자신의 과학적 재능에 대한 안정감이 있었다. 도움을 받고자 하는 태도에도 불구하고 그는 과학자들의 사회가 꽉 막혀있음을 발견했다. 출판된 논문을 찾아서 그와 관련된 연구를 한 연구자를 찾아낼 수 있었지만 이 과정은 지루하기도 하거니와 정확하지도 않았다. 과학이 필요로 하는 것은 이기심보다 일을 앞세우는 국제적 공동체라는 사실을 곧 깨달았다. 그래서 그는 그 작업을 시작했다.

우리는 이야드를 과거 동베를린 지역에 있는 사무실 건물에 위치한 리서치게이트 본부에서 만났다. 이제 통일된 도시에 있는 이곳은 월세는 싸고 공간은 넓은 곳이다. 이 건물에는 창업 회사들이 가득 차있고 새로운 아이디어를 실현하고자 하는 혈기왕성한 젊은이들이 많았다. 최근에 투자자들의 지원을 많이 받게 되면서 리서치게이트는 여러 층을 사무실로 사용하고 있었고 70명 이상의 직원을 고용하고 있었다. 실리콘밸리 창업 시스템에 따라 만들어진 이 회사는 모든 직원들에게 주식을 나눠주었으며 직원들의 안락함을 위해 직장에는 음식, 음료수, 그리고 편의시설이 있었다.

우리가 도착한 날, 이야드는 책상을 옮겨다니며 커뮤니티의 2백만 회원 활동을 모니터하고 있었다. 약간 건망증이 있는 교수인 이야드는 우리의 약속을 잊어버리고 있었지만 즉시 우리를 회사 투어에 초대했고 우리와 긴 대화를 나누었다. 그는 우리가 '바보 같은 네트워킹'과 그가 만들고자 하는 '똑똑한 네트워킹'의 차이를 확실히 이해하기를 바란다고 하며 이야기를 시작했다.

"바보 같은 네트워킹은 네트워킹 이벤트 같은 데 가는 것인데, 이는 쓸데 없는 거에요."라고 그가 단호하게 말했다.[7] "도대체 어떤 사람들이 네트워킹 이벤트에 갈 것 같아요? 사람을 많이 알지 못하는 사람들만 갑니다. 이미 많은 사람과 연결되어있는 사람들은 갈 필요가 없거나, 너무 바빠서 가지 못하죠."

그에 반해 똑똑한 네트워킹은 '당신이 가치 있는 무언가를 만들어 낼 때, 다른 사람이 당신을 찾고 싶어할 때' 이루어진다. 대부분의 과학 연구자들에게는 시간이 가장 중요하고, 네트워킹은 많은 시간을 절약해줄 수 있다. "저는 항상 제가 문제를 해결하지 못할 때 네트워킹을 하려고 했어요."라고 이야드가 회상했다. "4,5개월 동안 무언가를 해결하려고 노력하는 대신, 저는 이미 그것을 이해하고 있는 사람을 찾아서 그가 저에게 몇 시간 만에 설명해주게끔 했어요."

경험을 통해 이야드는 진화된 페이스북 형태를 상상했는데, 이는 서로 연결된 과학자 커뮤니티를 만들어서 연구과제들에 관해 다양한 소통을 할 수 있는 공간을 만드는 것이었다. 이상적으로는 이

공간이 다양한 기술을 가지고 있으며 그들이 다루지 않는 범위의 문제들을 고려하고 사는 다양한 분야의 사람들이 서로 소통할 수 있게 해준다. 이야드가 웹 개발자들의 도움으로 만든 리서치게이트는 그가 희망한 모든 종류의 관계와 융합을 가능케 해주고 수많은 정보, 뉴스 아이템, 블로그, 그리고 기사를 정리해서 모아주기도 한다. 2백 개의 국가에 흩어져 살며 대학, 병원이나 연구원에 소속되어 있는 회원들은 실명과 연락처를 기록하며 가입한다. 그들의 교육, 경험, 관심사와 논문 등 저서에 대한 정확한 정보도 제공해야 한다. 이 모든 정보를 통해 다른 회원들이 자신들의 질문에 답변할 수 있을만한 개인이나 단체를 찾을 수 있게 된다.

가장 최근 통계에 의하면 리서치게이트 회원들에게 1만 2천 개 이상의 질문이 주어졌고 그들은 160만 이상의 연결을 기록했으며 80만 개 이상의 논문을 공유했다. 종종 이런 공유는 다른 전문분야와 이루어졌는데, 물리학자와 생물학자 사이나 화학자나 천문학자 사이의 벽을 무너뜨리는 결과를 가져왔다. 이야드는 이런 전문분야의 혼합은 20세기 이전에 과학이 이루어졌던 방향으로의 회귀라고 생각한다. 그때의 연구자들은 진정 다양한 분야의 전문가였으며, 다양한 분야와 관심사를 넘나들며 발명과 발견을 했다는 것이다.

이런 숫자 뒤에는 개인 과학자들이 있는데 이들은 대부분 고립된 연구실에서 일하면서 리서치게이트를 통해 논문에 접근하고 협력자를 찾고 기술을 공유하며 조수들도 고용한다. 우리는 이 네트워크가 특별한 성과를 이루었는지 질문했다. 이야드는 극적인 변화가 목적이 아니라고 했다. "과학 연구는 사실 작은 문제들을 지속적으로 해결하는 것이에요."라고 그가 설명했다. "모든 작은 결과가 큰 결과에 기여하고 있는 것이지요."

이야드에게는 효율성이 가장 중요한 부분이다. 한편으로 그는 과학자들에 대해 가지고 있는 편견을 파괴하는 것도 좋아한다. 대부분의 과학자들은 사회적이며 우정도 중요시하고 소통에도 뛰어나다는 사실을 알게 됐다. 경쟁적이지만 협력적이기도 하다. 또한 그들은 이야드가 걱정했던 것보다 훨씬 덜 비판적이었다. "저는 '당신은 바보야'라고 할 줄 알았어요. 부정적으로 예상했죠." 그가 말했다. "오히려 그들은 굉장히 호의적이었어요. 사람들은 '이걸 해봤나요? 아니면 저걸 해봤나요?'라고 물어보곤 했습니다. 과학자들은 대체적으로 도움을 제공하고 싶어하는 좋은 사람들이에요." 이런 친절함은 야망과 공존하는데, 이는 중요한 해답을 찾고자 하는 끈질긴 힘으로 이어진다. 이곳에서 이야드는 그가 서비스를 제공하는 커뮤니티와 대단히 많은 것들을 공유한다. 그는 리서치게이트가 더욱 중요해져서 그의 연구진이 노벨상을 받기를 기대한다고 했다.

보상이 최대인 보험회사

보험회사에 상을 준다면 프렌드슈런스(Friendsurance)가 분명 받게 될 것이다. 리서치게이트에서도 가까운 곳이며 베를린 장벽의

잔해가 보이는 곳에 위치한 이 회사는 고객들의 돈을 절약해주면서 더 안전하고 건강하며 행복하게 만들어주는 기발한 제도를 운용한다. 사람들에게 보험 상품을 사는 그룹을 직접 만들 수 있도록 하는 것이 이 제도의 목적이다.

이 아이디어는 단체 보험이라는 오래된 개념을 활용하고 있다. 이는 회사, 노동조합, 사회적 단체들이 오랜 기간 사용했던 제도인데, 막대한 보상청구의 위험성을 많은 회원들과 공유하기 위한 것이었다. 이 방법은 전체적인 비용을 줄여준다. 프렌드슈런스는 보험의 위험성을 동료들의 압력을 활용해 줄이는 동시에 참가자들이 알아서 잘 행동하도록 하는 또 다른 측면을 가지고 있다. 보험 그룹이 서로 잘 알고 신뢰하며 함께 하기로 약속한 사람들로 구성되어 있기 때문에 이 같은 경우가 가능하다.

프렌드슈런스를 만든 젊은 혁신가인 팀 쿤데(Tim Kunde)는 사회적인 보상과 금전적인 보상을 함께 얻으려는 유럽의 여타 기업가들과 비슷하다. 하지만 그는 이야드 같은 기술 혁신가나 밤부저 사람들과 같은 미디어 선동가는 아니다. 그는 전통적인 비즈니스 스쿨 교육을 받았으며 건조된 수프를 만드는 회사에서 그다지 흥미롭지 않은 컨설턴트 일을 시작했었다.

그의 혁신적인 아이디어는 우정을 소중히 여기고 사람들의 돈을 절약해주며 경제적 손실에 덜 취약하게끔 해주고자 하는 생각에서 나왔다.

"사람들은 매년 초에 같은 보험 비용을 내고 연말에 돈을 돌려받아요."라고 팀이 우리에게 설명했다.[8] 이런 환급은 50퍼센트까지 보장되는데, 이는 친구 네트워크에서 만들어진 보상 청구에 기초한다. "청구가 있었다면 돈을 덜 환급받지요. 속해 있는 네트워크가 평균적이거나 평균 이상으로 잘 운용된다면 돈을 돌려받습니다." 이런 친구 그룹들을 지원해주는 보험 제공자들은 사기위험과 관리 비용을 줄일 수 있다.

"우리를 신나게 하는 점은 오래된 전통적 산업을 변화시키는 거에요."라고 서른 한 살이며 다른 어떤 비즈니스라도 할 수 있을 것 같은 팀이 이야기했다(팀은 미팅에 자전거를 타고 가는 사람이다. 우리를 만난 날도 그랬다. 추운 날씨와 비가 오는 날씨임에도 불구하고). "우리는 보험 자체에는 그다지 흥미가 없어요."라고 팀은 웃으며 말했다. "우리를 흥미롭게 하는 것은 아웃사이더의 관점에서 바라보는 것이지요."

외부적 관점에서 보니 좀 더 책임감 있게 행동하면 얻는 것이 더 많다는 점을 보험 고객들이 이해하지 못하고 있다는 것을 알게 되었다. 보험사업에 돈이 많이 드는 이유는 손님들이 조심스럽게 행동하지 못하거나 사고나 도둑질을 당했을 때 그것을 잘못 보고함으로써 일어나는 '회색 지대'가 원인이다. 이런 종류의 행동은 사람들이 보험회사와의 관계가 익명으로 일어나거나 오히려 적대적이라고 생각할 때 일어난다. "고객들이 알고 싶어하는 것은 보험금을 내고 있고 그래서 안전하다는 거죠. 그리곤 보험금을 청구함으로써 되돌려 받는다고 생각해요. 보험회사는 익명입니다. 내가 만약 사기를 저지르거나 회색지대에 속한 상황이라도 보험회사는 크니까 알아채지 못하겠지요. 사람들은 책임감을 느끼지 않아요." 팀이 말했다.

팀은 또한 전통적인 보험회사는 고객들의 진정한 필요에 대해 무관심하다는 것도 알아챘다. "보험회사들은 팔 수 있는 것을 고객에게 팔고자 할 뿐, 고객의 필요에 맞추지는 않죠. 그런데 사람들은 바로 그런 형태의 서비스를 원해요. 한 보험회사는 회사의 이미지를 달리하기 위해 그들이 당신의 적이 아닌 당신 편이 될 것을 선언했었어요. 처음에는 성공적이었죠. 그러나 그들은 사업하는 방식을 바꾸지 않았고 결국 이런 프로젝트는 사라졌어요."

프렌드슈런스는 보험 과정에 책임감을 추가하였는데, 이는 보험금과 환불을 친구들 및 지인과 연동시킴으로써 이루어진다. 예를 들면, 자동차 보험 고객들은 안전운전을 하는 친구가 누구인지 위험도가 높은 친구가 누구인지 생각해 냄으로써 작으면 다섯 명, 많으면 60명의 그룹을 만든다. 이런 거래가 이루어지면 친구들은 조심하여 행동해야겠다는 도덕적 책임감이 생기고, 이는 동료의식에 의해 강화된다. 아무도 자신의 사고 때문에 다른 친구들에게 되돌아갈 수 있는 돈을 사고처리 비용으로 쓰는 사람이 되고 싶어하지 않기 때문이다.

경기불황 모르는 중소기업의 비결

개방적이고 협력적인 방법으로 작동하는 잘 짜인 그룹은 그들이 보험 같은 일상적인 일에 참여할 때도 아테나 가치를 사용할 수 있지만 베를리너 자일파브릭(Berliner Seilfabrik)처럼 전통적인 소규모 제조업에서도 이를 활용할 수 있다.

베를린 외곽에 자리한 평범한 공장인 베를리너 자일파브릭은 엘리베이터 케이블을 만들기 위해 설립됐다. 이 회사는 데이비드 쾰러(David Koehler)의 아버지의 리더십 덕분에 성공적이었지만, 놀이터를 만드는 건축가로부터 온 제안은 모든 것을 바꾸었다. "그는 입체적인 망(net)으로 놀이공간을 만드는 아이디어를 가지고 있었어요."라고 데이비드가 회상했다.[9] 베를리너 자일파브릭의 한 장인(匠人)이 부드럽지만 튼튼하고 계절의 풍파를 견디며 다양한 모양으로 변형될 수 있는 밧줄을 개발했다. 오늘날 이 회사는 이들의 놀이터를 전세계에 홍보하며 매년 두 가지 새로운 제품라인을 개발한다(뉴욕에도 이들의 놀이터가 몇 군데 있다). 수년간 엘리베이터 케이블은 만들지도 않았다.

재미있고 행복한 제품을 만들고 있는 회사인 베를리너 자일파브릭이 우리의 이목을 끈 것은 이 회사가 독일의 튼튼한 경제를 뒷받침하는 중소기업(mittelstand)의 대표적 회사이기 때문이다. 이런 중소 제조업자들은 50명에서 2백 명의 직원을 고용하며 경제침체에도 불구하고 회사를 성공적으로 운영한다. 그리고 그들은 이 모든 것을 진정한 아테나 스타일로 해낸다. "가장 중요한 성공비밀 중 하나는 혁신입니다."라고 데이비드가 말했다. "우리는 전세계에 걸쳐서 트렌드를 찾고 있고 빠르게 움직여 그 기회를 붙잡습니다. 우리는 큰 회사가 수 년 걸려서 하는 일을 6개월 만에 해내죠."

집중은 중소기업 회사들이 누리는 또 하나의 장점이다. 베를리너 자일파브릭은 이미 전문화 되어있는 산업에서 틈새 품목을 생산한다. 데이비드는 품질을 최상으로 유지하는 데 많은 노력을 기울이는데, 이는 회사규모가 작고 직원들의 근무연수가 오래될 수록 유리하다. 직원들 중 몇몇은 회사와 40년을 함께 일해왔다. 회사에 어떤 문제가 생겨도 누군가는 이미 그런 문제를 경험한 적이 있기에 어떻게 대처해야 할지 잘 알고 있다. 비록 그 수는 적지만 헌신적인 이들 직원들은 데이비드에게 한 가족이나 다름없다.

"저는 고용하고 해고하는 것을 대기업들처럼 빨리 하지 않아요." 라고 데이비드가 이야기했다. "모든 사람들은 제 이름을 불러요. 저는 모든 직원들의 개인 사정을 알고 있어요. 우리는 힘들 때에는 끈끈하게 서로 도와줍니다. 저는 상황이 좋아지면 임금을 올려주지요. 하지만 이 모든 것이 돈과 관련된 것만은 아닙니다. 우리는 단지 투자 수익을 올리는 데만 관심있는 게 아니에요. 가장 중요한 것은 일하러 가는 것이 즐거워야 한다는 점이에요. 우리 직원들은 여기서 대우받는 것을 좋아해요. 직원들은 우리 스스로가 모두의 미래를 위해 결정한다는 것을 잘 알아요."

그들이 만드는 제품 자체가 모든 사람들이 회사에 대해 좋은 감정을 느끼게 한다. "우리는 아이들에 대해 많이 이야기합니다. 어떻게 아이들의 놀이에 가치를 더할지, 어떻게 그들이 인생을 준비하도록 성장하는 것을 도와줄지 말이에요."라고 데이비드가 말했다. 그물망 구조는 올라가는 사람이 목표를 이루기 위해 어떻게 올라갈 것인지 계획하고, 실패하지 않기 위해 조심하며 전진할 것을 요구한다. 이런 지능적, 공간적 기술을 적절히 배치하는 작업은 아놀이터를 만드는 건축가의 제안이 평범한 엘리베이터 케이블공장, 베를리너 자일파브릭의 모든것을 바꾸었다. "그는 입체적인 망으로 놀이공간을 만드는 아이디어를 갖고 있었어요"

회사에 대해 좋은 감정을 느끼게 하는
최상품질의 틈새품목, 그물망 구조 제품

직원들 가운데 여럿은 회사와 40년을 함께 일해왔다.
"가장 중요한 것은 일하러 가는 것이 즐거워야 한다는 점이에요."

이가 꼭대기에 올라갔을 때 성취감과 승리감을 느끼게 해준다. 이 회사의 직원들은 제품을 전세계에 수출하면서 그들이 남미, 아시아, 아프리카, 유럽, 북미의 아이들에게 안전한 놀이를 제공하고 있다는 것을 알고 있다. 데이비드는 해외 영업을 전담하지만 그의 경험을 직원들과 상세히 공유한다. 놀이터에 설치된 제품의 어떤 면이 아이들에게 가장 호응이 좋았고 또한 학교와 공원관계자들로부터 어떤 지적을 받았는지 설명한다. “저는 사람들이 새로운 제품에 어떻게 반응하는지 설명합니다. 직원들이 모든 과정에 참여할 수 있도록 노력합니다. 그리고 기회가 되면 가급적 직원들과 함께 전시회에 갑니다. 모든 직원들이 회사의 모든 일의 일부입니다.”

모든 사람이 베를리너 자일파브릭의 결정에 참여한다. “예전에는 큰 결정은 경영진들이 내리곤 했어요.”라고 데이비드가 말했다. “이제 우리는 디자이너, 세일즈맨, 그리고 생산자들도 포함시킵니다. 우리는 그들에게 제품소개 책자를 보여주며 ‘이렇게 나가면 되겠어요?’ 라고 물어봅니다.” 회사의 모든 직원이 의견을 자유롭게 표출하고 있다. 데이비드는 회사의 미래가 그런 의견들에 달려 있다고 본다. 미래에는 경쟁력을 높이기 위해서 더 많은 개방성, 협력, 그리고 공유된 목표의식을 필요로 한다는 것을 알기 때문이다.

한 지붕 외교가족

베를리너 자일파브릭의 직원 모두가 의견을 내고 비판을 하게 함으로써 데이비드는 자신은 약화시켰지만 일터에서 집단 지혜를 얻게 됐다. 팀과 이야드는 정보와 경험의 공유라는 덕목에 바탕해 기업을 만들었다. 이런 기업가 정신이 유럽에서 발견된다는 점은, 감당할 수 없을 정도의 높은 유럽대륙의 세금 시스템이 창의성을 제한한다고 추정하고 있는 미국인들과 다른 사람들에게는 놀랄 수 밖에 없을 것이다.

사회복지시스템에 대한 전통적인 비판은 혁신을 방해하는 느린 관료체제에 집중되어 있다. 물론 이런 비판은 어느 정도 진실에 근거한다. 사회복지시스템은 경직되어 있으며 제대로 기능을 하지 못하는 측면도 있다. 하지만 가장 냉소적인 관찰자마저도 미래에 대해 긍정적이 되게 할 정도로 정부 내에서도 협력, 장기적 계획과 혁신이 있음을 우리는 발견하게 된다.

베를린에서 아테나 독트린의 궁극적인 상징은 펠레수스(Felle-shus)에서 이루어지는 외교에서 확인할 수 있다. 펠레수스는 덴마크어로 '모든 이들을 위한 집'이라는 뜻이다. 여섯 개의 낮고 현대적인 빌딩 복합체인 펠레수스는 5개국에서 온 외교관들의 집인데, 이 관료들은 공통된 공간과 관리인들을 공유하고 공통된 이해와 목표를 추구하기 위해서 서로의 사무실을 자유롭게 드나든다.

펠레수스와는 아주 대조적으로 덧문이 내려져 있는 시리아 대사관이 길 건너편에 있는데 이곳은 철조망과 낙서들로 둘러싸여 있다.

놀라운 일은 아니지만 펠레수스 국가들(핀란드, 덴마크, 스웨덴, 노르웨이, 아이슬란드)은 모두 북유럽 국가들이며 이들은 역사와 유산을 공유한다. 그들은 사회적 유동성, 경제적 기회와 여성의 지위 영역 등 거의 전분야에 걸쳐 세계적으로 앞서가고 있는 국가들이다. 관료적인 면에서 이렇게 합쳐진 대사관은 비용을 줄이고 관계를 간소화한다. "펠레수스 덕분에 경제적, 사회적으로 통합이 훨씬 용이했어요."라고 우리가 만난 핀란드 외교관 레오 리스키(Leo Riski)가 말했다.[10] "일하기도 훨씬 수월해요. 사람들은 서로를 믿을 수 있고요." 제품을 판매하거나 여행을 가거나 부동산을 매매하거나 취업을 위해 이민을 가는 거나 상관없이 적용되고 있다.

이런 대사관 복합체의 아이디어는 베를린 장벽이 무너지고 독일의 수도가 본에서 베를린으로 옮겨간 후에 생겨났다. 이렇게 유리와 개방된 공간으로 이루어진 건축물은 투명성을 강조하지만 화합도 강조한다. 울타리 같은 구리 띠와 15m 정도 높이의 고색 창연한 건물은 다섯 국가의 공유된 관심을 상징하고 있다. 거리에서부터 건물을 볼 수 있고 방문객들로 하여금 상호 협력의 안전한 공간으로 들어서고 있다는 느낌을 준다.

펠레수스에서 국가들을 함께 뭉치게 한 자극에 대해 이야기하면서 레오는 제2차 세계대전과 유럽의 냉전 경험을 들었다. 이 기간 동안, 분쟁의 비용과 고립이 모든 이들에게 명확해졌다. 세계대전과 냉전이 역사의 뒤안길로 접어들며 사람들은 새로운 체제의 가능성을 보았다. "위기의 시간에 사람들은 그들 자신에 대해서만 생각하는 경향이 있어요." 그가 말했다. 그러나 평화가 정착되자 그들은 사고를 확장할 수 있었다. 그 결과물의 하나가 유럽연합이었는데, 이는 상호이해와 안보를 증진시켰다.

"독일은 그들이 유럽 내에서 인정받을 때 비로소 자유로울 수 있다는 것을 이해하게 됐어요."라고 레오가 말했다. 이런 연유로, 유럽연합은 유럽대륙 대부분의 수도에서 인기가 높다. 이것은 펠레수스의 정신에 나타나는 북유럽 국가들의 관계에서도 볼 수 있다. "우리는 우리가 함께 할 때 더 안전하다는 것을 알아요."라고 부언했다.

북유럽 국가들은 펠레수스를 사용하는 것이 독립적으로 활동하는 것보다 대중은 물론 외교사회에 다가가는 데 효과적임을 확인했다. 따로라면 각 국가가 열댓 명의 직원들과 함께 가끔 방문객을 맞으며 조용한 건물에서 일할 것이다. 함께 하면 매년 백여 개 이상의 대중적 행사도 제공할 수 있고, 펠레수스를 행사의 중심지이자 영향력 있는 공간으로 만들 수 있다. "우리가 돈을 아끼는 것이 중요한 것이 아니라 우리가 함께 있을 때 영향력이 커진다는 것이 중요합니다."

협력의 파도가 넘치는 바다

펠레수스로 인해 확인된 공공선(公共善)은 독립적 행동의 한계를 인지하며 북유럽 국가들의 공통된 이해관계를 인식하는 정책에 의해 이루어졌다. 레오 리스키의 표현에 따르면, 참여하는 국가들이 각국의 정체성과 특권을 일부 양보하면서 훨씬 더 많은 것을 얻었다. 같은 공식이 적용되면서 전세계에서 가장 큰 국가연합체인 유럽연합(아일랜드에서 사이프러스까지, 핀란드에서 스페인까지 경제와 사회를 통합시키려는)이 운영되고 있는 것이다. 유럽연합에 문제가 많고 특히 통화문제는 심각한 상황이다. 하지만 연합이 평화를 촉진했고 무역을 증진시켰으며 대륙의 사람들을 서로 더 가깝게 만들었다. 유럽 연합의 권한은 제한되어 있지만 연합이 전세계적 환경문제에 대해서 같은 목소리로 대응하고 있다. 이 권한으로 유럽연합 관계자들은 전세계의 강, 호수, 그리고 바다를 보호하는 데 큰 역할을 하고 있다. 최근 유럽연합 해양수산부 장관이 바다를 오염시키는 플라스틱을 해안가까지 끌고 올 경우에 보상하는 정책을 시작했다. 이 프로그램 덕분에 매년 할당제로 어부들에게 제공되던 보상액이 실제 가치를 발휘할 수 있게 됐다.

유럽연합이 시행하고 있는 또 다른 해양 정책은 대양저의 지도를 작성하는 것과 멸종한 생선을 양식을 통해 대체하는 것이다. 이런 정책들은 지속가능성에 대한 대중의 염려와 관심에서 시작됐다(예를 들면 70만 명 이상의 영국 시민들이 최근에 어부들이 원하지 않는 생선을 바다에 버리지 않게 하도록 탄원서에 서명했다). 이런 국제적 정책의 리더십은 마리아 다마나키(Maria Damanaki)로부터 시작됐다. 그녀는 크레테(Crete) 섬에서 나고 자랐다. 이곳은 바다가 언제나 그곳에 있어 왔고 어업이 수천 년간 삶의 방식이었던 곳이다. "매일 바다를 바라보게 된다면 바다에 대한 생각을 하지 않을 수 없지요." 마리아는 우리가 브뤼셀에서 그녀를 만났을 때 이같이 말했다.[11]

유럽연합 해양수산부의 장관으로서 마리아는 27개국으로부터 합의를 이끌어야 하고 해양 자원을 공유하는 비유럽연합 국가들과도 합의를 봐야한다. "생선은 국경에 관심이 없어요." 유럽이 북아프리카 국가들과 지중해를 공유하고 러시아와는 북극해를 공유하는 것에 대해 이야기하며 그녀가 말했다. "우리는 미국이나 일본을 빼놓고는 불법 어업을 없앨 수 없어요." "제 야망은 합법적이고 지속가능한 어업에 대한 국제적 인증 시스템을 만드는 것이에요. 이는 유엔의 권한 내에서 이루어져야겠죠. 하지만 한 걸음씩 나아가면 이룰 수 있을 겁니다. 요구가 있으니 반드시 수용될 거에요."

지속적으로 면밀한 감시를 받기 때문에, 마리아는 국가와 이익단체들이 그녀가 정책을 어디로 이끌고 있는지 정확히 알도록 투명하게 작업해야 한다. "단 한 가지 방법은 진심을 다하는 것이에요." 라고 그녀는 말했다. "거짓말은 그 순간이나 한 달 정도는 통할 수 있지만 그 후에는 무너집니다. 우리는 비전과 일하는 방식을 바꿔야 해요. 사람들은 압니다. 그들은 매우 분노하지만 해결방법이 있다면 그를 사용하고 싶어할 겁니다."

유럽연합이 추구하는 해결책은 바다의 자원을 은행의 돈처럼 일종의 자본으로 보는 것이다. "저는 은행가와 같아요."라고 마리아가 말했다. "저는 자연인 자본을 최고로 잘 사용해야 한다고 생각해요. 미래를 위해서 자본을 잘 지켜야 해요. 제가 자본을 1년 안에 다 쓴다면 당장은 많은 사람들이 행복하겠지만 다음 해에는 아무것도 없을 거에요. 저는 신중하게 일하며, 자연이 이 자원을 돌보고 재생산하도록, 어부들과 공공이익을 위해 더 많은 땀을 흘릴 겁니다."

마리아는 지각있는 대중과, 요식업자들이 지속가능한 방식으로 어획한 생선을 요구하는 시민들 덕분에 힘을 얻는다고 했다. 이를 위해 그녀는 유럽이 특히 땅의 자원과 미네랄을 다 쓰고 있는 상황에서 해양자원의 가치를 강조했다. "우리는 땅을 이미 고갈시켰기 때문에 새로운 가능성과 성장을 위해서도 이제는 바다로 향해야 합니다." 음식, 에너지, 미네랄 등 다른 종류의 부의 창출을 위해 바다로 향하면서, 인류가 제대로 일할 기회는 있다고 덧붙였다. 이런 균형을 유지하는 것이 "독재자에게는 쉽겠지만 우리는 시민들을 설득해야 합니다."라고 그녀가 씁쓸한 웃음을 지으며 말했다. "설득은 우리 정치인들이 모든 것을 알지 못한다는 사실을 인정하면서 시작됩니다. 우리는 인정해야 해요. 과학자들과 데이터, 그리고 시민들과 함께 일해야 해요. 돈과 시간이 들겠지만 그것이야말로 정말 미래를 위한 것입니다."

사회가 음식, 에너지, 또 광물자원 없이는 유지될 수 없기 때문에 마리아는 '안정' 이라는 말을 쓴다. 바다를 지키는 것은 단순히 환경주의나 섬에서 자란 여성의 감상에 젖은 행동이 아니다. 이는 전세계적 지지에 의존하는 생존의 문제다. 마리아는 유럽연합의 포용, 일치, 그리고 투명성이 생존의 가장 높은 가능성을 보장한다고 확신한다. "더 안전하기 위해, 사람들은 그들이 단체나 국가에 소속된다고 느껴야 해요. 특히 젊은 사람들에게는 더욱 그렇죠. 그들은 사회 밖이 아닌 안에서 미래를 확인해야 해요. 물론 방관자들도 있지요. 항상 방관자들은 있어 왔어요. 그러나 방관자들이 너무 많으면 그야말로 재난입니다." 아테나 스타일 기관으로서, 유럽연합은 유럽 대륙과 더 나아가 해양의 문제에 대응할 정도로 큰 공동체에 더 많은 사람들을 동참시키려고 노력하고 있다.

제 10 장

부탄

"돈이 적은 세계에서는 행복이
성공의 더 중요한 기준이 된다."
– 응답자의 80%가 동의

이는 분명 시작부터 급진적인 아이디어였다. 만약 국가의 지위가 부나 권력이 아닌 행복에 의해 측정된다면? 부탄왕이 질문했다. 시민들의 행복(well-being)이 국가와 지도자들의 진정한 평가기준이 될 수 있을까? 만약 그렇다면 그 평가는 어떻게 할 것인가? 그리고 누가 측정할 것인가?

이 모든 질문들은 우리가 탄 드루크 항공(Druk Air) 비행기가 부탄에서 에어버스 제트기를 감당할 수 있는 유일한 활주로에 착륙하면서 우리의 머리 속에 맴돌았다. 2천 백 미터의 높은 고도와 히말라야 산맥 때문에 파로(Paro) 국제공항에 내리는 것은 베테랑급 조종사들만이 할 수 있는 어려운 일이다. 주변을 맴돌기 일수이지만 다행히 부탄에 도착한 날에는 날씨가 좋아서, 우리는 첫 시도에 착륙할 수 있었다.

부탄 방문은 부탄의 관료들과 수 개월간의 소통을 하고 나서야 이루어졌다. 부탄은 따뜻함과 저항이 모순적으로 공존하는 형태로 외국인들의 국가출입을 제한하고 있었다. 그들은 우리의 주제(아테나 가치와 부탄의 개발)에 대해 높은 관심을 보였고 이에 대해 이야기할 수 있다고는 했지만 어느 누구도 우리가 도착하기 전에 인터뷰 약속을 해주지는 않았다. 부탄 정부는 관광 이외의 경험을 찾는 관광객들을 경계하는 듯했다(우리가 미국에서 보낸 모든 요청에 대해 아무도 답해주지 않았다).

우리 여행 준비가 어려웠던 점으로 미루어보아 부탄에 도착해서도 현지인들을 대할 때 있을 어려움을 예상했다. 하지만 그곳에서는 모든 이들이 우리에게 호의적이었고, 우리가 만난 모든 사람들이 대답하기 불가능하다고 여겨질 수 있는 질문들에 열심히 대답해 주었다. 미디어 전문가인 시오크 시안 펙 도리(Siok Sian Pek Dori)를 만나서 우리가 그녀에게 행복하냐고 물어봤을 때, 그녀는 깜짝 놀란 듯했다.

"제가 행복하냐고요?" 그녀가 답했다. "당신이 말하는 '제가 행복하냐고요?'가 어떤 의미죠? 행복을 어떻게 정의하나요?"[1] 우리가 끈질기게 묻자 그녀는 "행복하다고 말할 수 있기는 한데, 이는 제가 만족에 가까운 감정을 느낀다는 거죠. 즉 문제가 없다는 것, 건강에 문제가 없고 성취감을 느낀다는 것이에요. 뿌리가 있다는 느낌이지요."라고 했다.

국회의원인 체링 톱게이(Tshering Tobgay) 역시 우리가 부탄의 사회와 경제변화에 대한 접근방식에 대해 질문하자 잠시 주저하다가 "아마도 우리 안의 불교의 힘일 듯해요. 영구적인 것은 없다는 것이죠. 변화만이 있지요. 따라서 대부분의 우리는 압도되지 않아요. 우리는 변화를 인생의 일부로 받아들인답니다."라고 대답했다.[2]

체링의 평정함과 시오크의 얼떨떨함은 우리가 부탄에서 만난 모든 이들의 반응이었다. 이곳은 모든 사람들이 매 순간 융통성을 요구하며 개인의 행복은 공동체의 안녕과 직결되어 있음을 당연시 하는 듯했다. 짧은 경험이었지만 부탄 사람들은 그들 자신에 대해 구체적으로 이야기하는 것을 힘들어 하긴 했으나 그들 국가가 서서히 현대사회로 방향을 틀어가고 있다는 정도는 이해하고 있는 것 같았다.

"부탄 사람들은 균형 잡힌 시간 사용, 지역사회, 그리고 사회적 관계를 생각하기 때문에 행복하다고 하지요."라고 카르마 왕디(Karma Wangdi)가 이야기했다. 그는 부탄 연구학회에 속한 정부기관 연구자다.[3] 국가의 미래에 대해 생각할 때 그는 부탄 사람들이 새로운 가치관을 받아들이는 것에 대해 걱정했다. "우리가 직면한 가장 큰 문제는 물질적 부유함에 대해 점점 커지는 욕망일지도 몰라요."

평균 연봉이 6천 2백 달러인 국가에서 제어할 수 없는 물질주의는 큰 문제가 되지는 않을 것 같다. 그러나 부탄에서는 개개인의 존재방식이나 국가의 업무들은 모두 검열대상이다. 이런 조심스러운 접근은 국민들로부터 존경받는 정치적 권위이자 티베트 불교의 수장이기도 한 부탄 왕들이 만들어낸 것이다. 몇 세대 동안 부탄 왕들은 점진적인 근대화만 허용했다. 새로운 기술과 민주주의를 비롯한 사회적 개념이 도입되면서 관료들은 이들의 장점을 오래된 복합적인 가치들과 세심하게 비교해야 했다. 그들은 '더 새로움' 이 '더 나음'을 의미하거나 '현대적'이라는 말이 '발전'을 의미한다고 생각하지는 않는다.

이 국가적 종교의 가장 중요한 원칙이 강조하는 바는 서로 연결된 영혼을 갖고 있는 우주적 이익을 추구하는 개인적 깨달음이다. 이런 관점에서, 특히 모든 생명체를 위한 이익을 도모할 때 개인의 성취가 장려된다. 지역문화는 놀라울 정도로 높은 상호 존중을 강조한다. 역사적으로 부탄 남성과 여성은 결혼, 지역사회, 그리고 상업영역에서 상당한 평등을 누려왔다. 실제로 여성적 정신은 티베트 불교에서 높이 평가되며 부탄에서 자산은 어머니에서 딸에게로 대물림된다.

이런 성 평등의 역사는 부탄이 17세기 초 비로소 국가가 되면서 부탄 국민들에게 도움이 되어왔다. 수 세기 동안 지리적 고립과 빈곤, 그리고 강한 자기 정체성이 여타 히말라야 왕국들이 사라지던 당시에도 부탄을 지켜주었다. 그러나 험준한 산맥조차도 부탄에 위성방송과 인터넷이 들어오는 것을 막지는 못하였다. 1998년에 현대 세계가 다가오는 것을 느끼며 지그메 싱예 왕축(Jigme Singye Wangchuck) 왕은 그의 권력 거의 모두를 수상과 의회에 넘겼다. 이런 전환이 있고 1년 후 텔레비전과 인터넷이 도입되었다. 2008년 부탄은 첫 의회 선거를 치렀다.

부탄의 조심스러운 현대화는 모든 이들을 위한 공교육, 영어교육, 그리고 언론을 발달시켰다. 또한 행복지수(happiness index)를 개발해서 부탄인들의 행복을 측정하는 서양 학자들과의 파트너십으로까지 이어졌다. 아홉 가지 영역을 측정하는 이 조사는 개인의 만족감에서부터 환경의 질까지 측정하고, 경제적 요소만이 아니라 항우울제 사용량과 이혼율까지 측정한다.

전세계의 많은 국가들이 이 지표를 사용해 인구 연구를 했고 국가별 순위까지 나와있다. 유엔에서 발행한 2011년도의 '세계 행복 보고서(World Happiness Report)'는 부탄 왕이 '가치와 함께 하는 개발'이라고 부른 부탄의 균형잡힌 시각을 지지한다.[4] 갤럽조사부터 신(新)경제 재단(New Economics Foundation)까지 많은 단체들이 이 지표를 사용해 국가의 행복지수를 측정한다(부탄은 너무 작아서 이런 리포트에서 종종 제외되어 왔다). 미국, 캐나다, 북유럽과 같은 개발된 국가들도 이런 조사에서 높게 평가되지만 코스타리카나 멕시코와 같이 저개발 국가들도 역시 높게 평가된다.

부탄의 관료들은 경제상황을 향상시키고 2007년에 측정된 바 있는 23퍼센트의 빈곤율을 낮추기 위해 노력하고 있었다. 관광산업과 이웃 인도에 수력전기를 수출해 수익이 생겼고 이는 생활수준을 향상시키는 데 투자됐다. 물질적 수준을 향상시키면서 관료들은 육체적, 정신적, 그리고 영적인 안녕(well-being)* 의 성장도 추구

* 안녕, 행복, 건강 등으로 번역할 수 있다. 특히 이곳의 문구는 세계 보건기구의 헌장 전문(1946)에 나오는 것으로 "건강이란 단지 질병이 없는 상태만을 말하는 것이 아니라 신체적, 정신적, 사회적 안녕(wellbeing)을 말한다"는 건강의 정의 일부분이다. 그 후 영적 건강(spiritual wel-lbeing) 부분이 추가됐다.

한다. 1998년에 그들은 GNH(국가 총행복지수, Gross National Happiness)를 국가 개발 계획의 기준으로 삼았다.

"국가 총행복지수는 부탄 사람들의 공통된 이상으로서 이는 국가의 성장을 측정하는 기준이 될 것입니다."라고 국가 행복청(Gross National Happiness Commission) 장관인 카르마 티시팀(Karma Tshiteem)이 말했다.[5] "이런 기준은 경제성장뿐만 아니라 우리 사회의 영적, 정신적, 문화적 필요의 균형을 추구하는데 이는 모든 사람들이 행복한 삶을 살고자 한다는 기본적인 믿음에 근거합니다. 이런 상황을 만드는 것이 성장의 목표가 되어야 합니다."

우리는 수도 팀푸(Timphu)의 타시히호종(Tashichhodzong)이라는 거대한 정부청사 건물에 있는 카르마(Karma)의 사무실을 방문했다. 인구 10만 명이 채 안 되는 팀푸는 부탄에서 가장 큰 도시다. 팀푸는 라이닥(Raidak)강을 따라 계곡에 아늑하게 위치하며 농부들이 쌀농사를 짓고 야크(Yak) 떼를 몰면서 생활한다. 이곳은 조용하고 높은 건물이 없는 도시다. 가장 큰 건물은 5층 정도이고, 주요 도로의 교통은 흰 장갑을 낀 교통경찰에 의해 유지된다.

수백 년간 새로 지어지고 리모델링된 종(dzong)은 하얀색으로 된 높은 벽이 있고 여러 개의 지붕을 가진 성이다. 직사각형 모양을 한 이곳은 돌로 이루어진 넓은 뜰을 가지고 있다. 행복청과 같은 정부 건물들이 이 공간을 둘러싸고 있다. 우리가 방문한 날 이 뜰은 전통적인 옷을 입고 있는 여성들과 남성들로 붐볐다. 여성들은 키라(kira)라고 불리는 긴 드레스를 입었다. 남성들은 스님들의 승복이나 고(gho)라고 불리는 튜닉을 입고 있었다.

카르마는 빨간색과 검은색 고를 입고 무릎까지 오는 검은색 양말과 검은색 구두를 신고 우리를 만났다. 작은 체구에 그을린 얼굴을 한 그는 단어를 조심스럽게 골라가며 신중하게 이야기했다. 그와 이야기하면서, 그가 내재적으로 균형과 화합을 추구하는 불교적 가치관이 부탄 국민들로 하여금 조심스럽게 미래를 향하게 하고 있다는 생각이 더욱 분명해졌다.

"대부분의 정부가 전통적으로 집중하는 것들은 부탄 사람들에게도 분명히 중요해요."라고 카르마가 말했다. 그리고는 취업, 의료, 교육, 그리고 '법과 규율'과 같은 기본적인 분야들을 이야기했다. 이런 기본적인 것 외에도 조사와 다른 연구를 통해 알게 된 부분을 말했다. "대부분 다른 정부의 정책형성 과정에서는 전혀 존재하지 않는 네 개의 다른 차원에 대해서도 신경을 씁니다. 정신적 웰빙, 문화적 다양성, 공동체의 활력, 그리고 시간의 사용입니다(시간의 사용은 시민들이 일, 인간관계, 휴식, 그리고 다른 관심사에 사용하거나 사용해야 하는 시간을 의미한다)."

이 외에도, 카르마에 의하면 행복에 대한 연구가 부탄 사람들이 공유하는 가치들을 밝혀냈다고 한다. 그 중에는 '사랑, 존경, 부모님을 돌보는 것, 노인을 돌보는 것'이 포함된다고 한다. 변화를 이해하고 융통성을 중시하는 사회에서 이런 가치관은 '영구적'이라고 카르마가 이야기했다. "이것은 우리가 가지고 있는 매우 강력한 전통이에요. 만약 어떤 사람이 우리에게 '당신이 성장하면 당신은 무엇이 되고 무엇을 하고 싶습니까?'라고 물어본다면, 첫 대답은 항상 '저는 부모님을 돌봐드리고 부모님이 베풀어주신 은혜를 갚을 것입니다'일 겁니다."

80만 명도 되지 않는 부탄 사람들의 3분의 2는 아직 시골에 살고 있으며 수천 년 동안 내려온 전통에 따라 논을 경작하고 야크를 사육한다. "모든 사람들이 모든 사람들을 알지요." 카르마가 말했다. "모든 일은 서로 돕는 사람들의 끈끈한 관계에 의해 이루어집니다. 집을 짓거나 곡식을 재배할 때 연대의식은 매우 강합니다. 노동력 부족은 심각한 문제라 서로 도와줄 수밖에 없어요. 이런 전통은 계속되고 있습니다."

자연의 힘이 협동을 요구하는 이런 환경에서 개인은 개인적 책임을 피할 수 없고, 사람들은 살아남기 위해서 특정한 규칙을 따라야만 한다. 더 중요한 것은 사회적, 상업적, 전문적 거래가 모두 개인적인 방법으로 얼굴을 대면하며 이루어진다는 점이다. 정말로 이보다 화합을 중시하는 사회를 만들기는 힘들 듯하다. 그러나 부탄이 낙원이라고 말하고자 하는 것은 아니다. 그들의 조화를 고려해볼 때 부탄 사람들이 과연 마찰을 수반하게 될 '창의성'이란 도전을 경험하게 될는지 궁금해진다. 우리는 체링 토브가이(Tshering Tobgay) 국회의원을 만났을 때 이런 생각이 들었다.

건강한 민주주의 시도

의석의 10퍼센트를 차지하는 국민민주당(People's Democratic Party : PDP)의 수장으로서 체링은 공식적으로 왕당파에 저항하는 야당의 당수이다. 여기서 주목할 것은 왕당파란 단어이다. 체링은 집권당인 '평화와 번영당(Peace and Prosperity Party : PPP)'의 주요 정책에 반대하고 있는 것처럼 보이지 않는다. 또한 '평화와 번영당'이 제안하는 정책도 왕이 제시한 의제에 어긋나는 것이 없어 보인다. 사실 부탄의 정치인들이 대부분의 부탄 시민들과 비슷한 점이 있다면, 그들의 민주주의에 대한 헌신이 지극히 조건부라는 점이다.

우리가 질문했던 거의 모든 사람들에 의하면, 왕당정치에서 민주정치로의 이행은 대부분 부탄 사람들의 저항을 받았다. 그들은 현명하고 너그러우며 아버지같은 왕의 집권을 선호했기 때문이다. 그들은 왕이 직접 이를 지시하지 않았다면 이를 받아들이지 않았을 것이라 한다. 왕이 이를 지시한 이유 중 하나는 전세계의 이목에 신경을 썼기 때문인 것으로 여겨진다. 그는 민주화된 부탄이 더 폭넓은 우호관계를 갖게 되고 보호를 받을 수 있을 것이라고 생각했는데, 이는 티베트의 경험에 따라 안보문제를 우선했기 때문이다.

"우리 모두는 사실 조심스러웠어요."라고 체링이 전환시기에 대해 이야기했다. "모든 이가 왕께서 계속 집권하기를 바랐습니다. 왕은 국가를 두루 둘러보고는 우리의 미래를 보장하고 강한 나라를 만들기 위해서는 의회민주주의를 받아들여야 한다고 했어요. 그러나 모든 사람들이 이에 저항했죠."

국민이 저항한 가장 큰 이유는, 의회 민주주의에 대한 정치적 부패를 걱정하는 반면 왕의 집권에는 만족하고 있었기 때문이었다고 했다. "민주주의에는 모든 종류의 사악한 정치인과 정당이 있을 수

"왕은 국가를 두루 둘러보고는 우리의 미래를 보장하고 강한 나라를 만들기 위해서는 의회 민주주의를 받아들여야 한다고 했어요. 그러나 모든 사람들이 이에 저항하였죠"

자애로운 왕의 지시로
투표하러가는 부탄인들

연구자들은 부탄 사람들이 그들의 건강과 인간관계, 영적인 삶과 가족들이 좋은 상황이라면 만족하고 있음을 발견했다. 부탄이 지키고자 하는 가치는 "환경의 보전, 공동체 의식, 이웃을 돌보는 자세, 동포들을 돌보는 자세"라고 했다.

있고 부패도 있지요." 체링이 말했다. "우리 왕께서 세습하는 정치는 있을 수 없다고 아주 명확히 천명하셨어요. 새로운 정치는 민주주의여야 한다고요."

그 당시 중급 공무원이었던 체링은 보스톤과 피츠버그에서 교육을 받았다. 그는 미국에 있으면서 경제성장만을 추구하는 것은 지속가능하지 않다는 것을 알게 됐다고 했다. 만약 그것이 지속가능하다 하더라도, '좋지 않다'는 믿음으로 그는 2007년에 정치에 뛰어들었다. 그의 목표는 왕을 도와 행복하고 민주적인 부탄의 꿈을 실현하는 것이었다.

"만약 우리가 정말 왕을 사랑하고 믿는다면 우리는 그 비전을 실현시켜야 해요."라고 그가 설명했다. "그것이 제가 일을 그만두고 정당을 만든 이유입니다. 하지만 그 비전을 홍보할 정치적 이데올로기가 없었어요. 정치적 이데올로기 없이 정당을 시작한다는 것은 굉장히 어렵죠." 체링의 정당과 PPP가 모두 왕의 정책을 지지하고 있었기 때문에 선거는 인기투표가 되어버렸다. 결국 체링의 반대당이 압도적인 승리를 했다(체링은 선출된 단 4명의 PDP의원 중 한 명이다). 하지만 그의 주요 목표가 새로운 시스템을 정착시키는 일이지 선거에서 승리를 하는 것이 아니었기 때문에 그는 성공했다고 생각했다. 다음 할 일은 동료들과 토론할 주제들을 찾는 일이다.

"건강한 민주주의는 활발한 토론을 필요로 합니다. 민주주의의 목표는 사람들의 계발이기 때문입니다. 사람들의 열망을 키워주고 나아가서 이뤄주는 것이 더 큰 목표입니다. 민주주의에서는 토론과 투명성, 그리고 책임감이 필수입니다."

체링의 분석에 따르면 부탄인들이 싸워서 얻지 않은, 선물로 받은 정치적 기회를 어떻게 수용할지가 문제라고 했다. "민주주의는 대개 시위, 내전, 혹은 혁명의 결과에요." "이것이 민주주의지요. 민주주의는 쉽지 않아요. 어려울뿐더러 사람들은 싸워서 이를 얻습니다. 따라서 우리는 민주주의가 무엇인지 이해해야 하고 민주주의가 실행되도록 노력하는 것이 우리의 책임이란 사실을 받아들여야 합니다."

외부인의 시각으로 보았을 때 체링이 묘사한대로 새로운 자유를 받아들이기 위해 노력하는 행복한 국가란 말도 안 되는 것처럼 보였다. 하지만 우리가 부탄에서 만난 사람들은 진정 이를 문제라고 인식하고 있었고 민주주의하에서는 그들이 더 노력해야 한다는 점을 받아들이려 애쓰고 있었다. "대단히 자애로운 독재체제의 문제점은 우리가 아무것도 하지 않아도 되며 모든 것을 당연하게 받아들인다는 것입니다."라고 체링이 설명했다. "그들 자체가 아무것도 하지 않아도 된다고 생각합니다. 민주주의가 책임과 소유가치를 시민들에게 주었음에도 불구하고 지금까지 모든 것이 너무 잘 되어왔기 때문에, 많은 시민들은 민주주의 과정에 참여하기를 꺼리고 있습니다."

자발적 참여 예술가들의 봉사활동

국회의원들이 책임감과 자율성처럼 고결한 개념을 생각하고 있는 반면, 부탄이 현대적이고 도시화되기 위해서는 더욱 실질적인 문제가 다루어져야 한다. 팀푸는 비록 세계 기준에서는 작지만, 1960년대의 강가 작은 마을에서 7만 5천 명의 중심지역 인구와 10만 명 정도의 외곽 주민을 거느린 도시로 성장했다. 우리가 팀푸에서 만난 사람들은 전통적인 가치관을 상실하고 대중문화와 소비문화에 영향받고 있는 젊은이들을 걱정하고 있었다. 그들은 스스로 치료할 수 밖에 없는 약의 부작용같이 현대화의 부작용에 대해서도 이야기했다.

플라스틱 포장이 대표적인 예이다. 1990년대에 부탄이 세계에 개방되기 전에는 부탄 사람들은 플라스틱 병이나 포장을 거의 구경하지 못했다. 자연적으로 분해되지 않는 이런 물질들에 익숙하지 않았던 사람들은 땅에 버리면 땅이 자연스럽게 흡수해 품어주는 사과나 오렌지껍질 버리듯이 빈 플라스틱 통을 버렸다. 팀푸를 비롯한 도시와 마을들이 곧 심각한 쓰레기 문제에 직면했다. 카마 왕디(Kama Wangdi)와 그의 친구들은 이를 예술적으로 접근했다(이름이 카르마가 아니라 카마라는 데 유의하기 바란다).

VAST(Voluntary Artists' Studio, Timphu : 자발적 예술가들의 스튜디오, 팀푸)의 설립자로서 카마와 동료 예술가들은 미술수업을 받지 못하는 아이들을 교육하기로 했다. 티베트 불교의 정신으로, 그들의 예술활동으로 지역사회에 이익을 가져다 주는 프로젝트들을 시작했다. 학생 몇 명이 광장 개조 작업을 맡게 됐다. 후원을 받은 그들은 부러진 벤치와 울타리로 예술작품을 만들었고, 대중들이 이용할 수 있도록 예술적인 감각으로 개선했다. 또한 거리에서 플라스틱 쓰레기를 주워서 그것으로 예술작품을 만들었다.

쓰레기 예술은 VAST에서 꾸준히 전시하게 됐고 학생들은 다른 이들을 위한 새로운 방법을 찾기 시작했다. 그 예술작품들 가운데에는 두 마을 사람들이 추수한 농작물을 쌓아 놓을 수 있는 쌀 은행도 있다. 몇몇 아이디어는 다른 국가들의 사례에서 영감을 받았다. 예를 들면 학생들은 아픈 사람들이 조금 더 편리한 생활을 지원받기를 원한다는 것을 알았고 이들의 요청을 받기 시작했다. 이 프로젝트는 미국의 Make-A-Wish 재단에서 영감을 받아 시작하게 됐다.

카마에 의하면 Make-A-Wish 개념으로 봉사활동에 참여한 도시 아이들은 이 아이디어를 위해서 '어르신들과 시간을 조금 보내는 것'보다 더 절실한 것이 필요하다는 것을 깨달았다고 했다.[6] 이 프로젝트가 성공하기 위해서는 돈이 필요했다. 이 프로젝트와 VAST사업이 자급자족 하기 위해서 그들은 경매와 기부의 밤이라는 행사도 열었다. "모든 화가들이 다섯 점의 그림을 기부했어요." 라고 카마가 이야기했다. "행사를 열고 사람들을 초대해 작품들을 더 싼 가격에 살 수 있게 했어요. 우리는 이 프로젝트를 후원하기 위해 돈을 벌었어요."

카마는 팀푸의 외곽 큰 양궁터 옆에 위치한 VAST센터에서 우리에게 이런 설명을 했다(양궁은 부탄의 국가적 스포츠다). 하얀 벽과 나무 바닥으로 이루어진 VAST빌딩은 어디에서나 볼 수 있는 갤러리였다. 벽에는 최근 열렸던 기부의 밤 경매에서 팔리지 않고 남은 그림들이 걸려있었다. 부탄 시골을 그린 그림과 부처나 힌두 신을 그린 그림들이었다.

기부의 밤은 팀푸와 외국 방문객들을 갤러리로 모이게 했고 학생들에게는 더 넓은 사회가 그들의 노력을 어떻게 도와줄 수 있을지 보여주는 계기가 됐다. 카마는 이를 '참여하는 예술은 공유함으로써 채우는 것'이라고 했다. 학생들은 지방으로 내려가 수업을 하고 가난한 마을에서 봉사활동을 하면서 더 큰 참여의식을 느낀다고 했다. 그곳에서 그들은 문화적으로는 풍부하지만 경제적으로는 빈곤한 삶의 방식을 접한다. 팀푸 학생들에게 이런 방문은 눈을 뜨이게 할 뿐만 아니라 마음을 따뜻하게 하는 경험이 되곤 한다.

참여예술의 경험은 학생들로 하여금 부탄이 추구하는 행복에 대해 더욱 현실적인 이해를 할 수 있게 해준다. 카마에 의하면 진정한 행복은 '우리가 행복하지 않다고 생각하는 수많은 것들이 있음'을 알아채는 데서 온다고 한다. 이 리스트의 가장 위에 위치하는 것이 '가진 자와 가지지 못한 자의 간극'이다. 단지 불평등하다는 사실이 부탄 젊은이들을 절망케 하는 것은 아니다. 카마가 하고자 하는 말은 그런 의미가 아니다. 그가 학생들이 간직하기 원하는 것은 아직 해야 할 수많은 일을 이해하려고 애쓰는 긍정적이고 희망적인 삶의 자세다. 그는 "우리가 더욱 열심히 노력해야 합니다."라고 덧붙였다.

미래 건설도 언론의 사명

개인의 노력을 강조하며 카마 왕디(Kama Wangdi)는 서양 비즈니스맨이나 다른 나라에서 온 기업가처럼 말했다. 분명히 부탄인들의 행복 추구에는 헌신, 노동, 그리고 자아 성장이 존재한다. 우리는 이렇게 바깥세계처럼 보이는 부탄의 모습을 부탄 미디어와 민주주의 센터에서 발견했다. 우리가 방문했을 때 시옥 시안 펙 도리는 젊은 직원의 도움을 받으며 컴퓨터 앞에 앉아 일하고 있었다. 우리는 전세계에서 일어나고 있는 비슷한 좌절상황을 팀푸의 숲에 있는 집에서 겪었다. 도시에서 멀리 떨어져 있고 문 위에 걸린 작은 간판이 아니면 몰라볼 이곳은 부탄 언론 발전의 중심지이다. 이곳에서 부탄인과 외국인 직원들이 부탄 사람들에게 자유로운 언론이 얼마나 필요하고 필수적인지를 설득하는 노력을 하고 있다.

부탄 전역에서 대중들을 위한 포럼을 개최하기도 하는데, 그들은 사람들에게 언론의 역할에 대해서 가르친다. 저널리즘에 대한 세미나와 워크샵, 그리고 시민교육까지 모두 한다. 텔레비전과 인터넷 시대에 어른이 된 젊은 사람들이 이 프로그램들을 가장 잘 받아들인다고 시옥이 말했다. 하지만 그들조차도 '아하'하고 깨닫는 순간을 경험하게 되는데, 그들이 받는 정보의 가치를 판단하기 위해 정보를 평가하고 공부해야 하는 책임이 있다는 것을 깨닫는 순간이 바로 그 때라고 한다.

"우리는 단순히 미디어를 파악하거나 분석하는 방법을 가르치는 것이 아니라 정보가 얼마나 믿을만한가를 판단하는 방법을 가르칩니다. 또한 시민의 책임감을 가르치지요. 우리가 가만히 앉아서 있는 그대로 모두를 받아들일 것인가, 아니면 우리가 일어나는 일에 대해 무엇을 할 것인가에 대한 거죠."

시옥이 말하는 '무엇을 한다'라는 의미는 언론에 주체적으로 참여하는 것을 의미한다. 그녀의 단체는 비소설과 창의적 글쓰기, 영화 만들기와 블로그 수업을 원하는 사람들 누구에게나 제공한다. "우리 수업을 받은 사람들 가운데 실제로 언론에 글을 기고하는 사람들도 생겼어요." 그녀가 말했다. "어떤 사람들은 블로그를 시작해서 글을 쓰기도 하고요." 이런 시민 저널리즘을 증진하기 위해서, 이 센터는 학교나 대학에 이런 프로그램을 퍼뜨리고 있는데 "언론이 당신에 대해 보도하기를 기다릴 필요가 없어요."라고 홍보하고 있다.

시오크와 그녀의 팀은 미디어가 넘치는 선진 국가의 사람들은 상상하기 어려운 상황에서 일한다. 부탄의 첫 지역 방송은 1970년대에 학생들이 시작한 것이었다. 부탄의 첫 신문은 1986년에 출간됐다. 텔레비전은 1999년에 도입됐다. 부탄에는 언론의 전통이 전무하므로 그 자체가 자유롭고 경쟁적인 뉴스를 만들고 있는 상황이다. 최근까지 중요한 발전은 구전을 통해 전해졌고, 그런 방식을 통해 뉴스가 빨리 전해졌다고 시옥이 이야기했다. 오늘날 부탄은 11개의 신문사, 7개의 방송국, 2개의 텔레비전 방송사를 비롯해 위성을 통해 온갖 동영상을 시청할 수 있는 시스템을 가지고 있다.

부탄 사람들은 신문사가 한 개밖에 없었던 때의 옛날 시스템이 좋았다고 이야기할 수도 있을 것이다. 시옥이 회상하기를, 신문이 병원의 공급부족에 대해 기사를 쓰면 "그날 아침 10시에 왕이 직접 병원을 방문해 문제를 시정했었어요." 최근에는 신문사들이 더 공격적인 입장을 취하며 감시자 역할을 톡톡히 하고 있다고 그녀가 말했다. 뉴스 미디어가 정부의 파트너로 일하는 것을 줄여나가자 언론자유 주창자들까지도 그들이 너무 멀리 가고 있다고 걱정한다고 했다. "만약 언론이 부정적인 면에만 집중한다면, 나머지 사람들은 무엇에서 영감을 받나요?"라고 시옥이 질문했다.

시옥에 의하면 부탄의 언론은 정부와 부탄의 문제에 집중하며 긍정적인 이야기에는 관심을 갖지 않는다고 했다. 이것은 '공격적인 남성적 관점의 결과'라고 했다. 젊은 저널리스트들에 의한 많은 기사에 세련미나 균형감각이 없다는 것이다. 기본적인 저널리즘의 원칙은 "만약 뉴스가 있다면 최대한 균형을 유지하고 공격적이지 않아야 합니다. 그저 사실을 전달하면 되는 것이지요."라고 시옥이 말했다. 그녀에 의하면 부탄에서는 이처럼 사실에 기반한 저널리즘은 찾기 어렵다고 했다. 결과적으로 정부 관료들은 상처받고 긴장해야 한다고 했다. 문제에 즉각적으로 대응하는 왕 대신에 부탄에는 언론을 원망하는 정치인들이 많아지고 있다.

부탄인들은 뉴스와 그 특징들에 대해 배워가면서 예능과 리얼리티 프로그램들에도 익숙해지게 됐다. 많은 사람들이 '아메리칸 아이돌(American Idol)' 같은 경쟁구도의 쇼에 당황해 하는데 심판하는 구조가 너무나 잔혹하기 때문이라고 그녀가 설명했다. 부탄인들은 '모든 사람들이 승자가 되기를 원하는' 상황을 좋아한다고 웃으며 덧붙였다. "모든 사람이 훌륭해야 해요."

부탄 사람들은 사이몬 코웰(Simon Cowell)과 같은 방송인을 기피하고 그의 비평을 들어야만 하는 가수들을 불쌍히 여기면서, 소비를 통해 성공할 언론과 사라질 언론을 가려내고 있다. 민주주의를 비롯한 여러 현대화의 요소와 함께, 언론의 발달은 너그러움, 신뢰, 친절함, 그리고 공감을 추구하는 사람들의 적극적인 선택으로 이루어질 것이다. 시옥은 이런 선택이 중요하며 피할 수 없으리라 생각한다. 그녀는 이런 선택이 부탄적인 방법으로 조심스럽게 이루어지기를 희망한다.

20년 후를 바라보면서 시옥은 국가의 정체성에 대해 생각했다. "아직도 독립적인 국가이기를 희망하죠." 대국인 이웃 중국과 인도를 떠올리며 그녀는 이야기했다. 비록 물질주의와 상업주의의 힘이 매우 강하지만 그녀는 부탄이 정신적인 유산을 지키며 진화하기를 바란다고 했다. 그녀는 젊은 미디어 메이커들이 전통을 지켜주기를 바란다고 했다. 자유를 활용해 그들의 작은 국가의 특징적인 장점들을 지킬 수 있을 것이라고 했다. "민주주의가 시작되는 초기에 이곳에 있는 것은 엄청나게 영광이며 특권이에요."라고 그녀가 말했다. "미래를 건설하는 것은 그들에게 달렸어요."

행복의 조건

부탄의 자유 언론 활동가가 책임감 있는 언론에 대해 걱정하는 것은 당연한 일인 듯하다. 언쟁할 거리가 없어서 고민인 정치인과 다른 이들을 도와주려고 노력하는 예술가들이 있는 국가에서 이는 당연한 일일지도 모른다. 부탄은 산업혁명뿐만 아닌 자본주의와 공산주의의 싸움에서 조차 배제되었던 곳이다. 이곳의 지도자들은 현대사회와 기술의 최대 장점을 수용하면서도 개발된 국가의 소외와 차별을 피하려고 노력하고 있다.

아주 짧은 방문기간으로 국가의 긴 전환기에 놓여있는 부탄의 모든 진면목을 이해하기란 불가능하다. 부탄인들이 외부인들의 모든 질문에 대답한다는 것은 불가능할지도 모른다. 실제로 국민들이 왕에게 보이는 충성심이 진실된 것인지에 대한 답을 내리는 것조차 불가능할 것이다. 그리고 부탄인들이 진정 행복한지 아닌지 그 누구가 어떻게 판단할 수 있을 것인가?

전세계의 경제활동에 대한 대부분의 평가에서 부탄은 가장 하위 3분의 1에 위치한다. 소말리아(Somalia), 나이지리아(Niger), 그리고 아이티(Haiti)가 국민총생산(GDP)에서는 부탄보다 더 높게 평가된다. 개인별 소득으로 보아도 상황이 나아지지 않아 하위 2분의 1에 속하며 가이아나(Guiana), 알제리아(Algeria), 알바니아(Albania)보다도 뒤쳐진다. UN에 의하면 부탄 인구의 4분의 1이 가난하다고 평가되며, 부탄은 UN 조사에서 아시아 국가 중 두 번째로 소득불균형이 심각한 나라다.

그렇지만 부탄 사람들은 그들이 가난하거나 부족하다고 생각하지 않는다. 이런 현상은 일본과 부탄 전문가들이 부탄에 대해 광범위하고 깊이 있게 연구한 결과에서 밝혀졌다. 연구자들은 부탄 사람들이 그들의 건강과 인간관계, 영적인 삶과 가족들이 잘 지내고 있을 때 만족하고 있음을 발견했다. 일과 금전적 상황도 영향을 미치긴 했지만, 행복에서 가장 중요하게 평가되는 10개의 상위 기준 중에 물질적인 것은 두 개밖에 없었다. 달리 말하자면, 돈이 영향을 미치기는 했지만 가장 중요한 요소는 아니었다.

『일본과 부탄에서의 국가 총행복지수(Gross National Happiness)와 물질적 행복(Material Welfare)』이라는 책의 결론에서 타시 초덴(Tashi Choden)과 타카요시 쿠사오(Takayoshi Kusao)는 "더 많은 사회적 지지를 얻고 있다고 생각하는 사람들이 더 행복(well-being status)해 합니다. 비슷하게도, 더 많은 정신적 지지, 예를 들어서 사랑과 애정을 주는 사람이 있는 사람, 즐거운 시간을 함께 할 사람이 있는 사람, 함께 휴식할 사람이 있는 사람이 더 주관적으로 행복하다고 했습니다. 또한, 자신을 더 영적이라고 생각하는 사람이 더 높은 주관적 행복지수를 보였습니다."[7]

초덴과 쿠사오의 연구는 부탄연구회와 오사카 대학의 공동연구로 진행됐지만 지역 시민들은 사회과학을 필요로 하지 않았다. 수천 년의 경험이 국가 행복청의 일을 이끌어 가며, 카르마 치시팀(Karma Tshiteem) 장관은 부탄이 이를 잘 해낼 것이라 믿어 의심치 않았다.

우리를 이해시키기 위해서 그는 끊임없는 변화를 인생의 기초라는 불교적 관점에서 한가지 덧붙였다. 변화를 피할 수 없을지 모르지만 이는 변하지 않는 긍정적인 가치관과 함께 할 수 있다. 카르마에 의하면 부탄이 지키고자 하는 가치는 '환경의 보전, 공동체 의식, 이웃을 돌보는 자세, 그리고 동포들을 돌보는 자세'라고 했다. 카르마는 이런 것들은 '부드러운 부분'으로, "대부분 정부의 직접적인 관심사가 아니지요. 그들은 실업이나 주식 시장과 같은 것에만 관심이 있습니다."라고 했다.

카르마가 약간 다른 방식으로 표현하기는 했지만 그가 표현한 부탄의 가치관은 우리가 전세계에서 찾은 아테나 가치와 들어맞는 개념이다. 일본, 페루, 케냐, 그리고 독일 사람들처럼 부탄 사람들은 모든 사람들에게 이득을 가져다 줄 지속가능한 개발을 하려고 노력하고 있었다. 그런데 그들은 전세계에서 그 누구도 이야기하지 않은 것에 대해 이야기하고 있었다. 시간이 바로 그것이다.

사람들은 음식, 에너지나 땅과 같은 자원에 대해 이야기할 수 있다. 그러나 그 누구도 모든 살아있는 생명체는 죽는다는 것을 부인하지 못하며 우리 모두에게 있어서 시간은 유한(有限)하다. 당신이 선진국 사람들에게 삶의 스트레스 원인에 대해 물어본다면 그들은 시간에 대해 불평할 것이다. 모든 이들이 할 일은 너무 많지만 시간이 부족하다고 느낀다. 바쁨은 우리를 전염병처럼 괴롭힌다. 피로는 보편적인 불평거리다.

조금 더 들여다보면, 사람들은 기술이 삶을 더 편안하게 해준다기보다 우리 시간을 더 잡아먹고 있음을 걱정한다는 것을 알 수 있다. 휴대폰, 컴퓨터를 비롯한 많은 장비들이 우리의 집중력을 흐트러뜨린다. 우정, 파트너십, 가족관계, 그리고 우리 내면의 따뜻함조차 우리의 시간을 기계적인 대화와 무언가 이루기 위한 일에 쏟는 탓에 무시당하고 있다.

"시간이 삶이에요."라고 카르마가 말했다. "시간이 단 하나의 가장 소중한 자산입니다. 1초도 되돌릴 수 없어요. 당신이 시간을 어떻게 사용하는가가 대단한 사회적 영향을 미칠 것이고, 개인이 삶에서 얻는 기쁨과 의미 같은 개인의 행복(well-being)에 큰 영향을 미칠 것입니다. 우리가 정책을 만들 때 이에 대해 생각하는 것이 굉장히 중요합니다."

프랑스 시민들이 더 긴 노동시간과 늦은 은퇴에 반대하는 현상을 이야기하면서 카르마는 모든 곳의 사람들이 노동에 쏟는 시간과 버는 돈을 저울질한다고 했다. 이 현상은 부탄에서처럼 의도적이고 신중한 방식으로 일어나지 않더라도 어디서나 일어나고 있다. "돈과 행복의 관계는 어느 특정 기준을 넘으면 매우 약해집니다."라고 그가 덧붙였다. "처음 몇 달러는 굉장히 중요하지요. 특히 빈곤한 곳에서는요." 하지만 기본적인 욕구가 충족되고 나면 추가수입에서 오는 만족감은 줄어들고 사람들은 시간의 중요성을 깨닫게 된다는 것이다.

부탄의 관료들은 시간의 세 가지 사용법(일, 휴식, 그리고 여가)을 밝혀냈고 행복한 삶은 그 셋에 비슷한 삶의 시간을 투자하는 것이라고 했다. 이런 계획에 따르면, 하루는 여덟 시간의 일, 여덟 시간의 휴식, 그리고 여덟 시간의 놀이로 이루어져야 한다. 부탄 정부가 국가의 상황을 평가하면서 사람들이 정말 이렇게 살고 있는지 조사했다. "우리의 연구에 의하면 부탄 사람들은 이와 비슷하게 살고 있다는 겁니다."라고 카르마가 말했다. 이 균형이야말로 부탄사람들이 자신들의 삶에 만족하는 이유를 설명할 수 있을 듯하다.

이런 행복감을 다른 국가들도 이룰 수 있을까? 카르마는 개인의 선택에 달린 것이기 때문에 답은 당연히 '예'라고 했다. 우리가 "개인이 변화할 수 있나요?" 라고 묻자 그가 말했다. "매우 쉽게 변할 수 있어요. 당신은 쳇바퀴 위에서 남에게 뒤지지 않으려고 하루종일, 일주일 내내 일할 수는 있으나 어느 날 '이건 내가 할 일이 아니야'란 생각으로 완전히 다른 선택을 하게 될 수도 있어요. 개인이 그럴 수 있다면 국가라고 그러지 못하라는 법 없지요."

이런 변화의 자극은 어디서든 올 수 있는데 종종 어떤 위기상황으로부터 다가온다고 카르마가 말했다. "당신을 텅 빈 번영–당신이 진정 중요시하는 다른 것을 희생해서 얻은 단순한 돈의 번영이기 때문에 텅 빈 것인데–같은 멍청한 상황에서 깨어나게 하는 바깥 자극만큼 이같은 변화를 일어나게 하는 강력한 자극은 없어요."

인간적인 삶

분명히 부탄 사람들이 상상하는 번영은 단순한 부유함보다 더 복잡하고 깊이 있는 개념이다. 세계 경제위기로 인해 생긴 위기상황 때문에 발전과 진보의 새로운 정의를 찾는 사람들이 부탄 사람들만은 아니다. 우리가 방문한 모든 곳에서 우리는 여성적인 아테나 스타일의 가치가 행복의 추구와 성취에 활용되고 있음을 발견했다. 대부분의 사회에서, 특히 산업화된 사회에서, 우리는 이런 운동이 다른 사람들에게 영감을 주어 함께 하는 혁신가들에 의해 이루어지고 있음을 확인한 것이다. 그러나 부탄에서는 혁신이 필요하지 않았다. 예술분야에서나, 언론, 또는 정책입안에서도 균형잡히고 포용력 있으며 인간적인 삶으로의 접근이 모든 이들의 출발점이었기 때문이다. 카르마는 이런 자질이 바로 부탄의 내재적인 특징이라고 보았다.

'긍정적인 마음가짐'이 행복을 추구하는 균형잡힌 부탄 사람들의 관점이라는 것이다. 카르마는 긍적적인 인간의 삶에 대해 말했다. "당신은 버스를 잡으려고 달리지만, 버스를 놓친다고 해도 고함치며 기사를 욕하지는 마세요. 바로 그 순간도 소중하기 때문에, 그 순간 당신이 할 수 있는 일을 하세요. 다음 버스를 기다리거나 그냥 걸어가는 것입니다. 그것이 그때 할 수 있는 최선입니다. 어떤 면에서 저는 부탄 사람들이 이런 긍정적인 인생관을 가지고 태어난다고 생각합니다. 우리는 긍정적인 것들에 매우 관심이 많아요. 우리는 모든 일을 축하하려 하지만 모든 일이 항상 잘 돌아가는 것은 아니지요. 따라서 당신이 결혼식을 하는데 비가 온다면 당신은 그저, '신이 우리에게 꽃을 내려주시며 축복하시네'라고 말하고, 날씨가 좋으면 그저 날씨가 참 좋다고 생각하는 거죠. 이런 인생관을 가지고 있다면 당신은 행복한 삶을 살 수 있을 겁니다."

결론

아테나 시대

우리는 날이 갈수록 더 사회적이며 상호의존적이고 투명해지는 세상에 살고 있다. 그리고 이런 세상에서는 여성적인 가치가 우월한 가치로 떠오른다. 협력과 소통, 양육과 포용력에 의해 힘을 받아 기관이나 사업체를 비롯해 개인들도 오래된 남성적인 구조와 사고방식에서 벗어나 더욱 융통성 있고 협력적이며 상호 돌봄의 가치를 추구하고 있다. 우리의 연구 결과는 이런 변화가 필요하다고 여겨지고 있으며, 또한 우리가 조사한 세계인의 대다수에 의해 환영 받고 있음을 보여주고 있다.

아테나 독트린이 행동으로 실행되고 있음을 확인하기 위해 세계를 여행하는 동안, 우리는 가장 주목할만한 혁신가들이 여성적인 특성과 가치를 활용해 그들의 삶뿐만 아니라 세계를 더 나은 세상으로 변화시키고 있음을 발견했다. 우리는 이것이 정치적인 문제를 해결하려는 사람들이나 수익을 올리거나 개인적인 삶에서 행복을 추구하는 사람들 모두에게 공통적임을 알게 됐다. 우리의 경험에 근거해 우리는 여성적인 가치가 21세기 발전을 위한 운용체계라고 주장하는 바이다. 여성적인 가치를 받아들임으로써 우리 모두는 문제를 해결할 자원을 적어도 두 배는 늘릴 수 있으며 성장의 가능성도 확장할 수 있다.

여성적인 가치로의 전환은 '남성의 종말'의 전조가 아니고, 오히려 여성과 남성의 문제해결 가능성을 확대시켜 더 좋은 삶을 살게 해주는 자연스러운 조화이다. 우리의 조사에 따르면 81퍼센트의 사람들은 남성이든 여성이든 오늘날 세상에서 성공하기 위해서는 남성적인 특성과 여성적인 특성 모두를 필요로 한다고 보고 있다. 이런 관점에 따르면 여성적인 가치를 아우르는 것은 경쟁력 있는 장점으로 작동할 것인데, 이는 혁신적 기술이나 시장에 대한 현명한 안목과 다를 바 없는 장점이다. 우리의 연구에 의하면 여성적인 전략을 활용해 결정을 하는 사람들이 그렇지 않은 사람들보다 미래에 대해 두 배 더 긍정적이다.

남성 대 여성은 제로섬 게임(zero-sum game)이 아니다. 남성들은 여성들만큼이나 다른 사람을 잘 돌볼 수 있고, 여성들은 남성만큼이나 분석적이고 적극적일 수 있다. 우리 성(gender)은 우리가 어떤 성인지를 말할 뿐 우리가 무엇을 할 수 있는지를 정하지는 않는다. 그리고 우리는 여성적 가치가 여성들의 특징이 아니라 오늘날의 세계를 위한 새로운 혁신의 형태라고 보아야 한다.

아테나 가치는 거시적 측면에서도 장점을 가지고 있다. 우리의 조사 결과를 경제적 지위나 삶의 질과 관련된 통계들과 비교해 보면, 여성적인 가치와 남성적 가치를 균형 잡힌 방식으로 활용하는 사회가 GDP뿐만 아니라 삶의 질이 더 높다는 것을 발견할 수 있다. 성장과 개발은 그것이 경제적이든 사회적이든지 간에 여성적인 가치를 개인적인 일이나 공적인 일에 포함시키는 것에 달려있다고 보인다.

현명하고, 용감하며, 인간적이고 협력적인 아테나는 우리 안에 있는 가장 좋은 덕목을 대표한다. 이는 참으로 신나는 일이다. 우리는 홀론시에서나, 웝카사무실, 또 가스톤 아쿠리오의 식당에서 본 정황들에서 에너지를 듬뿍 받았다. 이 모든 곳에서 우리는 여성적인 특성이 광범위하게 이익을 수반하는 성공으로 이끈다는 사실을 목격했다. 아테나 사업은 수익을 올림과 동시에 고객은 물론 지역사회와 더불어 상호 이익의 관계를 형성한다. 아테나 정부는 모든 이들을 위해 일한다. 아테나 비영리단체는 좋은 일을 할 자급자족적인 방식을 찾는다. 그래서 우리는 여성과 소녀들의 인권을 진작시키기 위해서는 여성적인 특성을 그들 나름의 방식으로 차용하는 남성들이 존재한다는 것이 가장 좋은 방법이라는 생각을 하기에 이르렀다. 우리는 함께 더 나은 비즈니스를 만들고 사회를 발전시킬 수 있다. 여성들, 그리고 여성처럼 생각하는 남성들이 우리 모두가 살고 싶어하는 세상을 만들어가고 있다.

여성적 가치관의 실천

우리가 전세계에서 목격했듯이 아테나 독트린의 파장은 매우 크고 포괄적이며 여성적인 가치의 포용은 사회의 모든 면을 더 좋게 변화시킬 수 있다. 아테나 스타일 가치는 분명하게 리더십, 혁신, 조직적 경영, 경력 관리, 그리고 변화에 대한 대처 및 관리 등에 탁월한 영향을 줄 수 있다.

리더십

우리는 현대사회 리더의 본질은 여성적이라고 생각한다. 우리의 조사에 의하면 전세계 사람들은 신뢰를 복구하고 우리가 직면한 가장 어려운 문제들을 해결하기 위해 남성적인 구조와 남성적인 방식에 의문을 제기했다. 조직을 이끌면서 당신은 자신의 스타일을 생각하며 어느 정도 적응해야 할지를 정해야 한다. 우리는 당신이 새롭게 부상하는 아테나 리더십에 자신감을 갖기를 바란다. 이 현상이 주류는 아니지만 당신이 이 책에서 만난 여성과 남성들은 전통적인 비즈니스 관념을 따르기를 거부하면서 그들이 속한 기관을 위해 놀라운 일들을 해내고 있다. 앞으로 요약해 소개할 덕목들은 그 중의 일부다.

양육하며 공감을 도모한다

이전의 어느 때보다도 현재의 리더십은 표현하고 공감하는 것이다. 경청하고 다른 이들과 관계를 맺으며 그들의 관점에 공감할 수 있는 능력은 최근 거의 모든 사업환경이 파트너, 고객, 그리고 공급 체인이 서로 얽히고 설킨 섬세한 생태계란 점을 감안하면 더욱 중요하다. 위치나 지역에 관계없이 모든 회사는 다른 곳에서 일어난 변화의 연쇄적인 영향을 받는다. 아테나 스타일 리더는 이런 상호작용을 이해하며, 다른 이들과의 관계에서 정성스런 돌봄과 이해하려는 자세로 접근한다. 예를 들어, '사람들의 대학'의 샤이 레세프는 그의 학생들 80퍼센트가 GDP 하위 20퍼센트인 국가에서 온다는 사실과 인터넷에 접근도 용이하지 않다는 점을 간과할 수 없었다. 그는 커리큘럼과 수업을 인터넷 카페에서 다운로드 할 수 있게 만들었다. 리더십은 열정으로 표현되기도 한다. 우리는 이를 헌신이라고 표현한다. 당신이 지도자가 되고 싶다면, 사업이 이루어지고 있는 사회와 공감할 줄 알아야 한다.

자신보다 다른 이들을 먼저 챙긴다

우리가 만난 리더들 모두가 자신들의 개인적 비전과 목표보다 더 높은 비전과 목표를 비즈니스를 통해 추구하고 있다는 사실에 우리는 영감을 받았다. 우리의 조사에서 리더십과 가장 연관성이 적은 특징은 자부심(남성적인 가치)이었고, 가장 높은 연관성을 가진 가치는 충성심과 이타심이었다(여성적인 가치). 권력에 대한 불신의 시대에 리더는 자아(ego)를 내려놓고 대신 사회에 가치를 더하는 일에 집중해야 한다. 베를린의 이야드 마디시는 세계에서 출중한 마인드를 가진 과학자들의 협력으로 혁신을 추구한다. 메들린의 카탈리나 코크 듀크는 인간적 이해를 통해 평화를 만들어내려고 한다. 국가 지도자들도 비슷한 역학을 따르고 있다. 페레스 대통령이 우리에게 "리더들은 세계의 새로운 환경에 적응해야 합니다. 리더들은 하인들입니다."라고 한 것과 같은 맥락이다.

긍정적인 문화를 촉진한다

문화에 대한 개념은 종종 '부드러운(soft) 이익'이라고 여겨진다. 하지만 많은 사람들, 특히 젊은이들은 문화가 그 반대라고 생각한다. 우리 연구조사에 의하면, 67퍼센트의 응답자들이 돈을 덜 받더라도 그들이 믿는 가치와 문화를 가진 회사에서 일하고 싶다고 했다. 에리코 야마구치는 빈곤을 퇴치하겠다는 큰 갈망에서 시작했다. 마더하우스의 가치는 비즈니스 모델과 시장 접근방식에서 드러난다. 공격적이고 경쟁적인 방식은 아직도 존재하고 있으며 가치 있는 부분이다. 또한 이런 가치들은 우리가 만난 많은 기업인들이 공유하고 있었다. 하지만 혁신, 문제해결, 그리고 창조성이야말로 성장하는 기업의 중심 가치들이었다. 이런 강력한 문화가 성공과 발전의 기초였다.

포괄적인 의사 결정을 실천한다

우리가 만난 아테나 스타일 리더들은 매우 투명하고 개방적인 방식으로 일했다. 그들은 모든 방향으로부터 의견들을 경청하였는데 특히 아래로부터 많은 의견들을 받아들였다. 바르비바이 장군은 적개심을 줄이고 분쟁의 가능성을 줄이기 위해서 검문소에서 일하는 군인들의 의견을 주의깊게 경청했다. 이런 개방적이고 투명한 방식은 리더의 시각을 넓히고 직원들의 높은 참여를 유도한다. 모든 결정이 합의에 의해 이뤄진다고 말하려는 것은 아니다. 오른 바루르 욘슨과 동료들이 모든 시민들의 모든 생각을 받아들이는 것은 불가능했을 것이다. 그러나 아이슬란드의 모든 사람들을 초대하고 대중의 참여를 유도함으로써 아이슬란드 정부는 시민들의 신뢰와 자신감과 선의를 회복할 수 있었다.

참을성을 갖고 멀리 보라

리더십에 관한 한 사람들은 참을성과 미래를 계획하는 능력을 가장 높게 평가한다. 사람들은 단기적으로 생각하는 것이 의사결정을 하는 대부분의 방식임을 직감적으로 이해한다. 하지만 우리가 만난 아테나 리더들은 장기적인 비전을 갖고 자신들을 현재의 단순한 관리자가 아닌 미래의 설계자로 생각하고 있었다. 그들은 냉철한 협상가이며 결과물을 공유하고 사람들을 포용하기 위해 융통성 있는 자세를 견지하는 리더들이었다. 완벽한 것은 그 어느 것도 하루아침에 이루어지지 않는다. 사람들이 이것을 점차 깨닫게 되면서 리더들은 단기적 이득만이 아니라 장기적인 비전에 대해 생각하고 이야기하는 재능을 가져야만 한다.

혁신

혁신은 비즈니스에서 가장 찾기 어렵지만 많은 사람들이 원하는 특성이다. 이제 창조적인 방식을 얻어내기 위한 몇 가지 통찰을 제시하고자 한다.

촉매제로서의 공감(empathy)

MIT에서 교수와 학생들이 나이가 들며 퇴행하는 효과를 재현해 보여주는 옷을 만들었다. 이 옷은 움직임이 제한되고 감각도 무뎌지는 의상으로 이 옷을 입은 학생들로 하여금 노인들의 삶을 체험할 수 있게 해준다. 이 발명품은 슈퍼마켓에서 어르신이 된 베이비붐 세대를 위해 어떻게 물건을 배치하면 좋은지부터 새로운 제품과 서비스를 어떻게 개발할지까지 여러 방면에 적용할 수 있다. 오늘날에는 공감이 비즈니스의 혁신과 성장에 새로운 길을 제시한다. 전통적으로 남성적인 비즈니스 개발 모델에서는, 기업가들이 그들의 제품을 우선 시장에 밀어 넣고 팔 생각을 한다. 아테나 스타일 방식은 그 반대다. 혁신가들은 고객들이 느끼는 점을 이해하고 고객을 어떻게 대할지를 먼저 개발한다. 이를 성취하기 위해, 그들은 지역 시장에 몰두해 그 시장의 상황을 결정하는 사회적, 경제적, 문화적 상황을 연구한다. 공감은 사회적 요구를 찾아가는 시작점이자 고객과의 친밀한 관계를 형성하게끔 한다. 이는 혁신을 위한 완전히 새로운 길이기도 하다.

비판하기보다 칭찬하라

우리가 행한 여러 인터뷰에서 우리는 어떻게 실험, 관찰, 그리고 협력을 통해 아이디어들이 만들어졌는지를 들을 수 있었다. 불행히도 남성적인 실험과 분석은 좋은 아이디어가 시작되기 전에 그것을 파괴해 버리거나 새로운 아이디어가 생겨날 수 있는 그룹 역학을 숨막히게 만들어버린다. 회사들이 혁신을 극대화하기 위해 그들은 우선 거울을 들여다 봐야 할 것이다. 당신의 회사가 대단한 아이디어를 받아들이는 데 있어서 융통성이 없는 것은 아닌지, 혹은 육성하는 편인지, 또는 격려하고 무언가를 만들려고 노력하는지, 아니면 비판하고 통제하려 하는지, 회사들은 아이디어와 혁신을 종종 혼동한다. 혁신은 아이디어를 실현하는 과정이다. 하지만 아이디어와 혁신은 모두 부드럽고 약해서 처음에는 이해하기 힘든 까닭에 남성적인 분석을 하는 회사에서는 흔히 어려움에 처하곤 한다.

조직 경영

여성적인 가치는 기관들을 조직화하고 관리하는 방식에 큰 영향을 미칠 수 있다. 아테나 스타일의 주요 요소는 단합성, 목표의 공유 및 생산적 정신을 고취하는 방안들을 제시한다.

승리는 복수형이다

남성적인 구조에서 이기는 것은 곧 제로섬 게임이라고 여겨진다. 한 사람이 이기면 다른 사람은 진다는 생각이다. 하지만 지속적인 변화는 한 사람의 힘으로 이뤄낼 수 없다. 지속 가능한 개혁은 협력에 대한 동의에 의해 이루어진다. 당신 팀의 많은 사람들이 변화를 받아들이지 못하면 개혁은 이루어지지 않는다. 현 시대에는 가장 작은 회사들 조차도 전세계를 대상으로 비즈니스를 하게 되면서, 비즈니스는 훨씬 더 협력적으로 변하게 되었으며 그 결과 '승리'를 고객, 공급자, 오너, 매니저, 노동자를 비롯해 사회 모두가 공유하게 된다. 나의 작업의 성공은 다른 이의 성공을 키워주는 데 달려있다. 성공적인 기관들은 그들의 고객, 동료와 사회의 성공과 진보를 자신의 것처럼 구축해 간다. 한 개인의 진로조차도 다른 이들의 성공과 가깝게 연결되어 있다. 장기적으로 보면, 진정한 승리자들은 성공을 공유하고 합의를 이끌어내는 여성적 가치를 활용하는 사람들임을 확인하게 될 것이다.

유리로 만들어진

현대의 감시는 기술의 진보 덕에 극대화됐다. 시스코 시스템은 2020년까지 500억 개의 기기가 인터넷에 정보를 올리게 되어 소비자, 비즈니스, 정부 관료, 그리고 언론이 접근할 수 있는 정보를 제공할 것이라고 예측했다. 이렇듯 연결성이 중요한 시대에 남성적인 스타일의 은밀한 거래방식은 모든 것을 개방하려는 관찰자들의 희생물이 될 것이다. 이런 '유리 집' 환경에서 기관들은 최대한 개방적이어야 하고 솔직하며 공명정대하게 거래를 해야 한다. 베를린의 펠레수스는 다양한 국가의 지도자들을 지붕 하나로 불러모으며 투명한 구조의 힘을 보여주는 대표적인 사례다.

결합을 추구하고 일을 완수해야

대부분의 문화에서 남성적인 원형은 모험을 하며 사회를 풍요롭게 하기 위한 자원을 찾아내기를 기대한다. 하지만 자원이 제한된 사회에서는 분배에 대한 결정이 새로운 발견만큼이나 중요하다. 전통적으로 여성들은 모든 이들의 이익을 위해서 자원을 나누고 개인들 요구의 균형을 유지하는 역할에 탁월한 재능을 보여왔다. 그룹 역학에 대한 이런 깊은 존중이, 지속 가능한 시스템과 인프라를 구축하는 데는 필수적이다. 합의를 도출하고 일을 완수하기 위해서는 사회, 비즈니스, 가정 모두에 아테나 스타일의 참을성이 있으며 융통성 있는 장기적 비전을 가지고 있는 사람들을 필요로 한다. 우리의 연구조사에서, 충성심(여성적이라고 여겨지는 덕목)이 개인적 야망(남성적이라고 여겨지는 덕목)보다 더 소중한 리더십의 특징으로 밝혀졌다. 리더십은 장기적 변화를 불러일으키기 위해서 개인의 야망보다 사회적 목표에 대한 충실함을 필요로 한다. 이는 어머니들이 후세를 위해 가족에 헌신하는 것과 비슷하다.

경력 관리

우리가 다른 이들과 어떠한 관계를 맺으며 어떻게 공감을 보여주고 또 어떻게 대화하는지는 우리의 성공에 직접적인 영향을 준다. 여성적인 특성을 활용함으로써 여성과 남성 모두 경력상의 목표와 야망을 더욱 잘 이룰 수 있을 것이다.

공정성이 승리한다

다른 이들에게 공정하면 그들도 당신에게 공정할 것이다. 공정함은 개인을 차별화할 수 있는 좋은 방법이다. 우리 연구조사에서 응답자의 4분의 3은 전세계적 위기의 이유 중 하나가 세상이 덜 공정해지고 있기 때문이라고 생각했다. 사회에 존재하는 잔인함은 여성적인 가치를 받아들임으로써 줄어들 수 있다. 여성적 가치의 핵심은 공정하게 대하며 공정하게 대우받기를 원하는 자세이다. 자아(ego)는 이런 상황에서 큰 부담이 된다. 자아는 이기적인 위험부담을 가지며 인류 전체보다도 자신의 이득과 욕심을 먼저 챙기는 상황을 야기한다. 이제까지 자아는 충분했다. 이제 공정성이 시작될 차례다. 궁극적으로 경력은 인성의 반영이다. 어떻게 다른 이들을 대하는지, 사람들과 어떻게 일하는지, 또는 진실성이 있는지 등이다. 당신의 자아를 해체하고 겸손함과 친절을 추구하라. 소속된 기관에서 공정성을 최고의 가치로 추구하며 나아가다 보면 당신은 더 행복하고 안정적이며 창조적인 사람들을 얻게 될 것이다.

취약함은 힘이기도 하다

우리 사회는 오랫동안 실패는 부끄럽다는 생각을 해 왔다. 남성적인 세계에서 사람들은 실패를 감추고 다른 이들의 핑계를 대며 자신의 평판을 지키기 위해 발전마저 저해하기도 했다. 하지만 실패에 대한 두려움은 실험이나 긍정적인 변화의 기회를 빼앗아간다. 이런 두려움 안에 갇히게 되면 당신은 기회뿐만 아니라 닥쳐오는 위험도 보지 못한다. 우리가 만난 혁신가들로부터 배웠듯이 과거의 실패는 미래의 성공에 필수적이다. 이런 아이디어는 이미 대중화되어서 실패하지 않은 사람들을 회의적으로 볼 정도이다. 우리의 연구조사에 따르면, 86퍼센트의 사람들이 개인적 실패를 겪는 것이 전체적인 성공에 필수적이라고 생각한다. 개방성과 겸손함은 새로운 관계와 새로운 기회, 그리고 세상을 바라보는 새로운 방식의 시작점이다. 이와 같이 당신 직원들의 약점을 발견하고 함께 이를 극복하기 위해 일하면 더 신뢰받고 그들이 마음을 더 열게 될 것이다. 오늘날 취약함은 변화 경영의 가장 중요한 자극제이다.

부유함에서 영향력으로

새로운 형태의 감정적, 심리적 자산이 남성적인 권력과 자부심을 대체하고 있다. 우리의 전지구적 연구조사에 따르면, 91퍼센트의 응답자가 그들의 자녀가 부유하기보다 행복하기를 바란다고 대답했다. 특히 현대의 젊은이들이 이에 공감한다. 83퍼센트의 젊은이들은 자신들이 부유하기보다 존경 받기를 바란다고 했다. 오늘날 '부자'라는 표현은 당신의 의견을 구하는 사람들이 있고 당신의 영향력을 네트워크를 통해 퍼뜨릴 수도 있음을 내포하고 있다. 이런 변화는 뱀부저를 이용해 독재자를 무너뜨린 이집트 타히르 광장의 사람들에게서 잘 관찰할 수 있다. 이런 역학구조를 감안할 때 커뮤니티를 만들고자 하는 여성적 특성이 갈수록 중요해짐을 알 수 있다. 권력은 정보의 축적이 아니라 전달역할을 맡은 중심 인물들에게 재분배되는 것이다.

이타심이 이기심이다

당신이 나누지 않는다면 당신은 죽게 될 것이다. 우리 조사에 의하면, 78퍼센트의 응답자들이 오늘날 성공적인 경력은 다른 이들과 협력하면서 이들과 성공을 공유하는 데서 온다고 대답했다. 성공하기 위해서 네트워크를 만들고 사람들을 도우며 장기적인 안목으로 경력을 이루어야 한다. 경력과 평판을 만들어가면서 당신은 네트워크가 비즈니스 모델의 일부임을 깨달아야 한다. 케냐에서 우리는 모든 이들의 이익을 위해 함께 일할 목적으로 자신들의 행운과 미래를 다른 이들의 손에 맡기는 여성 농민들을 만났다. 협력하고 성공을 공유하며 함께 일함으로써 그들은 팀뿐만이 아니고 개인으로서도 성공할 수 있었다.

변화 경영

포상, 위상과 인정받음 등과 같은 남성적인 인식은 오늘날의 현실과는 어울리지 않는다. 당신이 변화를 관리하려면 그 무엇도 완벽하거나 쉽게 끝낼 수 있는 일은 없다. 이제 변화를 관리하거나 혹은 경영하는 몇 가지 방법을 제시하려 한다.

항상 배우기

민첩함은 중요한 사회적 자질이 됐다. 우리의 데이터는 민첩한 사람들에게 경쟁적 이득이 있음을 보여준다. 응답자의 75퍼센트가 "생존하기 위해서는 빠르고 적응을 잘 해야 한다."고 대답했다. 매니저로서 당신은 신속하게 움직이고 다양한 것들을 시도하며 잘

되지 않는 것들은 버리고 새로운 것들을 시도해야 한다. 당신은 그때 그때 즉시 배워야 한다. 우리는 변화의 가장 뛰어난 항해자들은 다른 이들의 시각으로 다양한 관점을 배우며 세상을 보는 사람들임을 알 수 있다. 요나스 비그와 만스 애들러는 아랍 젊은이들이 뱀부저를 어떻게 사용하는지를 배우고 나서 이를 활용해 그들의 목표와 비즈니스 모델을 급진적으로 바꿨다. 우리의 연구결과는 선진국들이 산업에서 서비스 경제로 진화하면서 여성적 자질인 소통, 경청, 융통성과 같은 것들이 더욱 필수적으로 요구되고 있음을 보여주고 있다. 우리가 만난 리더들은 항상 배우기를 멈추지 않는 영원한 학생이었고 온갖 종류의 가능한 정보를 활용하고 있었으며 배운 것을 기본으로 기꺼이 변화를 만들 자세를 취하는 이들이었다.

아테나 독트린과 다음 세대

우리 모두에게 다행스럽게도 미래 사회의 행복(well-being)을 결정할 젊은이들은 아테나 독트린에 따라 살고 있는 것처럼 보였다. 응답자 중 젊은이들은 남성과 여성에 대한 정의가 덜 확고했고 인간의 모든 강점과 재능을 최대한 활용하고자 했다. 우리는 이런 시발점이 그들을 더 강하고 더 탄력적이고 더 실험적이도록 하며 새로운 아이디어에 더 개방적으로 만든다고 생각한다. 그의 성공이 실패에서 영감을 받았음을 말해준 샌프란시스코의 마크 스펜서(Marc Spencer)가 좋은 예다.

"우리는 '벤 엔 제리(Ben and Jerry)' 아이스크림을 파는 3개의 아이스크림 가게가 있었고 25명 정도의 아이들을 고용하고 있었어요." 라고 마크가 말했다.[1] "우리는 REDF(로버츠 엔터프라이즈 개발 펀드, Roberts Enterprise Development Fund)의 후원을 받고 있었고, 우리를 많이 도와주고 있었어요. 우리는 도움을 받고 있었음에도 불구하고 어려움을 겪고 있었죠. 우리에게 부족한 것을 알아내게 되었는데, 그것은 바로 모든 성공적인 아이스크림 가게에 있는 가게 주인이었어요."라고 이 가게들을 운영하고 있는 주마 벤처스(Juma Ventures)의 사장인 마크가 말했다. "아이스크림 가게 주인들은 가게를 성공적으로 운영해야 하기 때문에 모든 시간을 쏟는 등 헌신합니다. 파트 타임으로 일하는 아이들은 그럴 수가 없어요. 어떤 것들이 효율적이고 아닌지를 알아내려 했던 우리 모두에게 이것은 아주 큰 교훈이었답니다."

스펜서와 REDF를 운영하는 사람들은 빈곤, 실패하는 학교, 실직과 같은 어려운 문제들의 해결책을 수십 년간 모색해 왔다. 이 재단은 특이한 자선활동을 해오고 있다. 주로 자족할 수 있는 직장을 만드는 프로젝트를 후원한다. 이런 사회적 기업들은 가장 어려운 문제에 직면해 있는 사람들을 도와준다. 여기에는 빈곤가정의 청소년, 노숙자, 재활치료를 받는 마약중독자와 전과자가 포함되어 있다. 1990년에 시작된 REDF는 6천 5백 개 이상의 일자리를 만들어냈고 대부분의 프로젝트는 자족할 수 있게 됐다.[2]

주마 벤처스가 아이스크림 가게를 포기했을 때 매니저들은 그들이 배운 것을 샌프란시스코만 근처의 야구경기장에서 음식과 음료를 파는 새로운 사업에 적용했다. 이 일은 주마가 도와주고 싶었던 고등학교 학생들에게 꼭 어울리는 일이었다. 그들은 경기장의 계단을 오르내릴 힘도 있었고 돈을 벌고자 하는 욕구도 있었기 때문이다.

우리가 2012년 여름에 샌프란시스코를 방문했을 때, 주마는 도시의 가장 문제가 많은 고등학교를 다니는 50명의 학생을 고용하고 있었다. 자이언트팀이 경기를 하는 AT&T공원에서 그들은 에스프레소 바를 운영했고 스타디움을 돌아다니며 음료와 음식을 팔았다. 번 돈과 팁 외에도 이 직원들은 대학에 진학하기 위한 자금을 주마의 도움으로 모으고 있었고 과외와 상담도 추가적으로 받고 있었다. 10년간 운영한 후에 이 비즈니스는 자급자족할 수 있게 되었으며 매년 백만 달러 이상의 수익을 올리고 있었다. 아르바이트를 하는 고등학생 전원이 고등학교를 졸업했고 70퍼센트는 4년제 대학에 진학했으며 그 중 70퍼센트가 학위를 취득했다.

우리는 뉴욕 자이언트가 로스엔젤레스 다저스와 시합하던 2012년의 어느 날, 직원들을 야구장에서 만났다. 그들의 상관인 제로니모 마틴(Jeronimo Martin)(그의 공식적 직책은 사업 디렉터다)이 안내를 해주어 우리는 샌드위치를 만들고 있는 곳에 가게 됐고, 옥외 관람석에서 아이스 티와 레모네이드를 팔고 있는 아르바이트생들을 만났다. 2층 앞좌석에서는 조아나 소디요(Joana Sodillo)를 만났는데, 그녀는 처음에는 주마의 일 가운데 가장 초보적인 견과류 스탠드의 계산대에서 일하다가 이 자리까지 올라온 이야기를 자랑스럽게 해주었다.

"이곳에서 배우는 것은 열심히 일해야 한다는 것이에요."라고 조아나가 말했다.[3] "수백 명의 사람들이 안 사겠다는 말을 하죠. 그러나 그래도 포기하지 말아야 해요. 그것을 여기서 배워요."

스탠드에서 제로니모가 우리를 웨이동 구오(Weidong Guo)라는 젊은 여성에게 소개시켜주었는데, 그녀는 우리의 질문에 답하기에는 고객들의 주문을 받느라 너무 바빴다. 여성들이 남성들보다 훨씬 더 실적을 올리지만 매니저들은 임무를 배치할 때 성별을 생각하지 않는다. 계산대 뒤나 밖에서나 실적이 가장 중요하다. 우리가 웨이동을 만났을 때 그녀는 제임스 루오(James Luo)와 격렬히 경쟁하고 있었다. 우리 앞을 지나가면서 제임스는 오늘이 '좋은 날'이 되기 위해 노력하고 있다고 이야기했는데, 이는 그의 기본 일급 40달러에 더해 100달러 팁을 벌 수 있게 된다는 의미였다.[4]

주마의 젊은 직원들이 일하는 모습은 오클랜드, 버클리, 그리고 샌디에고로 사업을 확장한 매니저들이 보이는 모습과 비슷했다. 그들의 성공은 주마가 지향하는 가치(더 높은 목표를 추구하는 비즈니스)와 REDF가 투자를 하며 보여준 신뢰에 기인한다. 이 재단은 혁신과 지속되는 이익을 창출하기 위한 사업에 돈을 투자하려고 만들어졌다. 이것이야말로 궁극적인 아테나 미션이고 이 재단은 아테나 여신에게 직접 전수를 받았을 법한 여성에 의해 운영되고 있다.

과거 주와 시 관료였던 칼라 자비츠(Carla Javits)는 성공적인 기업가이기도 했고 노숙자들을 위한 활동가이기도 했다. 미국 상원의원이었던 고(故) 제이콥 자비츠(Jacob Javits)의 딸인 그녀는 어려운 사회적 문제들과 해결책에 대한 토론을 들으면서 자라났다. 그녀는 어렸을 적 아버지가 대화를 할 때 언제나 "뉴욕을 위해 우리가 무엇을 할 수 있을 것인가?"라는 질문으로 시작하는 것을 들었다고 했다. 그의 질문은 새로운 아이디어를 구하는 것이었으며 엄청난 열정으로 실행하려 했는데 그것은 그가 봉사하고 있는 모든 이들의 삶을 향상시키기 위한 희망에서 출발했다.[5]

"우리가 하려는 것은 더 많은 사람들에게 취업 기회를 제공하려는 사업입니다."라고 칼라가 우리에게 말했다. "우리는 정말 어려운 문제에 직면해 있는 사람들을 고용하는 것에 대해 이야기하는 겁니다." 이런 목표를 향한 노력은 "직선적이지 않아요."라고 그녀가 말했지만 점점 돈벌이 이외의 것을 추구하는 투자가들로부터 많은 관심과 투자가 이루어지고 있다고 했다.

"여기서 말하는 것은 '영향력 있는 투자(impact investment)'에요."라고 칼라가 말했다. "진짜 문제는 우리에게 그들이 투자할 만한 좋은 아이디어가 부족하다는 겁니다." 비록 경제적 상황이 경제의 다른 부문에의 투자를 가로막고 있는 것처럼 보이지만 칼라는 '좋은 아이디어를 갖고 있으며 그것을 실현할 다양한 능력이 있는 사람들'을 위한 자본은 충분히 있다고 강조했다. 현재 REDF가 고려하고 있는 투자는 신선한 음식을 유통하는 시설인데, 도시와 농장 사이에 설치해 지역 생산품을 선호하는 학교, 병원, 그리고 여타 큰 단체들에게 음식을 제공하려는 아이디어다. 또 다른 고려대상은 장기 실직자들을 호텔과 아파트 커뮤니티의 관리시설에 고용하는 것이다.

REDF를 비롯해 미국 각지에서 비슷한 재단들이 시도하고 있는 '새로운 단계의 비즈니스'는 직원, 지역사회, 그리고 투자가들에게 어려운 문제들에 대한 예상치 않았던 해결책을 제시하고 있다. "우리는 오직 돈을 벌어야 한다는 오래된 비즈니스 관념과 단지 좋은 느낌을 갖게 한다는 오래된 자선관념의 간격을 줄이기 위해 변혁을 가져온 것이에요. 우리의 아이디어는 이 분열을 종식시키고, 비즈니스를 하면서도 그 일을 통해 뿌듯함을 느낄 수 있다고 말할 수 있게 하는 것입니다."

우리의 관점에서 REDF와 주마는 모든 참여자(stakeholders)들을 위한 새로운 경제적 동력을 만들어내고 있었다. 그들이 이루어낸 성과는 성에 대한 편견을 따르지 않고, 공격성만큼이나 행복에 가치를 부여하는 리더십에 의존하고 있었다. 그러는 와중에 그들은 아테나 독트린을 행동으로 실천하는 탄탄한 사례를 창조하게 된 것이다. 이것이야말로 사람들에게 미래에 대한 희망을 갖도록 하기에 충분하다고 생각한다.

감사의 글

저희는 멋진 모든 분들께 감사합니다. 덕분에 이 책이 출판될 수 있었습니다. Amy S. Choi는 우리와 함께 전세계 많은 곳을 여행한 대단한 저널리스트입니다. 그녀의 기록은 물론이고 에이미의 통찰력과 아이디어들이 우리에게 많은 도움을 주었습니다. 또한 Will Johnson과 Garrett Fonda는 보도와 마케팅에서부터 이 복잡한 프로젝트를 가능하게 해준 출중한 리더십을 보여주었습니다. 우리는 훌륭한 편집자이자 조언자인 Julia Feldmeier에게도 감사를 전하는 바입니다.

분석과 여성성, 또한 새천년 노하우를 모으는 이 세가지 작업은 매우 힘든 일인데 전세계적 연구조사를 가능케 해준 Jessica Li와 Jennifer Jorgensen에게 감사합니다. 우리와 함께 그들은 엄청난 양의 데이터에서 놀라운 통찰을 추출해 주었습니다. 우리는 연구조사를 디자인해 준 Stephen Lenzen에게 감사드리고, 13개국을 돌아다니며 사전답사를 해준 Michele Jee에게도 감사합니다.

우리는 이 책에 영감을 주고 끊임없이 지원과 격려를 해준 뛰어난 지도자들에게도 감사합니다. 그 중에는 Campbell의 CEO인 Denise Morrison, Xerox사의 CEO인 Ursula Burns, Dell의 CMO인 Karen Quintos도 있는데, Karen Quintos는 우리를 델리(Delhi)에서 열리는 Dell의 여성 역량 증진 네트워크(Dell's Women's Em-powerment Network: DWEN)에서 강연하게끔 초대해 주었습니다. Janet Walkow와 Christine Jacobs는 리딩 위민(Leading Women)이라는 단체의 설립자로서 인터뷰뿐만 아니라 지원도 해주었습니다. 존의 파트너인 Scott Siff는 좋은 아이디어와 끊임없는 격려를 해주었고, Young & Rubicam의 CEO인 David Sable도 역시 지원과 격려를 아끼지 않았습니다. Tyler Fonda는 우리들의 결론에 도움을 주었고, TEDx의 관계자인 Mike Lundgren은 우리 아이디어를 처음부터 지지해 주었습니다. 그리고 Everything Type Company의 Geoff Halber와 Kyle Blue에게 감사하는데 그는 그래픽 디자인의 마술로 우리의 복잡한 데이터를 시각적으로 이해할 수 있는 차트를 만들어 주었습니다.

우리는 전세계의 친구들로 부터 도움을 받았습니다. 일본에서 우리의 통역을 맡아주었고 (그리고 자랑스러운 예일대학교 졸업생인) JR 지하철을 함께 타고 다니면서 좋은 아이디어를 제공해 준 Natsuko Yamamoto에게 감사 드립니다. 우리는 또한 영상관계자가 우리를 동행케 해준 NHK World의 Kaoruko Ishibushi에게 감사드리며, 일본의 우리 책 출판자인 Ai Nakajima는 우리 인터뷰의 여러 경우에 동행해 그녀의 명민한 시각을 제공해 주었습니다. Masanori Togawa는 도쿄의 Dentsu Young & Rubicam의 좋은 조력자이자 친구인데 감사드리는 바입니다. 역시 도쿄의 DY&R의 도움에도 감사합니다.

런던에서 우리와 인터뷰를 해주고 Granny Holly와 연결시켜준 Katie Mowat에 감사드리며, 우리에게 여러 사람들과의 인상적인 인터뷰를 주선해 준 Hackney City Farm의 Gustavo Montes de Oca

에게도 감사합니다. 텔아비브에서 Reut Schechter와 Shlomi Avnon이 우리에게 많은 인터뷰를 제공해 주었고 이스라엘 문화에 대한 그들의 소중한 시각을 제공해 준데 대해서도 감사합니다.

상하이에서, Thoughtful Media의 Normandy Madden은 오랜 친구일 뿐만 아니라 우리에게 많은 인터뷰를 가능하게 해준 소중한 중계자였습니다. Neil Liang은 우리가 갈 길을 잃지 않게 인도해주었습니다. 콜롬비아에서는 한때 Ahoka Entrepreneur Program Latin America의 기획자였고 현재는 Bain & Company의 컨설턴트인 Sarah Berghorst와 영화제작자인 Marc de Beaufort가 우리의 여행 기획을 도와주었습니다. 뉴델리의 UN에서 일하는 Sunetra Lala와 Uma Paro 호텔의 Christine Rock과 Karma Tenzin의 도움없이 인도와 부탄을 여행하는 것은 훨씬 더 어려웠을 것입니다. 우리는 샌디에고의 Institute for Peace & Justice의 Zahra Ismail과 그곳의 케냐 전문가인 나이로비의 가톨릭 구호 서비스의 Sara Fajardo 및 Chris Harrison과 Neil Drewitt의 케냐에 대한 소중한 조언에 감사합니다.

이 책은 편집자 Genoveva Llosa와 Jossey-Bass사의 놀라운 팀, 그리고 편집 조수인 John Mass의 통찰력 없이는 불가능했을 겁니다. 우리는 아테나 독트린 책 디자인을 맡아준 Chip Kidd에게 감사하고 Mark Fortier와 Norbert Beatty의 홍보 조언에 감사드립니다. 우리는 Levine Greenberg의 James Levine과 Kerry Sparks 그리고 Davis와 Gilbert 법률회사의 Ashima Dayal의 법적 조언에 감사드립니다. Pat Przbyski와 Farrah Landry는 전문적인 금융상담을 해주었고 Caroline Pinto는 노스캐롤라이나의 학교로 돌아가기 전에 마케팅 전략을 짜 주었습니다. BrightSight Group의 Tom Neilsen과 Freya Joy는 존의 대변인, 파트너, 자문역이자 지지자 역할을 합니다(www.brightsightgroup/johngerzema). 우리들의 전세계적 여행을 계획해준 Maria Callaro에게도 감사드립니다.

누구보다도 우리 인생의 지혜로운 여신들에게 감사드립니다. 존의 부인과 딸인 Mary와 Nina, 그리고 마이클의 부인인 Toni와 딸들인 Amy와 Elizabeth가 우리에게 이런 통찰력있는 결론을 내리기까지 왜 이렇게 오래 걸렸는지 추궁하지 않고 이 책의 구상을 만족스럽게 인정해 준 데 대해 감사합니다.

〈아테나 독트린〉 관련 유용한 정보

만약 아테나 독트린 대화에 참여하고자 한다면 www.the athen adoctrine.com 홈페이지에 들어가거나 Facebook/The Athena Doctrine에 참여할 수 있다. 마찬가지로 @johngerzema 의 twitter나 Google+의 John Gerzema를 찾아도 된다. 모든 자료와 비디오 및 그 외의 발췌들에 대한 자료들은 www.johngerzema.com과 www.michael dantonio.net 및 http://tedxwomen.org/speakers/john-gerzema/에서 볼 수 있다.

많은 기관들이 세계적으로 여성과 소녀들의 이익 증진을 위해 일하고 있다. 여러 기관들이 의견을 나누어 주었고 이 책을 지지해 주었다. 여러분들도 그 기관들을 지지할 수 있을 것이다. 다음은 홈페이지 주소들이다.

United Nations Foundation-UN Fund for Women
 http://www.unfoundation.org/how-to-help/donate/fund-for-un-women.html
Dell Women's Entrepreneur Network (DWEN)
 http://content.dell.com/us/en/business/women-powering-business
Coca-Cola's 5by20 program
 http://www.thecoca-colacompany.com/citizenship/5by20/
Goldman Sachs 10,000 Women Program
 http://www.goldmansachs.com/citizenship/10000women/index.html
LeadingWomen
 http://www.leadingwomen.biz/
Cherie Blair Foundation
 www.cherieblairfoundation.org
Vital Voices
 www.vitalvoices.org
Women for Women International
 http://www.womenforwomen.org
Soroptimist
 http://www.soroptimist.org/
Live Your Dream
 www.liveyourdream.org
Plywood People
 www.plywoodpeople.com

WE Connect
www.weconnectinternational.org
Woman Deliver
www.womandeliver.org
Wage Cooperatives
www.wagecooperatives.org
2020 Women on Boards
www.2020wob.com
Alliance for Women inMedia
http://www.allwomeninmedia.org/
Be Present
www.bepresent.org
Beirut Girl' s Geek Camp
http://www.facebook.com/GeekCamp/info
ASTIA
www.astia.org
Channel Foundation
www.channelfoundation.org
Corporate Voices forWorking Families
http://www.cvworkingfamilies.org/
Make Mine a Million
http://makemineamillion.org/
Fort ′ e Foundation
http://www.fortefoundation.org/
GirlsWho Code
www.girlswhocode.com
La Pietra Coalition
www.lapietracoalition.org
Pace Center
www.pacecenter.org
Prosperity Candle
www.prosperitycandle.com
Society of Women Engineers
www.societyofwomenengineers.swe.org

참고문헌

서문

1. Gerzema, J., and D'Antonio,M. Spend Shift. San Francisco: Jossey-Bass, 2010.
2. Howe, N., and Strauss, W. Generations: The History of America's Future, 1584 to 2069. Washington DC: Quill, 1992.
3. Ann Danylkiw, author, personal interview with John Gerzema, Nov. 2011.
4. Janet Walkow and Christine Jacobs, Leading Women, personal interview with John Gerzema andMichael D'Antonio, Nov. 2011.
5. Arterian Chang, S. "Outsiders and Outperformers: Women in Fund Management." Finance Professionals' Post, Apr. 5, 2010. http://post.nyssa .org/nyssa-news/2010/04/outsiders-and-outperformers-women-in-fund-management.html.
6. Curtis, M., Schmid, C., and Struber, M. "Gender Diversity and Corporate Performance." CreditSuisse,Aug.2012.https://infocus.credit-suisse.com/data/_product_documents/_shop/360145/csri_gender_diversity_and_corporate_performance.pdf.
7. U. S. Bureau of Labor Statistics. "Wives Who EarnMore Than Their Husbands, 1987-2011." Labor Force Statistics from the Current Population Survey.Washington DC: U.S. Department of Labor,May 2012. http://www .bls.gov/cps/wives_earn_more.htm.
8. Dewan, S., and Gebeloff, R. "More Men Enter Fields Dominated by Women." New York Times,May 20, 2012. http://www.nytimes.com/2012/05/21/business/increasingly-men-seek-success-in-jobs-dominated-by-women.html?nl=todaysheadlines&pagewanted=all&_r=0.
9. Lofquist, D., Lugaila, T., O'Connell, M., and Feliz, S. Households and Families: 2010. 2010 Census Briefs.Washington DC: U.S. Bureau of the Census, Apr.2010. http://www.census.gov/prod/cen2010/briefs/c2010br-14.pdf.
10. Roberts Enterprise Development Fund of San Francisco. "About REDF." 2011. http://www.redf.org/about-redf#accomplishments.
11. Pioneer Human Services. A Chance for Change: Annual Report 2011. Seattle: Pioneer Human Services, 2012.
12. Mondragon Corporation. "Corporate Profile 2012." Mondrag´on, Spain: Mondragon Corporation, 2012.
13. Flecha, R., and Santa Cruz, I. "Cooperation and Efficiency in Economic Contexts." Analyse and Kritik, 2011, 33, 157–170.
14. Kim, P., and Bradach, J. "Why More Nonprofits Are Getting Bigger." Stanford Social Innovation Review, Spring 2012. http://www.ssireview.org /articles/entry/why_more_nonprofits_are_getting_bigger.
15. Adelaide Lancaster, cofounder, In Good Company Workplaces, personal interview with John Gerzema, Nov. 2011.
16. "Transcript of Dilma Rousseff's Opening Speech at the United Nations General Assembly." Sept. 2011. http://brazilportal.wordpress.com/2011 /09/22/transcript-of-dilma-rousseffs-opening-speech-at-the-united-nations -general-assembly/.
17. U.S. Bureau of Labor Statistics. "Women's Earnings as a Percent of Men's in 2010."

Editor's Desk.Washington DC: U.S. Department of Labor, Jan. 2012. http://www.bls.gov/opub/ted/2012/ted_20120110.htm.
18. Catalyst. "Women on Boards." 2012. http://www.catalyst.org/file/725/qt _women_on_boards.pdf.
19. Forbes. "The Forbes 400: The Richest People in America." Sept. 2012. http://www.forbes.com/forbes-400/.

제1장 영국

1. All quotations from Vinay Gupta, cofounder ofWhipCar, are from an interview with John Gerzema in Nov. 2011.
2. All quotations from TomWright, cofounder ofWhipCar, are from an interview with John Gerzema in Nov. 2011.
3. All quotations from KatieMowat, founder of Grannies Inc., are from an interview with John Gerzema in Nov. 2011.
4. All quotations from Holly Jones, employee at Grannies Inc., are from an interview with John Gerzema in Nov. 2011.
5. All quotations from Anna Pearson, founder of Spots of Time, are from an interview with John Gerzema in Nov. 2011.
6. Secretary of State for Environment, Food and Rural Affairs. The Natural Choice: Securing the Value of Nature. Natural Environment White Paper, June 7, 2011. http://sd.defra.gov.uk/2011/06/the-natural-choice-securing -the-value-of-nature/.
7. British Beekeepers Association. "Importance of Bees." http://www.bbka.org.uk/.
8. Jha, A. "Bees in Freefall as Study Shows Sharp US decline." Guardian, Jan. 3,2011. http://www.guardian.co.uk/environment/2011/jan/03/bumblebees-study-us-decline.
9. All quotations from Zoe Palmer, founder of the Golden Company, are froman interview with John Gerzema in Nov. 2011.
10. All quotations from Gustavo Montes de Oca, enterprise manager at Hackney City Farms, are from an interview with John Gerzema in Nov. 2011.
11. Perry, N. "Spirit of the Beehive." Sept. 2011. http://www.bbc.co.uk/programmes/b013r2gv.
12. Ibid.
13. Montes de Oca, G. "Flooding theMoral High Ground." Dec. 2011. http://gmdeo.com/2011/12/02/flooding-the-moral-high-ground/.
14. All quotations from Giles Andrews, CEO and cofounder of ZOPA, are froman interview with John Gerzema in Nov. 2011.
15. BrandRepublic. "Richard Duvall, Co-Founder of Eff and Zopa, Dies." Oct. 2006. http://www.brandrepublic.com/news/.
16. Quotations from Julien Callede, cofounder of Made.com, are from an interview with John Gerzema in Nov. 2011.
17. Ning Li, cofounder of Made.com, personal interview with John Gerzema in Nov. 2011.
18. Emily Bolton, director at Social Finance, personal interview with John Gerzema in Nov. 2011.

19. All quotations from Cherie Blair, founder of the Cherie Blair Foundation for Women, are from an interview with John Gerzema in Nov. 2011.

제2장 아이슬란드

1. All quotations from Halla Tomasdottir, cofounder of Audur Capital, are from an interview withMichael D'Antonio in Feb. 2012.
2. United Nations Development Programme. "Human Development Index." Human Development Report 2007/2008. http://hdr.undp.org/en/media/LP2-HDR07-HDIlist-E-final.pdf.
3. Mitchell, D. "Iceland Comes in from the Cold with Flat Tax Revolution." The Business, 2007. http://www.cato.org/publications/commentary/iceland-comes-cold-flat-tax-revolution.
4. Kudlow, L. "Iceland's Laffer Curve." Wall Street Journal, Mar. 12, 2007.http://online.wsj.com/article/SB117330772978430098.html.
5. Valgreen, C., Christensen, L., Andersen, P., and Kallestrup, R. "Iceland:Geyser Crisis." Copenhagen: Daske Bank Research, Mar. 2006.http://www.mbl.is/media/98/398.pdf.
6. Karmin, C. "Danish Economist Isn't Very Cool Among Icelanders." Wall Street Journal, Apr. 29, 2006. http://online.wsj.com/article/SB114627071540139472.html.
7. Ibid.
8. Walt, V. "A Meltdown in Iceland." Time. Oct. 8, 2008. http://www.time.com/time/world/article/0,8599,1848379,00.html.
9. Ba´rur Jo´nsson, O¨ . "exPORT Mountains Inc." Sept. 2008. http://ornbardur.annall.is/2008-09-23/islensk-fjallasala-hf-export-mountains-inc/.
10. All quotations from O¨ rn Ba´rur J´onsson, minister and author, are from an interview withMichael D'Antonio in Feb. 2012.
11. Woodard, C. "Will Social Safety Net Survive Iceland's Crisis?" Christian ScienceMonitor, Jan. 22 2009. http://www.csmonitor.com/Business/2009/0122/will-social-safety-net-survive-iceland-s-crisis.
12. All quotations from Katrin Oddsdottir, lawyer, are from an interview with Michael D'Antonio, Feb. 2012.
13. "The Day theWomenWent on Strike." Guardian. Oct. 17, 2005. http://www.guardian.co.uk/world/2005/oct/18/gender.uk.
14. Bennett, C. "So You ThinkWomenWould Have Saved Us. Think Again." Observer, Feb. 21, 2009. http://www.guardian.co.uk/commentisfree/2009/feb/22/women-politicians.
15. All quotations from Salv¨or Nordal, professor at University of Iceland, are from an interview withMichael D'Antonio in Feb. 2012.
16. Constitutional Council of Iceland. "The Constitutional Council Hands Over the Bill for a New Constitution." July 2011. http://stjornlagarad.is/english/.
17. Ibid.
18. "Besti Flokkurinn – The Best Video – Subtitles." May 2010. http://www.youtube.com/watch?v=xxBW4mPzv6E&noredirect=1.
19. All quotations from Gunnar Grimsson, cofounder of Citizens Foundation, are from an interview with Michael D'Antonio in Feb. 2012.
20. All quotations from Robert Vidar Bjarnason, cofounder of Citizens Foundation, are

from an interview withMichael D'Antonio in Feb. 2012.
21. All quotations from Snorri Valsoon, manager at Hotel Holt, are from an interview withMichael D'Antonio in Feb. 2012.
22. All quotations from Sandra Hrafnildur, employee at Woolcano, are from an interview withMichael D'Antonio in Feb. 2012.

제3장 이스라엘

1. All quotations from Rachel Weisel, brigadier general in the Israeli Defense Force (IDF), are from an interview with John Gerzema and Michael D'Antonio inMar. 2012.
2. Orna Barbivai, major general in the Israeli Defense Force (IDF), personal interview with John Gerzema andMichael D'Antonio, Mar. 2012.
3. IDF. "Ethics." http://dover.idf.il/IDF/English/about/doctrine/ethics.htm.
4. All quotations from Yadin Kaufmann, founder of Veritas Venture Partners, are from an interview with John Gerzema andMichael D'Antonio in Mar. 2012.
5. All quotations from Ron Huldai, mayor of the city of Tel Aviv, are from an interview with John Gerzema andMichael D'Antonio in Mar. 2012.
6. All quotations from Daphni Leef, political activist, are from an interview with John Gerzema andMichael D'Antonio in Mar. 2012.
7. All quotations from Shai Reshef, founder of University of the People, are from an interview with John Gerzema and Michael D'Antonio in Mar. 2012.
8. All quotations from Ilana Dayan, host of Uvda, are from an interview with John Gerzema and Michael D'Antonio inMar. 2012.
9. All quotations from Efrat Duvdevani, director general of the Office of the President, are from an interview with John Gerzema and Michael D'Antonio in Mar. 2012.
10. All quotations from Shimon Peres, president of Israel, are from an interview with John Gerzema andMichael D'Antonio in Mar. 2012.

제4장 일본

1. Vervaeck, A., and Daniell, J. "Japan—366 Days After the Quake." Mar. 10, 2012. http://earthquake-report.com/2012/03/10/japan-366-days-after-the-quake-19000-lives-lost-1-2-million-buildings-damaged-574-billion/.
2. All quotations from Kohei Fukuzaki, founder of Roomdonor.jp, are from an interview with John Gerzema andMichael D'Antonio in Nov. 2011.
3. All quotations from Nagato Kimura, of the Kinoya-Ishinomaki Suisan Company, are from an interview with John Gerzema andMichael D'Antonio in Nov. 2011.
4. All quotations from Kaori Hayashi, professor at University of Tokyo, are from an interview with John Gerzema and Michael D'Antonio in Nov. 2011.
5. All quotations from Yasuhiro Toudou, founder of U2Plus, are from an interview with John Gerzema andMichael D'Antonio in Nov. 2011.
6. Roan, S. "Japanese Restraint Is Steeped in a Culture of Tested Resilience." Los Angeles Times.Mar. 21, 2011. http://articles.latimes.com/2011/mar/21/health/la-he-japanese-

quake-culture-20110321.
7. Quotations from Maco Yoshioka, founder and codirector of Madre Bonita, are from an interview with John Gerzema andMichael D'Antonio in Nov. 2011.
8. All quotations from Chisato Kitazawa, co-director of Madre Bonita, are from an interview with John Gerzema and Michael D'Antonio in Nov. 2011.
9. All quotations from Yosh Kanematsu, founder of Greenz, are from an interview with John Gerzema and Michael D'Antonio in Nov. 2011.
10. All quotations from Eriko Yamaguchi, founder ofMotherhouse, are from an interview with John Gerzema and Michael D'Antonio in Nov. 2011.

제5장 콜롬비아와 페루

1. Garde, F.I. "Bridging Development—The Medellin Experience." Tholons, Feb. 2011. http://www.tholons.com/nl_pdf/Tholons_Medellin_Whitepaper2011.pdf.
2. Beck, E. "Project Medellin, Columbia." Oct. 2009. http://changeobserver.designobserver.com/.
3. All quotations from Catalina Cock Duque, head of Mi Sangre, are from an interview with John Gerzema and Michael D'Antonio in Apr. 2012.
4. Latinobarometro. "The Study." 2011. http://www.latinobarometro.org /latino/latinobarometro.jsp.
5. Grant Thornton. "International Business Report: Optimism (Global)." 2012. http://www.internationalbusinessreport.com/Results/index.asp.
6. All quotations from Gaston Acurio, chef, are from an interview with John Gerzema and Michael D'Antonio in Apr. 2012.
7. Encyclopedia of the Nations. "Peru—Poverty and Wealth." 2010. http://www.nations encyclopedia.com/economies/Americas/Peru-POVERTY-AND-WEALTH.html.
8. All quotations from Carmen Zavala are from an interview with John Gerzema and Michael D'Antonio in Apr. 2012.

제6장 케냐

1. All quotations from Rose Goslinga, founder of Kilimo Salama, are from an interview with Amy S. Choi in Feb. 2012.
2. Quotations from Lucy Muriuki are from an interview with Amy S. Choi in Feb. 2012.
3. All quotations from Stephanie Hanson, director of policy and outreach at One Acre Fund, are from an interview with Amy S. Choi in Feb. 2012.
4. All quotations from Guy Vanmeenan, from Catholic Relief Services, are from an interview with Amy S. Choi in Feb. 2012.
5. All quotations from Farouk Jiwa, cofounder and director of Honey Care Africa, are from an interview with Amy S. Choi in Feb. 2012.
6. Quotations from Erik Hersman, founder of Ushahidi, are from an interview with Amy S. Choi in Feb. 2012.
7. Quotations from Robert Collymore, CEO of Safaricom, are from an interview with Amy

S. Choi in Feb. 2012.
8. All quotations from Joel Jackson, founder of Mobius, are from an interview with Amy S. Choi in Feb. 2012.
9. Polgreen, L. "U.S., Too, Wants to Bolster Investment in a Continent's Economic Promise." New York Times, Aug. 8, 2012. http://www.nytimes.com/2012/08/09/world/africa/us-seeks-to-step-up-africa-investment .html?pagewanted=all&_r=0.
10. "The Hopeful Continent: Africa Rising." Economist, Dec. 2011. http://www.economist.com/node/21541015.

제7장 인도

1. All quotations from Manjula Pradeep, lawyer and human rights activist, are from an interview with Garrett Fonda and Amy S. Choi in Mar. 2012.
2. Khilnani, S. "Programmed to Survive." OutlookIndia, Feb. 6, 2012. http://www.outlookindia.com/article.aspx?279695.
3. Bajaj, V. "Tata's Nano, the Car That FewWant to Buy." New York Times, Dec. 9, 2010. http://www.nytimes.com/2010/12/10/business/global/10tata.html.
4. "Ratan Tata Admits to Making Mistakes with Nano." Kaumudi Online, Jan. 6, 2012. http://kaumudiglobal.com/innerpage1.php?newsid=14624.
5. United Nations Office on Drugs and Crime. Women and Drug Abuse: The Problem in India. 2003. http://www.unodc.org/pdf/india/publications/women _Book-6-5-03/09_statusofwomeninindia.pdf.
6. All quotations from Mariette Fourmeaux du Sartel are from an interview with Garrett Fonda and Amy S. Choi in Mar. 2012.
7. All quotations from Viren Joshi, founder of Manav Sadhna, are from an interview with Garrett Fonda and Amy S. Choi in Mar. 2012.
8. All quotations from Anand Shah, founder of Sarvajal, are from an interview with Garrett Fonda and Amy S. Choi in Mar. 2012.
9. Prahalad, C. K. The Fortune at the Bottom of the Pyramid: Eradicating Poverty Through Profits. Philadelphia: Wharton School Publishing, 2004.
10. All quotations from Rajendra Joshi, founder of Saath, are from an interview with Garrett Fonda and Amy S. Choi in Mar. 2012.

제8장 중국

1. All quotations from PT Black are from an interview with Amy S. Choi in Apr. 2012.
2. All quotations from Calvin Chin are from an interview with Amy S. Choi in Apr. 2012.
3. Chen, S. "February Featured People: Mihela Hladin." Xindanwei, Feb. 16, 2012. http://xindanwei.com/lang/en/2012/02/february-featured-people-mihela-hladin/
4. All quotations from Flora Lan are from an interview with Amy S. Choi in Apr. 2012.
5. Koon, S. "Steve Koon." 2009. http://www.avantageventures.com/jp/node /239.
6. "About Our Magazine." Tea Leaf Nation. http://www.tealeafnation.com /about-us-2/.
7. Xuecun, M. "Translation: One Author's Plea for a Gentler China." (A. Cappella, L. Carter,

and M. Li, trans.) Tea Leaf Nation, July 30, 2012. http://tealeafnation.com/2012/07/translation-one-authors-plea-for-a-gentler-china/.

8. Wertime, D. "Chinese Netizens Say Time to 'Clean Up' Foreign 'Trash.'" Tea Leaf Nation, May 15, 2012. http://www.tealeafnation.com/2012/05/chinese-netizens-say-time-to-clean-up-foreign-trash/.
9. All quotations from David Wertime, cofounder of Tea Leaf Nation, are from an interview with Amy S. Choi in Apr. 2012.
10. All quotations from Bessie Lee are from an interview with Amy S. Choi in Apr. 2012.
11. All quotations from Guanshen Gao are from an interview with Amy S. Choi in Apr. 2012.
12. Loader Wilkinson, T. "Chinese Philanthropy Slides Nearly a Fifth in 2011." Wealth Briefing,May 9, 2012.
13. "Sun Culture Foundation." http://www.sunculturefoundation.com/en /index.php.
14. Ibid.

제9장 스웨덴, 독일, 그리고 벨기에

1. All quotations from Maria Ziv, marketing director at VisitSweden, are from an interview with John Gerzema and Amy S. Choi in Feb. 2012.
2. Curators of Sweden. "Hanna Frange." 2012. http://curatorsofsweden.com /curator/hanna-fange/.
3. Worstall, T. "The Amazing Thing About American Inequality: How Equal the Country Is." Forbes, Sept. 22, 2012. http://www.forbes.com/sites /timworstall/2012/09/22/the-amazing-thing-about-american-inequality-how -equal-the-country-is/.
4. All quotations from Lotta Rajalin, cofounder of Egalia, are from an interview with John Gerzema and Amy S. Choi in Feb. 2012.
5. All quotations from M°ans Adler, cofounder of Bambuser, are from an interview with John Gerzema and Amy S. Choi in Feb. 2012.
6. All quotations from Jonas Vig, cofounder of Bambuser, are from an interview with John Gerzema and Amy S. Choi in Feb. 2012.
7. All quotations from Ijad Madisch, founder of ResearchGate, are from an interview with John Gerzema and Amy S. Choi in Feb. 202.
8. All quotations from Tim Kunde, founder of Friendsurance, are from an interview with John Gerzema and Amy S. Choi in Feb. 2012.
9. All quotations from David Koehler, Berliner Seilfabrik, are from an interview with John Gerzema and Amy S. Choi in Feb. 2012.
10. All quotations from Leo Riski, Finnish official at the Felleshus, are from an interview with John Gerzema and Amy S. Choi in Feb. 2011.
11. All quotations from Maria Damanaki, commissioner of the EU Maritime Commission, are from an interview with John Gerzema and Amy S. Choi in Feb. 2012.

제10장 부탄

1. All quotations from Siok Sian Pek-Dorji are from an interview with Garrett Fonda and Amy S. Choi in Mar. 2012.
2. All quotations from Tshering Tobgay, People's Democratic Party, are from an interview with Garrett Fonda and Amy S. Choi in Mar. 2012.
3. All quotations from KarmaWangdi, Center for Bhutan Studies, are from an interview with Garrett Fonda and Amy S. Choi in Mar. 2012.
4. Sachs, J. World Happiness Report. New York: Columbia University, 2012.
5. All quotations from Karma Tshiteem, secretary of the Gross National Happiness Commission, are from an interview with Garrett Fonda and Amy S. Choi in Mar. 2011.
6. All quotations from Kama Wangdi, founder of the Voluntary Artists' Studio, Thimphu, are from an interview with Garrett Fonda and Amy S. Choi in Mar. 2012.
7. Choden, T., and Kusago, T. Gross National Happiness and MaterialWelfare in Bhutan and Japan. Bhutan: Center for Bhutan Studies, 2007.

결론

1. All quotations from Marc Spencer, head of Juma Ventures, are from an interview withMichael D'Antonio in June 2012.
2. Roberts Enterprise Development Fund of San Francisco. "About REDF." http://www.redf.org/about-redf.
3. Quotations from Joanna Sodillo are from an interview with Michael D'Antonio in June 2012.
4. James Luo, interview withMichael D'Antonio in June 2012.
5. All quotations from Carla Javits, founder of REDF, are from an interview with Michael D'Antonio in June 2012.

에필로그

여성적 가치의 부활이 한국의 장래에 불을 밝힌다

_ 길정우(국회의원)

이 책의 두 저자는 미국의 중년 남성들이다. 바깥세상을 널리 돌아다니며 세상의 많은 모습과 현상들을 목격하고 체험한 이들이다. 선진국과 후진국들, 그리고 중견국가들을 두루 다녔다. 한국도 다녀갔다. 게다가 존 거제마는 한국기업의 마케팅과 브랜드 홍보 전략에 자문까지 했던 경험을 갖고 있어 우리와도 인연이 있다. 책을 번역하면서 한국독자들을 위한 서문을 부탁했더니 바로 답장을 보내왔다. 답신과 함께 보낸 개인적 메시지가 따뜻하다. 그런 따스한 마음가짐이 여성적 가치에 대해 관심 갖고 신념에 찬 결론까지 내리는 데 기여했다는 생각이 든다. 그들의 명쾌한 결론은 여성적 가치에 충실할 때 개인이나 기업, 사회와 국가의 행복지수가 높아지고 성장할 수 있다는 것이다.

이들은 한국에 여성대통령이 등장한 것을 높게 평가한다. 지난날 한국의 놀라운 성장과 발전에 더해 여성지도자의 등장으로 시작하는 한국사회의 장래에 축복의 메시지를 보내고 있다. 우리는 자신들의 업적과 성취에 인색하다. 어찌 보면 이런 인색함과 겸허함이 우리 국민들의 역동적이고 치열한 삶의 바탕이 되었는지도 모른다. 그리고 우리들의 이런 모습을 바깥에선 한국민들의 큰 장점이자 잠재력이라고 보고 있는 것 같다.

신년 초 방송에 출연하여 지난 국정활동에 대한 질문을 받았다. 여성관련 문제들을 많이 다루었고 법안도 상당수가 여성과 연관된 것이었다. 그 배경에 대한 질문에 답하면서 스스로에게 물었다. 언제부터인가 한국여성의 우수성에 대해 매료되었고 우리의 장래를 위해 여성파워와 역량에 대한 기대감도 크다는 나름의 결론에서 비롯된 것이 아닌가 싶다. '국립여성사 박물관' 건립을 위한 법적 근거를 마련했고 제주해녀문화의 유네스코 무형문화유산 등재에도 앞장선 활동이 모두 여성과 관련된 것이다. '한부모가족 지원법' 개정안 역시 여성 가장(家長)이 대부분인 이들이 차별 대우받지 않도록 하는 데 초점을 맞추었다. 국회 여성가족위원회 산하 일본군위안부문제대책 소위원장을 맡은 것도 우연이 아닌 듯싶다.

나는 한국사회의 발전은 우리 여성들의 열성과 극성, 그리고 '위대한' 한국 아줌마들의 힘이 없었다면 가능하지 않았다고 감히 주장한다. 치맛바람으로 대변되는 한국의 교육열도 여성들의 극성의 산물이며 박근혜대통령의 '제2의 한강의 기적' 역시 여성의 잠재력이 발현되지 않으면 쉽지 않다고 본다. 그래서 점차 남성화되어 가는 일부 여성들의 모습을 안타까운 마음으로 지켜보고 있다. 제 자식 학교성적 챙기느라 필요한 줄 알면서도 인성교육을 외면하는 우리 엄마들, 부동산 투기에 몰렸던 지난날의 복부인이나 주식시장의 큰손 아줌마들 역시 부인 못할 우리 여성들의 단면이다. 여성들의 사회진출이 두드러지고, 특히 고시(高試)나 취업 시장에서 여성들의 우월성과 약진은 더 이상 새롭지 않다. 오죽하면 남성들의 군복무 경력에 취업 가산점을 부여하던 제도를 부활시키자는 소리가 나올까. 그러나 여성들의 사회진출에 따른 여성들 자신의 여성성 포기나 상실, 그리고 약화는 불가피한 결과일는지 모른다. 그리고 이를 극복하거나 보완하는 것은 개개인의 노력과 선택을 넘어서는 문제인 것 같다. 오히려 사회나 국가 차원에서 지도적 위치에 있는 남녀 인사들이 인내심, 협동심, 공감, 유연성과 타협성 등 여성적 가치를 시스템 운영에 접목시키고 반영함으로써 많은 이들이 그 성과를 직접 확인할 수 있도록 한다면 여성적 가치에 대한 인식은 크게 진작될 것이다.

아테나 여신의 여성적 자질을 현실세계에 접목하는 작업은 각 부문에 여성인력을 적극 활용하고, 특히 조직의 상위직에 진출기회를 확장함으로써 구현 가능하다. 이런 노력 자체가 양성평등의 실현과정이다. 이 책 곳곳에서 소개된 바와 같이 기업, 정부, 단체 및 정치권 등에 여성인력의 참여 기회를 대폭 증대하는 담대한 결정이 우리에게도 필요하다. 정책을 결정하는 자리에 있는 남성들이 스스로 여성적 가치를 존중하고 수용하며 이를 실천하는 것이 가장 빠른 길이다. 그러나 이런 실천이 망설여진다면, 책에서 거론한 남성적 기질 가운데 하나인 단호한 결정을 함으로써 여성적 가치의 실효성을 실험해 볼 수 있다. 이런 결단은 한국의 현실에서 잘난 여성들에 의해 휘둘리며 자신들이 차별받고 있다고 생각하는 상당수 남성들의 피해의식이 양성평등과 남녀 상생의 공동체 정신으로 대체될 때 보상받을 수 있다.

우리사회에 필요한 것은 이처럼 과감하고 담대한 실험이다. 남성위주의 사회운영이 드러낸 한계를 인정하고 이를 보완하거나 넘어설 수 있는 대안 가운데 능력 있는 여성들을 적재적소에 대폭 기용하고 한국여성들이 펼쳐나갈 모습에 기대감을 갖고 응원하는 자세가 우리들에게 필요하다. 그리고 이런 실험은 빠르면 빠를수록 좋다. 우리사회와 경제를 한 단계 업그레이드하는 방안들 가운데 위험부담이나 큰 대가를 치르지 않고 시도해 볼만한 가치 있는 선택이 될 것이다.

남성성이나 여성성의 차이를 부각시키는 것이 이 책의 주된 목적은 아니다. 장래의 사회에 유용한 가치로서 어떤 자질이 바람직할 것인가 추정하고, 이미 각국의 현장에서 아테나 여신으로 대표되는 여성적 가치를 실천하고 있는 성공적인 사례들을 소개하고 있다. 안타깝게도 저자들이 한국을 방문하고 여론조사를 했음에도 불구하고 여성들이 앞장서 이룬 구체적 성공사례들을 소개하지 않은 것이 어떤 연고인지는 모른다(저자에게 이 메일을 통해 이런 질문을 하였으나 답을 얻지 못하였다). 하지만 다른 나라의 사례들을 통해 우리에게도 그런 수준에 버금갈만한 경우들이 적지 않다는 데 이견은 없을 것이다. 그리고 긍정적이든 부정적이든 한국여성들의 역동성이 우리사회를 이끌어 가는 원동력이자 자산인 것만은 틀림없다.

차제에 한국여성들에게 바라는 바도 언급하고 싶다. 여성 스스로 같은 여성들이 잘되는 모습을 자랑스럽게 여기고, 서로 격려하고 부추기며 남성중심의 사회에서 여성들의 운신의 폭을 넓혀가는 노력이 좀더 필요할 것이란 생각이다. 사회 각 부문에 크지 않은 여성들 몫을 서로 쟁취하느라 극심한 경쟁 속에 살다보니 칭찬보다 질투와 시기가 앞설 수 밖에 없는 우리의 안타까운 문화를 점차 바꿔나가야 한다. 나눌 몫을 키워가는 작업에 모든 여성들이 동참해야 한다. 이처럼 우리 여성들끼리 그들간에 공동체 의식이 좀더 발현된다면, 그리고 지난날 우리 어머니들이 그러했듯이 '계'를 통한 품앗이 문화가 정상적으로 이어진다면 우리사회에 좀더 따뜻한 배려와 나눔의 문화가 자리잡을 것 같다.

마침 제주 해녀의 삶과 공동체문화에 관심을 갖고 유네스코 무형문화유산 등재 작업에 참여하면서 우리 해녀들의 일과 삶의 방식에서 배우는 바가 많다. 이들은 한 가정의 살림을 챙기는 집안의 대들보이며 책임감에 충만하다. 게다가 돈을 좀더 벌어보겠다며 집을 떠나 가깝게는 한국의 남해안과 동서해안에 진출해 소위 '출가물질'을 했다. 일본과 시베리아, 중국까지 진출한 진취성도 돋보인다. 서로 어울려 어촌계를 만들어 상부상조하고 자력갱생하는 문화는 진작에 자리잡았고 나이 먹어 깊은 바다에 물질 나가기 힘든 선배 해녀들을 위해 별도의 '할망바당(할머니 바다)'을 정해두고 이들만의 작업 및 생계공간을 할당하는 나눔과 배려의 상생문화를 정착시켜 왔다. 결론적으로 우리 여성들의 잘난 DNA가 응축된 직업이자 직종이 해녀라 할 수 있으며 이들이 만들어 온 여성공동체는 인류가 기억하고 보존할만한 충분한 가치가 있다. 이처럼 우리에게는 이미 오래 전부터 이 책에서 거론하고 있는 여성적 가치 가운데 일부인 타협과 상생 및 공존의 문화, 투쟁보다는 공감의 정신이 자리잡고 있었다.

한국의 박근혜 정부가 강조하고 있는 경제민주화는 인간미 넘치는 따뜻한 자본주의와 공유경제를 의미하며 밖에서 거론하는 '자본주의 3.0' 의 정신 역시 우리 여성들이 진작에 실천한 나눔과 배려의 공동체 정신과 크게 다르지 않다고 생각한다. 그리고 이제 우리 사회가 만들어가야 할 모습 또한 무한경쟁 보다는 협업(collab-oration)을 통한 지속가능한 공동체라고 하겠다. 이 책에 소개된 외국의 사례와 그들의 행동에 공통적으로 내재된 여성적 가치들에 대한 이해를 통해 우리의 과거 속에 우리의 어머니들이 이미 실천해 온 상생의 가치들을 되새겨 볼 수 있기를 바란다. 나아가 이를 현대에 접목시켜 창의적 방법으로 재현하는 노력을 꾸준히 펼쳐나간다면, 이 책의 결론처럼 좀더 살 맛나는 사회를 만들 수 있을 것이라 믿는다.

아테나 독트린_여성적 가치의 부활

저자 | 존 거제마, 마이클 단토니오
번역 | 길정우, 안명옥

1판 1쇄 인쇄 | 2014년 2월 15일
1판 1쇄 발행 | 2014년 2월 22일

펴낸곳 | 조윤커뮤니케이션
펴낸이 | 안혜경
편집장 | 최몽순
그림 | 한윤정

주소 | 서울특별시 종로구 자하문로 76-5 조윤하우스
전화 | 02-730-8841 팩스 | 02-730-8814
출판등록 | 제2-3307호
등록일자 | 2001년 4월 13일

ISBN 978-89-91216-67-9 03320

값 18,000원

이 도서의 국립중앙도서관 출판시도서목록(CIP)은 e-CIP홈페이지(http://www.nl.go.kr/ecip)와 국가자료공동목록시스템(http://www.nl.go.kr/kolisnet)에서 이용하실 수 있습니다.
(CIP제어번호 : CIP2014001100)